◎感谢瑞芯微电子股份有限公司的支持

60
1957—2017

甲子峥嵘 弦歌而行

——浙江大学信息与电子工程学院
60周年院史文集

主编◎赵颂平 王 震

ZHEJIANG UNIVERSITY PRESS
浙江大学出版社

编写顾问

周　文　顾伟康　陈启秀　陈抗生　诸葛玲

陈偕雄　王明华　仇佩亮　黄恭宽　徐国良

编写领导小组

组　长：章献民　钟蓉戎

成　员：赵颂平　杨建义　赵民建　何乐年

　　　　程志渊　王　震

编委会

主　编：赵颂平　王　震

副主编：詹美燕

编　委：蔡　超　马涵之　丁江群　徐丽君

序

　　阳光灿烂，鲜花怒放，2017年5月将迎来浙江大学信息与电子工程学院六十华诞。

　　60年前，以何志均先生为首的几位信电学院的开创者，根据国家发展需要，攻坚克难，在浙大创建了无线电系（现信电学院的前身）。浙大信电人60年来薪火相传，砥砺前行，推进了学院的发展。信电学院由建院初期的3个本科专业发展成了现在拥有1个国家重点学科、2个一级学科、6个二级学科，特色鲜明，在国内外有较好知名度的人才培养基地和科研基地。信电学院以其踏实求是的学风、优良的教育质量、高水平的科研成果在社会上赢得了显著的声誉。

　　60年来，信电学院已为国家培养、输送了19000多名信电专业人才。他们中不乏科学界的大师、工程技术界的巨匠、产业界的领军人物和商界的巨子。这些院友是国家的骄子，为浙大信电学院争得了荣光。但更多的

1

院友为了祖国的强盛坚守岗位，默默做出了无私的贡献，这些院友同样值得赞扬，同样是信电学院的骄傲。

《甲子峥嵘 弦歌而行——浙江大学信息与电子工程学院60周年院史文集》在编纂过程中受到了信电学院师生和院友的广泛关注和热心支持，收到了不少来自校内外信电人的文章和旧照。这些图文再现了学院或个人的成长发展史，也反映了信电人爱国、尊师、敬业、崇尚科学和锐意改革的求是情怀，以及不怕艰难、勇于开拓的浙大信电精神。这些材料具有很高的历史价值。

在欢庆信电学院建院60周年之际，我们抚今追昔。我们浙大信电人将永远追随我们的前辈，继承发扬大无畏的创业精神，为实现伟大的中国梦做出我们的努力和贡献！

顾伟康

2017年3月

传承求是创新校训

再创网络时代辉煌

题贺浙大信息学院六十华诞

潘云鹤 於
丁酉年春

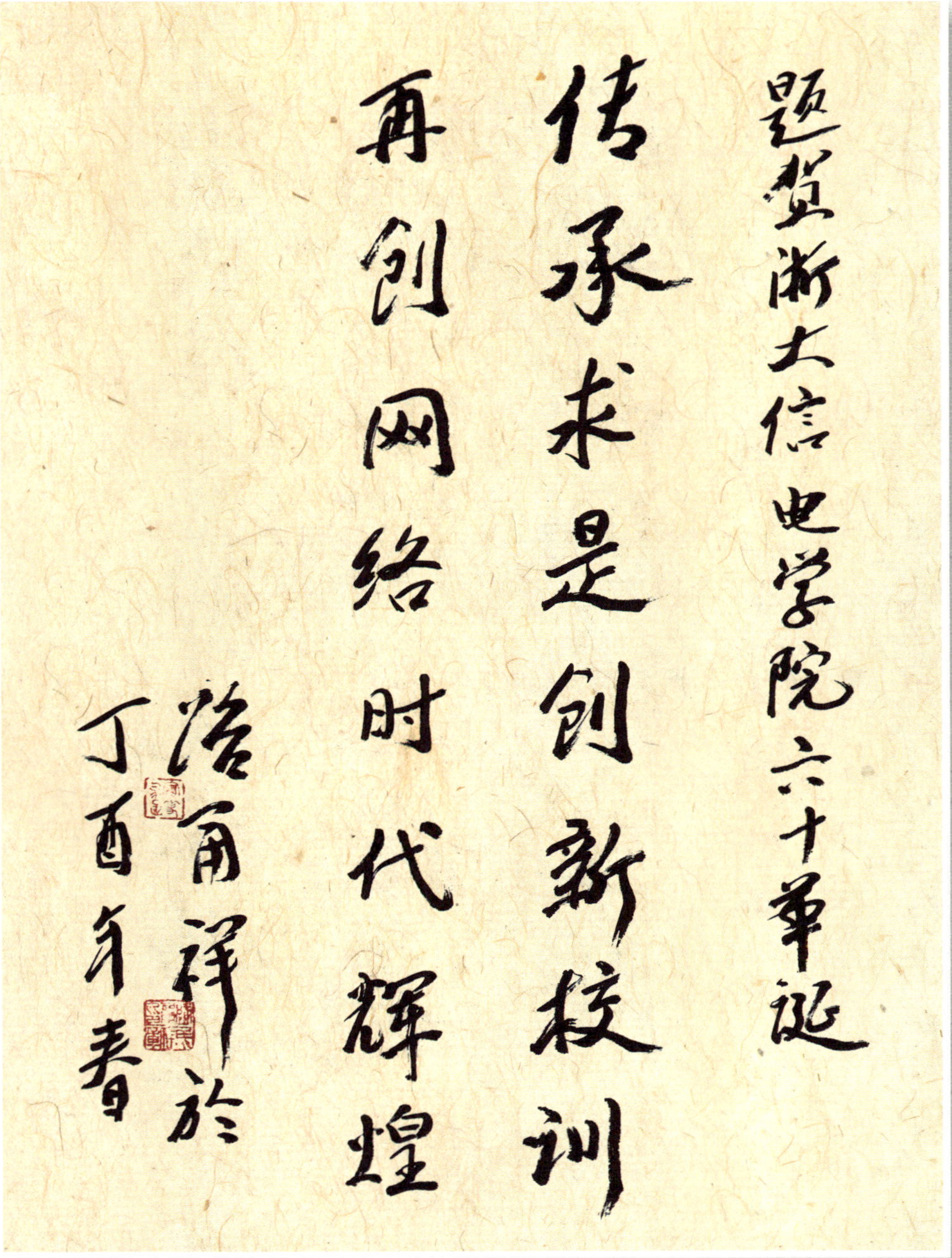

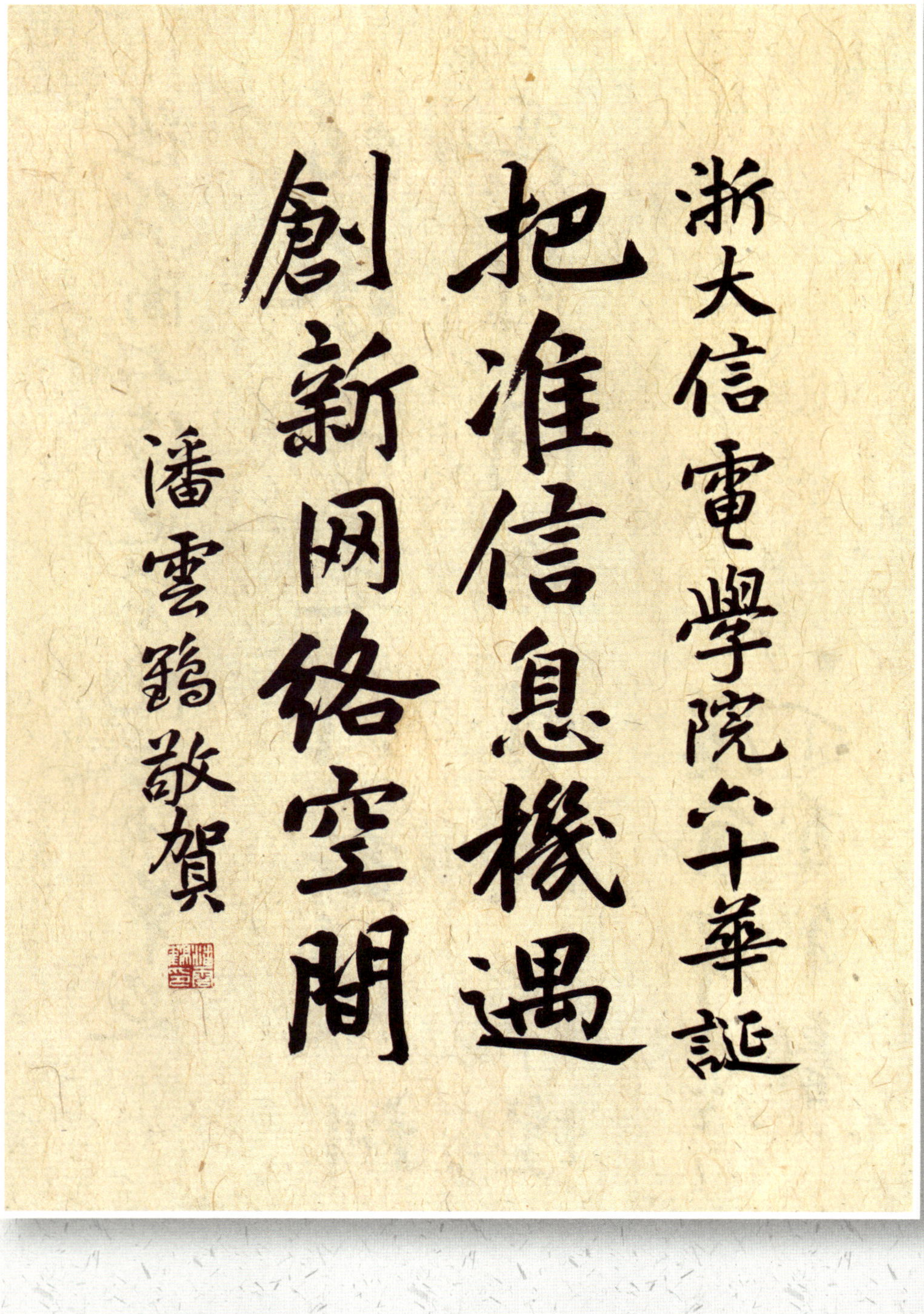

浙大信電學院六十華誕

把准信息機遇
創新网絡空間

潘雲鶴 敬賀

4

衷心祝愿浙江大学信电学院成立60周年. 再创新业绩！

李培建 2016.12.1

信电学院六十华诞：

艰苦奋斗六十年

开拓创新换新颜

周文

二〇一七年

賀信電學院六十周年華誕

信電育才精英輩出

求是創新共建一流

丁酉年春　陳啟秀

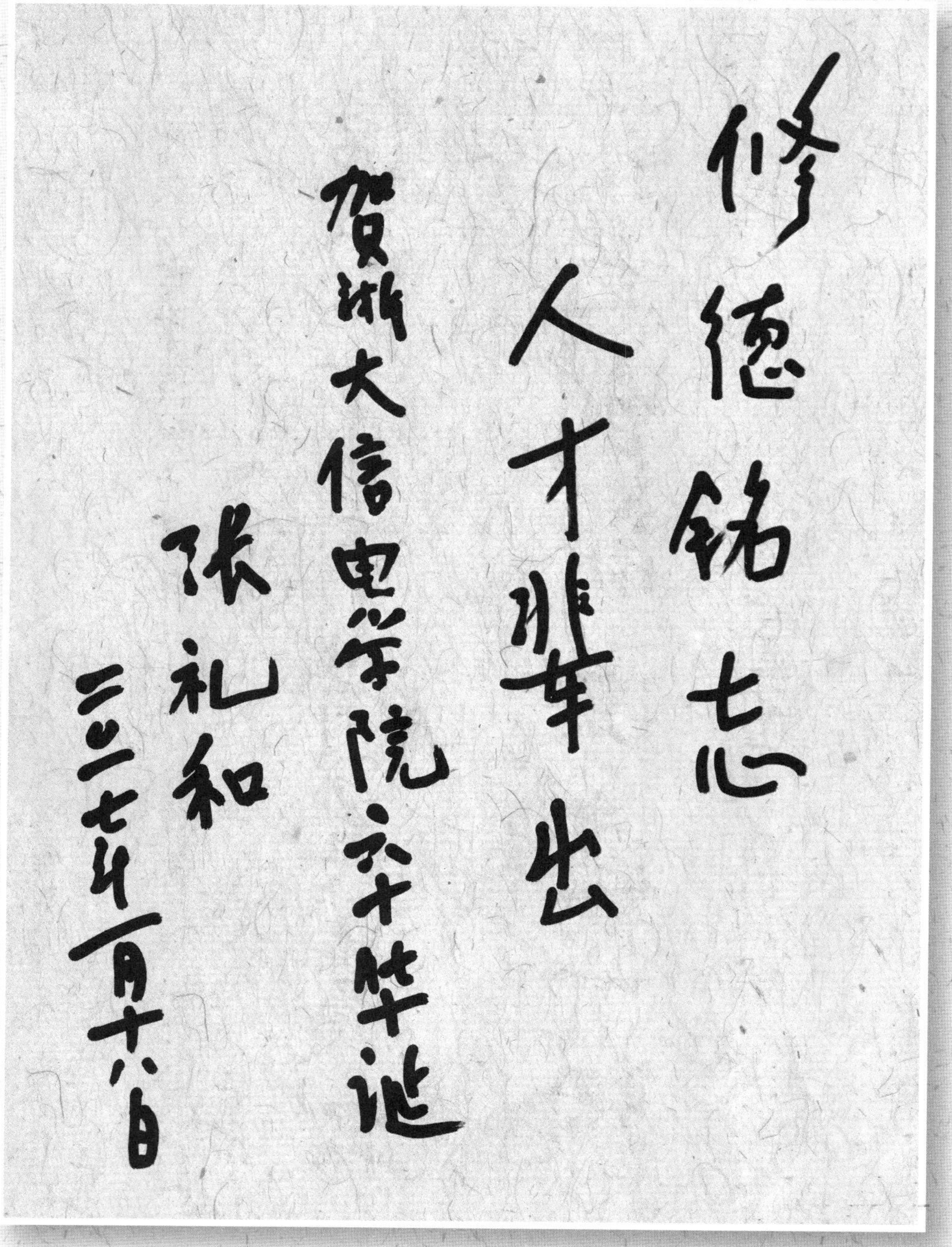

修德铭志

人才辈出

贺浙大信电学院六十华诞

张礼和

二〇〇七年一月十六日

欣慶賀信电学院六十華誕之際衷心

祝願信电学院继承发扬信电精神改

報乾離培養更多一流建设人才取得

更多領先科技成果為实現佛本

國夢做出应有貢献

無線电五八级学生信电学院返体教師顧佛棠二〇一七年春

目 录

第一章
今日信电

学院概况

　　浙江大学信息与电子工程学院（简称信电学院）源自20世纪30年代初浙江大学电机系的学科分组之一——电信门。1952年全国院系调整前，浙大电机系设有无线电通讯及广播本科专业。1953年8月，无线电专业撤并到兄弟院校。1956年开始重新筹建无线电系，先后参加筹建的主要教师有何志均、邓汉馨、戚贻逊、张毓鹍、姚庆栋、周文、阙端麟、陈启秀等。1956年无线电技术专业成立，抽调电机系学生组成无线电专业54班和56班。1957年6月，高教部批文，正式设立无线电技术专业，面向全国招生，同时开始筹建电真空器件、半导体材料与器件专业，电机系改称电机-无线电工程学系。1958年开始，所有专业都面向全国招生。1960年，无线电、电真空、半导体3个专业从电机系分出，正式成立无线电电子工程学系。

　　1963年，无线电系搬迁到浙大三分部，全体师生奋发创业，栉风沐雨，教学规模和学科建设有较大发展。1972年，无线电系和物理系合并，成立物理无线电系，1976年又重新分设两系。1972年计算机专业开始筹建，1973年计算机专业开始招生。1978年，计算机专业从无线电系分出建立计算机系，半导体材料科研组与学校其他材料相关专业一起组建成立材料科学与工程学系。同年，无线电系开始招收硕士研究生。1986年，无线电系更名为信息与电子工程学系。同年，信电系开始招收博士研究生。1995年，浙大玉泉校区高科技楼（信电大楼）落成，信电系整体搬回玉泉校区学校本部。

　　1998年，四校合并。1999年，信电系与原杭州大学电子工程系合并为新的浙江大学信息与电子工程学系，隶属信息科学与工程学院。2009年，信电系恢复为院级系。2015年，信电系正式更名为信息与电子工程学院；同年，浙江大学成立微电子学院，依托信电学院运行。

　　半个多世纪以来，信电学院全体师生继承和发扬求是创新的优良传统，不断提高教学质量和科研水平，培养了19000多名高级科技人才和管理人才，为国家的发展做出了重要贡献。

目前，信电学院建有电子科学与技术、信息与通信工程2个一级学科；建有物理电子学、电路与系统、微电子学与固体电子学、电磁场与微波技术、通信与信息系统、信号与信息处理6个二级学科，其中通信与信息系统为国家重点学科；建有电子科学与技术、信息与通信工程2个博士后流动站，以及首批国家集成电路人才培养基地。

信电学院设有信息与通信工程系和电子工程系；建有信息与通信网络工程研究所、信号空间和信息系统研究所、智能通信网络与安全研究所、微纳电子研究所、超大规模集成电路设计研究所5个校级研究所；同时拥有电磁信息与电子集成创新研究所、统计信息与图像处理研究中心、智能电子信息系统研究所、射频与光子信息处理研究中心、毫米波与智能系统研究中心、数据科学与工程研究中心、感知技术与智能系统研究中心、先进射频工程研究中心等多个院级研究机构。学院还建有浙江省信息处理与通信网络重点实验室、浙江省先进微纳电子器件智能系统及应用重点实验室、教育部嵌入式系统工程研究中心等省部级科研基地。

信电学院设有电子科学与技术、信息工程和微电子科学与工程3个本科专业。其中，电子科学与技术和信息工程2个本科专业均入选首批国家卓越工程师教育培养计划；电子科学与技术专业为新一代信息技术领域国家特色专业和集成电路领域国家特色专业，并通过国家工程教育专业认证；信息工程专业为通信工程领域国家特色专业。同时，信息学院下属的信息与电子工程实验教学中心和浙江大学工程电子设计基地为国家实验教学示范中心——浙江大学工程训练中心的组成部分。

信电学院现有教职工166名，其中教授及研究员53名。教师中有中国工程院院士1人、国家千人计划入选者8人、长江讲座教授3人、长江特聘教授1人、国家杰出青年基金获得者1人、求是特聘教授3人、国家青年拔尖人才2人、国家青年千人计划入选者5人、国家优秀青年基金获得者1人。

截至2016年，学院获国家自然科学奖1项、国家技术发明奖2项、国家科技进步奖9项。

近年来，学院还积极参与浙江大学工程师学院和浙江大学海宁国际校区办学，拓展了学科发展空间，提升了社会和国际影响力。

信电学院勇立潮头创新发展的这些年

信电学院院长　章献民

在浙江大学双甲子校庆之际，信电学院也走过了60年的光辉历程。全院师生传承老一辈信电人不怕艰难、勇于开拓的精神，近10多年来，在学校、校友和社会各界的关心和支持下，同心协力，扎实工作，学院呈现出蒸蒸日上的发展态势。

优化队伍结构，提升师资水平

建设高水平学科离不开高层次人才，学科之间的竞争归根结底是人才竞争。多年来，学院制定政策措施，梳理队伍，加强人才培养，加大引进人才力度，切实提高学科发展水平，努力建设一支学术活力强，具有国际视野的高水平师资队伍。

引导合理定位，形成常态流动。2006年和2010年，学院实施了两次较大规模的教师岗位分类与岗位聘任工作，兼顾现状和未来发展两方面，科学制定学院教师岗位分类方案，实行合理流动。学院基本理顺了教学科研、党政管理、教学科研辅助三支队伍，做到岗位与职称的统一，岗位与个人特长的统一；基本解决了个别教师"在职不在岗"的问题；优化了教学科研队伍，提升了实验室师资水平，并为学科的后续发展、高水平队伍的建设创造条件。

自筹引才资金，加大引进人才力度。为了大力引进顶尖人才和海外年轻博士，改善学缘结构，提升队伍水平，学院出台了吸引海外博士来院工作的政策，加强对新进人员的关心、关爱，帮助解决其具体困难。近年来，学院引进国家海外高层次人才（千人计划）入选者8人（含短期3人），国家青年海外高层次人才（青年千人计划）8人（含2016年新入选3人），求是特聘教授2人，以及一大批具有海外教育和工作背景的优秀青年教师。学院教师的学位、学缘、年龄结构都呈良好状态，为今后学院学科水平提升打下了很好的基础。学院引进人才的思路和强度得到了学校的高度认可，学院代表先后在2009

年学校暑期工作会议和2011年学校教代会上做了发言。2014年，学院获得学校首届引才育才组织突出贡献奖。

着眼学科未来，用心培养青年教师。学院依托专项教育基金，启动实施青年教师海外学术交流支持计划、青年教师海外进修支持计划、青年教师学术研究与发展方向评议指导计划和高层次人才培育支持计划等4个支持培育计划，全方位强化对青年教师的培养，加强自主培养教师的力度。2012年，陈红胜教授、李春光教授入选中组部青年拔尖人才支持计划。陈红胜于2014年入选教育部长江学者特聘教授，并与2016年获得国家杰出青年科学基金资助。

师资队伍结构的优化和整体水平的提升为学院的发展储备了智力宝库，并源源不断地为学院学科建设注入生机和活力，使学院学科核心竞争力大为增强。

推进教学改革，提高人才培养质量

学院历来重视学生培养，始终把培养创新人才作为学院工作的中心工作。学院以专业建设特色化、培养体系国际化、教改项目多样化为手段，主动接轨世界一流教学模式，积极推行课程体系改革，修订完善培养方案，注重学生综合能力培养，加强过程管理，不断推进教育教学改革，进一步提高人才培养的质量。

学院积极提高标准，建设国家级、特色化专业。2007年12月，学院信息与通信工程专业被教育部、财政部批准为首批国家特色专业通信工程领域建设点。2010年，信息与通信工程专业和电子科学与技术专业成为首批"卓越工程师教育培养计划"实施专业。2011年，电子科学与技术专业获批为高等学校"新一代信息技术领域"特色专业建设点并通过国家工程教育专业认证（电子信息类首批）。电子与通信工程和信息与通信工程分别入选首批国家工程硕士、工学博士"卓越工程师教育培养计划"。

结合各类质量工程建设，学院积极探索卓越人才培养模式。为培养高端化、国际化、工程化的行业领军人物，学院参照国际一流大学电子工程专业的培养方案，结合浙江大学实际，对信息与通信工程（2013级后更名为信息工程）、电子科学与技术两个专业的培养方案进行了重新设计。融合海外先进的本科教学特色，学院重新调整、编排了信电学院本科、硕士、博士三个阶段的所有课程，形成了具有国际化和个性化特点的本硕博一贯的课程体系，建成了与国际通行的电子工程专业基本一致的宽口径专业培养方案。该课程体系多次在全国性教学研讨会议、校际交流中被介绍，并逐步形成了不同专业、不同学位有机结合的电子信息类专业卓越人才培养体系。这些教学研究成果还被教育部高等学校电子信息类专业教学指导委员会采纳编入《普通高校电子信息类专业与课程体系导引》，成为全国高校电子信息类专业的架构指导。

学院将实验课程、学科竞赛、企业实习和科研训练等教学环节有机结合，注重学生实践能力、研究水平和创新能力的培养。学院进一步发挥电子设计基地作用，加强与学科领域相关企业合作，提升校内实践环节。学院每年主办电子设计竞赛，承办"华为杯"创新大赛，还主办了移动计算竞赛等，激发学生设计与创新思维。同时，学院实行"深度实习计划"，形成了从大一认知实习到大三项目实习的暑期教学链，为同学们更多地了解社会、了解企业提供条件和平台。

学院重视培养学生的终身学习、合作、交流、实验实践动手能力和创新意识，支持学生出国（境）交流访问，形成了多个院级国际名校对外交流项目（哈佛大学暑期科研项目、美国加州大学戴维斯分校暑期科研项目、美国密苏里大学暑期科研交流项目、美国密歇根大学暑期科研交流项目、日本东京工业大学暑期课程交流项目等），鼓励学生拓宽视野、抓住前沿，提高合作交流能力和国际竞争力。学院每年都有数十位学生获得国际、国家级、省级的学科竞赛奖以及国际上的优秀论文奖、发明奖等，学生海内外深造率达60%以上。

2009年，学院主要参与的"研究型大学学生国际化培养模式及其运行机制的创新与构建"获浙江省教学成果一等奖。2014年，学院作为领衔单位申报的"面向国家急需，建设我国集成电路紧缺人才培养体系的十年探索与实践"获第七届国家级教学成果二等奖、浙江省教学成果一等奖。2016年，学院"面向电子信息技术高度融合发展新常态的本科专业课程体系建设"获浙江省教学成果二等奖。

搭建平台整合力量，不断提升科研实力

学院通过制定科研奖励政策，组织教师进行学术研讨等措施，大力鼓励理论创新，提倡紧密结合国家重大需求和重大科学问题，瞄准前沿基础理论和关键技术开展创新研究。学科研究方向不断拓宽，研究力量不断加强，科研规模大幅度扩大，科研品质大幅度提高。

学院科研业绩稳步提升，发展态势良好。2016年度，信电学院科研经费首次突破亿元大关，发表SCI收录论文188篇，获授权的发明专利70项，分别是2005年的5.6倍、4.7倍和4.6倍。学院在基础研究和国家重大项目方面均有突破。学院科研高水平论文数量不断增多，论文质量显著提高，高影响因子、高引用论文次数逐步增加。近年来，学院教师在顶级学术期刊*Science*、美国国家科学院院刊*PNAS*、*Nature Communication*、*Nano Letters*、*Physical Review Letters*、*IEEE Transactions on Information Theory*、*IEEE JSAC*等期刊上发表诸

多论文，引起学界广泛关注。

学院在若干研究和应用领域取得重要进展。近10年来，学院获国家科学技术进步二等奖3项、国家技术发明二等奖1项、省部级科研奖励20多项。近年来，陈红胜教授团队"电磁波隐身衣机理及实验研究"，刘济林教授团队"基于机器视觉的月面巡视器环境感知与导航"，汪小知副教授团队"基于可延展柔性电子技术的人造皮肤"先后入选浙江大学年度"十大学术进展"。

学院的科研基地和平台建设得到推进，增强了对学科的支撑作用。学院以平台建设为抓手，不断提升教育部嵌入式系统工程研究中心、浙江省信息处理与通信网络重点实验室的水平。2016年，浙江省先进微纳电子器件智能系统及应用重点实验室获批。学院建设公共实验平台，实施开放、共享、高效的运行机制，积极推进大型仪器的设备共享。学院积极支持和参与校级微纳研究与制造中心建设，在公共用房十分紧张的情况下，提供微电子裙楼为微纳中心改造用房，完成调整用房的装修与搬迁方案，为校级公共平台建设提供了空间和人力支持。随着2017年微纳制造与研究中心的建成运行，学院微电子相关学科的实验条件将得到显著改善。

拓展学院架构，布局未来发展

2015年5月，学校正式发文，信息与电子工程学系更名为信息与电子工程学院。6月，根据教育部等六部委关于建设示范性微电子学院的精神，我校成立了微电子学院，依托信电学院运行。2016年，学校批准信电学院下设信息与通信工程系和电子工程系。至此，学院形成了崭新的运行架构，根据学科、研究方向和教师组合形成了13个研究所和研究中心，初步明确了系和所（中心）的职责范围和功能定位。

近10年来，信电学院的物理空间也得到了很大的扩展。2008年，紫金港校区和西溪校区用房进行调整与置换，玉泉校区行政楼成为信电学院的用房，学院科研用房紧张情况得到了很大改善。2011年以来，在段永平等校友的热情支持下，学院积极谋划建设信电新楼。

近年来，学校的快速发展也为信电学院的发展提供了广阔的空间和平台。学院积极参与学校工程师学院、海宁国际校区和舟山校区建设。2017年，信电学院专业学位研究生全部纳入工程师学院，承担了集成电路工程和电子与通信工程两个专业及相关实训平台的建设，专业学位研究生的培养将按照"高层次、高素质、国际化"的人才培养理念，进行产学研深度融合，建立应用型、复合型、创新型的工程科技人才培养体系。在海宁校区，信电学院积极参与了浙江大学伊利诺伊大学厄巴纳香槟校区联合学院电子与计算机工程专业的建设，促进了信电学科的国际化发展。在舟山校区，信电学院与海洋学院联合申报了浙江省海洋观测–成像试验区重点实验室，开展海洋信息科学与工程领域的研究。学院充分利用各类共建平台，拓展教学和科研发展空间，为自身的快速发展创造了极有利的条件。

在第十三个五年计划中，信电学院将继续加大高层次人才的引进和培育力度，培育和凝聚一批高水平、有国际影响力的专家学者，进一步提升国内外学术影响力；完善基层科研组织，优化学科布局，激发教师活力，促进学科交叉，提升科研水平和学术声誉；继续以课程体系建设为抓手，创新人才培养模式，改革教育教学方式；改革实验中心体制机制，建设面向教学和科研的服务支撑保障体系，做大做强公共科研平台建设；健全院、系、所组织构架，促进学科协同融合发展。

回顾过去，展望未来，信电学院的发展正站在一个新的起点上，任务依然艰巨。让我们凝聚各方力量，围绕实现一流学科、培养一流人才的目标，齐心协力，锐意进取，开启新甲子的征程。

信息与通信工程学科的发展

张朝阳　虞　露　徐　文　赵民建　张　明　张宏纲　项志宇　李建龙　等

浙大信电学院信息与通信工程学科（以下简称信通学科）立足于原无线电专业，经过近60年的传承、改革与转型，逐步形成了新的发展方向与学科特色。信通学科现涵盖通信与信息系统、信号与信息处理两个二级学科，以及自主设立的交叉二级学科海洋信息工程，其中通信与信息系统于2001年获批国家重点学科。

信通学科瞄准国家重大需求和国际学术前沿，开展前沿性、创新性和交叉性研究，以人才培养、科学研究、技术创新、社会服务为己任，建设成为培养信息与通信领域创新型高端人才、信息与通信基础理论和关键技术的研究基地。信通学科秉承"以人为本、整合培养、求是创新、追求卓越"的教育理念，培养面向学科国际前沿和满足国家重大战略需求、具备创新意识和探索精神的高端专家型和领军型人才，积极参与国家卓越工程师教育培养计划，建设通信工程领域国家特色专业。

截至2016年6月，信通学科拥有专任教师41人（外籍3人），中国工程院院士和IEEE Fellow在内的双聘和兼职教师19人，师资队伍具有宽阔的国际视野和良好的国际学术影响力。信通学科参与浙江大学-伊利诺伊大学厄巴纳香槟校区（ZJU-UIUC）联合学院筹建，与UIUC实行本科生和研究生联合培养；与法国巴黎中央理工–高等电力学院正式实施了双学位博士生国际联合培养。2012—2015年，信通学科累计向境外派出研究生166人次，接收多名境外学生来华攻读硕士、博士学位或进修，毕业生深受企事业用人单位欢迎。

信通学科是国家"211工程""985工程"重点建设学科，拥有四个省级学科平台，是国际电信联盟、国际标准组织（ISO）、IEEE和国家信息技术有关标准组织会员，同时是数字音视频编解码产业技术创新战略联盟、3D产业联盟成员，具有很好的学科引领和行业辐射能力。信通学科注重空天、陆地、海洋一体化多学科深度交叉与融合，形成了空天、陆地、海洋一体化的学科覆盖面，理论、技术、标准、系统与芯片相贯通的层次化学科发展体系，以及军民结合的学科发展模式。信通学科以国家战略需求为己任，深耕于空天、陆地及海洋一体化发展的关键技术领域，直接服务于探月工程和海洋环境监测与海洋安全等国家重大战略工程、数字电视广播等国家重要民生工程、尖端战术通信装备等国家重要军事应用。2012—2015年，浙大信电学院信通学科转让和实施24项专利技术。

一、学科重点发展方向

目前，信通学科主要有四个发展方向：

"机器视觉与无人系统自主导航"，在国内最先开展地面无人平台视觉导航技术开拓性研究，并在地面自主车和太空无人系统月球车视觉导航方面取得重大突破，为国家探月工程中玉兔号月球车月面复杂环境感知与导航遥操作做出重要贡献，获国防科技进步奖；

"水声信号处理与通信观测"，是国内水声信号处理及通信领域领先的研究基地，拥有宫先仪院士和国家"863计划"海洋环境监测技术主题专家组组长徐文教授等领衔的国际一流研究团队，研究成果获中船重工集团科技进步奖；

"多媒体信息处理与视频通信"，是国内最早从事视频通信及媒体信息实时处理研究的单位之一，在我国数字电视和视频编码基础研究、标准制订、成果转化和产业化推广方面成就卓著，荣获国家科学技术进步奖、国际标准制定贡献奖、中国科协求是杰出青年成果转化奖；

"新一代无线宽带通信与网络"，是国内信息与通信理论及关键技术的重要研究基地，在信息与编码基础理论、通信信号处理、认知通信以及网络融合等方面取得具有国际性影响的突出成果，这些成果被用于满足我国国防和民用通信重大需求，获得了国家广电总局科技创新奖。

二、学科影响力

信通学科在国内外学术界以及产业、行业内都具有较高的影响力。信通学科的10余位教师分别担任IEEE JSAC、TCOM、TWC、CL、JOE和JASA等国际知名期刊编委，张宏纲担任IEEE认知网络技术委员会主席，虞露担任IEEE视频信号处理与通信技术委员会委员，钟财军、余官定获评IEEE ComSoc亚太杰出青年研究员奖等。张朝阳、余官定、钟财军等在认知无线通信、中继协作通信和高移动通信方面发表的学术论文得到了国内外众多学者的高度评价并被大量引用。其中，由于张朝阳在认知无线电方向的科研贡献，浙江大学被认知无线电之父列为国际认知无线网络研究的领先机构，显示了信通学科在国际学术界的影响力。信通学科的教师中，张朝阳担任国家基金委专家评审组专家；刘济林担任军委科技创新局某系统专家；徐文担任"863计划"海洋环境监测技术主题专家组召集人、国家自然科学基金委水声重点项目群指导专家；赵志峰担任"中国下一代广播电视网（NGB）自主创新联合行动计划"实施领导小组总体专家委成员、国家发改委宽带中国战略起草组成员，为国防系统和国家科技战略规划提供指导性意见，并组织项目实施和管理。在产业界，信通学科由于掌握在数字电视和视频编码以及芯片系统设计领域的核心技术，始终引领产业发展，产生了显著的社会效益和经济效益。

三、学科贡献力

信通学科坚持以"面向国际前沿、面向国家重大需求"为导向，发挥空、天、地、海一体化学科均衡优势，在多个学科方向上直接服务于国家探月工程和海洋环境监测与海洋安全等国家重大战略工程、数字电视广播等国家重要民生工程、尖端战术通信装备等重要军事应用，产生了突出的社会效益和经济效益。

引领技术标准制定，推动科技成果转化。信通学科注重发挥信通学科基础理论研究与关键技术突破的优势，通过引领先进技术国际/国内标准制定、设计开发系统芯片（SoC）并产业化，实现科技成果转化，持续为国家数字电视发展做出重要贡献。学院培养了一大批国家急需的标准化人才，他们活跃在国际和国内相关标准组织。信通学科陆续获得了国家科技进步奖、国际标准组织贡献奖、中国科协求是杰出青年成果转化奖，成功孵化数字音视频系统芯片设计企业并获新三板上市。

突破关键技术，服务国家重大工程和民生工程。信通学科不断突破视觉感知与控制、水下探测与监测的关键技术难点，服务于国家探月工程、海洋环境监测工程，并为未来火星探测工程提供重要技术积累；融合新一代宽带无线移动通信和数字多媒体广播技术，促进"宽带中国"新兴产业发展，推动数字城市、宽带城市、智慧城市等民生工程，产生重大经济效益；获得国防科技进步奖、中船重工科技进步奖、国家广电总局科技创新奖。

通信理论研究与装备研制相结合，服务国防事业。信通学科坚持通信理论和国防重大工程需求相结合，多项技术达到国际先进水平，服务于国防信息化建设，获得了国防通信领域专家、机关领导的高度认可，在该领域产生重要影响和社会效益。

举办重要学术会议，引领学术发展。信通学科举办环太平洋国际声学会议、无线通信和信号处理国际会议。信通学科多名师生论文分获最佳论文奖，多名教师获"杰出青年研究员"称号。

四、学科代表性成就

（一）制定高效视频编码标准，推动技术进步与产业发展

瞄准核心技术，主导标准制定。数字视频内容已占当今网络流量的80%左右，数字视频内容的高效编码与传输是一项基础共性技术，覆盖芯片、整机与信息服务全产业链，广泛应用于影视娱乐、安防监控、实时通信以及电视广播、公安、交通等行业，但是这一领域的核心技术长期以来被国外强势机构垄断，我国没有关键知识产权的定价权。浙大是国内最早开展数字视频通信与系统芯片设计研究的高校之一，学校以掌握核心技术为基础，推动行业标准制定、技术进步和产业发展，为实施国家技术标准战略做出了突出成绩。信通学科多年来已积累了57项获得国际和国内授权发明专利的核心技术，总计提交国际标准提案153件、国家标准提案280件，曾主导制定了ITU-TH.264即《ISO/IEC14496-10先进视频编码（可伸缩编码）》和《GB/T 20090.2信息技术：先进音视频编码第2部：视频》（AVS1）等标准，曾获ISO/IEC标准制定贡献奖、信息产业重大技术发明奖、中国标准创新贡献奖。信通学科研发了适用于音视频处理系统的嵌入式微处理器IP核，掌握了音视频系统级芯片设计方法和关键技术，为提供数字视频技术的社会服务奠定了坚实的理论和技术基础。

着力产业转化，引导行业发展。2012年以来，作为AVS工作组视频组组长单位，学院与央视等广电领域重要企业合作，将AVS1修订为AVS+，并推进为广播电视行业标准GY/T257.1(AVS+)和IEEE1857国际标准，并通过技术培训、专利许可使用等方式促进标准技术的实施和推广。目前，AVS+已在央视和地方卫视所有高清频道以及南美和东南亚多国上千个数字电视频道中被广泛应用。相比传统的MPEG-2，AVS+可节省一半以上的带宽占用，大大推动了广电行业技术进步，并且打破了这一领域知识产权被国外强势企业垄断的局面，有助于中国产业规避知识产权风险。因此学院获得了2012年国家科技进步二等奖、2012年中国科协求是杰出青年成果转化奖、2013年IEEE标准贡献奖。信通学科四名教授发起创立的学科性公司——杭州国芯科技股份有限公司，专门从事数字音视频系统芯片设计与产业化推广应用，公司开发的芯片产品涵盖（直播）卫星、有线、地面和网络电视等应用领域，已经发展成为国内数字电视市场芯片产品种类最齐全、解调解码芯片出货量最大的本土芯片设计企业，目前杭州国芯已经经过孵化并成功上市新三板（证券代码：836173）。学科自主设计的嵌入式微处理器应用于杭州士兰微公司音频系统芯片，2012—2015年销售量达到400万颗，为企业带来直接经济效益5000余万元。

保持创新优势，实现国内领先。2012—2015年，信通学科继续以科研创新成果为基

础，积极推动标准化领域的技术进步。学科带领行业领头企业和优势研究机构共同完成高效视频编码标准的制定（2016年已发布为GY/T299.1），其中应用了虞露研究团队的43项技术提案，该标准压缩效率较AVS1提高1倍，整体达到国际先进水平，部分达到国际领先的水平；提交50项国际标准提案，其中深度感保持、基于视点合成的视间预测等多项技术被ITU-TH.265即《ISO/IEC23008-2高效视频编码（多视频和3D视频编码）》标准采用，提高了3D视频的编码效率和恢复质量。这些新标准的相继推出将进一步提高数字视频通信产业的技术水平，推动超高清、3D和VR视频产业的发展。

（二）突破空—地—海无人平台系统关键技术，服务国家重大工程

信通学科在军民融合战略思想指导下，集中力量，重点突破，在无人平台复杂环境感知及监测通信网络技术方面取得重大突破，研究成果成功应用于国家重大工程，取得明显的社会效益和经济效益。

空天方面，信通学科在月面环境感知和导航的基础理论和关键技术方面进行了深入研究，在广角相机广义统一成像模型与标定、复杂月面光照环境下高精度定位与地形重建等方面取得了一系列技术创新与突破。通过与国家航天相关部门建立良好合作关系，学科开展的合作课题进一步实现成果转化。学科中标并开发完成的"玉兔号"月球车遥操作系统，包含全景图像拼接、立体匹配、三维恢复、月面环境评估、激光点阵三维恢复、视觉里程计、全局路径规划等11个主功能模块，以及数据与信息交互在轨支持软件，为我国2013年12月登陆月球的"玉兔号"月面巡视器成功完成任务做出了重要贡献。

陆地方面，信通学科连续25年承担总装备部有关地面无人平台的"八五"至"十二五"重点预研课题"××机器人导航技术"。"××地面智能机器人复杂环境理解与自主导航技术"（公布名）获得2012年度国防科学技术进步二等奖。

海洋方面，信通学科系统研究了声场与海洋动力同化、水下目标探测与海洋监测的理论、方法和技术，在无人平台载荷声传感器、水下AUV组合导航系统、海洋立体监测等方面取得了创新性成果。学院作为总体单位牵头承担的"863计划"开发的声场与海洋动力环境同步观测系统目前已成功进行示范，2015年年底已可提供南海某近海海域的准实时海洋环境动态变化特性，为业务化运行打好了基础，取得了明显的社会效益。学科研发的"多波束测深技术"系列专利成功转让，通过与无锡海鹰及杭州边界电子技术有限公司合作，推动了多波束测深系统的产业化工作。此外，徐文教授担任了国家自然科学基金委水声重点项目群指导专家和国家"863计划"海洋环境监测技术主题专家组召集人，参与组织国家海洋环境监测领域的战略规划、项目管理、成果转化等工作，并为"蛟龙号"载人潜水器的成功海试与应用示范做出了重要贡献。

（三）融合宽带通信与下一代广播电视网技术，促进"宽带中国"新兴产业发展

宽带产业发展与应用是国家战略性新兴产业发展"十二五"规划的重点领域之一，交互式移动多媒体融合了新一代宽带无线移动通信技术和数字多媒体广播技术，是国家《"宽带中国"战略及实施方案》的重点和核心，也是我国"无线数字城市"建设及通信产业打造的关键所在。信通学科研究团队在国家"下一代广播电视网（NGB）自主创新联合行动计划"（简称"NGB行动计划"）推动下，长期致力于融合宽带接入和数字电视广播，支持"三网融合"产业应用的关键技术研究、开发和推广；基于宽带通信领域的核心技术积累和创新性研究成果，针对国家建设智慧城市的新业态产业升级需求，进行了融合广播功能的宽带多媒体核心技术、系统研发及应用示范，并积极参与国家广电总局下一代广播电视示范网建设。学科团队骨干赵志峰博士多年来担任科技部、国家广电总局"NGB行动计划"实施领导小组总体专家委成员、国家广电总局"三网融合"专家委成员、国家发改委"宽带中国"战略起草组成员。

学科团队通过宽带网络与数字电视广播网络一体化，充分利用现有网络及相关资源，构建"天地一体"的立体型综合网络结构，根据业务发展的需要，提供家庭娱乐、家庭信息化、城市管理、户外电视等应用。该技术经华数数字电视传媒集团应用、推广，已完成产业化，推动杭州成为全国数字城市、宽带城市、智慧城市的重点示范城市，并继续被推广到全国广电网络，服务于浙江全省1300万家庭以及全国其他20多个省的100多个城市，年均创收超过30亿元。目前，该技术已被广泛应用于华数集团拥有的有线宽带、有线数字电视、无线宽带、无线数字电视等"四位一体"的泛在化信息服务网络，实现了融合媒体产业的突破式发展。该技术成果获得了国家广电总局科技创新一等奖。

学科团队完成了有线电视宽带加速系统关键技术研发，利用有线电视网络的覆盖优势，通过在有线电视网络中部署宽带加速系统，可以快速、低成本地实现高带宽业务的部署，突破了当前发展宽带业务所面临的带宽瓶颈和成本压力。团队充分利用传统双向IP网络（有线/无线）接入的上行资源和HFC网络的下行带宽，结合DVB高速下行通道，组建了完整的宽带通道，建立了一种崭新的宽带业务模式。该技术结合国家科技项目"基于三网融合的宽带加速系统项目"和"数字家庭服务关键支撑技术研发与应用示范"，经华数集团应用、推广，已开始产业化，累计实现相关服务收入超过20亿元。该技术成果获得国家广电总局科技创新二等奖。

学科团队通过深化产学研协同发展，发挥了学科服务于国计民生的作用，极大地推进了国家"宽带中国"战略性新兴产业的跨越式发展。

（四）面向国防通信重大需求开展理论研究，推动通信装备研制，有力支持国防现代化

信通学科坚持以通信理论研究为基础，紧密结合国防通信国家重大工程和专用通信行业需求，与我国通信领域国防工业部门和骨干单位协作，合作承担国防通信技术攻关和装备研制任务，积极进行瓶颈技术攻关和创新，在新一代航空平台宽带数据链、大型舰队超视距通信组网系统等装备研制中取得突破性成果，为我国国防信息化装备研制做出了贡献。

信通学科深入挖掘国防通信需求和瓶颈问题，积累创新研究成果。在国防通信领域，10多年来学科团队一直紧密联系国防工业单位，跟踪国防通信需求。2012—2015年，团队在 *IEEE Trans.* 上发表论文80余篇，授权发明专利（含国防）30余项，为先进国防通信装备研制打下了理论基础。

信通学科应用通信理论研究成果，解决若干重点国防通信装备瓶颈问题，服务国防现代化建设。学科已建立了一支理论研究、关键算法设计、通信系统设计实现等各个方面均具有突出优势的无线通信团队，并与国防工业部门和军工集团紧密合作，积极开展关键技术攻关和装备研制工作。

信通学科长期坚持通信理论和国防工程需求相结合，从"十五"战术电台，到近5年的航空宽带数据链、舰艇编队超视距通信等诸多创新成果，这些成果突破了通信装备中的技术瓶颈，成功服务于国防现代化建设，其中多项技术甚至达到国际先进水平。学院信通学科已形成鲜明的学科特色，获得了国防通信领域权威专家、有关领导的高度认可，在国防通信领域产生了重要影响。

电子科学与技术学科的发展

陈红胜　杨冬晓　沈会良　等

电子科学与技术学科（以下简称"电科学科"）由过去的电真空、半导体、光电子、专业和原杭州大学电子工程系改革发展而来。学科研究覆盖所属的全部4个二级学科（物理电子学、电路与系统、微电子学与固体电子学、电磁场与微波技术），并设置5个主要学科方向：电磁波理论与技术、微纳电子器件与工艺、集成电路设计、信息光子技术、电子与信息处理系统。学科以造就卓越人才、贡献创新成果为使命，瞄准国家重大需求和国际学术前沿，优化学科布局，促进学科交叉，努力成为在电子信息领域具有重大国际影响力的知识创新和高层次人才培养基地。

电科学科具有60年的办学历史，拥有一支研究方向交叉融合、结构合理、精英荟萃的学术队伍，包括国家千人计划5人，IEEE Fellow2人，长江学者特聘教授和国家杰青共2人，优青、青年拔尖人才和青年千人计划共6人。电科学科致力于将高水平学术研究与国家重大需求相结合，前沿技术研究与国际化人才培养相结合。近4年，学科承担国家科技重大专项和科技支撑计划6项、国家"973计划"和"863计划"24项、国家自然科学基金88项，累计收到科研经费3亿多元；发表大量高水平学术论文，其中包括*Science* 2篇（与麻省理工学院合作）、*Nature Communications* 2篇、*PNAS* 2篇、*Phys. Rev. Lett.* 2篇、IEEE期刊132篇等；获国家教学成果二等奖1项、国家技术发明二等奖2项、国家科技进步二等奖1项、省部级科研奖11项。

一、人才培养

电科学科秉承"以人为本、整合培养、求是创新、追求卓越"的教育理念，形成学位层次与类型完整的电子科学与技术人才培养体系，坚持培养视野宽广、理论基础扎实、专业知识完备、实践能力强的创新型人才。

电科学科是首批国家集成电路人才培养基地和首批示范性微电子学院建设单位之一。由本学科严晓浪教授牵头，联合清华大学、北京大学等9所高校开展的"面向国家急需，建设我国集成电路紧缺人才培养体系的十年探索与实践"，于2014年获国家教学成果二等奖。学科还注重将重大研究成果转化为教学资源，如发起面向学生的微型手机卫星科研项目，已吸引数百名学生自行组织队伍，研制自己的微小卫星，并参与由欧盟资助的"QB50"项目。学科通过与麻省理工学院、剑桥大学、伊利诺伊大学厄巴纳–香槟分校（UIUC）等国际顶尖大学的密切合作，让研究生在国际一流学术环境中成长。四年间，本学科研究生赴境外学习交流的达到152人次，其中学习交流3个月以上的为48人。本学科李尔平教授出任ZJU-UIUC联合学院首任院长，与UIUC电子与计算机工程系合作开设EE和ECE专业，双方联合招收本科生和研究生。

二、学科影响力

电科学科在电磁散射与隐身、电磁超材料理论及应用的研究方面具有重要国际影响，研究成果多次被*Nature News*、*MIT Technology Review*等国际著名科技杂志报道。学科内陈红胜团队在电磁波隐身研究领域取得了突破性进展，其关于逆切伦科夫辐射效应的论文被列入麻省理工学院物理系课程参考书目；提出的可见光频带大尺度新型隐身器件设计新方法，被隐身衣领域的奠基者、美国科学院院士Pendry教授评价为隐身领域"一个真正的进步"。

本学科骆季奎团队在柔性电子领域的系列研究成果处于国际前列，率先在柔性衬底上制备FBAR、SAW等压电薄膜传感器和微流控器件；研制出具有痛觉和压觉功能的纳米碳管柔性触觉传感器；在可降解电子技术上取得突破，研发出生物兼容的蛋清忆阻器，被*EE Times*、*Science Daily*、*phys.org*等30多家媒体广泛报道。

学科在三维微纳集成封装电磁研究领域取得创新性成果并被华为等公司采用。李尔平因其在电磁兼容、高速电子和三维集成电路研究领域的杰出贡献，于2015年荣获IEEE电磁兼容技术领域最高奖——Richard Stoddard奖，并担任本学科主办的2016年IEEE亚太电磁兼容和信号完整性国际会议主席。与此同时，尹文言和李尔平担任IEEE电磁兼容汇刊专刊共同主编。

严晓浪团队成功研制了高性能CK-CORE嵌入式CPU系列核及相应的SoC设计开发平台，还成功研制了高性能低功耗32位自主指令集。截至2015年，以知识产权授权许可方式采用该嵌入式CPU核的SoC芯片年产量过亿，已成为我国自主金融卡、自主打印机等关键芯片的主选核心，创造了我国32位嵌入式CPU技术进步和产业化应用的最佳成绩，为国内多家集成电路企业实现创新创业奠定了基础，其核心技术还被我国政府和军队的重要部门采用。

金仲和团队综合运用微电子、微系统技术研制了一批卫星微小型化部件，并于2010年成功发射了2颗ZDPS-1A卫星，已连续在轨正常工作5年多。这是我国首批公斤级微小卫星，也是国际上功能最为齐全的皮卫星之一。2015年9月20日，金仲和团队研制的2颗第二代微小卫星"皮星二号"准确入轨。这项工作开创了我国皮卫星研究与应用领域，团队因此获全国总工会2013年度"全国工人先锋号"荣誉称号。

郁发新团队在多个国家重大专项中承担了多个波段的微型、高性能、高集成度微波毫米波射频T/R套片的研制任务，实现了微波毫米波射频芯片核心技术的自主可控，多款集成电路进入国防型号装备。

杨建义团队利用实现偏振技术的微纳光电子器件，解决了现有遥感技术中的瓶颈问题，在地物偏振遥感、天空偏振模式矢量场观测、大气偏振中性点等实际测量以及理论研究中起到了重要的推动作用，获2015年度国家技术发明二等奖。

电科学科的陈红胜和李春光入选Elsevier中国高被引学者名单。李尔平、尹文言、王曦、夏永祥、杜阳等分别担任*IEEE Trans. Electromagn. Compat.*、*IEEE Trans. Electron Devices*、*IEEE Trans. Circuits Syst. II*、*IEEE Geosci. Remote Sens. Lett.*等期刊的副主编；陈红胜担任*Journal of Optics*的专题主编。

三、学科贡献力

电科学科以"国家急需、世界一流"为导向，通过解决行业需求、推进国防建设、促进地方经济、举办国际会议、常态化全国性师资培训等措施开展社会服务，取得了积极的成效。

面向国家需求，打破技术封锁，促进军民融合。电科学科研制的嵌入式CPU系列核已成为我国自主金融卡、自主打印机和打印耗材等关键芯片的主选核心，年产量过亿，创造了我国32位嵌入式CPU技术进步和产业化应用的最佳成绩；多款射频集成电路打破了国外技术封锁；作为核心成员参与投资总额达4.1亿元的浙江省微波毫米波射频集成电路专项建设；研发的2颗"皮星二号"卫星准确入轨；研制的世界最小USB应答机被国防科大、中科院等多家单位的微纳卫星采用；开发的电磁及多物理仿真平台，已被中国舰船研究设计中心、中国工程物理研究院等10余家单位采用。

面向行业需求，突破关键技术，引领技术革新。学科攻克了电子元件绿色制造方面的几十项关键技术和工艺，将绿色金属化生产线推广到国内外37家电子元器件企业；在香港创新科技署资助下研制成功的"多光谱成像颜色测量系统"获2013年瑞士日内瓦国际发明展览会金奖，并开始在纺织行业推广应用；研发的电路板噪声源检测技术用于最新型号华为手机的电磁兼容分析；研制的EEPROM工艺全芯片ESD技术广泛用于二代身份证、SIM卡等产品，芯片总用量超过30亿颗；提出多通道共核LSCR和通用CMOS工艺的TVS阵列芯片专利技术，填补了国内相关产品空白并实现量产。

面向世界一流，引领学术发展，培训高校师资。学科主办每年的PIERS国际会议，承办亚太电磁兼容会议等国际会议，显著提高了学科的国际影响力；与MIT等国际名校合作开展研究，在Science、Nature子刊、PNAS等顶级期刊发表系列高水平学术论文；作为国家集成电路师资国际培训中心的依托单位，以"请进来"的方式邀请国外专家培训国内高校师资，以"派出去"的方式每年选拔20余名高校教师赴比利时欧洲校际微电子中心进行3个月的培训。

四、学科代表性成就

（一）深化集成电路产学研协同创新，有力支撑电子信息产业高端发展

集成电路是电子信息产业的核心。本学科严晓浪团队针对我国集成电路产业发展中的关键难题，在CPU核的片上系统（SoC）设计技术、纳米尺度集成电路可制造性设计技术、信息安全系统芯片技术、模拟和混合信号集成电路设计等方面取得了领先的科研成果。多年来，电科学科获得国家科技进步二等奖2项、国家技术发明二等奖1项，为集成电路的产学研协同创新发展打下了坚实的基础。2012年以来，学科在教科紧密结合、校企深度协同培养人才的同时，大力推进了面向国家迫切需求的科技成果产业化。

学科团队在嵌入式CPU方向形成了高性能低功耗32位处理器核及相应的SoC设计开发平台。CK-CORE嵌入式处理器核心被国内外近百家集成电路设计企业采用，成为我国自主金融卡、自主打印机和打印耗材等关键芯片的主选核心。基于CK-CORE的SoC设计开发平台，已成为我国多家企事业单位在机要信息安全、音视频广播、无线通信、工业控制等领域进行自主设计的基础，形成了完整的自主创新链。基于CK-CORE的集成电路芯片累计规模产量已达数亿，年产量过亿。杭州国芯将该CPU硬核应用于数字音视频系统芯片，大幅促进了其技术进步和产业化推广，公司成功上市新三板（证券代码：836173）。

在纳米尺度集成电路可制造性设计技术方向，电科学科完成成品率验证和测试芯片设计等多项关键基础技术研发。经杭州广立微电子等数家国内外企业深入产业化，这些技术已用于世界范围内集成电路行业的产品成品率分析和提升之中。学科团队所研发的

集成电路成品率测试芯片EDA设计软件已在我国主要的集成电路生产企业（中芯国际、华虹宏力、华力、华润上华等）成熟商用多年，为我国先进集成电路工艺近年来的快速进步（如28nm技术迅速量产）做出了重要的贡献。同时，该EDA设计软件配套自主研发的成品率测试机、成品率分析工具和专用测试模块IP等，已被2015年全球十大集成电路制造企业中的六家所采用，在7nm及以下制造工艺的研发中发挥了关键作用。

学科团队通过深化产学研协同发展，发挥了学科服务于社会技术进步的引领作用，有效地促进了国家集成电路战略性产业的跨越式发展。

（二）致力于射频芯片与皮纳卫星系列产品研制，促进军民融合，服务经济发展

在军民融合战略思想指导下，电科学科通过及早布局与重点支持，在微波毫米波射频集成电路、皮纳卫星产品研制方面取得重大突破，服务国防建设和地方经济。

学科射频芯片团队连续攻克高分、二代导航等多项国家重大专项的核心技术，多款集成电路进入国防型号装备。团队在2015年作为核心成员参与浙江省微波毫米波射频集成电路专项建设（计划投资额度4.1亿元），该项目将结合产学研及军民融合优势，构建微波毫米波集成电路产业联盟，整合射频集成电路全产业链，为地方经济服务。

学科微小卫星团队继2010年成功发射我国首颗皮卫星后，所研发的"皮星二号"卫星于2015年准确入轨。该卫星主要用于在轨验证微机系统、微型轻质展开机构、皮纳卫星组网等技术，是国内首例由高校研制的应用型皮卫星。同时，团队还研制了一批微小型化卫星部组件，初步建立了皮卫星产品体系，开创了我国皮卫星研究与应用领域，获得2013年度浙江省科学技术一等奖。团队研发的世界最小的USB应答机，2012年以来已被国防科大、中科院等多型微纳卫星采用。目前团队已交付应答机产品14套，其中6套已随4颗卫星发射入轨，所有应答机功能和性能指标均满足要求，圆满完成全部任务；该应答机还被6颗在研的微纳卫星采用，用以降低整星的功耗和重量。

学科为国防建设与经济发展服务的成果得到了权威认可。多名院士评价：学科团队打破了高端微波毫米波射频领域国外对我国的技术和产品封锁，大大加快了我国军队装备迈入固态有源时代的进程；学科团队在皮纳卫星整体研究成果方面具有国际先进水平，在星载USB应答机等方面达到国际领先水平。

（三）引领电子元件绿色金属化技术，规模化推广生产流水线装备，贡献绿色制造

我国是电子元件的制造与应用大国。作为消费电子、汽车电子、自动化设备等产品的基础零部件，电子元件需要通过金属化工艺在功能材料表面制备导电电极。然而，我国目前金属化技术仍普遍沿用传统的电镀、化学镀、丝印烧结等落后工艺，污染严重，

能耗高，且安全隐患大。《中国制造2025》已明确将"绿色制造"作为重点战略方向，电子产品绿色金属化势在必行。

学科团队在基础材料、界面物理、电学特性、长期使用可靠性等多方面进行了系统深入的研究，连续攻克了多层膜和自动化生产等几十项关键技术，成功研发出具有国际领先水平的电子元件磁控溅射绿色金属化技术及大规模生产流水线装备。该技术在整个生产过程中杜绝了污染，不但大幅降低了生产成本（降幅达60%）与能耗（降幅达40%），而且明显提高了产品长期性能。该技术的应用领域涵盖PZT压电陶瓷、PTC、NTC热敏电阻、ZnO压敏电阻、陶瓷电容、生物传感、石英晶振、铁氧体电感、贴片器件等绝大部分电子产品。多年来，其相关技术获得15项国家发明专利，9项省部及以上科技进步奖，并已成为业界公认的事实技术标准，为生产流水线装备的规模化推广打下了坚实的基础。

团队攻克了西方的绿色制造壁垒，其研发的产品顺利通过由欧盟立法制定的RoHS强制性标准，为电子元件企业创造了可观的经济效益。2012年以来，这些产品先后在内地主要企业（常熟林芝、深圳安培龙电子、顺络电子等）和港商独资企业（应达利电子）实现了产业化。在ZnO压敏电阻和NTC热敏电阻制造方面，学科团队进一步攻克了"贱金属替代贵金属""高效磁控溅射旋转靶""全自动溅射生产线"等5项关键技术，提升了技术水平，并在知名台企（兴勤电子）和大陆电子陶瓷行业协会会长单位（万丰电子）实现了产业化，为企业创造了全新的利润增长点，引领了行业的技术革新。

2012年以来，学科团队已为37家电子元器件企业（包括9家内地电子元器件百强企业，以及中国香港、中国台湾、英国等多家公司）提供了磁控溅射金属化的工业生产流水线技术、全套工艺和装备。该技术与装备发挥了引领作用，推动了我国电子元件的制造工艺革新和绿色制造崛起，解决了该领域重大共性关键技术难题，创造了显著的经济效益和社会效益，也提升了学科的社会影响力。

（四）打造高水平学术会议，引领学术前沿，推进学科国际化发展

电科学科一贯重视通过举办重要学术会议等方式来扩大其国际知名度，引领学科发展。2012—2015年，学科主办了每年的国际电磁学研究进展会议，承办2013年前沿计算电磁学研究及其在微纳电子学中的应用国际研讨会、2014年海峡两岸四地无线科技研讨会、2015年985高校石墨烯材料电子器件研讨会、2016年亚太电磁兼容和信号完整性国际大会等国际和国内会议；参与 *Progress in Electromagnetics Research* 及其系列学术期刊的运行工作。

电科学科长期主办的PIERS已成为国际电磁学领域具有重要影响力的标志型学术会议，一直致力于引领电磁学相关领域的学术发展。PIERS由国际电磁科学院前院长、麻

省理工学院的孔金瓯教授于1989年创立。自2002年孔金瓯教授加盟浙江大学并创立国际电磁科学院浙江大学分院以来，学科在浙江大学设立了拥有近10位专职人员的PIERS行政办公室，全面负责PIERS的运行，2003年以来已经在世界各地和当地高校协同举办了22届PIERS。学科研究生通过全程参与会场服务和组织工作，得以零距离、全方位感受著名学术会议魅力，锻炼了综合能力，使他们能够更加合理地规划其学术生涯。

2012年以来，学科在境内外主办了6届PIERS。该会议以研究报告的创新性和前沿性为特色，每次都吸引了包括哈佛大学、麻省理工学院、帝国理工学院等国际顶尖大学在内的近40个国家和地区的学者，参加人员累计超过4000人次（包括近100位IEEE Fellow和电磁科学院院士）。境外举办会议情况，以2013年在瑞典首都斯德哥尔摩举办的PIERS为例，共收到1650份来自世界各地的论文投稿，参会人员超过1500人。境内举办会议情况，以2014年在广州举办的PIERS为例，共收到1300多份来自世界各地的论文投稿，组织超过120个论坛分会，参会人员超过1400人。其中学科组织的关于Transformation Optics的分会，邀请了包括该领域的先驱者Pendry教授在内的20多位国际同行做报告，会议对这一前沿领域将来几年的发展做了深入探讨。

通过主办高水平国际会议方式加强了与国际同行的交流并取得硕果，学科团队与麻省理工学院等国际顶尖大学合作开展的研究成果连续在*Science*、*Nature*子刊、*PNAS*发表，推动了国际学术的发展。

第二章
学院发展
大事记

● 信电学院源自20世纪30年代初浙江大学电机系中的学科分组之一——电信门。

● 1952年院系调整，电信类专业从浙大撤并到兄弟院校。

● 1956年，为培养师资及国家急需的无线电专业人才，学校决定重新筹建无线电系。当时参加筹建的主要教师有何志均、邓汉馨、戚贻逊、张毓鹍、姚庆栋、周文、阙端麟、陈启秀等，其中，邓汉馨任无线电教研室主任，何志钧为党支部书记。随后，何志钧任主任兼书记。

  同年，电机系成立了无线电技术专业，从考入电机系电机电器专业1954级学生中，抽调15人组成第一届无线电专业54班，从1956级学生中抽调30人组成第二届无线电56班。

● 1957年6月，经高教部批文，学校正式设立无线电技术专业，同时筹建半导体、电真空和自动远动等专业，教师队伍则从电机系抽调组成。其中，半导体专业由陈启秀负责，电真空专业由周文负责，自动远动专业由姚庆栋负责。

  同年，无线电技术专业开始面向全国招生。其他专业的同学则从电机系有关专业招生中调整过来：抽调29人组成第一届半导体专业，不久该专业更名为电真空专业；同时电缆1957级学生全部转为半导体专业。

● 1958年4月，学校正式设立半导体材料与器件专业，6月增设电真空器件、自动远动专业，所有专业都面向全国招生。

● 1960年9月，学校正式发文批准成立无线电电子工程学系，简称无线电系。同年12月，出于保密需要，停止使用原来的系和专业名称，一律改用代号，无线电系为8系，无线电、电真空、半导体专业代号分别为801、802、803。

  同年，无线电电子工程学系被评为浙江省文教系统先进集体，并派代表出席了全国文教系统群英会。

- 1961年，学校撤销自动远动专业，师生转入无线电系其他专业。
  同年，杭州大学物理系开始招收五年制无线电专门化和半导体专门化。

- 1963年4月18日，无线电系由校本部搬迁到六和塔浙大三分部。

- 1964年，电真空专业接受国家委托进行了大功率毫米波磁控管研制，至1967年完成任务，有力支援了国防建设。

- 1972年，根据学科发展需要，无线电系在何志均老师的带领下，开始筹建计算机专业。

- 1973年，计算机专业开始招生。

- 1978年，无线电系开始招收硕士研究生。
  同年，依照学校部署，在计算机专业的基础上，何志均组织创立了浙江大学计算机系。
  阙端麟带领半导体材料科研组搬回本部，与材料相关专业共同创建材料科学与工程学系。
  同年，电真空专业改名为电子物理技术专业。
  同年，杭州大学物理系开始招收无线电电子学、半导体物理与半导体器件物理硕士研究生。

- 1982年，光电子技术专业成立。
  同年，杭州大学电子技术专业获教育部批准设立，并开始招收第一届电子技术专业本科生（含无线电专门化和半导体专门化）。

- 1984年，周文团队的"PIN管腔外调谐电调频率捷变磁控管"获国家技术发明奖三等奖。

- 1985年，光电子技术专业开始面向全国招生。

- 1986年，无线电系改名为信息与电子工程学系，简称信电系。
  同年，国务院学位委员会批准物理电子学及通信与信息系统两个专业有博士学位授予权，批准周文、姚庆栋为博士生导师。同年，开始招收博士研究生。

- 1987年，杭州大学张礼和的"声谱实时伪彩色编码显示与旋笛声学结构分析"获国家科学技术进步奖三等奖。

- 1988年，王德苗团队的"S-枪磁控溅射技术及其应用"获国家科技进步三等奖。
  同年，杭州大学竺树声、袁贞丰团队的"精密集成恒流源与硅集成温度传感器的研制与应用"获国家科技进步三等奖。

- 1989年，杭州大学电子工程系成立。

- 1992年，顾伟康任浙江大学副校长。

- 1993年，信息工程专业成立。同时物理电子学专业、半导体材料与器件专业、光电子技术专业合并为信息电子技术专业；在无线电技术专业与物理电子技术方向的基础上组建电子工程专业。

- 1995年，根据学校总体部署，浙大三分部用作全校的基础部教学，信电系整体搬回玉泉校区。
  同年，杭州大学电子工程系陈偕雄团队的"数字电路设计理论的三层次研究"获国家自然科学奖四等奖。

- 1996年，杭州大学电子工程系电路与系统（原无线电电子学）获得博士学位授予权。
  同年，杭州大学电子工程系吴训威获浙江省科技进步重大贡献奖。

- 1998年，浙江省综合信息网技术重点实验室成立。

- 1999年，信电系与杭州大学电子工程系合并为新的浙江大学信电系。信电系与计算机系、光电系、控制系一起组成信息科学与工程学院，相应院系暂停院级单位的运转功能。与此同时，电子信息工程专业在物理电子技术方向、电子测量方向、原杭大电子工程专业基础上组建成立。
  同年，顾伟康参与的"军用地面自主机器人"获国家科技进步三等奖。

- 2000年，全系本科各专业整合为4个专业，分别是通信工程、信息工程、电子信息工程、电子科学与技术专业，同时，信电系本科生以较大规模进行扩招。

同年，电子科学与技术专业金仲和的博士学位论文《多晶薄膜晶体管及其相关材料研究》获全国优秀博士学位论文。

● 2001年，宫先仪当选中国工程院信息与电子工程学部院士。

● 2002年，通信与信息系统被评为国家重点学科。

● 2003年，王匡参与的"数字高清晰度电视系统关键技术与设备"获国家科技进步二等奖。
3月，国际电磁科学院浙江大学分院成立。

● 2006年，信息工程、通信工程、电子信息工程3个本科专业合并为信息与通信工程专业。微电子技术与系统设计研究所、半导体光电子技术与系统研究所合并成微电子与光电子研究所。全系研究所整合成信息与通信工程研究所、电子信息技术与系统研究所、微电子与光电子研究所、电子电路与信息系统研究所等4个研究所。
9月，全系教学实验室集中组建成信息与电子工程实验教学中心。

● 2007年5月20日隆重举行系庆50周年庆典。
5月，信电系平安基金和信电系教育基金成立。
10月，信电系信息与电子工程实验教学中心获2007年浙江省普通高校基础课实验教学示范中心建设项目。
12月，信电系信息与通信工程本科专业被教育部、财政部批准为首批国家特色专业通信工程领域建设点；电子科学与技术本科专业与电气学院电子信息工程本科专业批准成为首批国家特色专业集成电路领域建设点。

● 2008年8月，信电系科研用房进行较大调整，系办公室、电子信息技术与系统研究所、电子电路与信息系统研究所、国际电磁科学院浙江大学分院搬迁至玉泉校区行政楼。
10月，电子科学与技术专业陈红胜的博士学位论文《异向介质等效电路理论及实验的研究》获全国优秀博士学位论文。
12月，信息与通信工程研究所"卫星数字电视SOC芯片"荣获2008年度信息产业重大技术发明奖。

- 2009年2月，学校发文，信电系恢复为院级单位，并成立信息与电子工程学系党委。

  2月，信息与电子工程实验教学中心和电子设计基地获批成为国家级实验示范中心。

  10月，首批国家"千人计划"特聘教授李尔平入职信电系。

- 2010年1月，严晓浪与张明等合作完成的"自主知识产权32位嵌入式CPU系列及其数字电视等领域SOC产业化应用"获得国家科技进步二等奖，王匡参与的"高效、抗干扰无线宽带图传关键技术研究及其应用"获得国家科技进步二等奖。

  9月22日，金仲和及其科研团队设计研制的"皮星一号"卫星搭载发射成功。

  12月，信息与通信工程博士后科研流动站被评为全国优秀博士后科研流动站。

- 2011年1月，电子科学与技术专业获批成为第七批高等学校特色专业建设点，电子科学与技术专业通过全国工程教育专业认证，"微纳器件及系统集成创新单元"获批建设。

  5月，浙江大学校友总会信电系分会成立。

- 2012年3月，科技部发文任命徐文为"十二五""863计划"海洋环境监测技术主题专家（召集人）。

  11月，浙江大学工程训练实验教学中心通过国家级实验教学示范中心验收。

- 2013年1月，虞露参与的"数字视频编解码技术国家标准AVS与产业化应用"项目获国家科学技术进步二等奖。

  5月，陈红胜的"电磁波隐身衣机理及实验研究"项目入选浙江大学2012年度十大学术进展项目。

  10月，钟财军获IEEE亚太地区杰出青年研究院奖。

- 2014年5月，刘济林团队"基于机器视觉的月面巡视器环境感知与导航"项目入选2013年度浙江大学十大学术进展项目。

  9月，由浙大信电系、电气学院以及清华大学等9所高校联合参与的"面向国家急需，建设我国集成电路紧缺人才培养体系的十年探索与实践"获第七届国家级教学成果二等奖。

- 2015年5月，学校发文，信息与电子工程学系更名为信息与电子工程学院。

  6月，微电子学院成立，依托信电学院运行；电气学院的大规模集成电路研究所整体编入微电子学院。

7月，经教育部等六部门联合发文，浙江大学微电子学院获批成为首批国家示范性微电子学院。

8月，李尔平获IEEE Richard Stoddard奖。

● 2016年1月，杨建义参与的"偏振遥感物理机理、关键方法与技术应用"获国家技术发明奖二等奖。

3月，信息与电子工程学院成立信息与通信工程系和电子工程系。

4月，汪小知团队的"基于可延展柔性电子技术的人造皮肤"项目入选浙江大学2015年度十大学术进展项目。

9月，浙江省批准建立先进微纳电子器件智能系统及应用重点实验室。

10月，余宫定获IEEE亚太地区杰出青年研究员奖。

该年度，学院科研经费到款总额首次突破1亿元。

第三章
专业创建

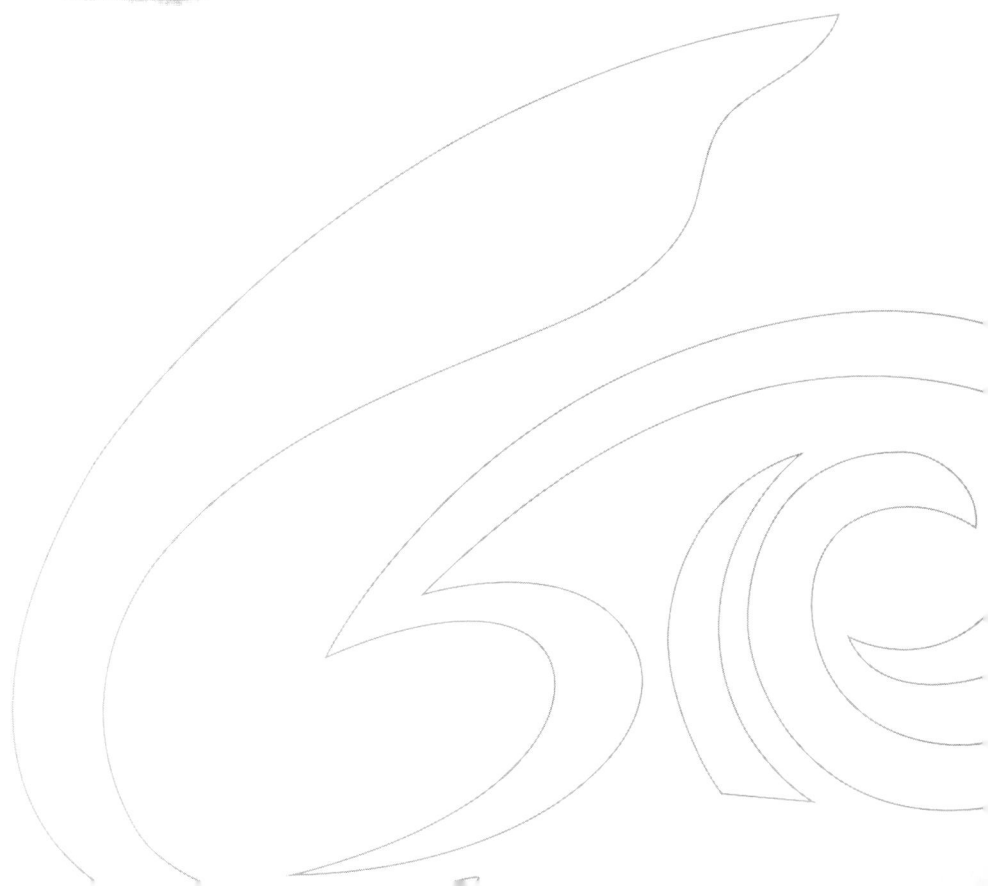

无线电技术专业的创建和发展

何志均　口述

浙江大学无线电技术专业的发展与国家政策紧密相连。1952年，国家的第一个五年建设计划实施在即，全国高校得到了较大发展，为了进一步满足国家建设的需要，全国高等学校进行了大规模的院系调整。一些原来历史悠久、学科齐全的综合性大学被肢解为单科性大学，浙大的文、理科被调整出去，只留下了工科。1953年8月，高教部的苏联顾问无视技术革命发展趋势和信息技术初露端倪的历史现实，无视当时世界上的电信科学已经扩展为电子学、计算机和半导体等学科的事实，认为中国今后通信建设不多，有线电要优先于无线电，同时出于保密需要，建议将已经调整了的全国通信类专业进一步合并到全国少数几个大学，浙大的无线电专业因此合并到了南京工学院（现东南大学）。就这样，在1953年之后的几年时间里，浙大在无线电方面的发展是空白的。

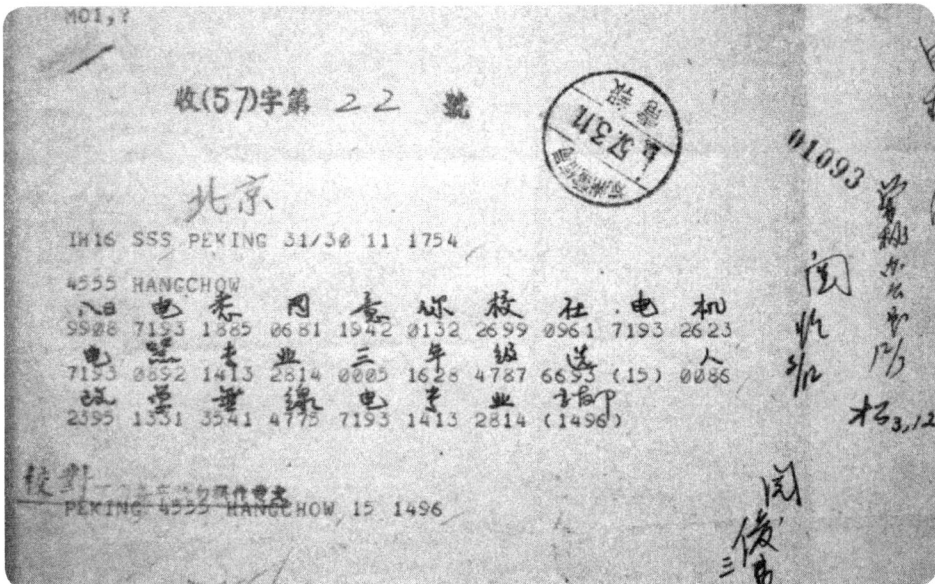

1957年3月高教部的批文电报

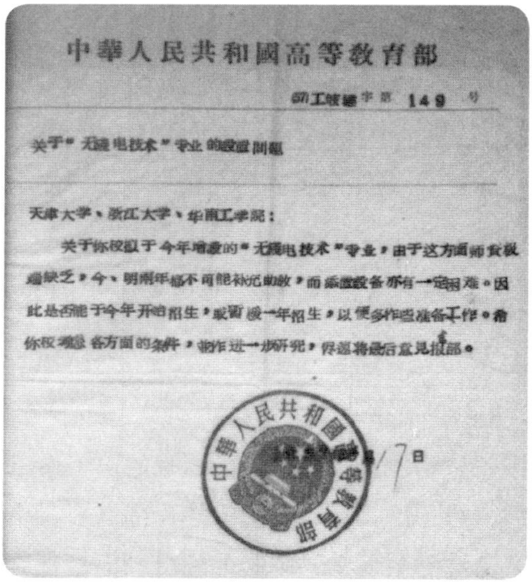

1957年中华人民共和国高教部关于
无线电技术专业的设置问题的文件

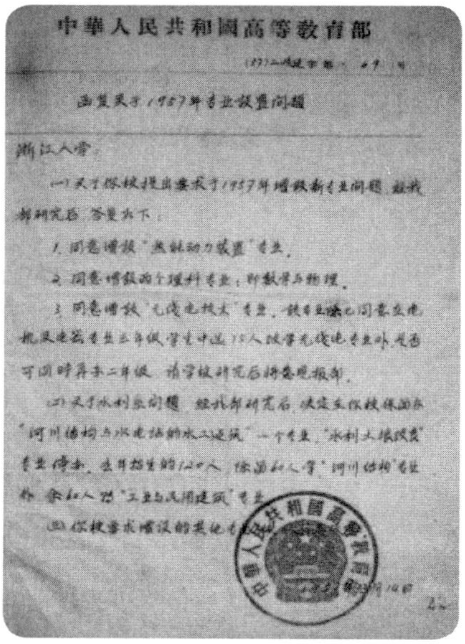

1957年高教部关于设立
无线电技术专业的复函

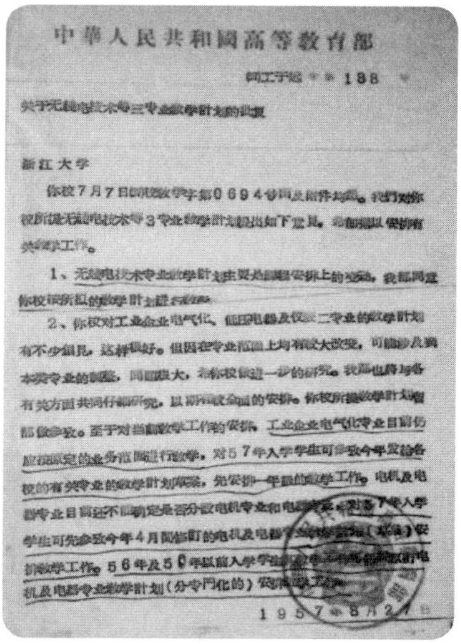

1957年8月高教部关于无线电技术
专业教学计划的批复文件

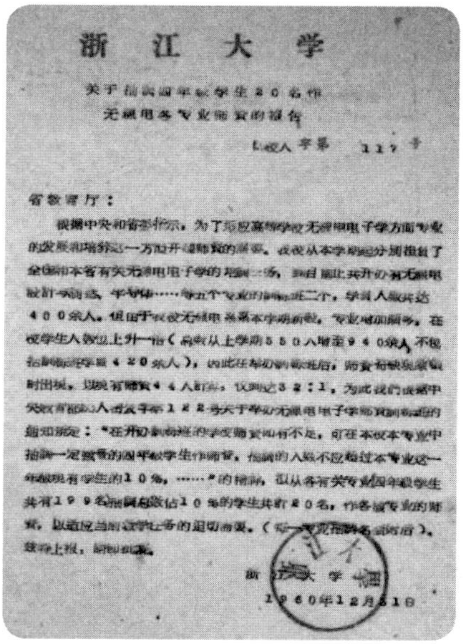

1960年浙江大学关于抽调学生
作为无线电专业师资的文件

幸运的是，1956年，国家提出了"向科学进军"的口号，何志均教授对比研究了我国与世界各国的企业，发现我国在无线电、半导体等新的领域的发展都远远落后于世界上发达国家和地区，认为浙大应该大力培养这方面的人才，于是向时任浙大校长的刘丹提出建议，要求恢复无线电学科和对无线电人才的培养。

1957年春天，无线电专业的重建工作正式展开，一切都要从零开始。院系调整前相关专业的老师，有的已调任南京工学院，有的已到电机系的其他专业任教。师资力量缺乏，重生的无线电专业举步维艰。当时的师资主要有何志均教授，院系调整时从电信转入电力专业的张毓鹍，留美归来任教于同济大学的邓汉馨，以及任职于上海公交公司的戚贻逊。在他们的支撑下，无线电专业重新开始起步了。

何志均教授（右三）指导学生做实验

为解决师资力量严重缺乏的问题，无线电专业试图在现有的学生中培养未来的师资力量。1957年三四月份，15名原电机系的大三学生转入无线电专业学习，这些学生已完成相关基础课的学习，转入之后仍然为三年级学生。经过三个学期的学习，他们成为无线电专业的毕业生，也就是1958届54班毕业生。由于国家相关单位对无线电人才的迫切需要，15名毕业生中只有4名学生能够留下任教，虽然留校任教的人数不多，但他们依然很好地增强了无线电专业的师资力量。

无线电专业发展一步步进入正轨之后，何志均教授开始规划新的发展思路。他向学校提出建议建立其他专业，并先后成立了电真空专业和半导体专业。为充实各专业力量，电机系1956级转出一个30人的小班，成为无线电技术专业三年级；1957级先后转出几个小班，分别成为半导体、电真空、自动远动专业二年级；电机系1955级中提前毕业的10多人担任各专业的助教，边干边学，这些青年后来都成为业务骨干。这种通过转专业、提前毕业获得人才，依靠年轻教师教学相长、在教学中成长的方式，实乃首创、前卫、大胆，成效也显著。

1960年9月，无线电电子工程学系（信电学院前身，简称"无线电系"）正式成立，何志均教授担任第一任系主任。何志

何志均教授与夫人薛艳庄在三分部的合影

均教授很注重生产劳动和实验的结合，带头参加实践，培养学生的科研动手能力。年轻老师白天带学生，晚上就进入实验室开展研究。无线电系承担了多项研究课题：数字仪表、电子管计算机、宽带示波器、真空电子技术、微波技术、半导体材料等。高年级学生和年轻教师们一起参与其中，以这样的方式培养出的学生基础概念清晰，动手能力强，创新能力强。

在系主任何志均教授的带领下，无线电系师生紧密团结，实打实干，帮助建立了浙江省电视台，与有关单位合作开办无线电厂、半导体厂和电子管厂，促进了浙江省无线电工业的发展。与此同时，无线电系将教育和生产劳动紧密结合，培养出来的学生得到用人单位的一致好评。1960年，无线电系被评为浙江省文教系统先进集体，并派代表出席了全国文教系统群英会。

1963年，无线电系由校本部搬迁到浙大三分部。在交通、生活等方面都极不方便的情况下，全体师生栉风沐雨、奋发创业、砥砺前行，进一步扩大了教学规模和学科规模。在三分部，师生同吃同住，交往紧密，关系融洽，教学相长，其情其景，永生难忘。

浙大无线电专业的发展是从零开始的，经过六七载的发展，无线电系进入了全国先进的行列。无线电系的学生广受业界好评，他们拥有扎实的专业基础和良好的品行。无线电系重视培养他们的实际工作和生产活动能力，造就了他们卓越的动手能力，使得他们能够快速、准确地适应不同的工作需求。

浙江大学三分部校门旧景

整理人：2015级信息与通信工程专业硕士生　徐　越

2015级电子科学与技术专业博士生　马　超

电真空专业的创建和发展

周　文

艰苦奋斗，从零开始办电真空专业

1957年，浙大正式恢复建立无线电技术专业，并酝酿筹建无线电系。1958年，学校从电机系抽调周文、储璇雯、凌世德三位青年教师参加无线电系新专业筹建工作。原先的任务是建立半导体专业，后因教育部先批准建电真空专业，所以任务改为由这三人与三位提前毕业的学生共同承担新成立的电真空技术专业的教学任务。为了尽早培养出人才，学校从电机系57班中抽调了30名学生组成电真空57班，作为电真空技术专业二年级的学生，并要求电真空专业在一年内陆续开出专业课程，任务相当艰巨。专业筹建小组接到任务后的第一件事就是仔细研究苏联高校的教学计划与大纲，并专门去当时已建成全国第一个电真空专业的南京工学院（现东南大学）学习了解。筹建小组调研后发现，新专业要求学生有新的基础知识，57班学生在电机系所学的基础课程是不足的，他们还需要许多新的基础知识。例如，学习阴极电子学需要有量子力学的基础，学习微波电子器件理论需要有电磁场与电磁波的基础，学习电子束器件需要电子光学基础，学习气体放电器件需要有气体电子学基础，等等。此外，进行器件的设计与制造需要掌握真空技术、电真空材料与工艺方面的基础知识，57班学生过去都没有学这些知识，得从头补起来。但开课在即，时间十分紧张。教师们采用的办法是分工负责，一人选择一门或两门课，各负其责。由于新专业缺乏合适的教科书，为了发挥学生们自学的积极性，提高他们的理论学习水平，教师们在精心备课的同时，广泛收集资料编写讲义。此外，为了加强学生们的实践能力，电真空专业在十分困难的条件下进行实验室建设，积极开展实验教学。到1960年，专业已开出7门新课程，且编出了5门课的讲义，共100多万字；建立了3个专业实验室，设计了28个专业实验，保证了教学质量，渡过了建立专业初期的教学难关。此后，师资队伍逐年扩大，本专业毕业的学生留校任教，这样逐步缓解了师资紧缺的形势，使专业发展走上了正轨。还有一点

很突出的是，当时强调教学与生产劳动
相结合，学生经常去工厂进行生产实习
与生产劳动。他们不仅下本地的工厂，
还去上海、南京的电子管厂。同时，学
生们配合浙江省第一家电子管厂的建设，
在校内建立了电真空工艺实验室；与杭
州电子管厂合作，成功研制了浙江省第
一只真空二极整流管。

教研组讨论科研工作

　　值得一提的是，新建的电真空专业
在当时艰苦困难条件下培养出来的首届学生业务水平非常好，许多人都成为单位骨干，
为国家做出贡献。这可能与57班学生专业水平高，学习主动性强，能独当一面以及较多
地参加科研与实际生产活动，实践能力较强有关。

勇挑重担，团结协作完成国家科研任务

　　1962年，电真空专业第一届学生毕业，专业教学进入稳定状态。1964年，华东局科
委的赵处长来浙大找电真空专业的老师谈，说当时中苏关系紧张，北方边防急需炮描雷
达，其核心部件是大功率毫米波磁控管，问电真空专业能否研制并协助上海灯泡厂进行
生产，并希望浙大电真空专业能够成为华东电真空器件的研究基地。当时，电真空专业
刚刚渡过教学难关，科研条件不够成熟，既无生产设备又无生产技工，更无生产经验。
这不是一般的研究任务，不是搞一两个专题、写几篇论文就能完成的，而是要真刀真枪
进行实际生产，难度是很大的。但当时的电真空专业师生有一种强烈的爱国使命感、一
种大无畏的精神，相信专业团队在华东局科委的领导与支持下能完成这一重任，就毅然
大胆地承担了下来。

　　由于大功率毫米波磁控管涉及国防，在美苏都是禁运的，因此团队没有参数相似的
样管可以仿制，必须自行设计。此前，电真空专业虽然已经学习并掌握了磁控管的工作
原理，在查阅有关文献资料并参考其他磁控管设计的基础上，顺利通过设计关，但真要
把大功率毫米波磁控管制造出来，这并非易事。电真空专业制订了一个研究计划，调动
本专业全体教师和学生，分成零件加工、总成工艺、特性测试三个大组，每组由2~3位教
师负责，形成一条较完整的磁控管研制生产线。1962年刚毕业留校的三位青年教师不仅
参加研究，而且活跃在生产第一线，亲自上机床加工精密零件，操作关键工艺。磁控管
的核心部件是一个形状复杂、精度要求很高的多腔金属谐振腔，其加工非常困难，为此

电真空专业用科研经费专门购置了特殊加工用的线切割机床与进行检测的大型精密投影放大仪，并培养专人进行加工与测试。磁控管采用钡钨阴极，要求其既能高密度发射电子，又能耐电子轰击，制备难度很大。老师们发扬自力更生、艰苦奋斗精神，自制高压油压机压制泡沫状钨基体，又自行配制钡酸钙锶发射材料，喷制、磨削、加工成形。磁控管要求达到高真空度，管内有大量金属需长时间的高温烘烤排气，常常需要连续加工几天几夜，这些都是由电真空专业师生值班负责。金属与玻璃封接也很困难，最终由师生自制设备自行操作完成。电真空专业的师生经过失败、改进、再失败、再改进，反复尝试，终于成功研制出样管。

当最后进行整管测试并测出磁控管脉冲功率达到40kW的指标要求后，师生们都非常兴奋并引以为豪，因为这是我国第一只自制大功率毫米波磁控管。由于这是国防任务，电真空专业没有据此发表论文，又是在"文革"期间，国家也没有奖励。后来这项成果被正式移交到上海灯泡厂生产并用于国防前线，这是当时专业完成得最为艰苦也是最好的一项科研任务。它花费了全专业师生许多精力，集中体现了电真空专业艰苦奋斗、团结协作的精神。特别需要提出的是，大功率毫米波磁控管的研制始于1964年，当研制进入攻关关键的时候，"文革"开始了，但教研组全体教师特别是课题组成员仍然团结一致，积极工作，排除干扰，在1967年完成了任务，这实属不易。在成功研制40kW大功率8mm脉冲磁控管后不久，1968年，电真空专业协助杭州电子管厂研制高频率稳定度双端输出3cm连续波磁控管，并于1969年通过机载雷达实用测试，突破了当时苏联对中国的技术封锁。1972年，电真空专业在"文革"期间仍排除干扰，坚持科研，成功研制了2.45kMHz、1.25kW工业用连续波磁控管。"文革"结束，专业师生的科研积极性更高了，电真空专业于1979年在国内首先研制成8mm脉冲同轴磁控管；于1982年研制成PIN腔外调谐电调频率捷变磁控管，获电子工业部科技进步二等奖，1983年获国家发明三等奖。

与时俱进，在改造与提升中发展

电真空技术专业是苏联计划经济时代教学体制的产物，专业培养面很窄，只为电子管厂电真空器件的设计制造培养人才。该专业就业面不广，但需要学的知识很多，学生学习很吃力。20世纪五六十年代，国家兴建了不少电子管厂，有人才需求，但不久人才需求就饱和了。加上除了高频大功率及一些特种电真空器件外，许多小功率器件以及显示器件被固体器件替代，电真空专业毕业学生的就业形势变得非常严峻，专业亟须改造！十一届三中全会后，国家改革开放的大好形势给电真空专业发展带来了机遇。专业进行了根本性的改造，加强了基础培养，拓宽了专业面，并改名为"电子物理技术"，此举受到了广大学

全国物理电子技术专业教学指导委员会第三次会议

生的欢迎，也引起了有同类专业的学校的关注。1985年，全国专业委员会会议讨论认为，为了突出电真空专业的工科性质，同类专业统一命名为"物理电子技术"专业。

重新命名后的物理电子技术专业，根据原有专业基础以及当时科技发展状况，除继续加强微波电子学、电子光学、真空电子学的研究外，还确定以光电子学为主要研究方向，开展了光纤通信密集波分复用技术以及高分辨率分布型光纤光栅传感技术的研究，并争取到国家与省级自然科学基金的支持。同时，专业与材料系、物理系合作开展了单晶光纤研究，成功研制了蓝宝石单晶光纤高温传感器，该传感器在测量高温时有独特的优点，其技术水平在国内处于领先地位。随后，学校成立了单晶光纤研究中心。由于物理电子技术专业在国内电真空研究方面有较高声誉，中科大在筹建全国第一台电子同步辐射装置时特意邀请本专业参加合作，共同开展了电子同步辐射与自由电子激光的合作研究。1982年，周文赴美进修时，曾前往美国布洛海文国家实验室与斯坦福大学同步辐射中心进行学习并开展合作研究，与美国专家合作提出了抑制同步辐射器高频加速腔中高次模的新方法。陈抗生于20世纪80年代初赴美进修，除了对微波毫米波、光导波技术进行研究外，还带回了薄膜技术，结合原有真空技术的研究与王德苗等老师率先开展磁

PIN管腔外调谐电调效率捷变磁控管获国家发明三等奖

控溅射薄膜研究，成功研制了国内第一个磁控溅射S-枪并进一步展开磁控溅射规模生产和工艺技术研究，他们的研究水平长期处于国内前列。

浙大作为研究型大学，必须要培养研究生。研究生应当具有更坚实的理论基础，以及研究前沿科学的能力。因此，电真空专业在课程设置上更加注重前沿科学的内容，这得到了学校的表扬与支持。

20世纪80年代，本专业开始招收硕士研究生。当时国家对博士生导师及博士学位授权点设置控制很严，这些都须经国务院学位委员会审批，并在全国范围内征求意见，进行评审。经艰苦努力，电真空专业完成了一些学术水平较高的研究课题，在国内外发表了多篇论文。周文于1985年升为教授，1986年被批准成为博士生导师，专业获批成为博士学位授权点，开始招收博士研究生。不久，陈抗生获批成为博士生导师，李志能也升为教授，专业的师资力量更加强了。

快速发展，以全新面貌进入新时代

1984年，周文调去校研究生院工作，1988年又调去浙江省科学技术委员会工作，本专业的组织领导工作交由年轻的一代继续下去，其改革的步子跨得更大。此后，本专业的口径进一步扩大，与半导体专业及光电子专业合并成为"电子科学与技术"一级学科。博士点在原有"物理电子学"二级学科基础上增加了"电磁场与微波技术"二级学科。1998年，本专业获一级学科"电子科学与技术"博士学位授予权，同时获准设立博士后流动站。在科学研究方面，本专业在原有基础上扩展了电磁场理论与应用的许多项目，在磁控溅射成膜技术多项研究成果的基础上实现了科技成果的产业化。

60年过去了，电真空专业现在完全是一个新的面貌。回顾过去，专业在创建中形成的勇往直前、不怕困难、艰苦奋斗、顽强拼搏、实干苦干的精神，不计个人名利、一心为公、无私奉献的精神，团结协作、集体主义的团队精神，适应时代要求、不断开拓创新的精神，都是值得永远纪念，值得被后世的年轻一代学习并传承。

半导体专业的创建和发展

陈启秀　口述

1952年，全国高等院校院系调整，浙江大学原有的无线电等相关专业被调往教育部兄弟高校[主要为南京工学院（现东南大学）]。1957年6月，为适应产业发展趋势，响应国家发展需要与赶超号召，浙江大学开始筹建半导体专业，从电机系抽调教师组成其师资队伍。1958年4月，经教育部批准，浙江大学正式设立半导体材料与器件专业，成为我国首批设立半导体专业的六所工科院校之一。

1960年，浙江大学电机系撤销电气绝缘与电缆技术专业，并将其1957级、1958级、1959级的学生全部并入无线电系的半导体专业，陈启秀老师和阙端麟老师负责半导体专业筹办工作。

1960年9月，学校正式发文批准成立无线电电子工程学系。12月，为了保密，停止使用原来的系和专业名称，一律改用代号，无线电系为8系，无线电、电真空、半导体专业代号分别为801、802、803。

半导体材料与器件专业建立教研组后，发动全体教师群策群力研讨创业之路。最终，专业决定双管齐下：负责器件课程的教师抓好按教学计划制定的专业课教学和实验室建设工作，负责材料课的教师集中精力搞硅材料科研，尽快实现"教学过关，科研出成果"的专业开办起步目标。

本着对学生负责的态度，本专业年轻的教师团队有着坚定的决心，通宵自学，相互研讨，一同备课，共同研究并改善教学方法，以提高讲课效果。除此之外，为提高学生的设计和动手能力，教师们发动学生参与搭建实验室，共同攻克教学中的实验难关。教师们的刻苦努力不仅实现了自己的教学理想，也培养了得到社会好评的浙大半导体专业学子。

教学过关后，本专业的科研成果日渐丰富。阙端麟老师领导的研究用SiH_4法制备高纯度硅的课题组，和本专业首届毕业的姚奎鸿老师等组成的团队，经过不断努力，陆续

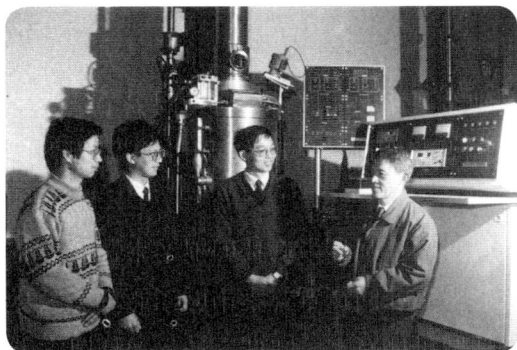
阙端麟在指导学生

陈启秀参加全国半导体功率器件工作会议

成功完成了SiH$_4$法制取多晶硅的试验、拉制单晶硅的研究、硅外延的研究，并建立起半导体材料车间。浙大半导体专业的硅材料研究，在国内具有很高的知名度和显明的研究特色。

教研组讨论科研工作

在器件研究方面，1964年起，本专业开始进行高压硅堆研究、背扩散技术研究，并承接省部级项目：超高压硅大功率管研发、硅外延高压平面大功率管试制、硅达林顿功率管试制以及硅功率管的二次击穿和可靠性研究。20世纪70年代初，浙大半导体器件专业已初现特色，其大功率器件及其可靠性在国内较有影响。陈启秀老师多次受邀在全国性会议或工厂做关于二次击穿的学术报告。1976年，本专业开始了对双极性集成电路的研究，本专业首届毕业生叶润涛作为改革开放后的第一位赴美访问学者，在回国后参加了国家重点项目"熊猫集成电路CAD系统"会战，该项目后来获机电部科技进步一等奖。

20世纪70年代末，陈启秀老师利用本专业实验室的条件，研究了用V形槽的结构制造功率型MOS-FET，并顺利完成了这个项目，拿到了中科院"科技进步二等奖"。这个项目使得被国际公认只能处理信号的MOS-FET划时代地可以做到处理大功率变换，这一成果先后被《人民画报》《解放日报》等报道。V-MOSFET项目和天津半导体四厂合作，试制V-MOSFET大功率管并获得成功，得到

1990年，VDMOS大功率场效应晶体管获评国家级新产品

了天津市政府颁发的科技一等奖。随后，实验室又陆续进行了VD-MOSFET 和IGBT等大功率器件的研究。1990年，浙大功率器件研究所研发的VDMOS大功率场效应晶体管被国家科学技术委员会等四家单位联合评为1990年度国家级新产品。

1979年，当时的浙大校长刘丹出国考察后发现材料科学是发展所趋，就将阙端麟创建的半导体材料教研室与机械系的金相专业合并组建成材料科学专业，原半导体专业的材料部分并入新成立的浙大材料工程系。本专业改名为半导体器件与物理专业，于1979年开始招收硕士研究生，并于1980年首次派遣学者赴美访问，之后邀请中科院半导体研究所所长王守觉院士任兼职教授。

1982年，因半导体光电子学科的发展需要，原专业中的半导体光电子技术教师团队组建成立了浙江大学半导体光电子技术专业，该专业和原半导体器件与物理专业共同于1984年获批准设立微电子学与固体电子学硕士学位授权点。1993年，微电子学与固体电子学博士学位授权点获批。

值得一提的是，浙大半导体教研室和菱湖晶体管厂在多年合作的基础上，共同建议成立半导体科教生产联合体，以使教学科研与振兴我国半导体工业紧密结合，实现培养学生和提高企业经济效益的双赢目的。经双方领导批准，1984年6月2日，浙江大学菱湖晶体管厂半导体科教生产联合体正式成立，这也得到浙江省计经委、浙江省科委、浙江省电子工业局、湖州市政府的支持，有关省市领导（浙江省电子工业厅王建华厅长、湖州

1991年浙江大学功率器件研究所大楼落成典礼

浙江大学菱湖晶体管厂半导体科教生产联合体成立仪式合影

市政府有关负责人）参加了成立大会，浙大韩桢祥校长和校党委副书记周文骞也参加了大会。陈启秀任联合体主任。国务院科技领导小组组长、国家经委经济研究中心负责人先后于1985年、1986年到联合体视察并给予肯定。1989年，本专业的研究所成立，根据胡建雄副校长建议，被命名为浙江大学功率器件研究所。1991年，联合体在浙大盖起了半导体科研大楼。本专业举行功率器件研究所大楼落成典礼时，顾伟康副校长、陈抗生系主任均到会祝贺。该大楼就是现在的微电子楼。

整理人：2013级电子科学与技术专业本科生　马涵之

光电子技术专业的创建和发展

王明华

20世纪50年代初，国内院校专业调整动了浙江大学这一"东方剑桥"的元气，但同时也给予了浙大发展新兴学科的良好机遇。

1958年，浙大在电机系建立了半导体专业。同年，教育部批准浙大创建半导体材料与器件专业。1960年，无线电技术系正式成立。当时的浙大与整个国家一样，建设热情高涨。在全校的共同努力下，学校于1960年创建了与国防相关的10系、11系；在浙江省、杭州市政府的大力支持下，利用原之江大学的校园，新建了浙大三分部，10系与11系于1961年搬迁至此。后因国家遇上三年困难时期，规模较大的10系和11系无以为继，于1962年被撤销，原属两系的学生分别进入相应的其他系，其中60多人进入无线电技术专业，无线电专业由此扩大到四个班。

1963年，无线电系搬迁至浙大三分部，并于1996年全部搬回玉泉校区。其间，半导体材料方向在硅烷法研制高纯硅单晶技术上取得重大突破，研究规模扩大，归入材料系并于1978年首先搬迁至玉泉校区。

随着改革开放的深入发展，国内院校参与国际学术交流的热情空前高涨。以半导体激光器与光导纤维为核心的光电子科学与技术、光纤通信技术迅速发展。受集成电路原理与技术的启发，集成光学理论与技术研究在世界各发达国家兴起，其中美、日、英、法等国水平较高。在改革开放的大好形势下，原半导体专业部分教师发起并组建了集成光电子学研究室，以本科生毕业设计为起点，开展半导体光电子器件的教学与科研，并逐步建立起部分研究设施。

基于半导体光电子技术的重要性，发

创建初期的光电子技术实验室

达国家已把半导体光电子与集成光学技术列为21世纪技术发展的重点领域。为此，集成光电子技术研究室决定以半导体材料为基础的集成光波导理论与集成光学器件技术为主攻方向，聘请了中科院半导体研究所原所长王启明院士，国际知名学者、东京大学教授多田邦雄为客座教授，在化合物半导体材料集成光学研究方面逐步形成特色。

1985年，经教育部批准，包括浙大在内的全国10所高校正式建立光电子技术专业。浙大光电子技术专业于当年即正式招收本科学生。

1985年前后，光电子学研究室获教育部、浙江省科委重点发展项目资助共计70万元，添置了包括100级超净室及光刻系统设备、电子束镀膜设备、双层扩散炉、液相外延系统、光波导测试系统在内的多种教学、科研设备。之后，研究室又获学校20万元的科研资助，用于开展本科、硕士研究生培养。

在一批高素质毕业生，如郑立荣、冯浩、吴志武、林瑜等的通力合作下，本专业获得首批国家"863计划"项目，获得10多项国家自然科学基金项目，无线电系也首次得到国家自然科学基金重点项目资助；本专业还获得首个国家"973计划"子项目，并获得浙江省科委国际合作项目、日本科技厅国际合作项目、日本精工技研合作项目、华为和浙江南方通信重大横向合作项目等，同时增加了工艺、测试研究设备，并对全校开放。

离子交换后的玻璃基片

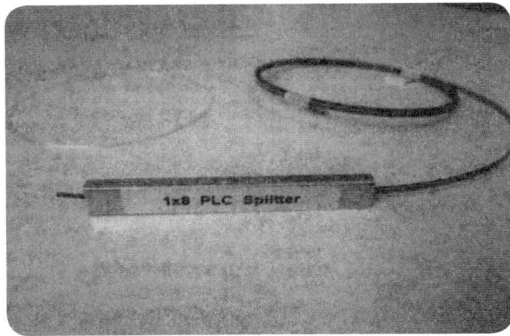

PLC功分器成品

光电子学研究室、光电子技术专业从20世纪80年代初创建，至21世纪初已建成了比较完善的工艺与测试系统，在集成光波导理论、化合物半导体材料、硅基、光学玻璃基集成光波导器件研究方面形成了自己的特色；组成了老、中、青结合的团队，形成了既各自奋斗又紧密合作的团队精神；与日本、美国、法国、比利时、新加坡等国的高校建立了广泛的学术交流及科研合作关系；培养了一批优秀的硕士、博士研究生；先后发表了众多高水平研究论文，申请了大量发明专利并得到了国家专利局的重视。

光电子技术专业于1992年并入电子科学与技术专业。在其独立招收本科生7年期间，宋南辛任教研室主任，康晓黎任党支部书记，朱祖华任实验室主任。集成光电子学研究室在改革开放大潮中努力拼搏，虽经风风雨雨，仍然生机勃勃。

20世纪是微电子时代，由于工业基础与观念上的差距，我国没能赶上这一潮流，以至于现在每年要花3000多亿美元进口集成电路等元器件。如今，我国正从多个方面奋起追赶。

随着光纤通信、光信息处理技术及网络化的快速发展，21世纪迎来了光、电子相结合的时代。愿光电子领域的教学与科研工作不断发展、壮大。

2001年10月，日本精工技研董事长访问光电子学教研室

杭州大学电子工程系的创建和发展

陈偕雄

一、筹建与发展

杭州大学的前身是创办于1897年的求是书院和育英书院。1914年，育英书院发展为之江大学。1952年，全国高校院系调整，浙江师范学院成立，以浙江大学文学院、师范学院、部分理学院和之江大学文理学院为主体，校址在浙大三分部。1958年初，浙江省委决定筹建杭州大学，由著名数学家陈建功教授任校长，设有数学系、物理系等7个系。同年9月，杭州大学面向华东地区招生，其中物理系招生

电子工程系所在的西三教学楼

52人，浙江大学物理系主任黄谟显兼任杭州大学物理系主任。同年12月，经浙江省委决定，杭州大学和浙江师范学院合并，定名杭州大学，并迁至天目山路。

为了适应综合性大学专业建设和国民经济发展的需要，杭州大学需要迅速组建一支能从事相应专业教学和科研的师资队伍。为此杭州大学及其物理系的领导一方面选派大量的教师外出进修学习，另一方面从其他高校引进毕业生。1958年，吕品桢、竺树声、裴元平等到中科院半导体所培训班学习，沈天福、张森去中科院计算所培训学习。1959年，吕品桢、竺树声、单郑生去南京大学半导体专业进修，谢柳咏、王由义、吴桂秀去南京大学磁学专业进修，张鸿翔、胡思书、管启昌去南京工学院（现东南大学）电真空专业进修，庞土广去苏联进修超高频器件。1962年，张礼和去中山大学进修量子电子学。

1960年5月，外出进修的教师陆续回校，共同开始筹建各专业教研室。张礼和与沈天福负责筹建无线电教研室，张礼和任主任，沈天福任副主任。竺树声、吕品桢负责筹建半导体教研室，竺树声任主任，吕品桢任副主任。1961年，杭州大学物理系开始招收五年制无线电专门化和半导体专门化本科生。为了加快专业师资队

杭州大学电子工程系成立五周年庆典仪式

伍的建设，物理系一方面从本系毕业生中选留校任教人员，另一方面通过毕业分配，从复旦大学、厦门大学、浙江大学等省内外高校调入教师，使师资队伍得到充实、师资力量得到提高。

物理系为国家培养出大批优秀人才，有的在国内外高校担任教授，有的在国家重要岗位担任领导职务，如杭州市原市长、住建部副部长仇保兴等。在科研方面，本系承担了中共华东局科委下达的研发8mm混频管和混频器的任务，参加了浙江省彩色电视会战；参与场致发光和等离子体显示器的研创；参与浙江省国防科工委组织的311工程。其中，等离子体显示获1978年的全国科学大会奖。

改革开放至四校合并的20年是杭州大学发展最快的黄金时期。学校陆续采取了一些促进发展的有力措施：①大力发展与国外高校的交流、合作。学校先后与美国、英国、德国、法国、日本等12个国家的54所院校建立了校际交流合作关系，为广大教师提供了出国进修、合作研究的平台。②鼓励教师参加国外举行的国际学术会议，对于经费确有困难的教师予以资助。③通过公派、校际交流等多种渠道选送教师出国深造及进行学术交流。④加大人才引进力度。⑤不拘一格提拔人才。⑥重奖SCI、EI收录论文的作者。⑦积极支持国外学者来我校学术交流与合作研究。上述措施大大激发了教师特别是青年教师的积极性。本系无线电和半导体两个专业先后有20多位教师先后出国进修、访问和合作研究，有的教师还赴国外攻读博士学位，从而为师资水平的提高、孕育新的研究方向创造了良好条件。在此期间，中国科技大学、华中工学院（现华中科技大学）、浙江大学、西安交通大学、西北大学等高校的多名教师加盟本系无线电电子学和半导体物理专业。此外，中科大尤珊圻老师担任无线电教研室主任。本系的国际合作的发展也进入了快车道：国际著名数字电子学学者英国教授赫斯特两次在杭州大学开设讲座和进行合作研究；德国电子学教授莫洛格来本系进行学术交流；瑞典皇家理工学院语音数字处理

教授方特来本系进行合作研究；英国爱丁堡大学Almaini教授与本系联合申报国际合作项目获得批准，双方互派教师去对方学校进行合作研究。这些举措大大提高了本系师资队伍的研究水平，同时培育了若干新的研究方向。

二、教学与学科建设

在教学方面，1982年，电子技术专业获教育部批准成立，并于同年招收第一届本科生（含无线电专门化和半导体专门化），后来，本系根据教育部本科专业目录增设电子工程专业和信息工程专业。为了适应专业教学的需要，本系组织各专业的负责人赴上海兄弟院校实地参观、考察、调研。回杭后，本系教师对收集到的10多份其他院校的教学计划和课程设置进行了多次讨论、研究，制订了新的教学计划。考虑到专业的工科性质，本系增设了实践教学环节，安排学生下厂进行生产实习，鼓励教师带学生到工厂、研究所进行毕业设计，同时延长了毕业设计的准备时间。本系对学生的政治思想教育工作也进行了改革，从而在形成奋发向上的良好学风及提高教学质量方面取得了较显著的成绩：本科英语四级统考的通过率一直名列全校前茅；本科毕业设计完成的新产品样机投产后取得了良好的经济效益，学生科技作品多次获得国家和浙江省奖励；获1993年度"浙江省社会实践先进集体"称号；1991级本科生班获浙江省"先进班级"称号；1991—1994年连续被评为杭州大学校园文明建设单位。

在学科建设方面，本系自1978年起招收无线电电子学、半导体物理与半导体器件物理专业硕士研究生。1984年，无线电电子学专业获得硕士学位授予权，1986年，半导体物理与半导体器件物理专业获得硕士学位授予权。1989年，杭州大学电子工程系成立，竺树声担任系主任，陈偕雄担任副主任。1996年，电路与系统（原无线电电子学）专业获得

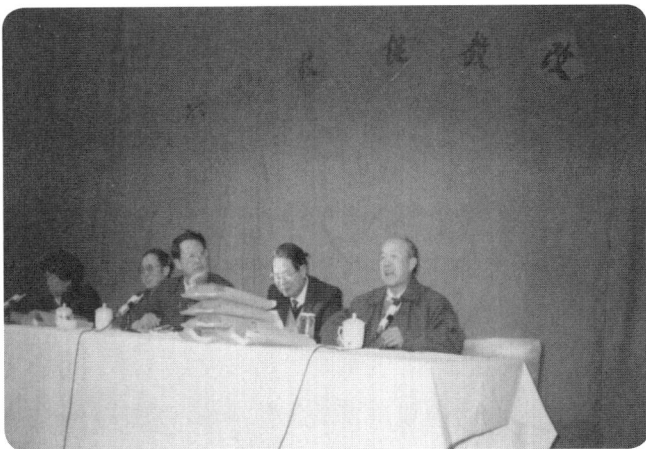

电子工程系主持的教学改革会议

博士学位授予权。20世纪80—90年代，无线电电子学学科点先后被评为浙江省重点学科、浙江省重点扶植学科。优秀硕士、博士毕业生的留校，为电子工程系输送了新鲜血液，使师资队伍得到了进一步的充实和提高。

三、科研与成果

经过多年科研积累，本系原有优势的研究方向得到了进一步的发展，同时通过引进人才、在职教师国外进修访问及国际合作交流等途径和措施孕育了一批新的研究方向，在科研方面取得了很大的进步，逐步形成了有自己特色、有国内影响力的6个研究方向。

（一）科研

1. 语音信号处理

在多项国家自然科学基金和浙江省自然科学基金的支持下，电子工程系深入开展了全息声谱的伪彩色编码显示，嘶哑语声特征分析、提取和处理，语音识别和说话人识别等方面的研究并取得了突破性进展，研究成果国内领先。由张礼和、郑义等完成的"声谱实时伪彩色编码显示及旋笛声学结构分析"获国家科技进步三等奖、浙江省科技进步二等奖。此外，在国家自然科学基金支持下，俞振利和外语系教授吴洁敏合作开展了语音信号和诗歌中韵律之间关系的研究，取得了显著的成绩。

2. 数字电子学、高信息密度和低功耗集成电路设计理论

在多项国家自然科学基金、浙江省自然科学基金和国际合作项目的支持下，电子工程系对数字电子学、高信息密度和低功耗集成电路设计理论进行了深入的研究，取得了多项突破：打破了与–或–非代数系统的限制，提出了与–异或代数系统、或–符合代数系统及通用逻辑代数系统；在数字逻辑的图形方法研究中取得了突破，在国际上首次提出了与–异或代数系统的图形表示–bj图、或–符合代数系统的图形表示–dj图以及RW谱变换中的谱系数图–rj图；在高信息密度集成电路设计领域，提出了数字电路的开关级设计理论——开关–信号理论，设计了三值JKL触发器、三值边沿触发器及二值三值混合电路；在低功耗集成电路设计研究中打破了直流供电的限制，改用交流供电，提出了能量交换电路。在该方向上，本系研究成果颇丰，处于国内领先地位。其中，由吴训威、陈偕雄共同完成的"数字电路设计理论的三层次研究"获得国家自然科学四等奖，两位教授作为浙江省获奖代表参加了全国科技奖励大会，受到江泽民接见并合影留念。另外，本系还获得国家教委科技进步二等奖3项，浙江省科技进步二等奖2项，浙江省科技进步重大贡献奖1项。

3. 红外热电视

蔡丹宇是国内最早从事红外热电视的研究人员之一。他完成的第一项研究成果"红外电视鉴定会"于1982年11月召开（1983年1月16日《人民日报》报道），第二项研究成果"CIR型红外热电视"获1986年机械工业部科技进步二等奖。在上述研究成果的基础上，

蔡丹宇对设计方案、使用器件做了重大改进，使得仪器的精准度、可靠性和稳定性大幅度提高。研究成果"ITV型红外热电视"获1994年浙江省科技进步三等奖。在浙江省科委的强烈要求下，该项成果转让给了浙江省测试技术研究所。此外，蔡丹宇还参与制定了红外热电视的国家标准和军用标准。

4. 等离子体大屏幕显示系统及荧光彩色大屏幕显示系统

尤珊圻带领的研究团队承担了国防科工委委托的、用于军事指挥系统的"拼接式等离子体大屏幕显示系统"的电路及系统设计、研制工作并完成了样机研制。该显示系统是当时世界上拼缝最小的等离子体大屏幕显示系统，该项研究成果顺利地通过了鉴定，处于国内领先地位，并获得国家科技进步二等奖。沈天福带领的团队完成了"ZDY3型多功能荧光彩色大屏幕显示系统"，获得一致好评。

5. 恒流器件和传感技术

电子工程系承担了中共华东局科委、国防科工委及浙江省科技厅多项项目。竺树声、吕品桢负责的研究团队对恒流器件的研制和应用进行了长期、深入的研究，先后研制成恒流二极管、3dh系列可调恒流管、安培级恒流管、dh400型大电流恒流器件，组成了完整的恒流器件系列，并投入了小批量生产；在恒流器件推广应用方面出版了2部专著。恒流器件研究成果获发明专利1项，浙江省科技进步二等奖1项、三等奖2项。在传感技术方面，研究团队对集成温度传感器和光电检测器进行了研究，其中"精密集成恒流源与硅集成温度传感器的研制和应用"获国家科技进步三等奖、浙江省科技进步二等奖，硅光电检测器获国际尤里卡奖。

6. 半导体物理与半导体器件物理

在国家自然科学基金、浙江省自然科学基金和浙江省科技厅等项目的支持下，电子工程系从事半导体的杂质和缺陷、半导体的表面物理和界面物理以及光生伏特效应研究，取得了一系列研究成果："电子辐照提高功率开关晶体管开关速度的工艺技术"获浙江省科技进步三等奖；关于等离子体增强化学气相淀积氮化硅膜的性质与淀积条件的关系研究论文发表于该领域权威刊物 *Thin Solid Films*；对硅的光生伏特效应进行了多方面的研究；对MIS电容器的电容−时间瞬间及其在产生寿命测量中的应用进行了全方位的深入研究。在该研究方向上，本系教师共发表论文70余篇。1992年，张秀森的SCI收录个人论文发表数居全国第一（并列）。1994年，张秀森获光华科技基金三等奖，同年被评为浙江省优秀教师。

（二）成果

自1989年电子工程系成立以来，本系的科研工作有了很大的进展：全系共承担国防科工委攻关项目、国家自然科学基金、浙江省自然科学基金及浙江省科技厅等各类科研项目60余项；获得国家级科研奖励4项，其中国家自然科学四等奖1项，国家科技进步二等奖1项，三等奖2项；本系教授吴训威、陈偕雄还作为浙江省获奖人员代表参加1996年全国科技奖励大会，受到江泽民接见并合影；获省部级奖励21项，其中1996年获浙江省科技进步重大贡献奖1项；本系教师张秀森曾获个人SCI收录数全国第一（并列）。

电子工程系成立以来共获国家和省部级荣誉18项，其中联合国工业发展组织的技术专家1人，有突出贡献的优秀留学回国人员1人，获全国五一劳动奖章1人，全国优秀科技工作者1人，全国优秀教师2人，国家有突出贡献的中青年专家2人，享受国务院政府特殊津贴6人，浙江省科技进步重大贡献奖1人，浙江省劳动模范1人，浙江省有突出贡献的中青年专家1人，浙江省优秀教师1人。

本系在国家和省部级学术团体兼职的有23人，其中美国IEEE高级会员1人，国家级学会会士3人，国家级学会理事7人，国家级学会专业委员会副主任3人，省级学会副理事长6人，省级高级职称评审委员会委员3人。

本系有学报兼职编委6人，其中《电子信息学报》（原《电子科学学刊》）编委1人，《电路与系统学报》编委1人，《浙江大学学报（工学版）》编委1人，《浙江大学学报（理学版）》编委1人，《科技通报》编委2人。

本系有社会兼职6人，其中全国政协委员1人，民主党派中央委员2人，民主党派省委会副主委2人，浙江省人大常委1人。

1978年，中共浙江省委发文，确定杭州大学为当时全省唯一的一所重点高等学校，因此，为浙江省地方经济服务理所当然成为杭州大学的重要任务。杭州大学电子工程系成立以来为浙江省培养了大批工程技术人才和管理人才，他们中的许多人已成为企事业单位的骨干，甚至有的担任了上市公司高管。应义乌市市政府强烈要求，杭州大学在义乌设立了分校，电子工程系在义乌分校设有电子技术和计算机应用两个专业。电子工程系通过科研成果转让、教师下厂参与技术合作以及学生毕业设计，先后向大立公司转让红外热电视技术，为杭州无线电三厂研制100M数字频率计和200M数字频率计，为新安江无线电厂研制场强仪，参与杭州可靠性仪器厂新产品研制。

1999年，杭州大学电子工程系与浙江大学信电系合并为新的浙江大学信息与电子工程学系。

第四章
回忆往事

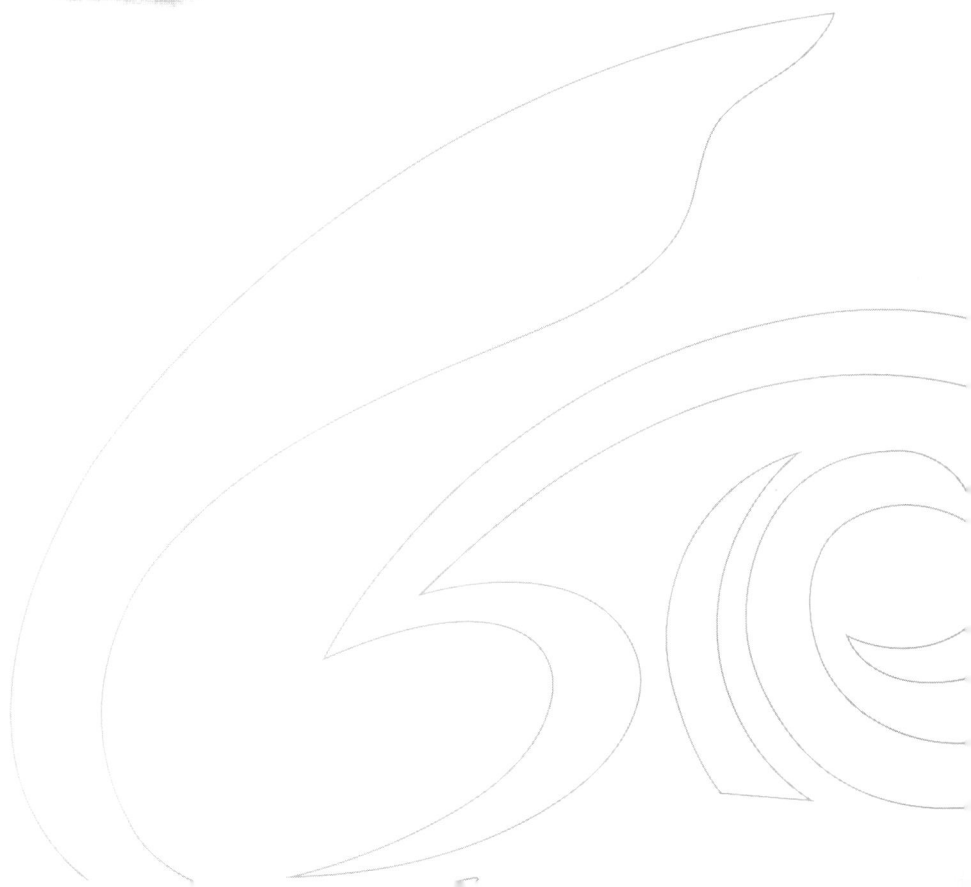

排除万难建系　万众齐心创业

根据《浙江大学报》报道整理

> 编者按：浙江大学无线电系成立之初，师生们发挥吃苦拼搏、勇战困苦的精神，取得了一系列令人振奋的成绩，得到了学校的肯定，受到《浙江大学报》的广泛报道。在院庆60周年之际，学院院庆筹备组根据《浙江大学报》1960年前后对无线电系的几组报道进行整理，撰成此文。

1957年，《浙江大学报》刊登的增设无线电专业的报道

"干"字当头，朝气勃勃

在苦难面前有两种态度：一种是"干"字当头，破浪前进，这是革命战士的英勇气概；另一种则是"难"字当头，畏缩不前，那是懦夫和懒汉的世界观。在特殊年代成立的无线电系，面对苦难采取的正是"干"字当头的态度。在上级党委的领导下，那时的

无线电系加强集体领导，充分发动群众，事事力争上游，扫除种种困难，各项工作出现了勃勃生机。

专业刚建立时，面临着教学任务繁重、师资力量薄弱、设备条件不好、教学经验缺乏等种种困难。无线电系一方面加强了支部的集体领导和对党员的教育，充分发挥支部的战斗堡垒作用；另一方面积极采取虚实结合、破立结合、点面结合等方法，走群众路线，加强群众的思想政治工作，实现了党对各项工作的领导。

"方向对了头，行动有劲头，领导有抓头，群众有奔头"，说的正是无线电系。为了加速建设具有现代工业、现代农业、现代科学文化的社会主义强国，我系发动群众力量，为了全面提高教学质量而忘我劳动。全系师生以昂扬的斗志，在党的领导下，积极采取内外结合、土洋并举等方针，开展了轰轰烈烈的群众运动，马不停蹄地进行劳动，完成一个任务又马上投入新的战斗，不断从胜利走向新的胜利，促进了教学、科研、生产劳动等各项工作的高速前进。

党的教育方针是面旗帜，红旗指向哪里，哪里就硕果累累。当时的无线电系喜报丰收：在上海亚美电器厂生产劳动的无线电561班20位同学和4位教师，下厂后积极参加技术革新和新产品的试制工作，在短短10多天的时间里取得了良好的成绩；电真空571班全体同学和老师一起，经过一个多月的紧张劳动，亲手试制成了首批新型产品，向1960年学校元旦群英会献礼。此类例子不胜枚举，这一个个先进集体的诞生见证着无线电系的勃勃朝气。更值得自豪的是，在1960年2月9日的浙江省群英大会上，浙江大学无线电系被评为先进集体，周文老师荣获"先进代表"称号。

狠抓教研，硕果累累

成立之初，无线电系教研组的6位教师全部都是转行的。刚成立教研组时，教师们连自己专业是搞什么的都不太清楚，其中有一半人还是刚刚提前毕业的，不仅专业课要补，连数学、物理等基础课也要补。要在这样的条件下办这样一个新专业，困难非常之多。但所有人都鼓足了干劲，发扬了苦干、实干、巧干的精神和敢想、敢说、敢为的风格，在1959年12月就完成了3项科研，另外2项对国民经济具有重要意义的科研也已取得初步成果。

在教学方面，新教师要开好新课，任务是非常繁重的，但教师们没有被困难吓倒，教研组充分发挥每个人的最大能力，依靠集体力量来战胜困难。例如，黄恭宽老师在接受任务时还是发配电专业的学生，但他在集体的帮助下，刻苦钻研，对未学到的新知识一边自己一点一点地啃，一边去其他教研组请教，终于在很短的时间里开出了新课。为

在科学实验岗位上

在党的领导下，无线电教研组教师们通过教学实践认识到抓好实验室工作的重要意义，大家意气风发，斗志昂扬，纷纷下实验室工作。现在这个教研组内专职或兼职担任实验室工作的同志佔全组人数的66.6%。由于教师积极主动下实验室，取得了很大成績：①保証实验教学任务的完成，按时开出实验。②在及时开出实验的斗争中，建立和壮大了实验室，比较迅速地克服了原来底子薄、水平不高的情况。③从学到手要求出发，进一步开展了实验教学法的研究。④为开展科学研究、提高科学水平创造了条件，科研又充实了实验的教学质量。⑤在亲自动手参加实验实践中培养起一支实验室工作队伍，提高了师资水平。图为这个教研组教师在指导实验。

教育方針新胜利 教學質量大提高
——記我們學習和考試的胜利
共青团无綫电专业二年級支部

立雄心大志 迅速改變"一窮二白"面貌
毛電电 組 文

青老兩教師
——記811教研組主任邓汉署和青年教師錢照明二、三事

无线电系力争上游，狠抓教研工作

了供给学生合适的参考书，教研组大抓教学基本建设，大抓讲义的编写，宁可教师苦点累点，也要让同学们学得更多一些知识。为保证讲义的质量，教师们参考了大量有关资料，对疑难问题进行了认真讨论，有时不惜花几天时间来解决一个问题。1960年2月，我系就做出了不菲的成绩，新开了19门课，编出了21本共约179万字的讲义。新教师开出的新课均获得了同学们的好评。

教师们充分认识到实验对提高教学质量的重要性，在"因陋就简、步步提高"的原则下迅速建立起9个实验室，设计出89个新实验。为了尽快完成实验中的一些准备工作，教师们就自己学接玻璃。尽管当时有人说，没有几年工作经验的老师傅搞不了这些，但教师们却在分秒必争的高强度学习下，用短短几个月便掌握了这项技术。

当时要求建立三联基地，这需要相当复杂的设备，掌握相关手艺也相当困难，因此系里改变了原来"1960年着手建立、两年建成"的计划。1959年12月，无线电系全体教师和三年级29位同学一起，与杭州电讯器材厂密切协作，试制产品。碰到实验失败的情况，大家就一起讨论、分析，动脑筋提出合理化建议和技术革新措施，并查找参考资料，向兄弟系教师请教。这样奋战了整整10天，经过几十次甚至上百次的失败，我系终于自制了10多样设备，并造出了产品。

教师们克服重重困难，教书育人；同学们不负所望，刻苦学习。为保证学好、考好，系里各个班级注重个人主动性和团队协作精神，把班级分成若干学习小组，由同学们轮流担任组长，并分派支部干部到各个小组深入掌握情况，及时交流经验，解决问题。小组学习过程中，同学们在个人刻苦钻研的基础上加强集体讨论，及时小结，对所学知识加深理解和加以巩固。遇到困难问题，同学们以能者为师，互帮互助。对于学习较为困难的同学，除请教师辅导外，班里还组织学习较好的同学对其进行具体帮助。如此高效的团队协作，大大激发了同学们的学习积极性，我系的教学质量得到了进一步提高。

发展文娱，劳逸结合

无线电系不仅在教育教学工作上尽心尽力，而且全面安排了同学们的工作、学习和生活。我系积极开展体育锻炼和文娱活动，注重劳逸结合，使同学们学习时能够精力充沛，生活上能够保持紧张、愉快、严肃、活泼的氛围。

1960年，无线电系二年级文娱组在党支部的领导下，发挥干劲，在大搞技术革新的同时，开展了一系列的文化娱乐活动。1960年5—7月，文娱组自己组织的以及下厂搞革新时与工人们一起组织的文娱节目超过80个。这极大地丰富了同学们的生活，也有效地鼓舞了同学们的干劲，对生产、技术革新和学习都起到了很好的促进作用。例如，下厂

关于文娱活动的报道

搞技术革新时，当厂内新产品或重大革新项目完成时，文娱组就协助厂里用文娱形式向党报喜；在仪表厂时，文娱组还用了三四天的工余时间编排了中型节目《学赶超制氧杭厂》，充分地反映了仪表厂工人的冲天干劲和雄心大志，该节目的演出有力地鼓舞了工人的斗志，杭州人民广播电台还将这个节目进行了录音，并向外播送了三次。

为丰富同学考试周期间的生活，无线电系同样大力开展群众性文娱活动。例如，在1960年7月12日，时值复习迎考的紧张阶段，系里开展了一个规模较大的、内容丰富的全年级文娱活动。该活动除了有文娱组的节目表演外，还开放了三个教室：音乐鉴赏教室，用于播放各种歌曲和戏剧；娱乐教室，设有扑克、棋类、康乐球等文娱用品以供同学们娱乐；乐器教室，放有二胡、笛子等乐器。全系同学根据自己的爱好和兴趣参加各项活动，有效缓解了备考的压力。

假期是同学们养精蓄锐的好时机。1960年暑假，无线电561班恰好有一半以上同学留校，团支部进行了专门研究、安排，在建议大家每周有一定学习时间，重点学习专业俄文和复习实验技术的同时，也要求同学们休息好、放松心情。比如，团支部鼓励班里同学在早上天气凉爽时进行一些体育锻炼活动或隔天下午去游泳，并组织了郊游、划船等活动。此外，团支部还组织同学们看有意义的电影，参加音乐讲座、小说漫谈会、"无线电事业发展前景"报告会等活动。

可见，无线电系的师生们不仅懂得积极工作、刻苦拼搏，还能利用丰富多彩的生活，积极培养自己成为有文化、有能力的接班人。

我们心目中的何志均老师

1962级无线电专业　田设富

2016年6月2日6时55分，恩师何志均先生与世长辞，享年93岁。噩耗传来，身处全国各地的同学无不悲痛万分，纷纷发来唁电，表示沉痛哀悼。浙大无线电系1962级在杭同学，代表浙江省内外本专业全体同学，以三个班集体的名义，庄重地敬献了花圈；参加了6月5日的告别会，表达了全体同学对何志均老师的无限敬意和思念。

1962年9月，我们考入浙大无线电系（8系）无线电技术专业，分3个小班，分别是801-621、801-622和801-623。大一、大二分别在浙大二分部（文一路）和玉泉本部度过的，大三搬到浙大三分部。大三之后我们与何志均老师接触的机会较多。那时三个班的男同学分别住在二、三平舍，当时学校正提倡师生同住、同生活，时任系主任的何志均老师就住在二平舍201室，紧挨着我们二班的宿舍。同时住在二、三平舍的还有顾伟康等10多位老师。从此，我们朝夕相处直到"文革"初期。正如801-623班同学、中科院院士、"嫦娥一号"探月工程总设计师总指挥叶培建同学所讲的那样，我们与何志均、姚庆栋、顾伟康等老师一起搞"四清"，一起到转塘劳动，一起在三分部学习、生活，师生之间确实有着不同寻常的深厚情谊！

何志均老师正直朴实、庄重淳厚、为人师表的学者风范给我们留下了永生难忘的印象。在我们年级1964年元旦联欢晚会上，40岁出头的何志均主任来到本部大教室的联欢晚会现场，给我们做了第一次报告。报告直奔主题，在简明扼要地介绍了无线电系的过去和目前的情况后，就大谈无线电技术及应用广

何志均教授庆寿会

何志均教授参加学生聚会

阔的将来和发展前途，大力宣传浙大的"求是创新"精神，鼓励同学们一定要崇尚"求是"校训，踏实求知，打好基础，激励大家在科学道路上勇于攀登，为国家做贡献。报告语言朴实，内容动人，短短一二十分钟里，同学们多次报以热烈掌声。

何志均老师讲课条理清楚，思维严谨，逻辑性强，其知识广博又有新意，这是我们对他最深刻的印象。我们大三的无线电技术基础课程是他亲自教授的。作为系主任，系里工作千头万绪，他不辞辛劳，亲自编写教材，亲自讲授。在我们的印象中，他讲的课条理非常清楚，深入浅出，易学易懂；他讲的例题、试题解题评析，注重结论，更注重解题的理论、思路和步骤，甚至按解题的步骤进行给（扣）分，十分强调解题的科学性、严谨性。他在授课时经常告诫我们，只有思维清楚、步骤正确，才能解决好千变万化的问题。他为讲授的每节课、每道例题都花费了大量精力，做了精心准备。在三分部的日子里，每当我们晚自修后回宿舍，总能看见201房间的窗户透出那熟悉的灯光，那灯光经常亮到很晚。他在备课过程中，致力于把最新的知识传授给学生，所以他讲课很有新意也很生动，同学们都很喜欢。20世纪60年代，科技发展突飞猛进，科学知识日新月异。何志均老师始终不倦地学习，努力掌握新知识，不停地认真探索、苦苦追寻世界上学科的前沿动向，即使在"文革"初期的日子里也不例外。正是他这种对新知识执着而持之以恒的追求，对学科发展勇于创新、敢于担当的魄力，为他在成功创办无线电系后，于20世纪70年代后期又成功创办了浙大计算机系及多个学科创造了条件，也为他一生从教60余年，成为一位名副其实的教育大师，奠定了坚实的基础。

在与何志均老师一起生活的日子里，我们观察到他的生活十分俭朴。记忆中，他居住的二平舍201房间里，除了一张普通的床铺和一张办公桌外，几无家具，小沙发也是半旧的、最普通的那种，几个旧书架上放满了中外电子专业书籍和大量的笔记本，室内卫生也是自己打扫。因为住在隔壁，何老师常来我们学生宿舍串门。他一年四季穿的都是大众服装，吃的都是食堂餐，毫无特殊之处。当时的教师包括领导虽然收入不算丰厚，但对他而言，改善一点生活条件还是绰绰有余的，但何志均老师没有那样做。后来我们才知道，2003年，他支持设立了"浙江大学计算机学院和软件学院何志均教育基金"，用于奖励贫困优秀学生；2015年，何老师夫妇又捐资500万元设立了"浙江省云惠公益基金"，致力于扶助社会弱势群体的教育与医疗。他用自己一生的劳酬回报社会，不追求名利，真是感人至极！

何志均老师始终关注每个学生的成长，细致入微地关心学生的学习和生活。我们大一时，由于大部分同学来自农村贫困家庭，经济条件较差，部分同学生活存在一定困难，但因各种原因助学金偏低。他和其他系领导知情后，通过电机系领导在大二上学期及时进行了助学金调整，解决了这部分同学在生活方面的后顾之忧，使他们得以继续完成学业。另外，我们刚到三分部的那年冬天特别冷，而很多同学床上仅有一条不厚的棉被，更无床垫。何老师了解情况后，指示有关部门组织采购了一些稻草，分给同学当作床垫，使同学们顺利过冬。大二上学期，有位同学在某一门课程的学习上有困难，他组织班里同学互帮互学，帮助该同学顺利跟上。个别同学家有急事向他请假，他先想到的是要落实该同学回校后及时辅导补课的工作。尽管无线电系基础课难度大是全校出名的，但整个1962级没有一个掉队留级的同学。当时大家喜欢在课余装配半导体收音机，他也在宿舍里自己动手装配，有时还会与同学们交流装配心得，非常平易近人。这些事情，一件件一桩桩，大家都记在心间。

何志均教授与师生合影

何志均老师和蔼可亲，平易近人，爱学生如子女；同学们也都视他为长辈，喜欢他，敬仰他，爱护他。"文革"期间他受到批判，同学们都于心不忍，批斗时也只是草草走过场。正如他自己所讲的一样，同学们的拳头高高举起，轻轻放下。每当班级按任务组织批判他时，同学们大多以读有关报纸代之。1968年初，何老师正在被管制在外劳动，801-623班的叶培建等同学贴出"要把何志均废物利用，让他来给我们上课"的大字报，这不仅反映大家对知识的渴望，更反映的是对何志均老师的敬佩与爱戴，并力所能及地去保护我们敬爱的何志均老师！

如今何志均老师走了，我们会永远怀念他！他辛勤耕耘60多年，早已是桃李满天下，芬芳遍四海了。他的高尚品质，他对事业的执着追求和勇于担当的精神，是留给后人的巨大的精神财富，将激励着千千万万浙大学子，在人生成长的道路上勇往直前！

修改人：王春富　方金炉

先贤驾黄鹤 德馨留成均
——深切缅怀姚庆栋先生

仇佩亮 周峰 张明 王匡 等

姚庆栋先生于1952年毕业于浙江大学电机系，后留校任教，是浙江大学无线电系和浙江大学11系的创始人之一。姚庆栋先生于1981—1988年任信电系主任，1989年被评为全国优秀教师，1990年获国家教委科技进步二等奖，1996年被评为国家科技"八五"攻关先进个人，1997年获浙江大学竺可桢教育奖。他是国内第一代从事视频压缩编码研究的科学家和教育工作者，影响了中国乃至世界从事视频图像编码科学研究与应用的一代人。

姚庆栋先生于2013年8月7日与世长辞。他在浙江大学执教60余年，把一生都奉献给了浙江大学，奉献给了我国电子信息事业。先生虽已作古，但是薪尽火留，他的学术思想、道德风范永远留在浙大信电师生心中。

追求真理，德才兼备

姚庆栋老师天资聪慧，曾经在小学和中学时跳过两级，同时考取了浙江大学、上海交通大学、同济大学、北京大学、清华大学和台湾大学。他于1947年秋进入浙大化学系学习，从此与浙大结下了一生之缘。

当时正值中国历史上最危险困难的时期，受进步思想影响的姚庆栋老师于1948年冬加入中共浙大地下党，在浙大地下总支社团支部工作，负责组织进步的群众开展文艺社团和舆论宣传工作。此外，姚老师组织学生、教师和群众参加了各项护校应变工作，并在新中国成立后参加了杭州军管会工业部工作。

常怀科学报国之心的姚庆栋老师在完成军管会工作后，重回浙大并转入电机系继续学业，1952年毕业后留校工作，开启了他60余年的浙大执教生涯。20世纪50年代中后期，姚庆栋老师受国家和学校的重托，和其他师长、同事一起克服重重困难，分别创建了浙

时任校长潘云鹤、常务副校长倪明江出席姚庆栋教授从教50周年庆祝会

大无线电系和当时教育部高校系统中第一个国防保密系——11系（导弹与火箭）。创系之初，姚老师与其他几位创始人夜以继日，呕心沥血，克服重重困难，努力收集资料，编写教材，甄选和抽调教师组建相应的学科和教研室，并从其他系遴选学生，终于将两个系逐步组建了起来，并为学生开出了各类相应的课程。姚庆栋老师亦在不同时期担任过两系的系主任。

姚庆栋老师一生治家严谨，生活简朴。家中九寸的黑白电视机就是姚老师自己亲手安装的，一用就是许多年。尽管喜爱古典音乐，姚老师多年不曾更换家中音响系统。但是姚老师从不吝啬于帮助那些有困难的同事和朋友，无论是从精神上还是物质上。姚老师和夫人，一个在外操劳一个勤俭持家，在艰难困苦中养育了三个儿女。姚老师时时教导子女们要认真做人，尽心做事。在严格要求子女自强自律的同时，姚老师在家庭生活中一贯倡导公开、理解、宽容的相处原则，父母与儿女常常会就某些问题进行深入的探讨和交流，家庭氛围民主而宽松，融洽而温馨。

春风化雨，诲人不倦

探求科学真理和教书育人是姚庆栋老师人生的乐趣和毕生的追求。姚老师治学态度认真严谨，善于刻苦钻研，做事一丝不苟，从不马虎敷衍。即使在"文革"受迫害期间，姚老师一有机会就坚持学习，跟踪科技进展，勤于记笔记，勤于积累资料，总期待有一天会用得上。姚老师遗物中有他记录的笔记本和卡片，一摞摞分门别类，整整齐齐，横跨各个学科。这些笔记和卡片始于20世纪50年代，甚至在"文革"期间也从未被间断，直到姚老师逝世。20世纪七八十年代，系里恢复研究生招生后，姚老师的研究生和同事到他家中讨论课题或教学问题，常常是几个人挤在小小的饭桌边，每人一杯清茶或白水，各抒己见，讨论到深夜。

姚庆栋老师在浙大时编写了无数教材，开设过20多门专业课，曾获"全国优秀教师"荣誉称号和

姚庆栋教授荣获"全国优秀教师"奖章

浙大竺可桢教育奖。他是国内第一代从事视频压缩编码研究的科学家和教育工作者，在改革开放之初就向国内引进国际先进学术思想，并创办国际研修班。他领衔编著的《图像编码基础》教材自1984年以来，总计出版三版，影响了中国乃至世界从事视频图像编码科学研究与应用的一代人，至今仍被清华大学等高校当作经典教材使用，推动了我国宽带图像通信事业的发展。

姚庆栋老师桃李满天下。他最津津乐道的并不是他自己的成就，而是自己学生的成才成功。姚老师把国外进修时研究的成果传授给学生，并把他申请的国家科研基金项目交给学生做毕业论文，指导学生完成项目的研究课题。除了在理论上对学生的学术工作进行指导外，姚老师一直注重联系实际，时常教导学生要养成很强的实践动手能力，关注实际的应用工作。姚老师不满足于理论分析和计算机仿真，重视硬件平台建设和原型样机制作。尽管硬件样机制作要求学生具有更深厚的知识积累，但这也培养了学生们高水平的硬件制作能力，使学生们备受工作单位的欢迎和重视。在姚老师的倡导下，重视硬件工作已成为信息与通信工程学科的一个传统。如今，姚老师直接培养的100多位博士生和硕士生，已成为海内外各行各业的中坚主力和领军人物。

提携后进，集贤纳才

培养青年教师一直是姚庆栋老师工作的重中之重。姚老师奖掖后学，提携晚进，甘为人梯，善做伯乐，培养和造就了一大批优秀的年轻教师和干部。建系之初，他就在系里组织了各类青年教师培训，如开办英文、日语训练班，提高教师的外语水平，以便更

好地吸收国外的科学前沿知识，以及更好地与国外同行进行学术交流；请系里老教授或亲自为年轻教师上专业知识课，以提高年轻教师的专业理论水平；在系里开展课程指导、课题讨论、前沿知识分享等活动，以提升教师的整体业务水平，这亦成为学院至今有特色的学术活动之一。中青年教师队伍的建设及其总体水平的提升，为信电学院改革奠定了坚实的基础。

1990年，姚庆栋教授在英国里丁大学做图像编码的报告后的留影

姚庆栋老师任人唯贤，没有门户之见，并以其平易近人的人格魅力影响着周围的年轻教师，甚至成为他们人生道路上的引路人。仇佩亮老师曾深受姚老师的知遇之恩。1980年，研究生毕业后正在求职的仇老师在全国信息论年会上与姚老师相识。在了解仇老师有到无线电系任教的意愿后，姚老师热情地向他介绍浙大无线电系的情况，并且亲力亲为，帮仇老师解决种种人事上的问题。仇老师到无线电系工作后，姚老师在教学、科研、工作上为他提供了许多帮助：把自己收集的教学资料毫无保留地交给仇老师，并推荐仇老师兼任无线电系第一任研究生秘书，1984年又极力推荐仇老师赴德国进修。在仇老师担任系主任期间，姚老师总是很乐意地帮助仇老师解决问题。申报国家第一批重点学科时，姚老师与其他老师一起，献计献策，凝聚全系力量，鼎力相助，2002年春，"信息与通信系统"二级学科成功被评为国家重点学科。

在各位老教授及系骨干的大力支持下，姚庆栋老师精心设计、领导推进了全系教学体制、教学内容和教学方法的改革，把原来以典型设备为中心的教研室和课题组逐步改造成以学科方向为核心的有鲜明专业特色的研究所、室、组，开设了一系列高水平的基础课和专业课。他并力排众议，和系里其他老师一起努力，将系名更改为"信息与电子工程学系"，奠定了无线电系之后的发展基础，开创了浙大信息与通信工程国家一级学科的基本格局，使我系在极短时间里走上了快速发展的轨道，在国内高校中名列前茅。

高才卓识，时代先锋

姚庆栋老师是国内电子信息学科的著名学者，在图像编码、实时图像处理、高清晰度电视、数字通信和微电子系统集成芯片设计等领域都取得了很高的学术成就，是这些学术领域的权威专家。

在国家科技发展的各个时期，姚庆栋老师领头参与了多项国防科研、自然科学基金、国家"863计划"大型科技攻关项目，一生成果丰硕。20世纪50年代起，他承担了电动机励磁调节器等工业重点项目，后又长期主

1996年，姚庆栋教授获得国家"八五"科技攻关突出贡献奖

持"歼击机改为俯冲机计算与比较装置"等国防科研项目。这些项目都取得了圆满成功，姚庆栋老师为国家做出了很大贡献。

20世纪80—90年代，姚老师指导的国防科工委和电子工业部科研项目"实时图像处理系统设备""多种宽带的图像压缩编码装置"，国家科委"八五"科技攻关项目和国家自然科学基金"高清晰度电视仿真系统研究""HDTV功能样机系统"等重大项目都取得了巨大成功，研究成果受到国家好评。同时，姚老师带领浙大在图像处理、图像通信、HDTV研究领域达到国内领先地位，为中国图像通信和数字电视技术与产业奠定了坚实的学术与技术基础，培养了一大批核心人才，他也因此获得国家科技"八五"攻关先进个人的荣誉。

姚庆栋老师是国内最先认识到集成电路重要性和系统设计对于集成电路设计的主导作用的科学家之一。他于1996年带队成功设计16万门BAP128芯片，1997年以0.7μ工艺一次流片成功，这是当时国内最大的应用芯片。后来他带领的团队又为该芯片成功开发了全套软件，并将该芯片成功运用到军事"863计划"。可以说，他开创了浙大ASIC设计的先河，培养了一批年轻优秀的集成电路设计专家，是国内SOC设计的先驱。

姚庆栋老师从改革开放一开始就从事数字电视技术的研发，为中国实现数字电视强国梦奋斗了30多年。他非常关注并且积极推动数字有线点播电视技术发展，曾带领团队与国内有关企业合作，攻克有线电视点播技术和有线电视双向传输技术的难关，开发出电缆双向传输顶盒，获得广电总局第一张入网证和信息产业部的技术进步三等奖，这使得浙大在宽带接入（HFC）领域的研究水平迅速赶到国内前列。姚老师在我国数字高清晰度电视研制过程中所起的重要作用和所取得的成就，足以表明他是中国数字电视发展的

元勋。

　　姚庆栋老师不遗余力地在这些领域深耕，不断做出高水平研究。他不仅对于所研究领域的系统、原理、方向清清楚楚，而且在具体电路、结构、指令方面也都明明白白。姚老师能在多个领域始终处于研究前沿，并不断取得丰硕成果，这是非常难能可贵的。信息科学技术日新月异，姚老师的学习和研究也从不停息，他几乎每天都按时到实验室，总是那么勤奋，那么精力充沛。他的理论研究成果亦很丰富，曾在中外杂志上与同事一起发表论文近250篇，并著有《图像编码基础》《数字无线传输》等多部专著。

　　　　　　　　　　　　　　本文摘选自《浙江大学深切缅怀姚庆栋教授文集》

艰苦奋斗　顽强拼搏　团结协作　共同创业

周　文

作者简介：周文，1931年9月生，教授，博士生导师，1953年毕业于浙江大学电机系，浙江大学电真空专业创始人，曾任电真空教研室主任、无线电系副主任、浙江大学研究生院常务副院长、浙江省科委主任、省科协副主席，曾获国家发明三等奖。

　　我于1953年毕业于浙江大学电机系电机制造专业，1958年来新建的无线电系筹建电真空技术专业，当时既无思想准备又无业务准备，完全是空手而来。我们在学习研究苏联教学计划与大纲后发现，新专业要求有新的业务基础，我过去在电机系所掌握的课程基础是不够的，需要学习许多新的基础知识，另外，我们所能获得的讲义、参考资料也很少，所以备课非常吃力。当时有苏联专家来华讲课，但我们抽不出时间去学习，只有自己努力收集资料，精心钻研，条件十分艰苦。除了业务上的困难，当时生活条件也十分艰苦，无线电系于20世纪60年代搬到浙大三分部，那里没有煤气，我们每天需要用煤饼烧饭，要借三轮车到南星桥买煤饼，买回来后还要推上山。如果要买猪肉、鱼、蛋等荤菜，就需骑车到转塘去，而且那时没有电冰箱可供我们长期储放食物，因此我们需经常去。当时还没有洗衣机，我老伴用大木盆洗衣服，那时女儿还小，老伴常常是把女儿背在背上洗衣。我老伴储璇雯在教研组内负责阴极电子学和电子管的课程，也需补许多基础知识，又要编讲义。她每天晚上备课到深夜，第二天还要一早起来生炉子，真是非常辛苦。

　　当时我们对教学质量的要求是很高的，强调教学要与生产劳动相结合，不但下厂进行生产实习与劳动，而且勇挑重担积极与企业合作开展科研建设：配合浙江省第一家电子管厂的建设，在校内建立了电真空工艺实验室，与杭州电子管厂合作，成功研制浙江省第一只真空二极整流管，同时还建立专业实验室，设计出了专业实验。

建专业的任务是艰巨的，可喜的是，我们专业培养出来的首届学生非常优秀，许多学生成为建设国家的有用之才，有的成为单位的骨干力量，有的成为大学教授，还有的成为国有大企业的总工程师、厂长，如陈抗生担任浙大无线电系的系主任，斯志纯担任了国营4404厂的厂长。

无线电系是我们以艰苦奋斗的精神创建起来的。1960年元月，浙江省召开浙江省文教方面社会主义建设先进集体和先进工作者代表大会，无线电系被评为浙江省文教方面先进集体，本人被评为文教方面社会主义建设先进工作者。这不是我个人的荣誉，而是我们专业全体教工奋发图强的成果。

1962年我们专业第一届学生毕业，电真空专业的教学开始进入稳定状态。1964年，华东局科委的赵处长来浙大找我们谈，说当时中苏关系紧张，北方边防急需炮瞄雷达，而其核心部件是大功率的毫米波磁控管，国家很缺这种管子。赵处长问我们能否研制并协助上海灯泡厂生产这种磁控管，并希望浙大成为华东电真空器件的研究基地。当时我们刚渡过教学难关，还没有实际搞科研的经验，生产条件也不够，而且这不是一般的理论研究任务，而是要真刀实枪进行实际加工生产。我们既没有生产设备，也没有生产技工，更没有生产经验，这个任务难度很大。但当时是国家困难、边界紧张的时候，华东局科委的赵处长亲自找到我们，这让我们有一种强烈的爱国使命感以及一种大无畏的精神，我们相信在华东局科委的领导与支持下肯定能完成这一任务，就毅然大胆承担了下来。

磁控管核心部件是一个形状复杂、精度要求很高的多腔金属谐振腔，其加工非常困难。为此，我们用科研经费专门购置了特殊加工用的线切割机床与专门进行检测的大型精密投影放大仪，并且培养专人进行加工与测试。管子采用钡钨阴极，这是一种特殊的材料，要求既能高密度发射电子，又能耐电子轰击，其制备难度很大。我们发扬自力更生、艰苦奋斗的精神，自制高压油压机压制泡沫状钨基体，自行配制钡酸钙锶发射材料，自己喷制磨削加工成型。管子要求高真空度，管内有大量金属需长时间的高温烘烤排气，常常需要连续加工几天几夜，这些都由我们专业师生自己值班负责。经过失败、改进、再失败、再改进，反复尝试，我们终于成功研制出了样管。当最后进行整管测试并测出磁控管的脉冲功率达到40kW的指标要求后，大家都非常兴奋并引以为豪，因为这是我国第一只自己独立设计、自己加工生产的大功率毫米波磁控管。

当时完全是考虑到国家的需要，我们才承担了这个任务。这项任务进行期间，全专业师生花费了很多的精力。特别需要提出的是，大功率毫米波磁控管的研制始于1964年，当研制进入攻关关键的时候，"文革"开始了，我被"靠边"。但教研组全体教师特别是课题组成员仍然团结一致积极工作，排除干扰，在1967年完成了任务，这实属不易。由于这是国防任务，所以我们没有发表论文，"文革"期间国家也没有奖励，我们夜以继日地苦干完全是为了满足国家的需要，而不是为了名利。当这项成果被移交到上海灯泡厂生产又被正式用到了国防前线的时候，我相信这是当时我们专业完成得最为艰苦却是最好的一项科研任务。

1987年，我被评为浙江省优秀中青年科技工作者。我只是我们专业的代表，在科研工作中全专业师生都废寝忘食、忘我投入。这项荣誉是大家艰苦奋斗团结协作的成果，光靠一个人是不能获得的。

电真空专业是苏联计划经济时代教学体制的产物，改革开放后难以适应时代发展，专业亟须改造。因此电真空专业更名为"物理电子技术"，在课程上更加注重前沿科学的相关内容，在科研上开拓了光电子学的发展方向，开展了光纤密集波分复用以及高分辨率分布型光纤光缆传感技术的研究，该方向有的博士研究生在毕业后还继续研究，并与工厂合作实现研究成果的产业化。专业同时与材料系、物理系合作进行了单晶光纤研究，成功研制了有特色的蓝宝石单晶光纤高温传感器，该传感器在测量高温方面有独特的优点，其技术水平在国内处于领先地位。随后，学校成立了单晶光纤研究中心。由于我们专业在国内电真空研究方面有较强的影响力，中科大在筹建全国第一台电子同步辐射装置时，特邀请我们参加合作，由此我们双方展开了电子同步辐射与自由电子激光的合作研究。1982年我赴美进修时，曾前往美国布洛海文国家实验室与斯坦福大学同步辐射中心进行学习并合作研究抑制高频

周文荣获的证书

1982年，周文在美国布洛海文国家实验室对抑制同步辐射器高频加速腔中高次模进行实验研究

1985年，浙江高校代表团访问英国高校

加速腔中高次模的新方法。

　　改革开放后，高校加强了对外交流与合作。我于1985年作为浙江高校代表团成员访问英国，结识了英国利物浦大学英国国家自由电子激光实验室的Lucas教授，我将硕士研究生孔刚玉介绍过去进一步学习，他在那里完成了自由电子激光的博士论文。孔刚玉研究工作完成得很好，后来留在利物浦大学任教。

　　我在研究生院主持工作时，开展了与国外高校联合培养博士生的工作，派了许多学生出国进修。我的学生杨冬晓就曾去德国亚琛工业大学学习，他是浙江大学与亚琛工业大学联合培养的博士生，毕业后在浙大任教。此外，得益于包玉刚先生捐助的基金，我们设立了包玉刚基金，资助全校研究生出国留学。

　　1988年，浙江省委调我去浙江省科委主持工作。我积极推行国家火炬计划，推动了浙江省高新技术的研究与高新技术产业的发展，建立了高新技术园区，同时建立了浙江省自然科学基金，推动了基础科学研究，为推进浙江省科技发展与进步做了一些贡献。

披肝沥胆天可见　学成终得报家国

陈启秀　口述

人物简介：陈启秀，1933年2月生，教授，博士生导师，1956年毕业于浙江大学电机系，浙江大学半导体专业创始人之一，曾任半导体材料与器件教研室主任、半导体器件与物理教研室主任、浙大半导体功率器件研究所所长，曾获中科院科技进步二等奖、天津市科技一等奖、浙江省科技二等奖等多项奖励。

现学现卖：教学实验双双通关

1952年全国高校院系调整，已拥有7个学院的浙江大学进行了一次大手术式的调整。理学院、农学院、医学院等全部调整出浙大，原有的通信、电子等相关专业也调归兄弟高校［主要为南京工学院（现东南大学）］。调整之后，浙大只剩下机械系、化工系、电机系和土木系。

1957年，为适应产业发展趋势和响应国家发展科技与赶超的号召，浙江大学开始筹建半导体专业。刚从浙大电机系毕业不久的陈启秀老师，被指定和阙端麟老师一同参与该专业的开办筹建工作。这对于一位刚毕业几年，还缺乏经验的年轻教师来说，无疑是一个不小的挑战。他没有退缩，在艰苦的条件下，勇敢地去迎接挑战。

所谓"巧妇难为无米之炊"，在那段艰苦岁月里，陈启秀老师又是怎样和同事、同学们一起克服重重困难，建立起半导体专业的呢？

万事开头难。陈启秀和阙端麟老师受命开始筹建半导体材料与器件教研组，他们首先碰到的问题是：教师是年轻的，没有教学经验；学生又是从电机系转过来的高年级学生，没有相关经历。于是他们发动全体教师进行讨论，经过群策群力，集中起大家的意见，最终决定：负责器件课程的教师抓好按教学计划制定的专业课的教学大纲和实验室建设工作，负责材料课的教师集中精力搞硅材料科研，大家分工协作，以尽快实现"教学破关卡，科研出成果"的专业开办起步目标。这给当时没接触过半导体的年轻老师带来了何等的压力

教研组讨论科研工作

啊！然而事实证明，这支年轻的团队团结努力，不仅很快办起了半导体专业，而且培养了一批得到社会好评的浙大半导体专业学生。"我们没有辜负党和系领导对我们的信任和期望，并为浙大半导体后来的发展打下了良好的基础。"陈老师颇为自豪地说道。

半导体专业的发展，无论是教学或科研，主要靠的是老师们的共同努力。当时专业的教学计划参考了苏联高校的教学大纲，开设的专业课程有半导体物理学、半导体材料、晶体管原理与设计、半导体器件、集成电路原理与设计、半导体工艺、晶体管电路等。很多教材只有英文原版，所以老师们只能自己边翻译边学习。为了教给学生，老师要自己先学，通俗地说就是"现学现卖"。陈老师白天有行政工作，一般都在晚上进行自学与备课。他几乎每天都学习到凌晨两点。他的生物钟似乎有了定时功能，每晚当他看书看到困了时，一看表："啊！又两点了，睡觉！"

老师们能很快地接受新知识，主要得益于在浙大读书期间打下的良好基础，因此对新的知识也能够靠自学很快地掌握。陈老师和同事们本着对学生负责的态度，要求上课的老师如果对教学内容没把握，要在给学生讲课之前提出，并将这些内容先在教研组里试讲给同事们听，听听大家的意见，这样可以及时纠正不对的地方，改善教学效果。通过老师们刻苦的努力，各门课堂教学任务都顺利完成了。

在建立实验室特别是半导体工艺实验室的过程中，专业的老师们发动学生一起参与。

陈启秀老师在科研中

"当时师生都在一个党支部，一来年龄相差不大，二来自觉性都很强，所以师生的关系都很好。之所以要学生一起参加实验室建设，主要是因为这对提高学生的设计和动手能力有好处。"半导体器件专业的课程很多，其自成立开始就实行以教学为重点的工作方针并积极建立教学实验室。在实验缺乏指导的情况下，陈老师和同事们时常带着学生一起在实验室里进

行探索。当老师也无法提供十分有效的经验指导时，这一批同学们没有任何畏惧，反而热情高涨地和老师们一同进行探讨。师生之间相互鼓励，亦师亦友，很快就产出了不小的科研成果。

大胆追梦：科研进展赶超先进

半导体专业离不开材料，而半导体材料的研制是陈老师和阙端麟老师作为专业负责人所无法回避的大山。当时由于国际上的技术封锁，我国的半导体材料几近于无。科学没有平坦大道可循，唯有勇攀才能到达高峰。"当时想，要办好专业就不能慢慢来，要有赶超精神。而要搞半导体，没有材料不行，所以我们抓了材料的研究。由于研究条件很差，阙端麟老师提出用SiH_4法制备高纯硅，可以说半导体专业是从'摇玻璃瓶'起家的。"这虽说是一句玩笑话，却可见当时条件之艰苦。后来，参加材料研究的老师们经过不懈努力，陆续成功地完成了SiH_4法制取多晶硅的试验、拉制单晶硅的研究、硅外延的研究，并建立起半导体材料车间；使得浙大半导体专业的硅材料研究在国内具有很高的知名度和鲜明的研究特色。1979年，浙大校内进行了一次院系调整，将半导体专业的材料部分并入新成立的浙大材料工程系。

浙大半导体材料的特色是采用硅烷法制取多晶硅，半导体器件方面则在1964年开始进行高压硅堆的研究、背扩散技术研究，并承接省部级项目，进行超高压硅大功率管研发，试制硅外延高压平面大功率管，试制硅达林顿功率管以及进行硅功率管的二次击穿和可靠性研究。20世纪70年代初，浙大半导体器件研究也已初现特色，其研发的大功率器件及其可靠性在国内较有影响，陈启秀老师多次受邀在全国性会议或工厂做关于二次击穿的学术报告。同时，浙大半导体在大功率器件方面的研究得到了兄弟院校和相关企业的支持与认可。

20世纪70年代末，陈启秀老师了解到在美国有人提出用V形槽的结构制造MOS-FET，

20世纪90年代初，陈启秀教授在指导学业

这使之前只能处理小信号能力的MOS-FET可以处理大功率交换，是MOS-FET的划时代的进步，这激起了陈老师进一步研究的热情。于是陈老师就开始组织团队进行研究。当时来参观的美国教授看到半导体专业的实验室在进行V-MOSFET的项目，告诉时任系主任的陈抗生老师，这个项目在美国也才刚刚起步。不到两年，陈启秀老师带领的团队经过艰苦奋斗，日

夜加班，终于顺利地完成了这个项目，并且拿到了中科院的科技进步二等奖。这在当时产生了一定的影响，《人民画报》《解放日报》等对此进行了报道。随后，陈启秀老师及其团队又进行了VD-MOSFET 和IGBT等大功率器件的研究，并将V-MOSFET的成果推广到企业。

学以致用：科研生产互相推进

科研与工业生产结合是工科学校的特色，这使得工科专业的师生在学以致用的同时又能从工业生产中了解到不足和欠缺，并加以改善。当陈老师在实验室中取得硕果之后，学校与天津市政府共同决定，让半导体专业的V-MOSFET项目和天津半导体四厂合作，双方成功试制了V-MOSFET大功率管，并得到了天津市的科技一等奖。1990年，浙大功率器件研究所研发的VDMOS大功率场效应晶体管被国家科委等四单位联合评为1990年度国家级新产品。在党和国家的大力号召之下，身为党员而被任命为负责人的陈老师可谓"奉命于危难之间"，对于半导体专业的建设，他深感责任之重，而当专业的科研成果终于转化为实际生产力时，他深表欣慰，并感叹没有辜负党和国家的嘱托和期望，却没有对夜以继日的工作有一丝怨言，这赤诚的爱国之心着实令人敬佩。

值得一提的是，1984年6月2日，浙大半导体教研室和菱湖晶体管厂合作成立半导体科教生产联合体。双方在多年合作的基础上，把教学科研与振兴我国半导体工业的任务紧密结合，为达到培养学生与提高企业经济效益的双赢目的，经双方领导批准，正式成立浙江大学菱湖晶体管厂半导体科教生产联合体，并得到浙江省计经委、浙江省科委、浙江省电子工业局，湖州市政府和浙江大学的支持。有关领导（浙江省电子工业厅王建华厅长、湖州市政府有关负责人）参加了该联合体的成立大会，当时的浙大校长韩桢祥和校党委副书记周文骞也专程参加了大会。陈启秀老师任联合体主任。国务院科技领导小组组长、国家经委经济研究中心负责人分别于1985年和1986年到联合体视察并对其给予肯定。联合体由浙大出资建立研发部大楼，并盖起了半导体科研大楼。1989年半导体专业成立研究所时，胡建雄副校长建议根据专业特色命名为浙大功率器件研究所，这就是现在的微电子楼。这栋楼目前还巍然屹立于玉泉校区，全心全意地为全校师生服务。而这栋楼的建设当然少不了陈老师前前后后不下数百次往返于学校和工厂相关部门之间的辛苦付出。作

陈启秀教授在科研成果鉴定会上

为联合体主任，陈老师除了平日里的教学和科研工作外，还时常到工厂里去视察，了解半导体生产过程中的种种细节，以便在实验室进行进一步研究。

在这段艰苦的奋斗历程里，半导体专业培养出了许多知名校友，包括华宏半导体总经理陆德纯、振华集团董事局主席陈清洁、应用材料中国区总裁陈荣玲和国际知名科学家俞滨等。"回顾几十年的艰苦创业历程，如果有一点成绩，那是专业的全体教师和员工的努力。当时我们这些年轻人，有的是志气，创的是特色，靠的是团队。"虽然陈启秀老师所说的都是1998年退休前的事，但一幕幕往事如此生动，他的付出和努力为信电学院今天的成就铺平了道路。借此机会，陈老师表达了对信电学院未来的美好祝愿，以及对我们年轻学子的谆谆告诫：愿我们不忘老一辈的创业之艰，学习他们的精神，以行动向他们致敬。

整理人：2013级电子科学与技术专业本科生　韩天啸

2014级信息工程专业本科生　杭　楠

20世纪50年代浙大求学经历

顾伟康　口述

人物简介：顾伟康，1939年6月生，教授，博士生导师，1963年毕业于无线电系，曾任浙江大学副校长、浙江大学信息与电子工程学系系主任，兼任金华职业技术学院院长，获得全国模范教师称号、国家科技进步三等奖1次、国防科工委科技进步一等奖等省部级奖项6次。

我是1958年考到浙江大学电机系无线电专业的。那个时候，开学之后同学们首先进行劳动锻炼，参加城站到半山的铁路建设，国庆节过后再回校上课。一上课我就感觉老师都很有教学经验。一开始上的是基础课。浙大的基础课配备的老师教学经验很丰富，对学生要求很高。记得高等数学的任课老师是金振道，普通物理的任课老师是吴大元，普通化学的任课老师是刘湘兰，电工基础的任课老师是甘明道。即使是50多年后的现在，这些老师的讲课情景还历历在目。到了专业学习阶段，给我们上课的都是系里最好的老师。系主任何志均老师上"脉冲技术"，每堂课发自编的讲义，学生自己看会很累的，但是何老师把讲义上最重要的东西都讲得很透彻、很清楚，他的课程内容新颖而且信息量很大。

从哈佛大学毕业，在英国贝尔通信公司实习后归国的张毓鹍老师上"微波与天线"，他的课程难度

顾伟康在浙大校门口的留影

83

大，但他讲得深入浅出、概念清晰，而且他的板书很有特点，速度刚好和多数学生思维一致，学生一边听一边记，很合拍。荆仁杰老师上"无线电基础"，戚贻逊老师上"发送设备"，美国归来的邓汉馨老师（后来是刘润生老师）上"接收设备"，张德馨老师上"测量原理"，叶秀清老师上"信号放大原理"。这些老师的课学生很爱听，所学的知识后来都被证实很有用。

顾伟康和杨振宁博士在一起

我曾到成都766厂做为期半年的毕业设计（同时去的还有4位同学，他们是俞德炎、何国柱、宋根兴和姚荣庆，由年轻教师徐胜荣带队）。和我们一起的还有当地某重点大学的毕业班学生，我们同他们相比无论在理论上还是在实际动手能力上都有明显的优势。我们的毕业设计任务是解剖法国进口的、在当时很先进的信号发生器（SMF），并进行反向验算。通过查阅文献和严格仔细的实测，再经反复讨论、推敲和计算，我们终于弄清了仪器的设计思想，把一套反向设计资料留给了工厂，为以后工厂的仿制设计提供了很好的参考。我们的工作得到了工厂总工程师的好评。

浙大当时的学制是五年制，下厂实习超过一年，同学们在南京714厂、杭州邮电器材

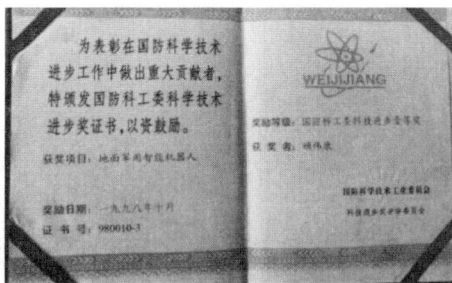

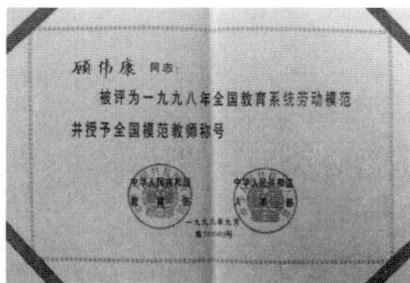

顾伟康的获奖证书

厂、上海无线电四厂和武汉710厂等工厂参加实习。在工厂里，我们明白了专业知识是怎么应用的，技术人员是怎么工作的。

无线电专业的优良教风和学风成了保留至今的传统，办专业之初老师们就边教学边科研，因此年轻教师成长很快。学生边接受课堂教学，边参加科研和生产实践，学到的知识特别扎实。这得益于专业开创者何志均老师的科研同教学相结合的理念。何老师既

承担教学工作，又兼任无线电系主任以及浙大第一任科研处处长，还负责《浙江大学学报》的编辑工作。可见何老师的工作强度和对学校的贡献是多么大。

我们在校期间，虽然国家大都处在经济困难时期，大家的生活十分艰苦，但大家的心情还是很愉快的，学习上相互帮助，生活上相互体贴，业余生活非常丰富。一批文艺积极分子经常给我们表演自己排练的节目。朱德虎、何国柱是系学生会的干部，他们花很大的精力改善我们的精神生活。我们系文艺之花有何舜君、王兰珍、徐金梅等女同学，她们能唱会跳，很有艺术才能。吴仲海同学是我们的学生领袖，他对大家的政治思想、学习和生活都管得很细。当时的学生干部真不容易，真正做到了身体好、学习好和工作好，反正我是很佩服他们的。如今虽已进入耄耋之年，但我的大学生活仿佛就在眼前。丰富多彩的大学生活是我人生中最精彩的片段。我永远想念亲爱的老师和同学。

整理人：2013级电子科学与技术专业本科生　温家宝　顾易易

电子科学与技术专业60年发展有感

陈抗生　李志能

作者简介：陈抗生，教授，博士生导师，1939年2月生，曾任浙江大学信息电子工程学系系主任、浙江大学人事处长、电子工业部电真空半导体科技委委员、浙江省经济建设规划院专家委员、中国电子学会微波学会理事、真空电子学会理事等职；先后获国家发明三等奖1次，国家科技进步三等奖1次，浙江省科技进步一等奖1次，电子工业部科技进步二等奖4次，浙江省科技进步二等奖1次；出版教材5本，其中《导波系统的等效网络分析》获电子工业部优秀教材二等奖，《电磁场与电磁波》作为"十一五"国家规划教材出版；主讲的"电磁场与电磁波"课程于2003年被评为浙江省精品课程，同时获浙江省高等学校教学名师奖。

李志能，教授，博士生导师，1939年10月生，1957年考入浙大电机系发配电专业，1962年毕业于浙大电真空器件专业，毕业后留校任教。

　　1957年，陈抗生与李志能考入浙江大学电机系，陈抗生就读热能动力装置专业，李志能就读发配电专业，成为七舍第一批主人。次年，浙大根据中央指示精神，决定申办一批新专业，其中包括半导体专业，并决定从电机系各专业的1957级学生中抽调29名学生组成半导体专业57班，陈抗生与李志能双双入选。阙端麟教授还为57班讲授"半导体物理"。其后不到两年时间里，由于种种原因，专业两度更名，先更名为电真空半导体专业，后又更名为电真空专业，而新建的电缆专业改为半导体专业。1960年，浙大在三分部筹建工程物理系和工程力学系，57班有2名同学分别调到这两个新建的系。不久，又从电机系电器专业抽调4名同学到电真空专业。这样，电真空专业57班共有31位同学，均于1962年毕业，其中3名留浙大任教，陈抗生与李志能就在其中。

20世纪90年代初，陈抗生教授指导学生

陈抗生与李志能回忆均称，就读浙大期间正逢国家三年困难时期。尽管生活条件艰苦，但大家仍然乐观向上，团结互助，努力学习，全面发展，对前途充满信心。难忘的是，57班在专业负责人周文等老师带领下，部分同学在校内参加了浙江省第一个真空二极电子管的研制，并在研制成功后向当时省级有关部门报喜。部分同学下厂，其中一部分赴上海电子管三厂参加行波管等生产与实践，还有一部分接触并参与杭州电子管厂的筹建。就读大学本科5年，同学们差不多有2年在下厂实践中度过。57班是电真空专业第一届学生，多年后，老师们评价时还说这个班是很棒的。这跟我们班就读大学5年期间的艰苦磨炼、积极参与生产实践密切相关。

电真空专业建设之初，不仅学生是从各专业抽调过来的，老师也是从电机系其他专业改行过来的。虽说电真空是一个全新的领域，但老师们在专业负责人周文老师带领下，不怕困难，迎战专业建设中遇到的问题。周文老师常以"在战斗中成长"勉励处于艰苦创业中的青年教师。大概到1962年，电真空专业较为规范与完整的教学大纲已经设计出来，有相当质量的专业基础课与专业课不断开设出来，实习、实践、毕业设计等各个教学环节也步入正轨，一个较为完整的教学体系已然形成。

"S-枪磁控溅射技术及其应用"在1988年获得国家科学技术进步奖三等奖

专业创办之初，教学当然是第一位的，但老师们仍然不忘抓科学研究。通过真空电子二极管的研制，带动电真空工艺实验室的建设；结合本科毕业设计，开展微波电子学与微波技术、电子光学与电子束技术，以及气体电子学与气体放电技术的研究。1964年，这几方面研究都已经打下较为坚实的基础，每一领域都有相关论文发表。可以说，电真空专业只用5年时间为承担电真空重大科研项目打下了基础。

1964年，华东局科委的赵处长考察浙大电真空专业，并提议浙大承担8mm雷达用脉冲磁控管研制的任务。这一提议影响了之后20年电真空专业微波电子学与微波技术的研究。1964—1968年，虽然受到"文革"严重干扰，电真空专业仍然成功研制国内第一个8mm固定频率40kW脉冲磁控管。1968—1970年，本专业派遣小分队与杭州电子管厂一起研制成高频率稳定度双端输出3cm连续波磁控管。1972年，本专业成功研制2.45GHz，1.25kW连续波磁控管。1975—1979年，本专业成功研制国内第一个8mm脉冲同轴磁控管。1980—1984年，本专业先后成功研制国内第一个PIN腔外调谐电调频率捷变磁控管、PIN管调谐多点跳频电调捷变频磁控管，并先后获电子工业部、浙江省科技进步二等奖，国家发明三等奖。这些研究工作使我校正交场电子器件研究在20世纪60—80年代一直处于国内高校的前列。

教学与科研结合的特色也体现在电真空其他分支领域的发展。一是电子光学的研究，本专业承担了摄像管研究等多个科研项目，其中摄像管电子枪设计获五机部科技进步三等奖。二是真空与薄膜技术研究，本专业基于磁控管的研究经验，于1983年在国内率先研制成第一个磁控溅射S枪，并由此获得电子工业部与浙江省科技进步二等奖。在此基础上，本专业继续展开磁控溅射薄膜技术应用及其产业化研究，于1988年先后获浙江省科技进步一等奖、国家科技进步三等奖。

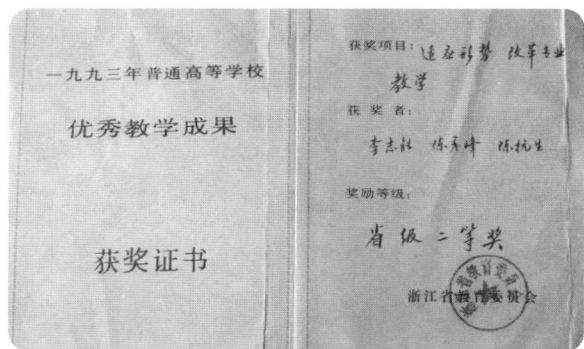

"适应形势 改革专业教学"获浙江省教学成果二等奖

20世纪50—60年代是电真空研究发展的黄金时代，正是在这一背景下，浙大建立了电真空专业。但这个"黄金时代"并不长，除了大功率、特高频，电真空器件逐步为半导体晶体管所替代，到了改革开放初期的20世纪80年代初，这个问题愈加突出，电真空专业怎么办？这是摆在电真空专业面前的一个突出问题。随着改革开放的深入，一批中青年教师出国进行短期访问进修，考察了美、日等国的先进科学与技术，他们回国后，带动国内教师展开了新一轮教学科研改革。浙大率先提出将电真空专业改造为电子物理技术专业，后国内专家经讨论，又与其他院校的相关专业一起统一命名为物理电子技术专业，并将其研究内容界定为新的物理现象在电子技术中的应用，这极大地拓宽了专业的研究领域。

20世纪90年代初，浙大在国内率先将原物理电子技术、半导体技术、光电子技术三个专业合并，试办信息电子技术专业。1998年全国院校进行了专业调整，物理电子技术、半导体技术、光电子技术统一合并为电子科学与技术专业。

从20世纪80年代起，原电真空专业三大研究领域都有了新的发展和新的定位。其中，微波电子学与微波技术向两个方向发展：一是向光纤电子学（后拓展为微波光子学）发展；二是与通信、微电子、纳米电子交叉。电子光学与显示技术向新型光电成像显示与光电信号处理方向发展。气体电子学与真空技术则向磁控溅射薄膜技术应用及其产业化方向深入发展。经过这一轮改革，电真空三个主要方向的发展都处在信息电子主流技术前沿，充满生机活力。

陈抗生获"浙江省教学名师奖"

20世纪浙大电真空专业的发展历程，有两点令人印象特别深刻：一是人心齐，即使在动乱的"文革"10年，也没有"窝里斗"，而是团结一致搞科研；二是抢抓机遇，在学科发展的关键点，如专业创办之初"敢想、敢干"使得专业获得快速发展，20世纪80年代学科研究方向的果断调整使得科研成果频出，拿当下流行的话说，这也算是勇立潮头的改革精神吧！在20世纪80年代的改革积累的基础上，在物理电子技术专业基础上建立的电子物理技术研究所（1994年更名为电子信息技术与系统研究所），于1993年被评为全校十强研究所之一，同时专业支部被评为校先进党支部。进入21世纪，在一批年轻学科带头人的带领下，电子所又迈向新高峰，其发展令人欣喜。

如今，信息技术已从"PC+传统IT"时代发展到"智能手机+云计算"时代，为适应这一变化，各学科又面临新的定位。我们欣喜地看到，现任学科带头人与专业老师正在认真地思考这一问题，并已提出了相应的对策。我们觉得当前学科面临的改革与20世纪80年代面临的改革有相似之处，但条件好多了。我们相信，只要勇立潮头，大胆改革，团结一致，电子科学技术专业一定会被建设得更好。

岁月峥嵘无线兴　师生齐心平安立

黄恭宽　口述

人物简介：黄恭宽，1936年12月生，于1958年从浙大电机系发电专业提前毕业，退休前长期从事"电磁场理论与微波技术"的教学和科研工作，曾任浙大分部与信电系党总支书记（1988—1996）。

我与三分部

1955年，我从福州高级工业学校毕业后，考入浙大电机系发电专业。当时浙大只有电机、机械、化工、土木四个系，学校刚从大学路搬到玉泉新校区，只有教一、教二、教三三座教学楼和五幢学生宿舍，校园主干道是黄泥煤渣路，食堂是毛竹支架茅草屋顶。学校从1955年开始把大学本科改为五年学制。

1958年，学校为适应国家建设需要增办很多新专业，为缓解师资不足的问题，就从在读的1955级学生中挑选一部分，让他们提前毕业。电机系第一批提前毕业的有10多人，我也是其中之一。这些学生被分配到新办的无线电专业和筹办中的电真空、半导体专业。随后于1959年、1960年，又有几批提前毕业的学生被分配到新专业。1959年，大批海岸部队转业人员进入各专业实验室。1960年3月，电真空专业从筹办时的6个人（周文、储璇雯、凌世德、秦程如、周林保和我），猛增至30人（包括半导体短期合并过来的教师）。

1960年，全国都动员起来，"深挖洞、广积粮、积极备战"。考虑到"各自为战"的情况，浙江省也需要"两弹"，周荣鑫校长承担在浙大培养"两弹"科技人才的工作。于是，学校从各专业抽调教师（我也在其中），筹办工程物理（原子弹）和工程力学（导弹）两个系，对外称10系、11系。为转移外界注意力，全校其他系各专业名称也一律用编号代替，比如无线电系为8系，801为无线电专业，802为电真空专业，803为半导体专业，

804为自动远动专业；电机系为6系。

钱塘江边，月轮山下，在新中国成立前有一所教会办的之江大学，新中国成立后撤销，改办为浙江师范学院，浙师院搬到城里后，改为省委党校。省委、省政府对浙大培养"两弹"人才十分重视，将党校迁到文二路，将党校的校区转给浙大10系、11系，构成浙大三分部（浙大原有总部和二部）。浙大当时的副校长王谟显担任三分部总负责人，并举家搬到上红房居住。三分部成立后，浙江省公安厅白厅长亲自到学校来做保密工作的报告，派人建立保密科（一

图摄于浙江大学正门口，左二为黄恭宽

科），派部队到三分部站岗巡逻。我们控制组也在1960年年底从浙大教五搬到三分部。整个校区封闭式管理，各教学楼、实验室的大门口都有值班人员，不许无关人员进入，教师备课借出的参考资料每天晚上11点之前交给一科保管，教学楼之间不能随意串门，会客一律到校门口的传达室。

11系没有任命系主任，有3个副系主任，分管三个方面：马元骥老师主持系务会并分管结构与动力；朱自强老师分管材料与燃料；姚庆栋老师分管控制。控制有4个专业，分别为1105专业（无线电制导）、1106专业（惯性制导）、1107专业（红外制导）和1108专业（计算机）。现在看来，姚庆栋老师确实有远见卓识，如今各高校几乎都有计算机系。另外，惯性制导方面已发展为利用卫星控制的弹道导弹和巡航导弹，红外制导方面已发展为激光精准制导。

控制4个专业的教师都是从电机系和光仪系抽调过来的，我们掌握的基础知识、专业知识都与本专业有差距，有关制导的实用知识都是从零开始学起。周荣鑫校长请来导弹之父钱学森给我们开了几个讲座。我们听后感到问题很多，困难重重，但是大家都表示，祖国需要，我们拼命也要上，决不后退。紧接着，我们到航空院校学习了一个星期，回来就给从各专业三、四年级调拨过来的学生上课。1960年，10系和11系正式开始招生，加上上海科学技术大学

周文老师组织全体电真空教职工到花港观鱼搞活动

黄恭宽于1960年获得浙江省"青年社会主义建设积极分子"荣誉称号，图为奖章和纪念册

送来委培的学生，三分部在校学生有2000多人。学校又增派一些教师，包括刚从苏联学习回国的韩祯祥、陈仲仪等老师，另外还调来一些技术水平高的金加工、木工、电工、玻璃工、泥工等老师傅。三分部的师资队伍、实验室、加工厂都已初具规模。

10系和11系在三分部办学3年，正值国家经济困难时期。为了贯彻国家的调整政策，10系和11系于1963年7月停办。1963届的毕业生被分配到航空航天单位，未毕业的学生到学校相近专业继续学习。物理系和无线电系同时搬迁到浙大三分部。

1963年秋季，我回到无线电系电真空专业，并被安排到微波技术组。我原来负责的"真空技术"课的教学和实验都已经有新的教师、实验员和技工。无线电系各专业都已有条不紊，步入正轨。我在11系担任的几门课的教学工作（包括"自动调节原理""微积分""变分法""陀螺原理"等）只能放下，趁这过渡时期补修"电子管""束管""离子管"和"微波管"等电真空的主干课程，以比较全面地掌握电真空专业的知识，适应新的教学、科研工作。1964年，电真空专业接到一项军工科研任务——研制8mm 40kW磁控管，经费达25万元，这在当时是学校较大的科研项目。该项目负责人周文老师、季敬川老师组织专业教师、实验员集中力量，分工负责，还积极与校外单位合作取得8mm检波管、冷测热测设备、磁钢以及多种特殊材料。根据华东局科委的部署，该研制成果移交至上海灯泡厂生产，之后被用于国防建设。

1964年秋，周文老师、陈曾济老师和我被抽调去参加萧山县（现萧山区）新江岭公社的社会主义教育，完成后又转到萧山县径游公社搞社教。但是华东局科委经常来校督促检查科研项目的进展情况，并要求各个协作单位必须按时完成相应的配套协作任务，抓得很紧，我们必须权衡社教与军工任务的轻重。1965年春，上级领导决定把我们从径游公社调回学校参加8mm磁控管研制工作。周文老师和季敬川老师两人配合默契，全教研组齐心协力，工作进行得有条不紊。尽管后来受到"文革"冲击，8mm磁控管的研制任务还是按时完成。据说此项目所完成的毫米波炮瞄雷达正赶上运抵中苏边界前线。

电真空专业完成8mm磁控管研制，是高校同类专业第一次接受这种对理论和工艺要求都很高的课题。研制工作的成功为日后我国继续研制其他类型磁控管打下了坚实基础，也为电真空专业争取同类课题创造了良好的实验和工艺条件。

通过8mm磁控管研制任务的顺利完成，电真空专业不但提高了科研水平，而且在教学方面增加了理论联系实际的内容，使学生既能学到理论知识，也能掌握工艺技能，受益匪浅。

"文革"结束之后，在全国有关统编教材的会议上，浙大电真空专业被推选编写《微波技术》，这是我们系承担编写的第一种全国统编教材。该书由沈致远老师担任主编，全体微波技术小组参加编写，清华大学张克潜老师等负责审稿，国防工业出版社出版。《微波技术》一书出版后，受到各校任课教师的好评。

1981年，系领导提出每学期要有一门课用外文教材，以提高学生的外文阅读水平。"电

1982年，电子工业部电磁场无线电波教材编审会议合影

1983年教育部高等学校工科电磁场教学经验交流会代表合影

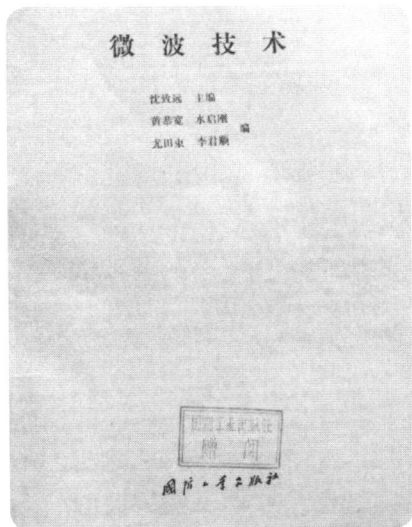

黄恭宽参与编写的《微波技术》

磁场理论"作为试点课之一，选用了美国亚利桑那大学（University of Arizona）R. K. Wangsness教授编写的 Electromagnetic Fields 原版复印本，该教材在79班开始被用于教学。随后两次全国"电磁理论与微波技术"编委会会议都介绍了我们系该课程采用英文教材的情况。1990年，该课程改用我和钱乙君合作编写的 Electromagnetic Fields and Waves 讲义，直至2000年，钱乙君老师退休。我们系的"电磁场理论"这门课使用英文教材达17年之久，这种情况是全国仅有的。目前，"电磁场理论"这门课也已经转为采用中文教材。

我与平安基金

1997年，我和钱乙君到深圳过春节，肖清芳校友将这一情况打电话告诉了段永平校友，段永平在电话里告诉肖清芳，现在在广州出差，会马上赶回单位，叫肖清芳先带我到步步高公司（广东东莞）。我和肖清芳乘李倍的小汽车到东莞。段永平回到步步高公司和我们茶聊之后，我们一起到酒店吃饭，我先说明我从不喝酒，接着段永平就宣布大家都以

黄恭宽老师和钱乙君老师

茶代酒。在座的还有其他6位厂级领导，我实在不好意思让大家都陪我不喝酒。段永平就向他的同事说明他在校时和我的友谊非同一般。席间，肖清芳替我说明系里成立竺可桢教育基金会信电系分会的事。段永平校友当即表明虽然步步高公司在筹建阶段，厂房只建两幢，资金比较紧，但无论如何也得对信电系成立教育基金分会表示一点心意，就与李倍约定两人各捐10万元。校庆100周年之前，段永平委托同班同学陈智勇把10万元现金送到系里。后来我和张维卫老师到深圳，李倍请张维卫老师把10万元支票交给系教育基金分会。这是校庆100周年信电系教育基金分会收到的两笔数额较大的捐款。段永平说，厂正在建设中，资金紧，以后一定争取多捐一点。

2007年浙大110周年校庆之际，校领导通过周建华老师与段永平校友联系，段永平也有意向母校捐赠，就用他在美国赚的钱向学校捐了3000万美元，后又与网易的负责人丁磊等共同捐赠1000万美元，这是当时浙大获校友数额最大的一笔捐款，按当时汇率计算为3亿多元。校庆前段永平和一名律师从美国来学校签订捐赠协议，他希望仿照斯坦福大学的做法，把捐款主要用于助学，而且其中用于助学贷款部分规定免利息，只要求学生于毕业后20年归还本金。学校决定聘他为名誉博士、名誉教授，他都谢绝。他通过周建华告诉我，他会到系里来。校庆前系领导请段永平来开座谈会，和老师聚聚，我骑自行车去参加座谈会，到校门口正好遇上张素勤和段永平乘的小汽车进校门，段永平看到我，就叫驾驶员停车，下车和我步行到信电系大楼，边走边聊，在校时的往事历历在目。段永平在结束和我们几位老师的座谈后，约我们到黄龙饭店吃晚饭，席间段永平主动问我们教师的生活情况，还有什么困难。我和周建华老师事前也说过，希望段永平除了向学

校捐款外，也给系里做些什么。于是我直接提出，教师当时的工资低，公费医疗在用药范围、高端医疗设备等有一定限制，如果患有重病就麻烦了，有些能治病的药要自费，公费报销的药有时治不了病，所以一次重病可能就造成全家经济困难。我们物电专业（原电真空专业）有位教师在本校学习五年成绩全优，毕业留校工作，任劳任怨，在教学、科研方面都有很好表现。可是他工作不久患肝炎并发展成肝癌，不幸的是，同一时期，他的母亲和弟弟也患了肝癌，这让他的精神压力和经济负担都十分沉重。段永平听到这样的情况，就提出为退休教职工成立基金会，初步测算大约需100万美元，他自己捐50万美元，希望本系校友都来关心这件事，一起参与这个基金会的慈善捐赠，大家对段永平校友的用心和善举都表示赞赏。接下来要考虑基金的名称，第一个提出的是幸福基金。我考虑后提出还是叫"平安基金"好些，"平"是段永平的"平"，幸福是锦上添花，而平安是雪中送炭，尤其对患者来说。大家赞成用"平安基金"，基金会的名称就这样定下来了。

"平安基金"帮助的对象除了信电系退休教职工以外，还特别增加一位原三分部的卢医师。段永平对卢医师印象很深，并有感恩之念。卢医师当时是三分部医务室唯一从正规医学院本科专业毕业的，医德好，关心患者。段永平就学期间患病，甚至其休学、复学都是卢医师经办的。还有一次，段永平在山上被胡蜂蜇到，疼痛难忍，到医务室求医，当时医务室没有特效药，卢医师叫他稍等，特地跑到家属区找一个婴儿的妈妈要了一小杯母乳，拿回来给他涂抹，结果止痛又消肿，据说这是民间秘方。那时段永平特别感动，他至今没忘记，所以提出了把卢医师加入基金的帮扶对象。

除了段永平的50万美元，"平安基金"还需要50万美元捐款，哪个校友来捐？我感到有点难，所以到深圳找陈明永校友商量。陈明永很热心，表示一定想办法促使基金会按时成立。后来他和另外两位校友合捐35万美元，相互约定捐款不留名。可是学校竺可桢教育基金会负责财务的顾玉林同志认为资金来源要有姓名，所以我自作主张让他写陈明永，其他两位校友的姓名我不知道。这件事只能请那两位校友谅解，不是陈明永违反约定，而是我不得已

2007年，黄恭宽老师在平安基金理事会成立大会上发言

而为之。还有其他校友总共捐了十几万美元，系里杨冬晓老师也捐了。这样，基金会的资金问题基本解决了。

"平安基金"经费问题解决之后，就要按照段永平和学校竺可桢教育基金会（在美国注册的中国慈善组织）的要求，制订基金会章程。章程涉及基金会的管理、钱的使用对象、动用资金的条件、章程的通过和修改权等。我们没有制定过章程，这看似简单，其实相当复杂。段永平抽不出时间处理，只能委托他同班的老同学卢小林办理，由学校竺可桢基金会秘书张美凤和财务负责人顾玉林同志协助。我们的初稿要给张美凤修改，并请周建华、杨冬晓看过，然后用电子邮件发给卢小林，卢小林（在德州达拉斯）看后再发给段永平（在北加州湾区），段永平提出修改意见后，再经卢小林到我手里。这样反复来回12次，基金会的章程才定下来。我和杨冬晓、钱乙君整个春节期间就为此事在忙。章程制定后，基金会成立时，卢小林代表校友参加，会上推选杨冬晓老师兼任基金会理事长，各专业推派一人参加，以便基金会及时了解退休人员的情况。基金会经过多年的运行，全系退休教职工和捐款的校友都很满意。

"平安基金"在筹备、章程制订和运行过程中，得到了诸多校友的热情关心与支持，不尽详述。

整理人：2013级电子科学与技术专业本科生　马涵之

坚强乐观搞建设　拼搏奉献赢成果

仇佩亮　口述

人物简介：仇佩亮，1944年10月生，教授，博士生导师，曾任信息与电子工程学系系主任、信息学院常务副院长，获"全国优秀教师"荣誉称号。

1981年，我来到浙江大学，在这里工作、生活，度过了近40年。我调到浙江大学之前，曾在研究所、工厂工作过。来到浙大无线电系当一名教师，对于我来说是一次全新的体验与挑战。事实证明，我当教师这一选择是正确的，能在浙江大学无线电系任教是我一辈子的荣幸。

艰苦乐观赢发展

浙大无线电系原来设立在浙大三分部。在20世纪六七十年代，浙大三分部的环境非常艰苦，偏僻的环境导致老师们在教学生活上，学生们在学习生活上有诸多不便。教学区和住宿区处于不同的山沟里，师生们上下课要经过不少曲折的山路。更重要的是，许多学术交流与科研合作都在校本部（玉泉校区）进行，这使我们系在学术交流和科研方面受到严重阻碍，阻滞了学科发展。

尽管如此，三分部幽静、安宁的环境却非常适合学习和思考。事实上，无线电系在三分部的30多年，也是三分部最繁华、最兴旺和最热闹的时期。老师、学生近千人集聚一起，教学相长，是师生亦是朋友。三分部优美的风景与远离尘嚣的环境，让当时的无线电系能够沉稳发展，营造了师生们坚强乐观的学习氛围，塑造了无线电系黄金的一代，也锻炼出现在信电系所传承的勤奋乐观的意志品质。

我在浙大30多年，见证了无线电系很多重大事件。从粉碎"四人帮"，结束"文革"

动乱后，无线电系克服重重困难，恢复、建立正常的教学秩序，到1986年无线电系更名为信电系，调整教学、科研组织机构，使无线电系的教学、科研实力和规模迅速上一台阶。正是我们系在三分部30年的养精蓄锐，使得我们系在1995年搬回玉泉校区后能迅速发展、壮大。

仇佩亮获"全国优秀教师"称号

三分部的生活给我们这些人带来了太多的回忆。时至今日，许多老师和回访母校的同学都乐意去三分部参观，这是因为他们都曾受到过三分部的自然环境和人文环境的熏陶，在三分部有过一段心无旁骛搞科研、搞教学的经历。

科研创新谋成果

1995年，根据学校总体部署，在校领导的关心下，特别是在顾伟康副校长的大力推动下，信电系终于搬到了玉泉校区，也走上了一条快速发展的道路。

因为人事变动，我在1996年接替陈抗生教授出任信电系系主任一职。当时改革开放形势一片大好，师生们建设信电系的热情高涨，信电系得到迅速的发展，并取得了一定的成果。我也有幸躬逢许多盛事。

仇佩亮教授（左一）
与姚庆栋夫妇、顾伟康教授

在这段时间里，发生许多事情。1997年浙大庆祝建校100周年，1998年浙大等四校合并，接着信息学院成立等。在这大好形势下，信电系出了很多科研成果，其中在数字高清晰度电视的研究、地面机器人视觉导航系统研究、大规模集成电路芯片设计方面，信电系是处于全国前沿的。我们和上海交通大学等协作单位在1999年建国50周年大庆前，将全数字高清晰度电视样机系统制作出来。在国庆阅

无线电专业传输组的部分老师
(右二为仇佩亮教授)

兵的时候，我们的样机系统实况转播了这场典礼。该项技术被评为1999年国家十项科技成果之一。这是对我们研究工作的最大肯定，我们为此感到深深的自豪。

在这些研究成果的基础上，1998年信息与通信工程研究所成功申报了"浙江省综合信息网重点实验室"；2001年"信息与通信工程"一级学科博士点获批准，同年信息与通信工程博士后流动站获批成立；2002年二级学科"通信与信息系统"被评为国家重点学科。学科有了长足的发展。

无私奉献为建设

当然，信电系的建设与发展离不开教授们的努力。在信电系的30年光阴中，我见到了很多为系建设而抛洒心血的教授。很多老教授从信电系建立以来，就一直为信电系的发展贡献出自己的才智与心力。

前文说到的顾伟康教授就不再赘述了，姚庆栋教授给我留下特别深刻的印象。20世纪50年代，姚教授就响应国家的号召，和何志均教授等一起开创了无线电专业。在一无所有的情况下将这个专业办到如今这么大的规模，可以想象他付出了多少心血。即使到了80多岁的高龄，姚教授仍然时刻关心学生的学习和研究工作。他每天骑着自行车前往位于半山腰的信电系，这对于一个老人来说是多么不容易。甚至在去世前两个月，姚教授还在指导着博士生的论文答辩。可以说，姚教授鞠躬尽瘁，为信电系奉献了一生。

从建立到壮大，正是由于有许许多多像姚庆栋教授、顾伟康教授这样无私奉献的教授们，信电系才能取得如今的成就。这些老师让我无比尊敬与钦佩，我很荣幸能和他们一起共事数十年之久。

如今，我已经退休，不再从事学校的工作了，但是我衷心希望信电系的教师和学生们能够秉承前辈遗留的精神、努力学习进取，继续光大我们信电系。

仇佩亮教授与北美浙大校友在一起

整理人：2014级电子科学与技术专业本科生　章智权

2013级电子科学与技术专业本科生　马涵之

认真做事　踏实做人

——我的治学经历

陈偕雄　口述

人物简介：陈偕雄，1941年1月生，1962年毕业于杭州大学物理系。毕业后留校任教，曾任杭州大学电子工程系系主任、浙江大学电子电路与信息系统研究所所长，曾兼任中国民主促进会中央委员、浙江省委副主委、浙江省人大常委等职。荣获国家自然科学四等奖1项，教育部科技进步二等奖3项，浙江省科技进步二等奖2项。1998年被评为全国优秀教师。

把握机遇，学无止境

1952年，浙江大学文学院和理学院的一部分与之江大学的文理学院合并，成立浙江师范学院，院址在原之江大学（浙大三分部）。1958年，浙江师范学院又与新建的杭州大学合并，定名为杭州大学，成立了7个系，校址也迁到西溪校区。可以说，杭州大学与浙江大学是一脉相承。

1958年9月，杭州大学面向华东地区招生，我作为第一批学生从上海来到了杭州并进入物理系学习。从1958年起，为从以前的师范性质学校转变为综合性大学，学校开始抓紧科研工作，一方面选派大量教师外出进修学习，另一方面从其他高校引进毕业生任教。1962年，我毕业并留校任教。尽管当时已经派出多名教师外出进修，为了进一步提升学校的竞争力，学校对我们这群青年教师也施加了一定的压力，比如必须在杭大工作满5年且达到一定年纪才能结婚，1963年开始参加外语过关考试等。

杭大发展的黄金时期当数1978—1998年，学校陆续采取了一些促进学校发展的有力措施：①大力发展与国外高校的交流合作，为广大教师提供了出国进修、合作研究的平台；②鼓励教师参加国外举行的国际学术会议，对于经费有困难的教师予以资助；③通过公派、校际交流等多渠道选送教师出国深造与学术交流；④重奖SCI、EI论文作者；⑤积极支持国外学者来学校开展学术交流与合作研究等。

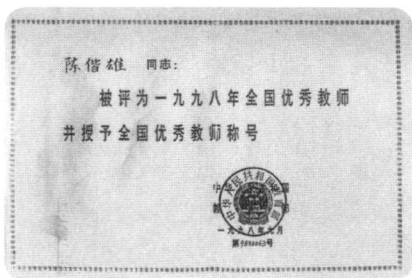

陈偕雄获"全国优秀教师"称号

因为以前我学习的外语是俄语，英语根基并不是很好，但我意识到英语是今后学术研究与交流的主流语言，便从毕业后就开始学习英语。1978年，我报名参加了国家组织公派教师的外语统考，通过考试并获得了公派的资格。作为国家教育部第一批公派人员，我在1979年年底去了英国。在那边我先是参加了3个月的英语培训，然后来到巴斯大学进修数字电子学专业。在巴斯大学的两年多时间里，我一共发表了9篇论文。记得当时一家英国IEEE杂志在接收我的论文后，特地回信说这是他们杂志第一次发表来自中华人民共和国的论文。

增进交流，创新突破

1982年回国后，我一直希望杭大能有更多的学术交流机会。1984年，我邀请在英国交流时的导师赫斯特教授来杭大进行短期访问，并办了近代数字理论研讨班。当时全国各大高校都有老师过来参加。在研讨班上，大家决定参照美国经验，成立多值逻辑专业委员会。正是因为这次研讨班，中国计算机学会多值逻辑专业委员会于1985年正式成立。

委员会成立之初，我和吴训威老师担任副主任委员。数字电路设计在当时就已经非常成熟，尽管我和吴老师在多值逻辑领域有所建树，但在一开始选择研究方向时还是或多或少有一些顾虑。幸运的是，我们最终还是把握住了行业的前进方向，取得了挺多的成果。

当时的数字电路逻辑设计主要是以与–或–非代数系统为基础的，后来我们选择研究了与–异或代数系统。在进一步研究的过程中，我们发现传统的代数系统是由卡诺图表示的，但是在与–异或代数系统中，图形方法一直没有人提出。于是我们首先提出了与–异或代数系统中的图形表示，这是非常具有原创性的工作。而在多值逻辑电路方面，我们也有不少成就，比如提出开关信号理论、把晶体管作为开关元件设计、打破了数字信号的限制（以前的数字信号就是二值的：0/1，现在可以采用多值：0/1/2）以及设计了低功耗集成电路（将传统的直流供电改为交流供电，提出能量交换电路）等，这些在当时都属于突破性的进展，也获得了国家、浙江省的多项大奖。

当时杭大的电子专业还隶属于物理系，我作为物理系副系主任，多次向领导提出成立电子工程系。1989年，杭大的电子工程系终于成立，竺树声教授担任首届系主任，我担任分管教学的副系主任。电子工程系是当时杭大唯一的工科系，我们对本科生的培养也非常重视，将毕业论文改成了毕业设计，同时鼓励学生去工厂实习。我们经常跟厂商们联系，为学生介绍实习单位。电子工程系正式成立以后，我们也开始考虑跟国外合作的事情，比如跟英国爱丁堡大学一起联合申报了国际项目，通过双方互派教师，相互学习，促进了电子工程系的发展。

正确抉择，完善自我

现在回想这一生，我觉得正确合理的选择尤为重要。一方面是选择导师，要考虑自己的专业发展方向以及个人特点。我出国时师从国际数字电子学专家赫斯特教授，在他的指导下收获了很多。另一方面要选择结交与自己志同道合的朋友，这对自己的发展进步很有裨益。就好比之前提到的吴训威教授，我和他几十年学习工作都在一起，相互合作，相互学习，相互促进。吴老师是我的上海老乡，我俩同年进入杭州大学物理系，又一起留校任教，住在同一间教工宿舍，到了1978年我又邀请吴老师进入无线电教研室。我们俩一直紧密合作，科研上很多成果都是两人共同获得的，比如我们合作完成的"数字电路设计理论的三层次研究"在1995年获国家自然科学四等奖。我们还一起获得过3项教育部科技进步二等奖、2项浙江省科技进步二等奖和1项国家光华科技基金三等奖。

而在政治工作方面，我选择加入了中国民主促进会，加入后不久成为浙江省政协委员，后来又被推荐到浙江省人大当人大常委，最后当选了民主促进会中央委员。在浙江省人大常委任职期间，我还有幸接触过习近平、张德江等领导同志。

除了选择以外，拥有优秀的品质能让人生更加成功。首先，人应当脚踏实地，踏踏实实做好当前该做的事情。其次，要时刻准备着，机会来了，有准备的人才能把握住。当然，跟身边的人相处，我们要有肯吃亏的精神，乐于助人，不图回报，接受别人的帮助后更要"滴水之恩，涌泉相报"。做事情需要有恒心，我们几十年坚持自己的方向，终究会有所成就。此外，我们也要看到自己的特长所在，选择适合的发展方向。从杭大电子系到浙大信电系，我们这个专业发展得越来越好，也希望同学们能学有所成。

整理人：2012级信息与通信工程专业本科生　李　鑫

2013级电子科学与技术专业本科生　马涵之

十载信电教育路，一片丹心系育英

——杭州大学电子工程系10年办学历程回顾与感悟

诸葛玲

作者简介：诸葛玲，1939年2月生，曾任杭州大学电子工程系党总支书记，1992年获得全国"巾帼建功"标兵荣誉称号。

浙大信电，杭大电子，同根同源；两脉合一，求是育英，共创辉煌。

建系立院，薪火相传，绵延甲子；成果丰硕，桃李芬芳，同贺院庆。

我于1961年从浙江师范学院体育系毕业，此后留系工作，同年浙江师范学院体育系并入杭州大学，我便一直在杭州大学工作。其中，1961—1979年在体育系工作，1979—1989年先后在校办、人事处、学生处工作，1989年到新建的电子工程系担任党总支副书记，1993—1998年担任电子工程系党总支书记。浙江大学信电系和杭州大学电子工程系合并后，我又成为浙江大学信电学院的校友，因而拥有非常深厚的杭大情结、浙大情结以及信电教育情结。值此浙江大学信电学院60周年院庆之际，应约回顾和感悟杭州大学电子工程系10年办学历程，我的心情十分激动，20多年前那一段激情燃烧的岁月仿佛就在眼前。感悟过去旨在启示未来。当前，全国高校正在深入学习贯彻全国高校思想政治工作会议精神，借此机会，我就杭州大学电子工程系10年立德树人的探索与实践谈一点认识和体会。

读懂信电高等教育

1989年9月，杭州大学组建了电子工程系首届领导班子，竺树声同志任系主任兼党总支书记，陈偕雄、郑义同志任系副主任，我任系党总支副书记。1993年电子工程系领导班子调整，陈偕雄同志任系主任，范雅俊、孙衍人同志任系副主任，我任系党总支书记。1997年电子工程系领导班子再次调整，陈偕雄同志续任系主任，赵勇、蒋刚毅同志任系副主任，我续任系党总支书记，这届班子一直延续到浙江大学信电系和杭州大学电子工程系合并。由此，我与信电高等教育结下了不解之缘。

认知是行动的先导，准确认知是有效行动的保证。作为一名长期从事高等教育管理的工作者，我深知，办好电子工程系，最重要的前提就是要读懂信电高等教育，也就是要不断地深化对信电高等教育的准确认知。经过深入调研和思考，我认为，读懂信电高等教育，需要读懂四个方面的内容。第一，读懂信电高等教育的三个层次内容：第一层次是信电高等教育的重要性、必要性、紧迫性；第二层次是信电高等教育的科学性、可行性、有效性；第三层次是信电高等教育的前瞻性、创新性、先进性。第二，读懂信电高等教育的两类构成因素：第一类包括信电学科建设、专业建设、实验室建设、师资队伍建设、图书信息资料建设等硬件建设；第二类包括思想建设、组织建设、作风建设、制度建设、文化建设等软件建设。第三，读懂杭州大学电子工程系的发展定位，包括目标定位、类型定位、层次定位、服务定位。第四，读懂电子工程系党总支工作定位，建系之初，杭州大学电子工程系的硬件建设有基础、有特色、有优势，而软件建设的基础比较薄弱，还没有形成特色，更谈不上有优势，因而软件建设打基础、创特色、筑优势应当成为电子工程系党总支在工作中着力破解的重点课题。

深厚爱系荣系情感

做好任何一项工作，都需要付出真情实感，入乎其内激发情感，出乎其外倾注情感。杭州大学电子工程系10年办学历程使我深深体会到，破解电子工程系的工作重点和难点，需要在读懂信电高等教育的基础上，不断深厚爱系荣系的情感。可以说，就电子工程系整体而言，爱系荣系是立系之本、兴系之源、强系之基；就电子工程系师生而言，爱系荣系是立业之本、兴业之源、执业之基。

办好电子工程系，读懂信电高等教育是前提，深厚爱系荣系情感是根本。爱系荣系情感建立在爱党爱国、热爱教育事业、爱校荣校的情感基础之上，体现在热爱信电学科、热爱信电专业、热爱信电师生的情感之中。深厚爱系荣系情感，第一，需要系领导班子带头，引导全系师生强化"校荣我荣，校衰我衰"的观念，不断增强全系师生的向心力和凝聚力；第二，需要系领导班子带头，引导全系师生确立"爱系荣系，人人有责"的理念，不断增强全系师生的责任意识和主人翁意识；第三，需要系领导班子带头，引导全系师生坚定"今天我以杭大电子工程系为荣，明天杭大电子工程系以我为荣"的信念，不断增强全系师生的自信心和集体荣誉感；第四，需要系领导班子带头，引导全系师生积极践行"爱系荣系，从我做起，从现在做起，从小事做起"的准则，不断促使全系师生以实际行动丰富爱系荣系的成果；第五，需要系领导班子带头，引导全系师生努力达到"爱系如家，以系为家"的境界，不断激发广大师生工作和学习的积极性、主动性和创造性。可以说，正是在全系师生爱系荣系情感的激发和促进下，经过10年不懈努力建设，电子工程系拥有1个省重点扶植学科、1个博士点、2个硕士点、2个本科专业、2个专科专业和一支拥有8名教授、22名副教授的充满生机和活力的师资队伍，在数字电子学、高信息密度集成电路、语音信号处理、恒流器件及应用、光电器件、表面物理与界面物理、红外热成像技术、传感技术、大屏幕显示技术等研究方向上形成了自己的特色，在国内具有一定的地位和影响。

落实"求是育英"责任

杭州大学源于求是书院和育英书院，与浙江大学、浙江农业大学、浙江医科大学同根同源，在1958—1998年连续40年的独立办学历程中，始终秉承"求是育英"的校训，终于将学校建设成为涵盖理学、文学、历史学、哲学、教育学、经济学、管理学、法学、工学等学科门类齐全的国内一流综合性大学。电子工程系是杭州大学的一个工科系，其前身是物理系的无线

诸葛玲老师（左一）与学生谈心谈话

电专门化和半导体专门化，后成为电子技术专业，1961年起招收本科生，1978年起招收硕士研究生。1989年电子工程系创建以来，先后建有电路与系统硕士点和博士点、半导体物理与半导体器件硕士点、电子工程本科专业和信息工程本科专业、电子技术专科专业和计算机应用专科专业，这些学科和专业就是电子工程系落实求是育英责任的平台。全系拥有教职员工50余人，他们就是落实"求是育英"责任的主体。全系拥有全日制在校研究生、本专科生450余人，他们既是落实"求是育英"责任的对象，也是"求是育英"校训的传承者。

只有读懂信电高等教育，进而深厚爱系荣系情感，才能更有效地落实"求是育英"责任。杭州大学电子工程系之所以能够有效落实"求是育英"责任，有赖于上级主管部

门、学校各部门和社会各界对电子工程系办学的大力支持；有赖于系领导班子在谋划电子工程系发展思路和改革举措时，有效遵循"求是育英"的办学理念；有赖于全系教师在学科建设与科学研究、专业建设与教学工作、人才培养与立德树人过程中，有效承担"求是育英"的岗位责任；有赖于全系学生在接受知识教育、能力培养、素质教育以及就业创业过程中，有效传承"求是育英"的校训精神。

学生接受革命教育

加强思想政治工作

杭州大学电子工程系在1989年创系之初就制定了"五年打基础，十年创一流"的发展目标，经过10年不懈努力的建设，电子工程系从杭州大学的一个小系、弱系发展成为一个学科基础扎实、科研实力雄厚、本硕博俱备、在国内有一定知名度的工科系，这既凝聚了系领导班子和全系师生的大量心血，也体现了系党总支加强师生思想政治工作所发挥的重要作用。

建系初期，师生思想政治工作的基础比较薄弱，为此，亟须加强师生思想政治工作。建系10年来，系党总支始终高度重视师生思想政治工作，先后采取一系列有效措施加强和改进师生的思想政治工作。一是加强领导班子建设，完善系行政和党总支办事制度，充分发挥系党总支的政治核心作用；二是加强思想政治建设，完善系党总支中心组学习制度和师生政治理论学习制度，努力提高师生的思想政治素质；三是加强"凝聚力工程"建设，按照强核心、壮基础、办实事、聚民心的要求，把"凝聚力工程"建设与思想建设、组织建设、作风建设、制度建设、队伍建设有机结合起来，与学科建设、专业建设、教学工作、科研工作、学生工作有机结合起来，建立"了解人、关心人、培养人、提高人、凝聚人"的工作机制，有效调动了全系师生工作与学习的积极性、主动性、创造性；四是加强行风建设，通过党政配合、形成合力和充分发挥行风建设领导小组、教

学生参加义务维修活动

学委员会的作用，将行风建设与全系重点工作、师德师风建设、学生学风建设紧密结合起来，以行风建设促进重点工作、教风建设和学风建设，有效提振全系师生的精气神；五是创新学生思想政治工作，在全校率先试行"学生德智体综合测评管理"制度，有力地促进了大学生思想政治教育和大学生健康成长成才；六是切实加强大学生思想政治教育队伍建设，要求团总支、辅导员、班主

学生参加健美操比赛

任和教师在开展大学生思想政治工作过程中充满爱心、出于公心、善于交心、达于知心、敬业尽心、追求放心，努力成为大学生的良师益友。

做好师生思想政治工作，关键在于系领导以身作则，率先垂范。我是这么想的，也是这么做的。杭州大学女教职工委员会在1991年度工作总结中提到："电子工程系总支副书记诸葛玲同志，工作认真负责，任劳任怨，不计时间，不计报酬，为电子工程系党组织的思想和组织建设，为培养有理想、有道德、有文化、有纪律的人才拼命工作。她首先提出搞'学生德智体综合测评管理'，为实施测评，她清晨就从离校较远的体育场路宿舍来到学校操场上，为学生做出表率，坚持检查出操情况；平时深入寝室与学生交谈，往往到晚上九点多才回家。辛勤劳动终于换来丰硕成果，全系出现了好学上进、积极开展科研和社会实践的好势头，在校组织的多项比赛和活动中，电子工程系频频获奖，最近又获得校风建设活动红旗。这一试点得到了学校充分肯定，从下学期开始，将在全校推广这一经验。她本人也获得本年度教书育人管理奖，她的座右铭就是：人生的价值在于奉献。"

追求立德树人成效

立德树人是教育的根本任务，追求立德树人成效是教育的目标追求。杭州大学电子工程系建系10年来，始终坚持以学科建设为龙头，以专业建设为基础，以科研创新促进教学创新，以党建工作促进中心工作，以立德树人引领全系工作，取得了比较显著的立德树人成效。全系共承担国家科工委攻关项目、国家自然科学基金及浙江省自然科学基金项目等各类科研项目50余项；科研经费有较大增长，1995年达343万元；获各类科研奖励76项，其中，国家自然科学奖1项，国家科技进步二等奖1项、三等奖2项，国际尤里卡奖1项，省部级科技进步奖21项；多项科研成果居国内领先地位，有些科研成果达到国际

先进水平；出版著作11部，在国内外重要学术刊物上年均发表论文60篇；出版各类教材7种，自编教材20余种，获各类教学奖励8项，其中浙江省优秀教学成果奖2项；先后有20余位教师出国进修、高级访问或合作研究，有20余人次参加国际学术会议；电路与系统学科于1996年获得博士学位授予权，成为杭州大学重点学科、浙江省重点扶植学科。建系10年来，我系始终以培养高素质人才为目标，对教学计划、课程设置和学生思想政治工作进行了一系列改革，在加强外语、计算机和实践教育方面，以及在形成奋发向上的良好学风方面取得了较显著的成绩：本科学生英语四级统考的通过率一直名列全校前茅；学生科技作品多次参加全国挑战杯赛、全国大学生实用科技发明大赛、全国大学生电子设计竞赛和浙江省大学生课外学术科技作品竞赛并获奖；先后荣获"浙江省社会实践先进集体"称号、"浙江省先进班级"称号，连续5年荣获杭州大学校园文明建设先进单位；为浙江省电子工业部门、科研单位及高校培养了一批工程技术人才和管理人才，学生中许多人成为企事业单位的骨干。我本人也在追求立德树人成效过程中先后被评为校级管理育人先进个人、家庭事业兼顾型先进个人、先进工作者，1992年还荣获了全国"巾帼建功"标兵荣誉称号。

十载信电教育路，一片丹心系育英，这既是我们这一批信电高等教育工作者的事业追求，也是杭州大学电子工程系10年办学历程的真实写照。回顾过去旨在期许未来。自从1999年两系合并以来，经过信电学科、专业、平台、师资等办学资源的"双剑合璧"、优化整合、转型升级，浙江大学信电学院在学科建设、专业建设、队伍建设、科学研究等方面取得了显著成就。可以说，信电学院为浙江大学建设世界一流大学、世界一流学科方面做出了重要贡献。作为一名热爱信电高等教育事业并始终关心浙江大学信电学院发展的老校友，在热烈祝贺信电学院60周年院庆的同时，我也为信电学院取得如此辉煌的办学成就而感到无比自豪！我坚信：信电学院必将再创辉煌！必将更加美好！

活跃的校园文体生活
——在三分部的学生岁月

王明华　口述

人物简介：王明华，教授，博士生导师，1942年8月生。1960年考入浙江大学无线电系无线电技术专业，1965年毕业并留校，在无线电系半导体专业从事集成电路教学与科研工作。1980年创办集成光电子学研究中心，同时创建光电子技术专业。1985年4月—1991年4月任信电系副系主任、集成光电子技术研究所所长等职。1993年9月获国务院特殊津贴。

初入信电，缘定之江

1960年9月，我考入浙江大学11系。这一年，我国正处在三年困难时期，加上"大跃进""浮夸风"，国家经济处于极度困难之中。也正是这一年，中苏关系破裂，苏联不仅单方面撕毁援助我国经济建设的合同，而且催逼我国还清债务，使我国经济、科技建设更是雪上加霜。

在这种情况下，浙大原本为开展导弹研究而成立不久的11系不得不宣布撤销。1961年9月，我从11系转到无线电系无线电技术专业。1961年年初，位于杭州六和塔西面的原之江大学旧址划归浙大，称为浙大三分部，即现在的浙大之江校区，无线电系就在三分部。此地依傍钱塘江，背靠秦望山，山峦起伏，属于杭州城郊，为国家一级风景区。校园的教学区和住宿区分布在不同的山头，虽环境清幽，但交通不便，生活也很不方便。

学习忙碌，生活充实

那时，学校生活的节奏和现在不太一样，可以说更类似于军旅生活。记得那时早上六点钟广播开始吹起床号，即使是冬天，大家也都在这个时间起床。起床后，大家就急忙去洗漱，无论冬夏，都是用冷水洗脸。洗漱和整理后，大家赶快到操场集合，按班级集体做广播操，然后绕着操场跑两圈。早操结束后，大家去食堂吃早餐。那时候，粮食是国家定量配给，每人定量每月为31斤，由学校统一发饭票。伙食也很简单：早餐每个人一筷子咸菜，一碗稀饭，偶尔加个小馒头，就得撑到十二点；中餐和晚餐一般就是大锅菜，每个人一勺子菜加一碗饭。由于油水少，男生都吃不饱，饭量大的人更是处于半饥饿状态。

早餐后，上午七点半开始上课。当时我们的课业压力很大。一方面，课时非常多，一周上六天课，上午排满四节课，下午起码要上两节课。另一方面，上课强度很大，那时候用的是苏联教材，内容很详细，也很深奥，不花时间去钻研很难弄懂。所以，我们都会抓紧一切时间看书、做作业，要不然就会跟不上。到周日下午，我们才有空洗洗衣服，整理整理。就这样，一个礼拜紧张的生活就过去了。当时大家感到能上大学已是不易了，所以，学习都很努力。

文艺活动，丰富多彩

尽管当时学习生活很紧张，但学校里的文体活动却搞得有声有色，尤其是我们三分部。当时，只有无线电、物理两个系，学生人数比较少，但是大家比较活跃，经常开展各种文体活动。在三分部党总支、团委的领导下，碰上重要的日子，像"五四"青年节、"一二·九"运动纪念日等节庆日或重大纪念日，三分部都会组织文艺会演，要求每个小班都要上台表演一个节目。节目除了合唱、齐唱等集体歌咏外，还有话剧、小品、小歌舞等节目。

记得当时有本全国各地都在排演的话剧，叫《年轻的一代》，后来还被拍成了电影。我们三分部总支书记张明山同志看到后，觉得这个话剧很好，就说："我们能不能也试一试排演这个话剧？"因为"五四""一二·九"文艺会演的时候，我们的节目

1964年，学生演员们在演出结束后的合影留念

都很成功，所以大家干劲很足。张书记亲自指导和张罗，先从各个班物色、抽调文艺骨干人选，搭起演员班子。那时无线电系、物理系都有不少文艺骨干，能唱、会跳、会演，队伍很快就组织好了。我毕业于浙大附中，因为中学时参加过文艺演出，所以我也被选上，出演该话剧中的厂长一角。

选好演员后就开始排练，排练时我们都很刻苦，因为大家都把它当成一项政治任务来对待。即使当天没有排演任务，也不会有人因此而不到排演现场，不排演的时候，大家就主动地帮忙做一些后勤服务工作。由于挑选出来的文艺骨干都有一定的表演基础，加上大家排练都很认真刻

王明华（左）与戴文华（右）在2015年的合影，他们曾在《年轻的一代》中分别饰演厂长与其女儿

苦，话剧很快就排练就绪，并被选派到学校参加汇报演出，获得了成功。那时候，我们这部话剧演得还挺像，学校里的评价很好。后来，我们还应邀到望江山疗养院去演出了一场。

我除了在《年轻的一代》里出演厂长外，更多的是在班里为各个节日会演担任编剧和导演。这也是缘于我自己非常喜欢看小说，有一定的文学基础。那个年代，每年的"五四""一二·九"纪念日，学校都要搞文艺演出。每个班都要出节目参加演出并进行评比。我编写剧本、导演的作品基本都能获奖。记得有一年在纪念"一二·九"运动的文艺会演时，我编了个"一二·九"运动举行游行的节目，让班里30多个同学上场参加演出。道具是借来的长袍（20世纪30年代，大部分学生都是身着长袍），大家又是跳又是唱，表演得恰到好处，较好地表现出当时的爱国青年学生对日本侵略者的同仇敌忾和对蒋介石不抵抗政策的满腔激愤，演出效果很不错。只可惜，其中担任反动警察的张祖吉同学，毕业不久在电台工作中因触电而过世了。

那个年代，学生都积极要求上进，多才多艺，充满朝气和激情，虽然观念很传统，但却很放得开。像参加文艺演出这类集体活动时，轮到谁参加就谁参加，即使自己"文

1964年的校园文艺演出

艺细胞"不怎么样，也绝不会扭扭捏捏，推三挡四的。那时温州来的同学文艺才能普遍比较突出，能歌善舞。记得我们班里戴文华、1961级的徐赛秋两位温州同学还组织一帮同学排演歌剧《江姐》。我也参加了，但不演什么角色了，而是帮着一起排练。当时连指挥、乐队都是大家自己搞定的。《江姐》上演时盛况空前。

读大三的时候，我导演过一个话剧，叫《第二个春天》，主要是表现我国科研人员在研制高速快艇过程中，经过多次失败最后成功的故事。演出结束后，观众反响很好。记得当时有一位宁波籍的上海女同学叫陈亚芬，说着一口宁波普通话，但也敢上台。为了让她更好地表演，我还专门辅导过她。

现在回想起来，虽然那个年代没有今天这种喧嚣的现代气息，也没有今天这种富足的生活，但同学们自娱自乐，自得其乐，同样把大学生活搞得有声有色、丰富多彩。

体育活动，热火朝天

那时，我们三分部不单是文艺活动丰富多彩，体育活动也搞得很火热，每天课余时间，运动场上总是热闹非凡。

那个时代，国家的教育方针是把学生培养成德智体全面发展的社会主义事业接班人，而且要彻底改变中国"东亚病夫"的形象，所以学校十分重视学生的体育锻炼。除了每周的体育课外，每个班还按照体育老师的指导，自己安排好一周内每天下午的体育活动时间。大家都明白体育锻炼的重要性，同时集体观念都很强，所以人人都认真参加。夏天每日按班级组织到钱塘江指定的安全地点去游泳，男女同学都踊跃参加。为了活跃体育活动，体育老师在分部领导支持下组织了游泳比赛。学生中有不少游泳高手，同级吴国庆同学的仰泳、周之振同学的自由泳动作标准且速度快。为锻炼身体，即使水平一般的同学也都踊跃参加游泳比赛。我学会游泳不久，也参加了仰泳比赛。

因三分部处在几个山头上，运动场地有限。当时只有学生大食堂前面有一块运动场地，每天下午，都热闹得不行。场地小，只能轮流打篮球或排球，当时打球的、看球的、助威的，很是热闹。后来，三分部干脆就组织小班排球比赛，每天一拨，持续了很长时间。后来知道容国团获得了世乒赛男子单打冠军，同学们都兴高采烈，荣誉感陡生，于是组织了乒乓球比赛。比赛以小班为团体单位，场地就在学生大食堂，每当下午比赛时场地内是人山人海。记得生物医学与仪器科学学院原院长郑筱祥在女生中算是乒乓豪杰。最热闹的要数每年秋季的三分部运动会，老师、学生一起参加。印象最深的是徐胜荣老师，长跑总是他得冠军。当时三分部虽然只有两个系，学生三四百人，但体育活动却搞得丰富多彩。由于体育活动各项比赛都强调团体性，大部分同学不论水平高低，都积极争取参加，既锻炼了身体，又增强了团队精神，这些至今都令人记忆犹新。

说到这里，也许有人会问：活动搞得那么多，不影响学习吗？我的回答是：当时确实活动特别多，要花时间排练、上台表演或上场比赛，甚至要到校外参加演出比赛，但是，大家都知道，文艺体育活动绝不能够耽误学习，所以大多是利用晚自习或下课后等业余时间进行排练或锻炼的。

那时虽然生活条件艰苦，但大学生的精神面貌很好，充满年轻人的激情和活力。同学之间和谐相处，关系融洽。现在每当我回想起那段青葱岁月，仍然十分怀念。

整理人：2013级信息工程专业本科生　金　晓

2014级电子科学与技术专业本科生　杨思晨

回忆无线电实验室建设历程

信电系无线电实验室原副主任、高级实验师　吴景渊

无线电专业成立之时

由于1952年全国高等院校院系调整，浙大电信类专业撤并到兄弟院校。1957年，浙江大学正式设立无线电专业。专业是新的，老师也大都是从校外调入的，何志均老师是原电机系的，张毓鹍老师是从美国回来的，邓汉馨老师也是留学美国的，并且是从同济大学调入浙大。邓、张两位老师还是上海交通大学的同班同学。戚贻逊老师是浙大老校友，也是本专业的。荆仁杰老师是1957年从清华大学毕业被分配来的。我是1957年夏从北京电报局被调来的。何老师任支部书记和教学负责人（双肩挑），张老师上"微波"课和"电磁场理论"，戚老师上"发送"课并兼任实验室主任，邓老师任无线电专业室主任，并上"接收"课。那时用的都是苏联的教材，"接收"课教材用的雪福洛夫编的，"发送"课教材用的德罗波夫编的。另外，何志均老师自编了一本无线电基础教材，内容包罗万象。

学生均从电机系发电和电器专业选调至无线电专业，全班共15人，后来被称作无线电54班。1958年毕业时，4位同学留校任教，他们是周肇基、叶秀清、刘锐以及曹琴华（后又被调入电机系任教）。

在困难中成长

当时无线电专业是电机系的一个教研室，我被调来后做实验室工作。一开始还有潘继良同志做伴，后来他去上大学了。我在中学时是无线电业余爱好者（曾参加业余小组），在15岁时就会组装和修理电子管收音机，所以"动手"的事还是能胜任的，到大学里边学边干。试验场地最初在浙大总部教二大楼，但实验室空空如也，后来从电机系调来5台低频功率发生器以及5台三寸示波器，这些仪器虽然都是匈牙利进口的，但因年久失修，

故障多，经常要修理。那时教学经费很少，做实验较节约，一条焊锡条用后还要回收再用，有时还要拆东墙补西墙。

我记得第一个实验是张毓鸥老师的米波波长测试，实验室做成了5台用紫铜管长线来测定波长的仪器设备。此外，荆仁杰老师用电子管搭成放大器或振荡器等电路，他后来搞脉冲电路。56班之后，专业每届学生招生人数增多，一般有3个班，甚至4个班，实验室人员不够。实验人员除了准备实验、采购、装配外，还要搞卫生。实验室的事就像家务事一样，样样都要管好。那时候的政治运动多，大会小会抓政治、抓思想，所以我们星期六还要来校加班。

学生在做实验

我来浙大时在电机系修配室学了半年钣金工，因每个实验器（实验板）都要有一个金属框架做支撑，以便安装电路板焊接元器件。我负责制作铝板框架，几年下来，我所做的铝板框架约有一大木箱。20世纪60年代，实验室又来了新同伴，包括孙焕根同志、沈明仙同志，电机系的叶焕耀同志也来过。孙焕根毕业后留在实验室工作，他是专业教师，但很谦逊地来做实验工作。

后来，浙江有几所学校调整，杭州电讯学院撤销，潘子飞被同志调入我们实验室，他有一定的技术基础，动手能力也强，在实验工作室中起了一定的作用，例如生产示波器、8.75mm电影放映机的散热板等。此外，杭州工学院撤销，大量的实验室家具被调入浙大无线电系，当时由孙焕根老师负责接收。

20世纪60年代初，实验室逐步扩大，从教二搬往教三的5楼和6楼，实验室开始忙碌起来。因为学生多（57、58班最兴旺），学生素质也不错。当时的学生来自五湖四海、全国各地，但有趣的是，学生中福建籍生源较多。有几位毕业后留校的老师最终因配偶调杭政策得不到落实，只能被调回家乡，这是我们师资上的一大损失。

20世纪70年代"文革"后期，本专业的人员有变动，党的十一届三中全会后，邓汉馨老师回电机系当了系领导。而在我们三分部，姚庆栋老师先后担任了组、系领导，在他的带领下，无线电系快速发展，并开始招收研究生。不久，何志均老师及部分教师调往总部计算机系。

积累实验室管理经验

实验人员不仅要掌握实验仪器的使用和保养方法，还要学会维修。由于仪器数量不够，国产设备故障率高，实验室的仪器经常要被送到上海修理，费时又费钱，严重影响实验的开设。20世纪80年代初，一批小知青被分配到各实验室。他们边学边干，拜师学艺，其中不少成为后来的技术骨干。

仪器的维修耗费大，耗时也多，实验室还经常因为仪器故障而不得不把实验停下来，同学们只

教师指导学生实验

得拼组做实验。为此，我们与校设备部门商量，想出一个办法：成立修配室，通过鼓励和奖励相结合的办法，动员大家学习修理技术。事实上，经过多年的实验教学，大家已经对仪器的工作原理比较熟悉，对产生故障的规律也有一定的经验，所以可以做到小修、中修不出门，大修则是将主要原件买回来自己安装，这样既省力又省钱。我的助手陈云华同志平时很努力，若干年后成为了高级技工。其他分实验室也搞得不错。这个经验上报到学校后被学校推广，报道我们的文章传到其他学校，被有的学校效仿。

实验室仪器总的来说是不够的。专业领导经研究，提出可以自己生产一部分。那时我们还在本部，何志均老师要我们到上海购买20多个五寸示波管，自己生产示波器。我在上海找到我的同学借示波器对示波管做验收，购买时当场通电进行验收。后来荆仁杰老师和潘子飞技术员等共同制造了10多台175A示波器，解决了部分常用仪器匮乏的难题。

20世纪80年代，学校申请到世界银行贷款，划拨部分资金购买了一批进口仪器和国产仪器用于精密测量，之后孙焕根老师也曾开设"电子测量"课程。

积极开展科研和教改

1958年，邓老师、戚老师和我以及电机系修配室帮助金加工室生产出了一台工业电视机，浙大大礼堂现场曾用该电视机转播刘丹校长做报告。

邓老师、戚老师对地下金属探测仪制定方案后，陈孝榕老师、袁长奎老师带领部分高年级学生和我到上海安定地质仪器厂调研，以便落实可行性方案，回浙大后做成了一台地下金属探测仪。在试用中我们发现，探测仪的技术条件不成熟使得其操作难以掌握，因而无法得以实用。陈存椿老师主持了十五通道的科研项目，其成果被交付使用。8.75mm电影放映机的功放部分（扩音设备）搞成后，被批量生产。高速汽车电子、机械两用点火器通过鉴定。

孙焕根老师任实验室主任时，我们开设了单板机生产及实验，作为学生实验。原来的接收、发送实验，增加了整机大实验。我们自制了6台米波接收机和1台米波发射机，之后进入数字化实验时代，电子管全部退出实验。

姚庆栋老师任系主任、专业主任后，实验室又增加了几个分室。学校规定，每个专业只能有一个实验室名称。由于电子信息技术快速发展，实验教学发展变化也很快，需要不断新设分实验室来满足教学

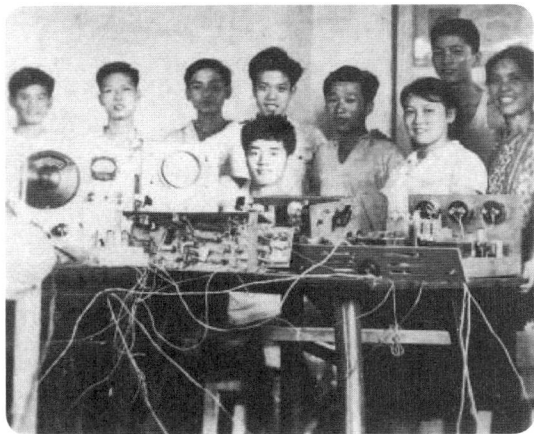

学生在实验室的合影

要求，例如无线电实验室包含了图像实验室、通信实验室、电子线路与基础实验室等。电子工业发展迅速，已进入数字化、半导体大规模时代，电子管已被淘汰，因而实验室分工也更细。

1963年，我们搬到三分部工作，这是个美丽的校园，但是生活、工作都有很多不便。我们到本部设备科领取实验材料，路上要花费很多时间。生活上，买煤上山靠肩挑。那时候附近没菜场，我们经常吃剩菜。20世纪70年代后，三分部的生活条件逐步改善，有了煤气罐，也有了临时煤气站，在领导的关心下，后来又有了小冰箱。

20世纪70年代末，吴仲海老师从学校机关回到无线电系，到无线电实验室工作，后来担任无线电实验室主任，开设了电子线路实验课，该课程被列入学校重点建设项目，并于1993年通过专家验收。实验室积极开展无线电线路实验教学改革和电子线路实验课教学改革，分别于1989年和1997年获得浙江省优秀教学成果二等奖，还利用暑期短学期，

组织大学生开展收音机、录音机组装和彩电维修工艺实验，培养他们的实践能力。无线电实验室为了对学校总部有所贡献，通过与玉泉校区计算机系等单位联合，开设了几门选修课。程勇老师开设了"音响"选修课，我开设了"电视机原理与维修"选修课，并且均带有实验，均为2个学分。

我从1990年春节开始连续6个学期教"电视机原理与维修"选修课，直至退休，一期课程学生人数最多的时候有100多人。教务处为该选修课取名为"音像实验室"，腾出一间100m²的大教室作为实验室，并由学校拨经费做装修和购买实验设备。作为非电子类专业学生的选修课，这门课获得了学生好评，而且有的学生参加国家相关修理资格考试，获得了全国通用资格证书，这样也给学生就业带来裨益。

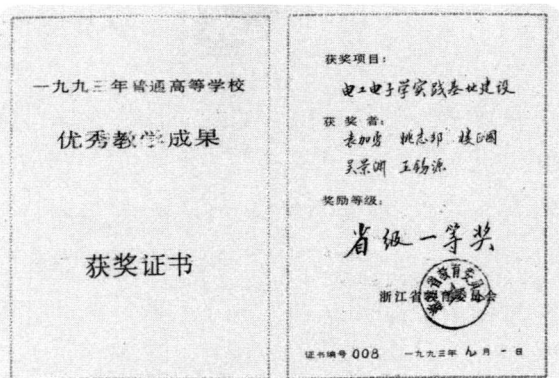

"电工电子学实践基地建设"获浙江省教学成果一等奖

寄语实验室

高新科技迅速发展，这短短的60年，已从电子管半导体时代进入微电子时代。希望现在的实验室老师们再接再厉，为信电学院的发展事业做出更大贡献。

从学生到老师
——无线电第一批毕业生的留校工作回忆

叶秀清　口述

机缘巧合：变成无线电第一批学生

我是1954年考入电机系的，当时电机系有电机和电气两个专业，一共大概有120人。那时候，何志均老师在学校是比较有名望的人，还教我们"电工基础"。有次开会他提出要重新建设无线电专业："我们浙大曾经有过无线电专业，只是后来并到别的学校去了。"

重建无线电专业，首先要解决的就是师资问题，何老师从我们电机电气专业的120人里抽出了一批人。他与被抽出的每个人都进行了一对一的谈话，谈话目的很明确："我们要成立无线电专业，那么将来可能需要你来做老师，你愿不愿意？"这次被抽调的人员大概是按照某次"电工基础"考试成绩来挑选的，也抽到了我。当时的我们在电机系已经上了一年的基础课和半年的专业基础课。

师生在从事科研工作（左一为叶秀清）

我虽然不太想一辈子都过食堂、寝室、教室"三点一线"的生活，更想到外面去闯一闯，但对留校也不是特别反感。所以当何老师要把我调到无线电系，我心里也没什么特别的想法。

最终，何志均老师抽调了15个人进入无线电系。一开始我们都是零基础，何老师就想着把我们送到南京工学院去学习。可是等到下半年真正要开始上课的时候，何老师又改变主意了。他觉得我们要在现有的基础上，把一整套教学体系都摸索一遍，为将来的教学做充足的准备。

何老师培养年轻教师，创办无线电系的决心是非常强的。他办学的方法有两招。

第一招是自力更生，聚集全系所有老师的力量把各门课都教好。当时的老师有何志均、邓汉馨、张毓鹍和荆仁杰。荆仁杰老师是从清华大学分配过来的，不久戚贻逊老师也调来了。虽然就这几个老师，但他们开出了几乎所有的课程。何老师开了很多课程，像"无线电基础""低频放大电路""信号处理""电磁场理论"等，张老师开的是"微波天线"，邓老师开的是"接收设备"，戚老师开了"发送设备"，这些基本上涵盖了无线电专业所有课程。

第二招就是强调实践。我们是四年制的学生，何志均老师除了安排课堂教学外，还安排我们到北京广播器材厂实习，坚持让大家到工厂里收集资料。毕业设计时，何老师只给出一篇外文资料，我们就根据文章内容下厂收集资料，然后各自完成自己的硬件实体的设计。

为人师表：以老师们为榜样

我们毕业后，留校的有四个人：两个女同学，两个男同学。除了我，还有一个女同学是曹琴华，两个男同学是周肇基、刘锐。第一学期，周肇基被送到北京大学学习计算机，曹琴华也被送到清华大学去进修。我和刘锐就留在学校，担起教学辅导工作。几年后，他们三人分别调到其他学校、系和科室，只有我一直留在无线电系。

我对以前上课的老师都有很深刻的印象，现在回忆起来都觉得他们的课程让我获益匪浅。数学老师凭着一张小纸片就能滔滔不绝地讲上两节课，而且板书也非常整洁流畅。理论力学和化学老师都非常风趣，课堂氛围很活跃。何志均老师讲课的思路非常清晰，听了他的课以后，我们就能很好地掌握知识要点。当时何老师虽然只是30多岁的年轻教师，但同学们对他都非常钦佩。

受到系里老师潜移默化的影响，何老师分给我工作以后，我就一直兢兢业业。开始时我只是辅导放大电路课程，在辅导过程中何老师指导我给57班上了一个章节。到58班时，我就正式走上讲台了。我当时年纪轻，胆子大，面对一整个阶梯教室的学生也没有怯场。我备课挺认真的，常常到深夜，同学上课提出问题，我都第二天给他们回答，避免给他们错误的引导。我教的学生有些年纪比我还大，有次他们提意见说我语速太快让他们跟不上，也有人说考试太难。但是总体来说，我靠着自己的努力，在教学过程中没有遇到太大问题。

砥砺前行：见证无线电系从无到有

无线电系最初还不能算是系，只是一个无线电教研组，因为只有几个老师跟抽调出来的几个学生。所以一直到1956届，学生也都是从电机系入学的。但是我们的师资队伍是在不断地成长的。

我记得当时从1955级和1956级挑了一批学生提前毕业，也有正式毕业生，同时自动远动专业于1961年被撤销，就有一批人一起进了我们教研组。他们是戴文琪、陈存椿、钱忠良、童乃文、陶欣、叶炳祥、王声培、陈瑶琴、陈孝榕、孙焕根、徐建勋、严德宏、陈天琪。自动远动专业被撤销后，梁慧君老师、张德馨老师以及电机系我的同班同学郑令德也过来了，她和张老师就负责测量工作。

北京实习时在天安门广场的合影
（第一排左一为叶秀清）

后来1957届、1958届、1959届毕业生中各有一批人留校，他们是陈楚羽、袁长奎、徐胜荣、王湖庄、谢福兴、秦恒骅、陈宣兆、林敬明、叶澄清、黄振华、陈桂馥、顾伟康、朱国珍、宋水孝。从外校进来了蒋霞雯、朱素秋。同时实验室也进了沈明仙、潘子非。姚庆栋老师原是自动远动专业的带头人，自动远动专业撤销后，他又做了11系保密专业的负责人。1963年11系被撤销了，我们搬到了三分部，姚老师不久后也到了我们系。

到三分部，教师大概有30多个人了。大家都是年轻人，既是同事，又是玩伴，我们就像一个愉快的大家庭。三分部环境清幽，然而生活艰苦。分配的房子比较小，做饭没有煤气，小菜也没地方可买，交通不便。最麻烦的是，当时系里没有计算机，连台式机都没有，所以当时上相关课程的时候，都要带着学生从三分部回到玉泉本部上机。

即使条件不太好，在三分部的十几年里，我们在教研上依然获得了不少成就。我们办起了厂，宋水孝负责厂内设备建设，同时进了夏杭芬等一批工人，她们是建厂的基本力量。陈存椿和荆仁杰老师接了科研项目，我们教师就是技术后盾，这样我们就将科研和办厂结合起来了。同时我们也建设了更多的课程，而且课程设计慢慢地更偏向专业化了，像图像处理、计算机视觉方面是信号处理这条线。另一条线是通信线。在三分部，所有的无线电专业包括测量都是在一起的，离开三部分以后才分成信息处理和通信两个教研组。之后两个教研组分别壮大，按着自己的专业方向开设课程。

我们无线电系为学校也做出了不少贡献。周肇基去北京大学学计算机回来后就和叶澄清、顾伟康、陶欣、蒋霞雯、朱素秋一起建造我们自己的计算机，一个房间里一个大机架上密密麻麻全是电子管，他们日夜工作，终于使计算机可以进行基本运算。后来，周肇基被调到了学校的计算机中心，大力推动了学校计算机中心工作的发展。"文革"之后，我和何小艇两个人去国外接受图像处理设备培训。我们两个培训的内容不一样，他搞硬件，我搞软件。就这样学了三个月，回国后就在浙大成立了面向全校的图像室。当时荆仁杰老师任图像室主任，徐胜荣任副主任。

何志均老师创新的想法不断。当无线电系具有一定规模后，他在1973年左右又从无线电系调出一些较年长的教师和1969届、1970届更年轻的教师，在三分部建立起计算机专业。两年后，他在本部创建了计算机系，从此离开了无线电系。

甲子心愿：祝学院发展越来越好

几十年前，何志均老师刚让我留校时我还有种种顾虑，但是工作时间长了，我的想法自然而然转变。当时的我觉得无线电就是一个小小的收音机，和电机厂庞大的规模是没法比的，但是现在回想起来，那时老师们的决定是十分正确的。我们那时候毕竟年轻，根本没看到信息的发展前景，也没想到现在信息会发展得这么快。何志均老师他们就看得比我们长远，所以他们坚持这个方向。就是靠着这些老师们不屈不挠、始终如一的精神，无线电系才能迅速壮大。

当初的无线电系已经发展成为今天的信电学院，它发展的势头丝毫未减，将来肯定能越来越好，并谱写新的历史篇章。

整理人：2014级信息工程专业本科生　陶拓旻

与时代同路

——满载回忆的无线电561班

钱照明　蒋金锁　陈孝榕　徐建勋　陈瑶琴　张更龙　口述

他们在浙大的校园里挥洒青春，他们背负着那个时代赋予的使命与责任，他们用勇气和汗水让浙大走在无线电学科的发展前列，他们的经历鼓舞了一个时代的热血青年，也扬起了信电人敢想敢拼的旗帜。他们就是无线电561班的全体成员。

时代召唤：为祖国建设组建无线电561班

1956年7月，邓汉馨先生留美归来，辗转来到浙江大学。为了响应当时国家"向科学进军"的号召，邓先生认为浙大需要大力地培养无线电技术人才，于是他和何志均等老师一起开始筹建无线电技术五年制专业。时隔60年，当年作为该专业第一批学生的几位老先生回忆起当时的场景，仍然记忆犹新。

那年，在玉泉校区教一234教室，邓汉馨老师做了一场振奋人心的专业动员报告，向在场师生宣布组建无线电五年制专业，第一届预备招收30名学生。

后来，老师们从当时浙大电机系电机电器专业5个班的学生中选拔了30名同学组成了无线电561班。一周后，1957年9月，无线电561班正式成立，大家一起住进了玉泉四舍。1958年夏，无线电561班进行了班级扩建，在当时浙大电机系工企和发电专业5个班的学生中挑选了9名同学进入无线电561班，1960年又先后分两次从该班抽调8人提前毕业进入教师队伍。

1959年暑期，无线电561班参加玉泉马路筑路义务劳动

在当时的政治背景下，这群年轻学子经历了1958—1960年的一系列政治运动，历经了玉泉筑路、下厂技术革新等锻炼，他们将个人命运与时代脉搏紧紧地联系在一起，他们互相扶持，互相帮助，互相鼓励，一起度过了在浙大最难忘的岁月。

逐梦青春：具有独特文化和凝聚力的先进班级

无线电561班不仅在技术革新、学习知识上敢想敢拼，在班级政治建设、文化建设上也有自己的独到之处。在当时特殊的时代背景下，同学们参与政治活动的时间非常多，尤其是学生干部，大大小小的会议每天接连不断。然而从来没有人因为政治活动而荒废学习，这在当时真的非常难得。无线电561班是出了名的政治先进，听党的话，冲锋在前，无论是除"四害"，还是义务劳动、下厂实习，无线电561班都十分积极。

无线电561班的同学始终都牢记学习是自己的本分，对理论学习十分重视。数百人的大课上，除老师讲课外，全场鸦雀无声，每个人都在飞快地记笔记。当时在搞运动，时常得开会，开完会的学生干部就在路灯下完成第二天需要交的功课，而且毫不敷衍、一丝不苟。几十年过去了，陈瑶琴当时在路灯下做功课的背影依然为许多人所铭记。陈孝榕还提起了一次漫长的考试，从早上八点半开始，到下午三点半才结束，因为题目实在太难了。这惊动了当时的党委书记刘丹先生，他明确要求以后不能再这样考了。知识更新速度非常快，在学校里面学的知识有可能过一两年就忘却了，但是在浙大，在无线电专业五年的学习中养成的非常好的学习能力、态度、精神，为大家在各自工作岗位上做出出色的贡献打下了坚实的基础。

教育与生产劳动相结合，是那个时代国家选才育才的标准，也是学习与工作紧密相连的体现。身处当时那样火热的时代，无线电561班的学生永远追逐时代的浪潮。在是非面前，浙大学生的判断力高于其他一般学生和群众，在不直接违背政策的前提下，尽己所能减少盲动带来的破坏。当时的班级管理也独具一格，形成了所谓的"班三角"：支部书记对接团总支，主要负责政治运动；班主席对接学生会和人事处，主要负责学生生活福利；班长对接教务处，主要负责上课和调度。

无线电561班有着良好的班级氛围，为了使所有同学一同进步，班级成立学习帮扶小组，让学习有困难的同学能够及时跟进，不掉队。无线电561班总体的学习成绩在全校名列前茅，这与他们合理的管理、深厚的同窗情谊息息相关。生活方面，班主席管理班里同学"吃穿住行柴米油盐"。国家处于困难时期，学生们在玉泉校区网球场那里种植蔬菜。由于缺少肥料，种出来的蔬菜都只剩纤维了，大家戏称空心菜为"无缝钢管"，包菜叶子为"不锈钢片"。即使是在这样的情况下，大家还是会将自己的布票和粮票省下来上交，统一送给更加有需要的单位。这样的行为是同学们发自内心的举动，每一个人都被集体的力量感染着。

除"四害"的时候，无线电561班曾向全校同学提出过"不挂蚊帐过夏秋"的倡议，以示与"四害"斗争到底的决心。1959年暑假，他们自愿修筑浙大到玉泉这段路，烈日炎炎下，路的两边隔几步路就得放一桶水，学生不分男女，都在滚烫的地上拉着压路碾辊压马路。在异常艰苦的条件下，女同学们都累出了一身毛病，然而只要没倒下，还是一样坚持劳动。筑马路这件事情并没有人强制要求，而是同学们的自愿行为，这展示了他们精神的强大，也体现了无线电561班学生高度的政治觉悟。

1958年和1959年夏天，同学们报名参加下乡劳动，帮助农民"双抢"，天没亮就去田里劳动，一直干到天黑。稻田里很多蚂蟥，吸在腿上，用力一拍，鲜血直流……然而大家顾不得这些，继续坚持劳动。当时居住条件很差，但是由于白天的超负荷劳动，大家都是打个地铺就睡得很香了。1959年，无线电561班被评为浙江省先进班级，并得到团中央"全国先进集体"的褒奖。这是对这个敢于革新、艰苦奋斗又充满温暖的集体最好的认可。

敢想敢干：活跃在"科研探索""技术革新"第一线的战斗集体

看到当时邓汉馨、张毓鹍等老一辈学者放弃在国外"汽车"和"洋房"的优越生活，回到祖国，为国家建设无私奉献，无线电561班的同学也一心致力于"技术革新"，天天都与老师们在一起。老先生们动情地回忆说："当时老师一点架子都没有，遇到问题，和我们一起研究，一起干。"那是学习条件很艰苦，很多时候，学生们不知道的东西，老师也不懂。当时没有教科书，没有资料，然而大家却都有着一股天不怕地不怕的冲劲。"当时我们哪里懂什么科研，在有限的资料中，看到些似是而非的东西，二话不说就动手干，天不怕地不怕，不知道天高地厚！"这是当时无线电561班同学们心里最真实的想法。当时，全国学习苏联体制，对技术专门化看得非常重。无线电561班的同学在四年级时被分为三个专门化：电视技术专门化、计算机技术专门化、雷达技

1960年5月，无线电561班参加浙江人民广播电台建台工作的电视组同学合影

术专门化。这些专门化都是从无到有被建立起来的，就在中国无线电技术专业刚刚起步的时候，他们用满腔热情和冲天干劲创下了丰硕的成果，谱写了一段时代传奇。

以电视技术专门化为例，1960年4—5月，电视技术专门化的同学在邓汉馨老师的带领下参加了浙江电视台的筹建工作。在计算机技术专门化方面，1959年，阙端麟先生才刚刚开始研究硅半导体制备技术。无线电561班都曾参与"100万次计算机攻关"的战斗，这也是班级成员的一段美好的集体回忆。

雷达技术在当时是最新奇、最先进的专业，而且涉及国家安全，受到各方的关注。雷达技术专门化的同学被要求严格保密，因为当时接触到的都是直接关系国家安全的技术革新。当时在仿制苏联的song-9炮瞄雷达，无线电561班雷达技术专门化的师生们承担着生产雷达管件的重任，在电子管厂没日没夜地奋战，白天生产示波器，晚上关起门搞技术革新，常常干到半夜一两点。

陈孝榕回忆起当时在上海亚美厂研制8mm微波测量器的情形，说那时候他费尽力气只找到很少的资料，只能一点一点试，自己加工，全厂的生产部门都配合他们的研究，最终成功研制出了8mm微波测量器，并且斩获徐家汇科技成果一等奖。

1960年5月，无线电专业师生参加浙江电视台工作第二次下台调频组合影

无线电专业师生与亚美厂合作开发的3cm微波测量仪参加上海技术革新展览会

整理人：2012级电子科学与技术专业本科生 郑柘杨 和君申

师生情谊　与岁同长

无线电581班　吴仲海

求是苑内蓄人才，学子尽获细栽培；青木成林好风景，感恩母校萦襟怀。

在党的教育方针的正确指引下，学校的阳光、老师的雨露培育了当年一棵棵青苗。分别50余年，同学们分布在天南海北，云水东西，但师生情、同学情与日俱增，与岁同长。我们浙江大学无线电技术专业1956级、1957级、1958级的同学，经历了时代和人生的风风雨雨，现在升沉已定，冷暖自知。往事不知流逝多少，但谁也不会忘记，我们一点一滴的成功，都源自老师传授给我们的宝贵知识和精神品格，以及母校给我们打下的基础。遇上困难，遭受挫折时，老师的鼓励、同学的情谊给我们更多的力量和勇气。现在大家都进入古稀或耄耋之年，人生之舟已驶入港湾。早在2004年，大家就有一个共同心愿：回到充满活力的第二故乡——杭州，在老和山下、西子湖旁，看望蒸蒸日上的母校、白发苍苍的恩师、阔别已久的同学。由我和几位同学共同发起和组织的"相会2004年5月"无线电1956级、1957级、1958级校友聚会在杭州举行。来自北京、上海、西安、武汉、福州、深圳、厦门、南京、无锡、常州、苏州、合肥等地和浙江省各地的100多位校友参加了这次聚会。看望母校是情深，问候老师是感恩，祝福同学是真心。古稀银丝相聚首，共话别情40余年。2004年5月21日，在浙江大学玉泉校区旁"喜乐城"，我们举行了一次欢乐的师生盛会。应邀参加到会的老师有何志均、邓汉馨、姚庆栋、张毓鹍、张德馨、梁慧君、吴景渊、叶秀清、曹琴华、童乃文、陈存椿、孙焕根、王加微、程百有等。师生见面，同窗见面，一片欢声笑语。有的握手，有的拥抱，有说不完的话、问不完的事、叙不完的家常，气氛十分热烈、和谐、温馨。会后，我们分班级与老师合影留念。

我是1957年经过全国统一高考进入浙江大学无线电技术专业572班学习的。1958年我服从校党委决定，脱产一年当政治辅导员，1959年又重新回到专业学习，进入无线电技术专业581班。毕业后我留校工作，于1965年当了半年无线电技术专业1960级政治辅导员。正因为上述的经历，我对这几届校友比较熟悉，帮助他们组织师生聚会活动就义不容辞了。在浙大100周年校庆期间，在杭州华北饭店，我负责组织了无线电1957级、1958级、1959级、1960级校友师生聚会。1998年，无线电1958级校友入学40周年返校活动时，我又参加组织过一次校友师生聚会。2001年，无线电1957级校友返校活动时，我再次参加组织师生聚会，当时正逢何志均老师生日，我们专门买了蛋糕，庆贺何老师生日。2007年信电系五十华诞，我参加系庆筹备工作，带着年轻校友，专门去采访何志均和邓汉馨老师。2012年和2013年，我分别参加组织1957级和1958级校友返校活动，和校友代表一起，上门去看望慰问何志均、荆仁杰老师等。每次参

1958级校友邀请何志均老师共叙情谊

1998年，1958级校友回访母校

加校友师生聚会，我都深切体会到同学的友情、老师的恩情。师生加朋友的深厚情谊，是一种巨大的凝聚力，也是一种宝贵的精神财富，我永远不会忘记。值得一提的是无线电1957级校友聚会，从2008年开始，每年一次，除在杭州外，还到南京、北京、上海、厦门、武汉、福州等地活动。由所在地校友负责组织，还邀请校友老伴参加，共叙友情，交流养生经验和人生感悟，大家一起休闲旅游。这样的活动内容十分丰富精彩，颇具地方特色。这不仅加深了校友之间的情谊，也有益于身心健康。大家说：同学友情最纯真，没有名利的牵绊，只有纯洁、高雅、温馨的感情，是没有血缘关系的亲情。每一次聚会，大家谈得痛快，玩得开心，心情畅快。聚会上的一举一动和言论欢笑，已成为大家最美好的回忆。

由何志均、邓汉馨、姚庆栋等老师创建的无线电系已走过了60年光辉历程，培养了一大批信电学子，这些学子遍布海内外。同学们都在用自己的足迹书写自己的故事，用诚实劳动为祖国建设增砖添瓦，共同默默奉献，在各自不同岗位上做出了自己的优异成绩。我为他们取得的成就感到高兴和自豪。据我所知，无线电1957级和1958级的校友大多数都在国有企业、机关事业和军工部门勤勤恳恳工作，事业有成，不少已成为各单位、

各部门的中坚力量，有的已是知名的专家教授和企业家。

在无线电1957级校友中，陈祥兴是佼佼者。他是由国务院前总理李鹏任命的国有大型企业南京无线电厂厂长、南京熊猫电子集团董事长兼总经理，还是教授级高级工程师。1978年，他因完成我国第一台10m无线卫星通信地面站，获得国家科学大会科技成果奖。1982年，由他主持研制的DS-2331工程卫星通信地面站获得国家科技成果一等奖，他立了一等功。在他任董事长期间，南京熊猫电子集团销售收入从6000万元上升到50亿元。该企业获得国家首批一级企业、国家首批全国质量管理奖、全国电子企业百强第一名、全国500家最大工业企业第58名。他获得国家五一劳动奖章，被评为有突出贡献的中青年专家、国家首届优秀企业家、国家军工优秀企业家、全国劳动模范，并当选了八届全国人大代表，享受国务院特殊津贴，多次受到党和国家领导人的接见和表彰。他曾担任浙江大学校友总会副会长、江苏省浙江大学校友会会长。他情系母校母系，不忘师恩，不忘同学情，无论是工作出差来杭还是参加校友返校活动时，总是不忘探望老师，并且资助校庆、系庆和校友活动，帮助困难同学。

陈贵钦和稽书墉校友曾分别担任过福建省和江西省广电厅领导。陈贵钦曾担任福建省浙江大学校友会会长、浙江大学校友总会理事，由于他的校友工作表现优异、贡献突出，他于2015年得到浙江大学校友总会的表彰，荣获浙江大学校友工作突出成就奖。此外，邹建伟、周昭茂、张先琦、刘松英、沈仲吉、郑忠立、俞文君、牛运河、陈再权、秦恒骅等校友，不仅事业有成，而且是校友活动的热心组织者和参加者，他们各自都以不同方式支持和赞助校友活动。

在无线电1958级校友中，顾伟康是佼佼者。他是何志均老师的得意弟子，现在已是教授、博士生导师，曾任浙江大学副校长、信电系系主任。他的学术成果累累，桃李满天下。1998年他被评为全国教育系统劳动模范，并被授予"全国模范教师"称号。他是每次校友活动的热心组织者和积极参加者。江清如校友是教授级高级工程师，国家合肥水泥设计研究院自动化所原所长。何国柱校友是教授级高级工程师、南京无线电厂原副总工程师、江苏省浙江大学校友会秘书长。杨显芳校友是原54所（厅局级）党委书记。顾申年校友是浙江省科学技术协会原常务副主席……他们不仅事业有成，而且都是校友活动的积极参与者，并对校友活动给予大力支持和赞助。1958级校友中，还出了一位赵澄谋中将。此外，单克勤校友是航空专家，退休后受浙大的聘请，返回母校，为学校筹建航空航天学院发挥余热。

教书育人，以德为先。何志均、邓汉馨、姚庆栋、荆仁杰等老师学术造诣高深，严谨治学，为人师表，师德高尚。他们在教育线上辛勤耕耘，默默奉献，为国家培养了一批又一批高级人才，桃李满天下。他们充分体现了浙大"求是创新"学风，并言传身教，

1958级校友毕业50周年返校留影

把这一优良学风传授给每个学生，使大家终身受益。我和夫人、两个儿子和儿媳都毕业于浙大，其中我和大儿子、儿媳又是信电系学子，都亲身受到过老师们的谆谆教诲，受益匪浅。学海无涯，师恩难忘。我大儿子吴征是姚庆栋教授的博士研究生，毕业后，回国探亲或在国内工作期间，几乎每年春节都要抽空去看望他的恩师。他担任三星半导体（中国）研究所所长以来，更关心信电系的建设和发展，经常与母系开展人才、科研等方面的合作交流，并代表三星公司向浙大优秀学生颁发奖学金等，尽力为学校做贡献，以报答母校母系培育之恩。在浙大120周年校庆和信息与电子工程学院六十华诞到来之际，我衷心祝福母校母系明天更加美好！

难忘的毕业设计

无线电582班　何国柱

1963年上半年，我们1958级学生进入了五年大学生活的最后一学期。毕业设计是我们工科学生大学学习阶段最后的压轴戏，老师和同学们都极为重视。

元旦过后，我们无线电专业1958级三个班约40名同学由学校安排去成都766厂进行为时一个月的毕业实习。在完成了实习任务而准备返校的前夕，带队的张德馨老师和实习队领导突然宣布，经学校与工厂联系落实，决定在实习同学中选5人与另一带队的年轻老师徐胜荣一起继续留在766厂进行为时四个月的毕业设计。被选中的这5位同学是：581班的顾伟康，582班的何国柱、宋根兴，583班的俞德炎、姚荣庆。

要说在766厂这样的全国重点无线电企业里搞毕业设计，它的客观条件和专业工作环境是十分适合的。所选设计课题能充分结合实际，真可谓机会难得。但是，在没有任何事先准备的情况下，在远离母校的成都，要在四个月的时间内完成好这一任务，这确实存在不少困难。送走了完成毕业实习返校的同学们以后，我们师生6人马上安定下来，开展了广泛、深入的讨论。我们详细地研究了各自毕

毕业设计小组6人合影，左起宋根兴、姚荣庆、顾伟康、徐胜荣（老师）、何国柱、俞德炎

业设计的具体项目，提出了各自的目标和要求，分析了面临的各种困难以及克服困难的措施和办法。大家一致认为，留厂搞毕业设计的同学学习成绩都比较优秀，并且具有较强的独立工作能力。学校领导信得过我们，相信我们一定能完成好任务。大家只有一个信念，就是要抓住这难得的实践机会，不仅要把毕业设计搞好，而且要从理论知识和实

际技能两个方面提高自己，以使自己在毕业以后能更好更快地服务于祖国的无线电事业。

与我们一起在该厂进行毕业设计的还有一批原成都电讯工程学院的同届毕业班学生。我们在心里与他们暗暗较劲，下决心与他们比一比，看谁学习更勤奋，看谁工作更出色，看谁毕业设计质量更高，看谁能给工厂留下的印象更好。我们

毕业设计小组与计量室部分技术人员合影，左一为何国柱

一定要拿出真本领、做出好成绩，让厂方领导和工厂员工感到浙江大学的学生就是好样的，为母校争光！

当时，我们国家仍然被暂时困难的阴影笼罩着。人们的经济生活仍然比较困难，大家过得十分清苦。我们在766厂四个月期间的生活水平与温饱相距甚远，饥饿感是时常出现的。但我们都是乐观主义者，从不叫苦，大家还会想出各种办法去克服困难与战胜饥饿，而且在行动上更加珍惜时光，更加勤奋地工作与学习。

记得那年春节期间，我们6个人一起冒着刺骨的寒风，将收集的猪肉票带到熟食店排队买熟猪油。熟猪油是十分精美的储存食品，可以供我们在节后补充营养。至春夏交换之际的四五月份，当时的成都市场已开始呈现一些复苏的迹象。在锦江桥头常会看到一些卖红苕（蕃芋）的小商贩，红苕两角钱一斤，十分诱人。每当我们周日上午去工人文化宫浴室洗澡回来路过锦江桥头时，总是要精打细算一番，然后从伙食费中抠出点钱，买几斤热气腾腾的红苕，饱餐一顿。毫不夸张地说，那香甜的红苕，对我们来说，胜过如今餐桌上的那些美味佳肴。

我们对工作计划抓得很紧很紧，规定的阶段目标只能提前完成，不能延后。我们除了白天上班工作十分努力外，几乎每天晚上都还要去工厂大楼的工作室学习和工作，加班加点。那时我们年轻，风华正茂，朝气蓬勃，乐观向上。记得在去工厂大楼的路上，我们总是排着队列，一边迈步前进，一边引吭高歌。《洪湖水浪打浪》《小曲好唱口难开》《看天下劳苦大众都解放》等当时还不十分流行的电影歌曲，在那段时间里已经都被我们6个人唱得滚瓜烂熟了。

1963年5月，即将迎来毕业设计的结束阶段，我们把工作抓得更紧了。为了从理论和实践两个方面都做到高标准、严要求，我们6个人经常一起出发，走很远的路去望江公园旁的四川大学图书馆找资料。由于来回交通不便，我们经常为了查询难题的解决方案而

错过了中午吃饭时间，等我们饿着肚子疲惫地赶回工厂时，已是下午三四点钟光景了。虽然没有及时吃上中饭，不过想着问题得到了解决，大家仍然十分开心，这点苦又算得了什么呢？！

功夫不负有心人，到了5月下旬，我们都已按照预定的要求和目标完成了各自的任务。我们毕业设计的具体任务是解剖法国进口的、当时是很先进的SMF信号发生器。

40年后的校庆日，何国柱（右）与顾伟康相聚杭州，
共同回忆那难忘的毕业设计，依然津津乐道

我们进行反向验算，通过查阅文献资料和严格的测试，再经过反复验证、推敲和计算，终于弄清楚了那台信号发生器的设计思想。我们把这套反向设计资料作为毕业设计的成果留给了766厂，为工厂以后的仿制设计提供了很好的参考。我们的工作成果受到了工厂领导的多次夸奖，也得到了一起搞毕业设计的成都电讯工程学院同学的赞赏。

766厂计量室主任陈以松老师是早年从浙江大学毕业的学长，他主动担任我们毕业设计的指导老师。陈老师理论知识渊博，实际工作经验丰富，而且办事极为认真，待人和蔼可亲。他对我们的工作、学习都非常关心。我们能在远离母校的766厂进行毕业实习和毕业设计，并都获得了成功，与这位学长的热心帮助是分不开的。由此想来，我们浙江大学如今有近60万的校友遍及各行各业和世界各地，广大校友之间相互帮助已经成为优良传统。当年陈以松学长对我们这些年轻校友的关爱就是例证。这种关爱母校、关爱校友的精神，我们要一代代传承下去，并发扬光大。

在我们毕业设计小组内部，大家团结友爱，相互帮助，宛如亲兄弟。我们各自有明确的任务和严格的分工，但又强调团队精神，相互取长补短，共同应对各种困难。在四个月的亲密相处中，我们已成为一个奋发向上，在困难面前不低头而且很有战斗力的小集体。

顾伟康同学给大家的印象十分深刻，我们亲切地称他为"小迷糊"。尽管他生活上有时会"拖拉"，但他天资聪明，学习勤奋，肯刻苦钻研疑难问题，学习成绩特别优秀。在解决各种问题时，他往往胜人一筹；在为集体办事和帮助别人解决困难方面，他总是积极主动、从不含糊。

俞德炎同学是工农速成中学毕业入校的调干生，比我们年长一些。他学习刻苦努力，成绩骄人；待人诚恳，办事稳重。我们十分信任他，亲切地称他为"老大哥"。他总是吃苦在前、享受在后，勤勤恳恳地为大家办事，并且脚踏实地，带领我们搞好工作和学习。现在回想起来，我仍然会对他产生一股亲切、感激之情。

徐胜荣老师既是我们毕业设计的指导老师，又是我们毕业设计小组的领队，什么事情都得管。徐老师十分年轻，实际上他是只比我们高一届的同专业1957级的学生。他参加工作才半年，就独自带领我们这群高年级学生在那远离母校的成都766厂搞毕业设计，他心中的焦虑感和承受的压力比谁都大。出于高度的事业心和责任感，他没有任何当老师的架子，与我们打成一片，团结与共，艰苦奋斗，去克服各种困难。他千方百计地开辟各种信息渠道，争取母校教研室老师们的支持和帮助，解决我们毕业设计过程中的疑难问题。几年前徐老师不幸因病逝世，我们为他的离开感到十分悲痛。每当我们这些在成都搞毕业设计的老同学相聚时，都深切怀念曾经爱护、帮助我们的徐胜荣老师！

1963年5月31日是我们起程返校的日子，766厂计量室的青年技术员们用一辆大车将我们和随身的行李送到火车站。在站台上，大家热泪盈眶，依依不舍。开车前，工厂副总工程师鞠元凯手捧一束鲜花，兴冲冲地赶来为我们送行。鞠总是留苏归国专家，自矜颇高，他能来为我们送行实为难得。火车开动了，送行的人们还没有离去，不停地向我们挥手致意。四个月来，我们与他们亲密交往，共同学习和工作，共同参加学雷锋、做好事活动，已结下了深厚的情谊。

返校的路上也有一些难忘的插曲。我们于6月1日早上抵达重庆，打算乘长江轮船直达上海，然后坐火车回到杭州。但是，我们所能买到的轮船票是三天以后的五等舱票。所谓五等舱，实际上就是在甲板上找一个角落，搁下自己的行李算是抢位置，等人员走动少时可以打开铺盖休息。由于五等舱票价特别便宜，倒也适合我们这样的穷学生。在重庆等轮船的三天时间里，由于我们已顺利地完成了毕业设计任务，显得一身轻松，玩得特别开心。我们宁愿省吃俭用，甚至忍饥挨饿，也要省出几个铜板去游览重庆市区，还兴致勃勃地游览了重庆市郊的南温泉、北温泉和著名的朝天门码头等景点。

当轮船行驶在长江江面上时，我们脚踏甲板，头顶蓝天，尽情地欣赏两岸风光。沿途的绮丽风光深深地吸引着我们，让我们感叹祖国的大好河山的同时，也让我们这几个胸怀报国之志的

时任无线电系学生会主席的何国柱（后排右一）和分团委委员合影

青年学子心潮澎湃，思绪万千。

大约在6月10日早上，我们一行6人，带着毕业设计的丰硕成果，几经曲折，终于回到了母校。在我们外出的近半年时间里，我们无线电系已发生了很大的变化。我们离开母校去成都时，无线电系教学办公楼和学生宿舍都在玉泉校区的校本部；而当我们回校时，无线电系已全部搬到了新家，来到了风景秀丽的钱塘江畔、六和塔旁的浙江大学三分部了。

半个世纪前的毕业赠言

无线电581班　朱德虎

1963年8月，在浙江大学三分部，我们无线电系无线电技术专业1958级同学完成了大学五年的学业，拿到了陈伟达校长签发的大红封面的毕业证书，怀着即将走上工作岗位的喜悦，告别母校，告别师长和同学，奔向祖国的四面八方。

50多年过去了，几次迁徙，几经周折，遗弃旧物无数，我却始终珍藏着一本小小的毕业纪念册，因为它记录着我难忘的青春岁月，寄托着我对母校深厚的情感和永远的眷恋。

值此即将迎来母校建校120周年及母系六十华诞，再次翻出有些陈旧的毕业纪念册，我不禁心潮翻滚，思绪万千。

打开纪念册的扉页，首先映入眼帘的是"浙江大学无线电581班毕业留影"。全班33位同学和4位老师的面容一一重现在眼前，毕业前夕，系主任何志均老师端坐在前排中间，和我们一起留下了永远的珍贵纪念。我入学时，无线电技术专业共有六个班：1956级一个班，1957级两个班，我们1958级三个班。我所在的581班当时有30人。1961年11系成立时，从无线电技术专业抽调了部分同学过去，自动远动专业1958级学生则调到无线电专业。那时，无线电工程系称8系，无线电技术专业称801专业，我们班称801-581班。照片中的581

毕业纪念册

毕业留影

班，已调走部分同学去了11系，新增了来自原582班的王兰珍、章汝源等，原1957级的吴仲海、顾申年等，师训班的岳希成、范希超等，自动远动的杨荷珍等。原581班的同学只有15人左右。

如今，我们的恩师何志均（前排右起第五位）、张毓鹍（前排右起第四位）、戚贻逊老师（前排左起第五位）已过世，但他们的音容笑貌和对我们的谆谆教导永远留在我们的心中。何老师非常重视无线电技术的基础教育，他担任多种领导职务，工作繁忙，但不仅坚持教授我们"脉冲技术"专业课程，还在我们大四时，为我们补教"无线电技术基础"课程，教授当时国际上最新的无线电信号分析技术，使我们受益匪浅。

何老师是我们无线电系的系主任，他不仅教学业务精湛，还是优秀的中共党员。他关心我们的学业成长的同时，还关心我们的政治进步。何老师在我的纪念册内，亲笔赠言。

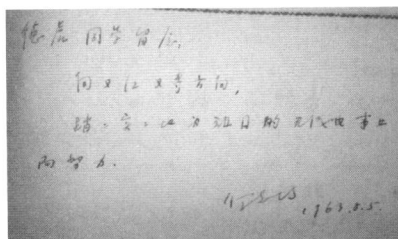

何志均给朱德虎的毕业留言

德虎同学留念：

　　向又红又专方向，

　　踏踏实实地为祖国的无线电事业而努力。

何志均
1963.8.5

和我们合影的张毓鹍老师负责教授"微波与天线"，戚贻逊老师负责教授"无线电发送设备"，陈楚羽老师（前排左起第四位）1957级毕业后留校任教，辅导我们的毕业设计。

张毓鹍老师从美国学成归国，学问精深，诲人不倦，殷切希望我们成为对社会有用的人。他的赠言寄托厚望。

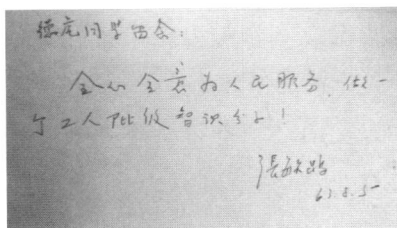

张毓鹍给朱德虎的毕业留言

德虎同学留念：

　　全心全意为人民服务，做一个工人阶级智（知）识分子！

张毓鹍
（19）63.8.5

荆仁杰老师是清华大学的高才生，20世纪50年代毕业后来浙大任教，教授我们"无线电基础"课程。他没能参加我们的合影，但特地赶来和我们告别。他的赠言语重心长。

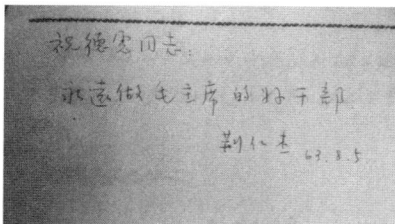

荆仁杰给朱德虎的毕业留言

祝德虎同志：

　　永远做毛主席的好干部。

荆仁杰

（19）63.8.5

　　大学同学是我个人成长关键时期的同伴，是没有血缘关系的兄弟姐妹。毕业分别了，他们就成了我永远的牵挂。他们的临别赠言，更是情真意切。

　　吴仲海同学原是1957级无线电技术专业学生，在我们1958级学生进校时，他暂停了学业，担任我们专业的政治辅导员，像兄长一样带领我们成长。后来，他转入我们无线电581班继续学习，并和我们一起毕业。他给我的赠言是：

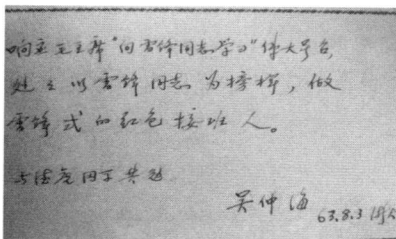

吴仲海给朱德虎的毕业留言

响应毛主席"向雷锋同志学习"伟大号召，处处以雷锋同志为榜样，做雷锋式的红色接班人。

　　与德虎同学共勉。

吴仲海

（19）63.8.3 浙大

　　顾伟康同学聪颖过人，品学兼优，是我们班最热心的义务课程辅导员。同学们都乐于向他请教疑难问题，他也毫无保留。他给我的赠言洋洋数百言，情深谊厚，希望殷切。

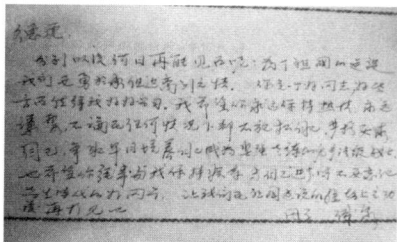

顾伟康给朱德虎的毕业留言

德虎：

　　分别以后何时再能见面呢？为了祖国的建设我们要勇于承担这离别之情。你是一个好同志，好些方面值得我好好学习。我希望你永远保持热情，永远谦虚，不论在任何情况下都不放松自己，严格要求自己，争取早日培养自己成为坚强老练的无产阶级战士。也希望你经常与我保持联系。当自己进步时，不要忘记学生时代的好同学。让我们在祖国建设的疆场立功后再相见吧。

同学：伟康

顾伟康同学与同学们的情谊很深，他是我们同学聚会的热心倡导者和组织者。无论是在担任学校副校长的繁忙时期，还是在年迈退休之后，都热心带领在校和在杭州的同学，不辞辛劳，将我们从祖国的四面八方召唤回母校，参加纪念母校建校100周年、115周年及建系50周年活动，组织我们1958级进校50周年、55周年和毕业50周年等重要聚会活动。

江清如同学虽年龄比较小，但学业优秀，思想进步，曾担任班级团支部书记。他的赠言令我备受鼓舞。

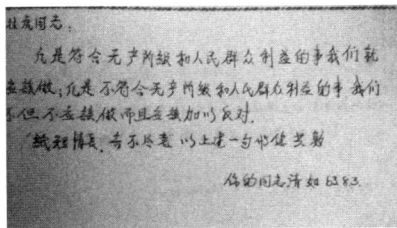

江清如给朱德虎的毕业留言

德虎同志：

　　凡是符合无产阶级和人民群众利益的事我们就应该做；凡是不符合无产阶级和人民群众利益的事我们不但不应该做而且应该加以反对。

　　"纸短情长，言不尽意"以上述一句与您共勉。

　　　　　　　　　　　　你的同志　清如

　　　　　　　　　　　　（19）63.8.3

钟焯星同学是我们班的高才生之一。我有幸和他一起被分配到南京714厂，一同在总装车间见习劳动一年之后，又同在设计所工作，退休后还时常联络感情。他给我的赠言言简意长。

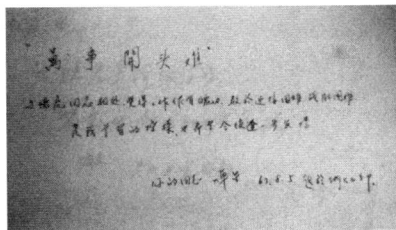

钟焯星给朱德虎的毕业留言

"万事开头难"

　　与德虎同志相处，觉得工作很有魄力，敢于迎接困难，战胜困难。是我学习的榜样。也希望今后进一步发扬。

　　　　　　　　　　　　你的同志　焯星

　　　　　　　　　　　　（19）63.8.5 题于浙大三分部

许金章同学热情、友善，严于律己，乐于助人，是全班公认的优秀同学。毕业后，他被分配到海军东海舰队，成为现役军人。入伍后，他积极参加各项训练，表现出色。但令人遗憾的是，入伍仅几个月，他不幸身患急症，经多方抢救医治无效，在上海逝世，长眠于上海江湾公墓401号。他给我的赠言竟成诀别。

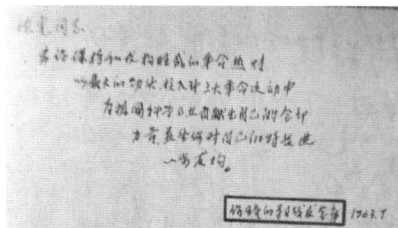

许金章给朱德虎的毕业留言

德虎同志:

　　望你保持和发扬旺盛的革命热情,

　　以最大的劲头,投入到三大革命运动中,

　　为祖国科学事业贡献出自己的全部力量,并望你对自己的特长进一步发扬。

你五年的学习战友　金章

1963.7

　　时光如梭,岁月蹉跎,蓦然回首,我毕业离校已有半个多世纪。翻开尘封的篇篇留言,那些带着青春梦想和强烈时代责任感的临别赠言,时隔50多年仍然让人热血沸腾!耄耋之时,我回想当年的踌躇满志,深感母校的教导之恩对我的影响之大!扪心自问,几十年的努力奋斗无怨无悔,几十年的技术人生也深感无愧于母校、无愧于国家的培养。

　　回忆当年老师亲切的音容、同学们一张张热情洋溢的面庞,我心情激荡,思绪翻涌,仿佛又回到50多年前的青春岁月:半山筑路工地的劳动场景,热情高涨;教学大楼内听老师授课,聚精会神;图书馆的阅览室,温习功课,博览群书;工厂车间里,实习劳动,理论联系实际;课余的运动场上,你追我赶,奋发向上,力争更快、更高、更强;周末的俱乐部里,翩翩起舞,引吭高歌,热闹非常,经常可见王兰珍、何舜君、顾沛寅、徐金梅等文艺骨干的精彩表演。

1963年年初,浙大无线电专业成都实习队
在成都南郊公园欢度春节

1963年毕业前,无线电581班同学回本部合影留念

　　1963年毕业后,我们无线电1958级同学被分配到南京714厂的有何国柱、钟焯星、杨荷珍、朱德虎、顾申年、杨菊生、韩志良、崔益茂,还有734厂的王兰珍、杨品炎,741厂的李斯本、章汝源,924厂的徐金梅、杨才华,772厂的冯洁,720厂的俞长荣、王荣彪。初来南京时,我们还能时常聚会,叙旧谈新。50余年过去了,在南京尚能经常相聚的,只有何国柱、俞长荣、王兰珍、杨荷珍、朱德

虎等寥寥几人了。流走的是岁月，留住的是心灵的守候。我们在浙江大学成长起来，浙江大学的一物一证成了我们每一天每一时的精神砥砺。

无线电系学生会文化部干部合影

1964年，在南京的同学聚会于南京中山陵天下为公广场

多年以后再相聚

　　1958年，我们一起入学的学生有2000人，浙大是当时国内招生人数较多的大学之一。当时，周荣鑫校长骄傲地宣布，浙大全校师生员工8000人，今后每年招收2000人，几年后将成为万人大学。而今，又过了近60年，在即将迎来建校120周年之际，全校师生员工已超过80000人，每年招收20000多人，相比过去扩大10倍多。无线电系也迅猛发展成今日的信息与电子工程学院，并即将迎来六十华诞。随着紫金港新校区的日益完善，母校浙大将变得更美、更大、更强，将向着建成世界一流大学的目标奋勇向前！

我在浙江大学的六年

1962级无线电技术专业　叶培建

2016年12月1日，我在浙江义乌参加中国科学院的一个会议。我在无线电系读书时的助教，后来担任过浙江大学副校长的顾伟康老师和信电学院钟蓉戎书记、王震同志来看我，希望我为院庆60周年做一个关于我国第一次火星探测任务的学术报告，并写一篇回忆文章，我欣然接受了这个任务。我在回程路上加以思考，回京后就写，心到手落，一气呵成，写的尽是些凡事小事，却都是印象最深的往事。

1962年夏，我考取浙江大学无线电系，从湖州又回到了阔别四年的杭州。记得当时是乘汽车去的，我在武林门长途汽车站一下车，见到红绿灯，顿时感到来到了大城市（湖州那时还无公共汽车，更无红绿灯）。我到浙大二分部报到，当时浙大分三个地方：玉泉本部、文二街二分部、六和塔三分部。

全校大一新生都在二分部学习，我们班共有26人，22个男生、4个女生，是无线电技术专业三班。第一年的学习是紧张而充实的。那年国民经济刚刚经历了困难时期，学生的生活仍比较艰苦，吃上一顿黄豆炖猪脚就算是大餐了。当时年轻，菜的油水少，吃饭自然多，我们班吃干饭的纪录就是我创造的，一顿吃了16两制的28两，一直无人打破此纪录，恐怕今后也不会有人能破了。到现在同学聚会，这仍是一个笑料。

记得放寒假时，我还用学校发的半斤肉票买了肉带回湖州去，舍不得浪废掉这份定量配给的美食。浙大的校训是"求是"，这是一所教育质量非常好的学校，老师们讲课都非常认真，有水平。大一时，令我印象最深的是教化学的李博达教授，他的课讲得有声有色。

那时的文娱活动主要是电影和学生自己的演出，二分部离杭州大学不太远，有一次杭大放电影《追鱼》，是著名越剧演员王文娟演的，我们不少同学走路去杭大看的。由于人多，我们只好在电影屏幕背面看。一切动作都是反的，倒也有趣。

大一学习的感受和高中是不一样的，大学学习更多的是培养自己的主动性与积极性，培养思维能力和良好的学习方法。我当时由于对"空间"概念有点不适应，所以"画法几何"这门课有点弱，经过一段时间的学习和琢磨，有了种豁然开朗的感觉，也就不难了。

由于历史的原因，我们这届学生大多数在中学学的是俄语，我们班好像只有陆大庆、陈康雯、吴根勇和我四个人学的是英语。我入大学后顺着原外语学习，这为后来出国学习打下了较好的英语基础。

西湖边留影

那时学校很注重教学实习。从大一升入大二的暑假，学校安排我们在校工厂进行了为期一个月的工厂实习。作为无线电系的学生，我们经历了车、铣、刨、磨、翻砂等各工种的学习与实践，学机械的同学参加这种实习的机会就更多了。我记得自己车工干得还行，翻砂很糟糕，总翻不成型。

大二时，我们搬到了老和山下的浙大本部，住九舍，7～8人一间，吃饭和电机系在同一个食堂，食堂靠山根，邻近校俱乐部。当时浙江的粮食供应情况已好转，浙江在全国是最好的省份。在校吃饭主食管饱，大饭桶放在食堂中间，菜则是一餐一份，排队打取。大二时，课程十分紧张，但我学了不少基础知识。教电工的甘明道老师、教数学的梁文海老师的课十分精彩。梁老师上两节数学课，从第一块黑板写起，不擦一字，课讲完，四块黑板正好写完，板书非常工整，水平很高。

那年适逢浙大65周年校庆，每人发了一件短袖翻领衫，就是现在的T恤衫，我们系的图案是波浪上面有一个正在发射电波的天线架，我记得这是方金炉同学的杰作。还有一次团支部活动，我去请了父亲的老战友、抗美援朝一级战斗英雄毛张苗来给我们班讲战斗经历，之后我们还一起拍了照片。毛叔叔在抗美援朝的一次战斗中，曾带领一个连冒着千难万险，穿过重重封锁，穿插到美军后方，直捣敌指挥部，立了大功。

大三时，我们搬到了三分部。三分部有无线电系和物理系两个系。三分部在钱塘江畔，依山而建，所有的房子都掩映在绿树丛中，主建筑为一幢钟楼和几幢西式的楼房，供教学使用。从前、后校门出去，过一条公路，就是钱塘江。三部分东邻六和塔、钱塘江大桥——一座由茅以升先生设计、中国人自己建造的第一座跨江双层铁路公路两用桥；西接九溪，景色十分美丽。

我们常去江边散步，下水游泳，摸江里的蚬回来煮着吃。我们班女生和其他班女生一起住在医务室所在楼房的上面，我们22个男生住平三舍，占3个房间。我们房间有黄光成、李显银、毛克法、胡金荣、方金炉、陈立龙和我，我们7人从大三一直一起住到1968年被分配为止，共四年。宿舍离食堂较近，每到夏天，天很热，我们就打了饭回宿舍赤膊吃饭，好凉快些。水房、厕所都设在别处，因此我们洗漱、冲凉等都要克服冬天冷、下雨难的困难。开水房又在校园的另一端，我们班有一个保温桶，每天两人一组负责打水，抬回来放在宿舍门口的架子上，大家可就近喝开水。

入大学时，伙食费是每月11元5角，后来在毛主席的倡议下，增加到14元5角。这对拿助学金的同学来说是提高了"收入"。当时同学家庭经济条件普遍不是太好，我们班好像只有四个人没有申请助学金，施成水等人还从助学金中节省点钱支援家里的生活。有的同学冬天只有一床凉席铺在床上，衣服也是缝缝补补，从三分部进城来回20多里地，他也是步行，在饭馆吃一份九分钱的"沃面"（杭州人称阳春面为沃面）就算很破费了。

放假时，尽管回家也就是几元钱的路费，一些同学还是因路费困难而回不了家，不像现在的大学生放假还能有机会出远门旅游一番。我们大三开始学专业基础课，一些教我们的年轻老师也与我们同住平房宿舍（老师2人一间），因而我们与老师的关系较大一、大二时更亲近些。

那时的系主任是何志均老师，专业教研室主任是姚庆栋老师，除他们外，教过我们的还有著名无线专家张毓鹍先生，青年教师叶秀清、顾伟康、陈桂馥、袁长奎等。2005年，我因工作需要去了一次浙大，和杭州的几个同学一起向各位老师献上了一束鲜花，以表谢师之情。之后不久，浙大为何老师举办了八十寿辰庆祝会，我也表达了祝福之情。

从大三到大四第一学期上半段，整个教学秩序都是正常的，这一阶段的课程有无线电技术基础、电子线路、微波等。学校的文体活动也很丰富，我那时先后参加过两次演出：一是话剧《第二个春天》，讲述的是我国自行研制导弹快艇的事，提倡自力更生，反对崇洋媚外，这个思想在现在也有现实意义；二是歌剧《江姐》，

2005年，叶培建（右三）与同学一起向恩师献花

当时，《江姐》这个歌剧在全国都很受欢迎，学校决定自己排演，这是一次很大的活动，有许多同学参与。

当然，依我的文艺才能，我只能跑个龙套，主要是帮助做一些剧组的组织工作。应

该说，当时大家的积极性很高，参与程度广泛，排练水平和演出效果也都不错。我清楚地记得，演江姐的是比我们高两级的戴文华和高一级的徐赛秋同学，我们班的李一鸣演游击队长蓝洪顺，徐宝珍、董凤英演女游击队员，陈康雯、方金炉是乐队队员，拉二胡和弹琵琶。演出所需军服是我从部队借来的。

叶培建大学期间与同学的合影

那时，我还参加了三分部广播电台工作。那时的电台工作人员都由同学担任，我担任播音员，每周轮值一次。和我搭档的是比我高两届的物理系女生谈恒英，一位文静、写得一手好字的女生，也是从我们湖州来的，后来在浙大光仪系任教，我去看望过她两次。

1965年11月，全国各地大范围开展"四清"运动，运动的核心是把认为已被阶级敌人夺去的权再夺回来，运动的重点在农村。我们大学生按照中央的安排，也要参加"四清"，到了浙江海宁县（现海宁市），著名的钱塘江潮景观就在该县的盐官镇。我们班的大部分同学都在斜桥公社（斜桥榨菜很有名气），该公社的辖区沿沪杭线展开，有十几个大队、几万人口。斜桥镇也是一个典型的江南小镇，全镇沿河而建，比较富庶。

我们班十来个同学与浙江长兴县的地方干部、解放军空军某部、浙江昆剧团的同志混编为一个工作组，驻新农大队，姚庆栋老师也在这个大队。我和方金炉及一位解放军、一名地方干部在一个片上负责三个小队，每个队人很少，仅十来户人家。后因工作需要，我与同班的莫飞雄同学对调，到了相邻的一个片上，与陈康雯一起，领队的是一个纺织工厂的女厂长。

"四清"时，按要求，我们吃住在贫下中农家中，按规定给房东钱和粮票，按当时的定量每人每天一斤。我们劳动很辛苦，因此吃饭就多，一斤肯定吃不饱。我们每顿在房东家饭桌上就吃两碗饭，也就半饱，但不敢多吃，平时也没什么油水。有时去公社办事（工作团团部在那儿），我们就趁机在那儿的食堂吃一顿，虽然还是要交粮票，可是能吃上猪血烧豆腐，真香啊！我们一吃就两碗（每碗1角钱）。

我们每天都要参加劳动，组织生产队员学习，按"四清"的要求，进行各项运动。工作队队员自身也常常集中学习政策方针，互相批评，以利提高。我在那时，虽然自身很努力，但总的说来，表现一般，不过和社员们相处得倒是挺好的。我的第一个房东是桥北队的张姓人家，第二个房东记不清姓什么了，只记得是一所颇大的房子，孤立地矗立在村边的路旁，我和陈康雯睡在一个小房间里。

整个"四清"工作进行到1966年上半年，"文革"爆发，我们于6月回到学校。"四清"期间除了"四清"的各项工作外，我印象最深的就是学习党的好干部、河南省兰考县县委书记——焦裕禄同志，焦书记的事迹真是感人至深。当然，同吃、同住、同劳动和工作队的各项工作也是未能忘怀的。

回到杭州，我们经历了"文革"的各个阶段。1967年10月，按照中央的部署，我们才陆续地复课，复课时上了"无线"等课程。从那时起到1968年6月，我们上了一些课，还做了毕业设计，我在袁长奎老师指导下设计了一个锯齿波发生器。那段时间，我们还去杭州郊区转塘劳动了一阵子，姚庆栋老师也和我们一起去帮助农民种地、收稻。

杭州后来军管了。军管期间，有军代表，有民兵组织，莫飞雄好像是民兵营长。我们也搞了军训和拉练，从三分部出发，翻山越岭到灵隐。我们还在学校后山及小操场周围挖了很深的防空洞，挖洞时男生个个赤膊上阵，挥汗如雨，不知这些洞现在倒塌了还是被派其他用场了。

1968年7月开始进行毕业分配，我们专业有十几位同学被分到刚成立的中国空间技术研究院，钱学森是第一任院长。同班的王南光、徐宝珍、董凤英和我被分到卫星制造厂（其实按当时的想法，我最想到西北基地去工作，但未能如愿）；方金炉被分到航天医学研究所；陈康雯被分到当时的应用地球物理所；余金财被分到西安无线电技术研究所；同专业同年级的吕隆德、谢松泉被分到卫星总装厂，华根土、胡志荣被分到西安；陈心海、聂登康被分到航医所；谢成柯在农场劳动后去了北京军区。这些同学除有几个后来被调回浙江外，几十年来一直工作在一起，其中康雯与宝珍，隆德与凤英还结成了夫妻，共同为中国的航天事业奋斗，互相关心、照顾。

从20世纪90年代初的第一次同学聚会以来，同班同学曾举办了多次聚会。这得益于留在杭州的几位同学的努力，每次活动都搞得很好，令人高兴，也使我们这些在北京的人常有机会去杭州，他们是陈覃英、汤宏恩、莫飞雄、李显银、毛克法、吴根勇、李一鸣等人。

除杭州外，我们班也在嘉兴、烟台等地举办过聚会。烟台聚会之后，陈覃英等同学还专程渡海去大连看望了从未参加过聚会的胡金荣同学。浙江及附近的同学每次参加活

文艺活动

动都很积极，上海的黄光成、郎桂飞夫妇，嘉兴的吕妙青，宁波的屠守定、应文信，江山的陆大庆，丽水的黄回程，乐清的施成水，苏州的王美云每次必到，金华的余金财，温州的何必完也都来过。

2005年"五一"劳动节的活动是在雁荡山举行的，全靠在那儿工作的施成水同学的张罗，我因任务忙，未能参加，很是遗憾。如果算上胡金荣和参加过一次聚会的同学，我们班26人都相聚过了。我们班的班风甚好，即使在"文革"中，班里同学也没有伤和气，所以现在每次活动大家都心情愉快。这大概和我们班原来的几个干部善于团结大家有关，老支书施成水、王南光、老班长黄光成、陈覃英都是十分优秀的人。遗憾的是，陈立龙同学毕业后去了新疆工作，因积劳成疾，于前几年离开了我们。

2007年信电系（前无线电系）成立50周年之际，5月18日、19日两天，我们无线电专业1962级同学进行了聚会，全年级三个班80人来了62人，我们三班26人来了21人，是最齐的。我见到了不少毕业后从未见过的同学，特别是见到了从香港回来的纪友勤和吴仙喜，我后来去香港出差也见了他们。两天的时光，我们三班主要在杭州绿树丛中、溪水侧畔的茶舍中度过，品茶、聊天、就餐，十分惬意。我们班同学聚会较多，每次见面相隔的时间较短，因而我们相见都没感到彼此变化甚大，总是那么健康！

5月19日晚是系里大聚餐，我见到了许多同专业不同年级的校友。我专门去1961级聚会处，看了当年演江姐的徐赛秋，当年英姿飒爽的姑娘如今已头生白发了，令人唏嘘不已。我也见到了很多其他同学。聚会虽短，但我感到同学们现在生活都很好，看得出来都很幸福。真是弹指一挥间，几十年如烟云，一逝而过。

2012年5月，叶培建参加1962级入校50周年师生聚会

5月19日，我应学校邀请，在紫金港新校区为在校的同学们做了一场主题为"中国的航天及其发展"的报告，参加者十分踊跃，现场气氛热烈，效果不错。5月20日上午，我们都参加了院庆大会，大会热烈而活跃，我们在会上见到了我们系的前辈们：创始人何志均教授及后来任过系主任也教过我们课的张毓

叶培建参观学院实验室

鹛、姚庆栋等老师。遗憾的是，院庆60周年再聚时，他们已经先后过世，我真怀念他们啊！

小学四年、中学一年、大学六年，我在杭州生活学习了这么多年，经历了不少事，从一个小孩成长为大学毕业生，总的来说是愉快的。无论是景、是物，还是人、是事，杭州留给我的印象总是美丽的，对我来说总是割舍不下的。有些城市有一块像样的地方就圈起来，称之为"公园"，且收取不菲的门票钱，而在杭州美丽的景色比比皆是，杭州却并不收门票。杭州山清水秀，是人们生活的好地方，不愧为"天堂"，确实是"上有天堂，下有苏杭"。

近些年，我因工作常回杭州，发现今天的杭州，城市建设日新月异，比当年更加漂亮：曾经就读的西湖小学，其所在的长桥一带已建成新的连片湖滨公园；在我读过初中的杭四中附近也建成了古色古香的仿宋城；浙大更是大步前进，玉泉校区日新月异，紫金港新校区足以与世界一流大学的校园相媲美；环西湖的景色，尤其是湖西岸更是如人间天堂……

我怀念杭州，那是我成长的地方、人生的出发之地。只要有机会，我会常回杭州，常回浙大，常回信电学院。

那让我梦牵魂绕的地方

1973级（1976届）无线电技术专业　吕振国

40多年前，风华正茂的我们踏入了三分部那片桃园胜境，在那里度过了一段阳光灿烂的日子。三分部的学习生活实在令人难忘，那里浓缩着我们青春的激情。三分部的自然环境更加令人陶醉，那是天人合一的生态乐园：依山傍水，青谷幽峡；春天鸟语花香，夏日江波渔火，秋天桂花怒放，冬日雪打香樟。三分部的学生大都有一种感觉，似乎我们的三分部情结更胜于浙大情结。

浙江大学三分部位于钱塘江畔，月轮山麓，距茅以升建造的中国第一座铁路公路双层大桥——钱塘江大桥仅500m之遥。著名的重檐木结构古塔六和塔就矗立在月轮山上，是这块灵秀胜地的标志性建筑。

主楼一景

这里旧称"之江大学"。一色的红砖清水墙建筑，在绿树丛中若隐若现，称得上是万绿丛中点点红了。整个学校的建筑散落在一架弧形山梁上，谷底是健身房和操场，再高一层是学校的主要建筑，围着谷底成U形分布，主楼、钟楼都建在这里。环绕校区的山间公路是学校的主要交通

浙大三分部旧景

干线，图书馆、卫生室、实验室及五排平房宿舍顺次排列。新中国成立后又修建了八号楼、一号楼、二号楼，都是学生宿舍。最上一层点缀着上红房、下红房、白房子以及别墅式九号楼，据说原是外籍教授的住所。

教师住宅区与教学区由一小型水库分开，新中国成立前女学生曾在这里住宿。当时男生女生不能互串宿舍，于是谈情说爱的男女就只能在连接两岸的小桥上会面。从那时起，这桥就有了一个优雅的名称"情人桥"，一直被沿用至今。

值得一提的是三分部的树，三分部的主要乔木是香樟树，也有少量银杉。谷底的香樟树背阴，树上长满青苔，小松鼠在树枝上窜来窜去，惹人喜爱。最古老的一棵香樟树植于主楼西南角，三人才能合抱，竟有210年的历史。最使人难忘的是主楼前的两棵金桂，树冠的直径足有十几米。每当秋高气爽桂花怒放的时节，整棵树几乎都要变成金黄色的了，桂花香气四溢，连在三楼教室里都能闻到它的幽香。清新的空气和桂树的花香充满秋日的山谷，这是三分部的一大特色，桂花飘落的情景也可称得上是桂雨了。

浙大三分部的香樟树

小礼堂

再就是三分部的竹。三分部有两片竹林，其中一片竹林就在我们平五宿舍的右侧。春雨纷纷时节，一晚上就能冒出几十棵碗口粗的毛笋，这些毛笋几天工夫就能长到一人高，新竹拔节的啪啪声清脆悦耳。另一片竹林在大操场外的山坡上，夕阳照射下泛着粼粼银光，与周围的树林形成不同的景色。

三分部的花也使人难忘，十月桂花香那是早已闻名的，夏季、冬季、春季也都有花开，装点着山谷，美化着校园。夏季主楼前草坪上的广玉兰争相怒放，芬芳四溢；冬季山茶花挂满枝头，花气袭人；春季那映山红从上红房一直开到山巅，漫山遍野。

钟灵毓秀的三分部现在称作之江校区，近年又修建了一些新建筑。原来五排平房的位置上现在是三排三层学生宿舍楼，右面是李作权学生活动中心。二号楼前临江修建了一栋两层方形建筑，拱形梁柱支撑的回廊很是宽敞。如果站在回廊上极目远眺，可以看到钱塘江对岸高楼林立，气势恢宏，宽阔的江面平静如止，沧桑的钱塘江大桥依然壮观。如画的江山水天一色，淡雅寥廓，令人豪情涌动，心旷神怡。

令人欣慰的是，三部分的大部分老房子，那些有着历史沉淀的建筑，都完好如初，据说主楼和钟楼已被列为全国重点保护文物。新建的房屋也适应原建筑的风格，红砖砌墙，与旧建筑浑然一体。有些历史建筑已融为大自然的一部分，我们千万不要去破坏它。

那个时代的学生都是在社会工作中历练过几年的大龄人，当时的师生关系也就与一般的师生关系有所不同，师生如朋友，如兄弟，如姐妹。师生在学习中相互探讨，在生活中互相帮助，这是其他时代的学生所没有的经历。美好的回忆毕竟已成为过去，我们怀恋昨日的时光，更要设计美好的明天。从三分部带来的情怀和风雅，将伴随着我们去创造未来。

重游青年时代学习休憩的校园，我感慨万分，一种怀旧且欣慰的感觉笼罩心头。光阴荏苒，逝者如斯，我们的时代已经过去了，时光把历史交给了下一代，他们将会拥有又一个崭新的世界。然而我们拥有的时代曾经也是辉煌的，我们为自己的时代而自豪。我们经历的年代正是中国社会发生深刻而巨大变革的时期，我们见证了国家发展初期的艰难岁月，历经了改革开放以来的激荡辉煌，我们不曾虚度年华也并非碌碌无为地走到了花甲之年，我们饱经风霜，历经坎坷和成功，仍在继续发挥余热，我们正心胸坦荡地走向未来，沐浴夕阳无限美好。

忘不掉的是同学们的坦诚，我将用这种坦诚去面对人生；忘不掉的是同学们的友谊，我将用这种友谊去面对困境；忘不掉的是同学们的激情，我将用这种激情去面对生活；忘不掉的是师长们的告诫，我将用这些告诫好好地把握未来的航程。

我们都是年过半百的人了，五十而知天命，我们已懂得淡泊名利，明白了自己，也悟透了人生。有条件有时间就多回三分部看看，住几天，不只为怀旧，也为那幽静的山，为那美丽的景，为那一段世外桃源般的美好经历。

三分部，那让我梦牵魂绕的地方！

难忘的十八载

1978级电子物理专业　汤伟中

1978年10月，在高中毕业四年后，我作为"文革"结束恢复高考后第二批被录取的大学新生，来到浙大无线电系电子物理专业读书。我从火车站出来，坐在迎接新生的校车上，前往被称为"浙大三分部"的地方，想象这一定是一个教学楼林立、气势宏大的大学校园。但当校车从之江路岔到一条狭窄的小路上，经过一个急陡的转弯爬坡后，在传达室门口停下来，我们被告知到达学校了。我当时的第一感觉是，难道这个山村模样的地方就是大名鼎鼎的浙江大学？这跟自己的心理预期有挺大的差别。但不久之后，我就深深爱上了这个绿树环抱、曲径通幽的世外桃源般的三分部，并且前前后后在这里学习、工作和生活了15年，直到1995年无线电系搬到玉泉本部。

汤伟中夫妇与段永平（中）在主楼前合影

电子物理1978级有两个班级共计68名同学，大家不但来自全国各地，而且年龄差距也较大，最大的年过30岁，最小的刚刚15岁。有不少大龄同学都是像我这样高中毕业多年后才有机会参加高考进入大学的，而一些十五六岁的小同学则是高中还没有毕业，提前一两年参加高考入学的。这里面不乏初中甚至小学毕业，靠自学完成初高中课程的，也有"文革"中家庭受到冲击或迫害，被迫下乡或迁居到偏远地区"接受再教育"的。但不论上学前的地域、家庭、境遇或实际文化程度有多大差别，大家在一点上是相同的：抓住这来之不易的学习机会，尽量地多学知识，将来为国家四个现代化建设做贡献，也给自己创造一个美好的前途。

当时，"文革"刚刚结束，国家百废待兴，高校也是一样。我们入学后使用的教材大都是简易印刷和装订的，有些还是油印的。由于那一年学校大规模扩招，宿舍比较拥挤，大学第一个学期有不少来自杭州本市的同学因无法安排宿舍床位而只能"走读"——白天来学校上课，晚上回家住宿。但同学们从来没有抱怨这些，都把精力放在学习上。

本科四年中，无论基础课还是专业课的任课老师们对我们都特别关心，他们教学非常认真、严谨、负责，给我留下了很深的印象。我们当时真的感到自己像是"天之骄子"，受到老师们的眷顾。担任我们政治辅导员的周建华老师与我同龄，他跟同学们打成一片，与我们关系融洽，至今还同大家保持着亲密的友谊。

大学四年很快就过去了，毕业时我被分配到中科院沈阳科仪厂工作。1984年，我考回电子物理专业，在周文教授门下攻读硕士研究生。周老师当时是专业和系的领导，后来又在校研究生院担任常务副院长，科研、教学和行政工作都很繁忙，但他对我们研究生非常关心，除了亲自给我们上课，对我们的论文选题、理论与实验研究以及最后的论文撰写，也都给予了许多关键性的指导。储璇雯老师则具体指导了我的论文工作，储老师严谨的学术态度和认真仔细的工作作风让我受益匪浅，在她的指点下，我的论文得以顺利完成。两位恩师对我的教诲和帮助，是我这一生都会永远铭记的。

1987年研究生毕业后，我留校在周文老师领导的光纤电子学实验室工作，与胡文豪老师一起，从事光纤电子学方面的科研，同时还负责部分研究生教学工作。当时我们物理电子技术专业面临很大的转型压力和挑战，要从过去的主要面向电真空器件和面向军工，转到主要面向国民经济发展的方向上来。我们光纤电子学实验室在周文教授的带领下，从零开始，通过实干苦干，逐步建立起光纤传感和光纤通信方向的科研基础，取得

汤伟中参加毕业30周年师生聚会

了一些当时国内领先的科研成果，并培养了一批博士、硕士研究生，为专业学科的发展做出了贡献。

说到专业转型，我留校后工作的那些年，我们专业在周文、陈抗生、李志能老师的带领下，在缺经费、缺课题、缺设备的困难下，一步一个脚印苦干实干，经过多年不懈的努力，开拓新的科研方向，改革本科和研究生教学和课程结构，与兄弟学科一起，建立起了电子科学与技术一级学科点，成功实现了专业的转型，推动了学科的快速发展。给我印象特别深刻的是陈抗生老师，在整个专业的转型期，他始终站在第一线，承受着巨大的科研压力、教学压力，还要负责繁忙的领导事务，多年如一日地加班加点，以办公室为家，为专业、学科的发展百般操劳。他对物理电子技术专业的转型发展做出了不可磨灭的贡献。

1982年本科毕业后，我们电子物理1978级两个班级的同学前后三次回母校与老师们重聚。大学四年所建立的师生情谊已经深深融入我们的血液。

1998年我离开浙大，前往美国硅谷工作，并旅居美国至今。在浙大信电系学习和工作的十八载，是我这一生中最有价值和最值得怀念的时光。可以毫不夸张地说，那18年改变了我的人生。我在本科读书时结识了同专业的女同学张芒粒，毕业后我们结婚成家，生活甜蜜，如今一晃已有30多年，我们的女儿至今还十分怀念居住在三分部家属区时那段幸福的童年生活。

2017年是信电学院建院60周年，我为自己曾经在这个地方学习和工作了十八载而骄傲和自豪，祝愿信电学院明天更辉煌！

一起欢乐　一起流泪　心朝同一个梦想

1985级无线电技术专业　黄巨交

在浙大的四年是我人生最丰富的四年，我收获了知识，收获了人生的知己，收获了走向社会的能力，收获了老师的友谊，迈出了人生独立的第一步。

我清晰地记得，在迎新的校车上碰到的第一位同学是拎着红皮箱的王奕炯同学，而卜凡孝老师一句"咦，今年研究生怎么这么早就来报道"让我立刻脸红了，卜凡孝老师把比同学普遍大四岁的我误认为研究生了。离开高中时本想静静地读书，可我又成为半导体85班的班长，但我并没有填半导体专业的志愿。后来同老师聊天中得知，因为要推荐我去半导体专业当班长，所以没有按我的志愿到无线电专业。而这次同老师的聊天，也成为我转回无线电专业的依据。

大二时，我转到无线电85-2班。因与半导体同学一年的友谊，我突然有种莫名的伤感。我失去了半导体同学的相伴，又一时融不进无线电的氛围，在体育组二楼吴老师的房间孤单地住了一学期。当时每天清晨都有松鼠陪伴我，它们从树上跳进我的房间，抢走我的食物。另外，叶远华还经常下来弹弹吴老师的吉他。

送走了一批毕业生，又迎来了一批新生，我们从8号楼搬到了平房区，终于我在801-852的平一舍与同学们重新住在一起了。得益于祝宾的细心友善，我很快融入了这个宿舍、这个班级。我们寝室8位同学将宿舍整体装饰一新，用报纸贴饰墙面，当时真的有住新房的感觉，同时也常有《好好爱我》的歌声回荡在寝室之中。平一舍前面有个球场，寝室8位同学发现有商机，有做汽水生意的冲动。说干就干，我们从食堂借来三轮车，去九溪批发汽水，谁有空就谁卖，一瓶能获得几分钱的利润，感觉很好。寝室有了经常加餐的资本，我们还到楼外楼一起吃过西湖醋鱼、宋嫂鱼羹、叫花鸡等杭州名菜。

当然寝室中的老道（樊文劲）是最大的受益者，他经常带1987级的小学妹来喝免费汽水，并因此收获了爱情。

夏天的杭州特别闷热，但是三分部是很好的避暑之处，我们整日走在绿荫之下，并享受钱塘江之水。部分同学游向钱塘江对岸，勇敢的采些毛豆和玉米游回来，胆子小的只能穿着裤衩从钱塘江大桥上走回来，那是三分部的一大奇景。但是，钱塘江的潮水却卷走了我们的敬爱的班主任老师，我们不能接受这样的事实，个别同学长久地沉浸在这悲痛之中。

冬天，我们享受着另一番乐趣。教室里太冷，学校鼓励我们在主楼前的草坪太阳底下学德语，大家周末在小礼堂听着悠扬的旋律翩翩起舞，还可以喝一杯香气四溢的热咖啡，那是何等的惬意。分部的舞会引来青年教师，也招来本部的同学，那是我比较得意的一件事，它为寂寞偏远的分部同学带来一些欢乐，也拉近了我们同年轻老师的距离。一号楼常常是我们几位同学改善伙食的地方，我们常常"洗劫"宋毅明老师、吴坚老师、周峰老师的厨房，支起电炉一顿乱煮。当然我们也有做山珍野味的时候，用电热杯煮春笋，油炸钱塘江的河虾，清水煮螺丝，有人还煲蛇羹。卢国文老师的太太章老师每次带回来的吴山烤鸡，是我们这帮学生垂涎三尺的美食。

在大学期间的旅游可能谁都有过，但有次旅游让我至今记忆犹新，就是我们说走就走的新安江之旅。我和林宏伟、吴阳生、刘铁树、陈军、陈复生、林沐、张红、郭漫等11位同学坐车到桐庐，游玩了严子陵钓台，并向建德行进。当时我们步行一段路，中途还拦了一辆手扶拖拉机载了我们一程，我们还向当地老乡打听如何走最近的路去千岛湖。我们沿着铁路线穿过一个山洞，到达新安江水电站的大坝，在

班级活动

第一次实地感受到初中课本中新安江水电站大坝的雄伟时，发现我们带的钱不多了，于是紧急要求各人把口袋里的钱都拿出来，女生还要求林宏伟及刘铁树将私下留着抽烟的钱也拿出来，但数额不大，感觉还是不够。后面几天，我们只得省吃俭用。有天到一个小旅馆，我们怂恿郭漫同学去同老板娘订房谈价，郭漫同学嘴甜，真的以我们当天的预算谈下了，当然也苦了我们这帮男生，7个人一个房间。当我们从建德回来时还是缺一个人的车费，我们11位同学同售票员好话说尽，才总算让我们回到了学校。为了补偿我们，林沐还请客让我们这批同学去八卦楼吃了一顿，那一顿饭的满足无法形容。这次经历给我留下一个"后遗症"，就是出门总是要带足够的现金，光有卡还不行。

大三时，我总觉得没有扎实地学到多少专业知识，各种学生活动很多。为了搞好浙大文化节分部专场，欢送1984届的毕业生，我几乎用掉了一个学期的时间：经常讨论节目到深夜，在主楼团委办公室用幕布当被子睡在办公桌上；因为没有什么经费，需手

把手地组织同学们自编自演。往事如烟，但历久弥新。当时1984届的文艺积极分子是马昕、张立新等人，1985届的有老管、陈新等人，还有许多，现在记忆模糊了，我记得不太清楚了。唯一外请的是杭州新华造纸厂的工人舞狮队，这是李晔同学努力请到的。我们整学期为一场活动忙着，当它圆满成功时，我静静地站在远处拍照，心中十分满足。当听到家属区老师们评论"这批学生还真有能力，分部组建以来没有这样热闹过"时，我暗中想："我可是花尽了心力。"三分部这样的活动真是史无前例的，欢送1984届毕业生的热闹场面也是史无前例的。当然，我从中获得的这种全盘组织、调度的能力，到现在也受用。

大四我基本在实验室里度过。我有幸得到一个好的毕业论文指导老师：卢国文先生。我们一般称他为"指导"，这个称呼一直用到现在。当然也有个插曲，毕业前，我发现卢指导的年龄比我还小，所以我对指导说："在学校里一定尊称你为老师，但是在校外，我应该叫你一声'师弟'。"这个称呼现在偶尔还用一下。在这位出色的"师弟"的指导下，我的毕业论文被评为"优秀毕业论文"，我还清晰地记得我的论文是《64K图像传输帧内插算法》，我还用硬件验证了这个数据算法的模型。给我上"通信原理"的是仇佩亮老师，我经常缺他的课，他就将我的成绩打成59分。后来他也是我论文的评委老师，他对我很熟悉，用"刮目相看"来赞扬我的论文。

我记得毕业时在大食堂的最后一餐，啤酒瓶的碎片把大食堂地面填高寸许，啤酒激发出了大家压抑许久的悲伤，男生们都抱头痛哭。回想起来，毕业季其实是一片欢笑，就算流泪也是欢乐的。我们的泪也是人生的写照，如月光，皎白但透明。

1985级同学毕业合影

浙大信电系 我的摇篮我的家

1985级物理电子技术专业 周效东

人生最大的幸事是在对的时间遇见了对的人和做了对的事。我倍觉庆幸的就是我在最美好的年华进入了浙大信电系，在短短的12年中让自己从对科研一无所知的少女，成长为浙大副教授和科研项目负责人。这段成长经历为我的人生打下了坚实的基础，让我终身受益。我也始终眷念浙大信电系这个让我成长的摇篮和家。

我于1985年考入浙大信电系物理电子技术专业，1989年保送为本专业硕士研究生，师从时任浙江省科委主任的周文教授和汤伟中老师，并参与光纤内窥镜系统的研究，1992年继续被保送，在同一实验室读博士，与富阳市的水声研究所合作，从事光纤水声传感器及其偏振控制技术的研究。1995年博士毕业后，我留在本专业从事光纤传感器的研究，1997年被评为副教授，同年辞职赴加拿大定居，在多伦多大学做博士后以及在多伦多高科技公司做高级研究员，从事光纤传感和通信器件的研发工作。2003年我前往新加坡南洋理工大学，在那里做博士后，从事微流体生物传感器的研究，2005年至今，我在新加坡科技研究局材料与工程研究院任高级科学家，负责便携式生物传感器的研究。

我最感恩的是浙大严谨的教学和学风。在进入浙大之前我对高中以外的知识知之甚少，甚至也不是以很高的分数进入浙大的。但老师认真细致的教学和精挑细选的教案，给我打开了知识的窗口，更像是指出了一条通往知识宝库的大门，让我在其中不断探索新的路，让我扎实地掌握了物理电子技术专业的绝大部分知识，并情不自禁地对专业产生了浓厚的兴趣。我从本科一直读到博士，并且留校成为教师中的一员。我们在大学二年级的时候，黄恭宽老师已经给我们上外文版的电磁场理论了。在学风严谨的信电系，多数同学都非常用功。图书馆和教室里永远都是静静看书的同学，经常是一位难求。教室里每天早上会有一大排占座的书，那是前一晚自修的主人为自己预留的最佳听课座位。到了硕士和博士期间，学生的生活更是简单到仅剩食堂、宿舍和实验室的"三点一线"，绝大部分的时间，老师和学生都是在实验室里。在我所在的由汤伟中老师负责的光纤实验室，我们的课题都是比较具有挑战性的军工项目和各种自然基金项目，很多设备都是自己搭建的，有的项目要用到的激光器甚至是进口限制的产品，需要我们费周折去买或者找到替代品。尽管当时仪器设备条件一般，收入也不高，但所有老师都是那么有激情和理想。我随便到哪个实验室，都能看到老师们在实验室忙碌的身影，有的老师还满手油污。闲聊时，大家也不免指点江山，勾画着未来发展的宏图。在信电系老师的言传身教之下，我出国后更加体会到浙大这所"东方剑桥"的教学质量之高：我出国没有考过托福、雅思、GRE，没刻意补习过英语，也没有到国外再读任何学位，可是无论在哪个国家，我的英文水平和基础知识都足够我做好那方面的工作。浙大信电系提供的扎实的知识养分，让我这样的浙大校友在海外都能找到自己的用武之地。正应了我的导师周文老师所说的："我们这个专业出国如果找到工作，一定有比较高的薪水。"他说的这话被无数的海外信电系校友印证了。

浙大的人际关系也是很温暖的。我读书期间得到过各个老师耐心的知识解答和学习建议，而且我经常去各个实验室借东西，很多老师都会慷慨出借，不问归期。我留校给学生上课的时候，胡文豪副教授毫不犹豫地把自己的手写教案送给我作为参考。信电系的老师们不会因为这些帮助就要求论文的共同署名等好处，他们更不会相互挂名以求更多的论文数量，他们在为人师表和高度自律方面一直站在一个令人敬佩的高度。我的导师周文和他夫人储璇雯教授更是把我当家人一样看待。当我申请到包玉刚奖学金的时候，周老师甚至主动提出把他唯一的一套自住房作为我的出国担保。而我第一次回国去看望他们时，储老师说如果没地方住，就住他们家好了。每次回去看望周老师，他和储老师都要热情地请我吃饭，和我畅聊工作和各种家常。在我进浙大之前，我是个很内向的人，可是在光纤实验室这个温暖的家庭里，老师和同学之间各种天南地北的信息交流以及高度的信任和彼此关爱，让我变得开朗健谈起来。到博士毕业的时候，我的个性都变了，变得自信起来。现在我走得越远，越怀念当初那些彼此真心以待而且温暖简单的人际关系。世界再复杂，浙大信电系都有导师与同事在并肩工作，彼此撑起一片人际关系的晴空，让我这样的学生和年轻教师得以专注于学业和科研。在毕业这么多年以后，我还与不少老师保持着微信联系，原来这些老师们不仅仅是科研大拿，更是摄影大师、文字高手、音乐爱好者，他们以广博的知识底蕴默默奉献，培养和守护着一代又一代年轻的学子。

浙大三分部的美丽风景也是让人津津乐道的：从春天的花、夏天的草、秋天的树，到冬天的雪，从钟楼、主楼、小礼堂、六号楼、八号楼、平房，到教工宿舍、灰房、上红房、下红房，从山上弯弯曲曲的石径到山涧流水潺潺的情人桥，到处都是百看不厌的人间仙境，让人过目难忘、魂牵梦绕。我有幸见证了信电系在工管系搬出后独守三分部、浙大通过"211"验收、四校合并以及信电系搬迁本部的那段发展历程，并尽了一份绵薄之力。

虽然人生是没有终点的旅程，但无论身在何处，我都会感恩、惦念、关心和爱护浙大信电学院这个曾经的家，也会常回家看看。我也衷心祝福信电学院在其60周年院庆之际翻开新的一章，永葆辉煌并不断发展壮大，散发出更加成熟迷人的风采。

第五章
校友寻访

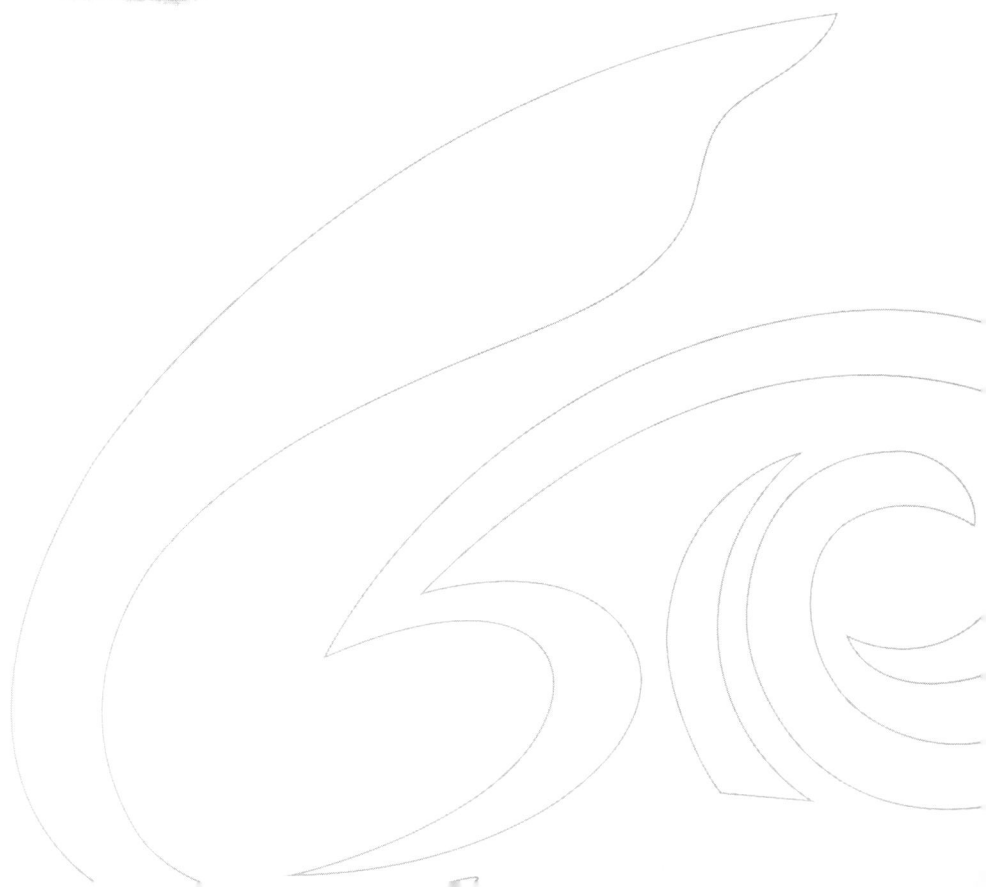

陈祥兴：孜孜不倦　不断追求

人物名片

陈祥兴，现任南京晨鸟电子有限公司董事长，中国第一代卫星地面站的总体负责人之一。1962年毕业于浙江大学无线电系，同年分配到南京无线电厂，曾任熊猫电子集团公司总经理、南京爱立信副董事长。被评为首届二十名全国优秀企业家之一，其主持的项目获得国家科技进步一等奖。

孜孜不倦　追求卓越

陈祥兴出生于浙江慈溪，以第一名的成绩从慈溪长胜市小学毕业，却遗憾地没有考上余姚一中初中部。但是陈祥兴没有气馁，他进入私立中学上虞春晖中学学习，以优异的成绩考上余姚一中高中部，并在1957年考上浙江大学无线电技术专业。五年的浙大求学生涯中，陈祥兴依稀记得三年困难时期时，大家吃着野菜，喝着清汤，勒紧裤腰带刻苦学习。那时在农忙时节，校方还组织大家到公社帮农民收割庄稼。陈祥兴在大学里不仅学习成绩优秀，还担任班长职务，将班级大小事务管理得井井有条。他认为担任班长的经历对他后来管理工厂有很大帮助，所以也鼓励在校学生参加一些社团或者担任班级职务，提高自己的综合素质。

陈祥兴参加工作后由于表现突出，于1964年被提升为南京无线电厂仪表科副科长，于1969年由国家指定派往朝鲜熙川青年电器厂担任技术专家，支援朝鲜建设。回国后，陈祥兴于1973年参加了由一机部曹威廉为团长，江泽民为副团长的国际第38届IEC年会，并在会上发表了一个重要公式的推导过程，纠正了测试方法的错误，其严谨的工作态度令人敬佩！1977年，陈祥兴已经成为南京无线电厂的总工程师，主持工厂在短波通信、收音机和音响等方面的技术和研发工作。1983年，在厂领导的极力推荐下，经中央组织部和四机部的批准，陈学长开始担任南京无线电厂厂长，并于1987年以南京无线电厂为核心成立熊猫电子集团公司。在此后的十几年间，陈祥兴带领熊猫电子集团飞速发展，大量引进国外的先进技术和设备，为中国生产了大量彩电、录像机、DVD等高科技电子产品，其生产总值、销售总额均增长了20多倍。期间，陈祥兴主持的"331工程通信卫星地球站"项目获得国家科学技术进步奖一等奖，DS-2型卫星通信地球站获得国家科学技术进步奖二等奖。陈祥兴管理公司的基本理念是以人为本，所以他当时工作的重点也放在公司人员素质的提高和人才的培养上，为中国培养了大量的技术人才和管理人才。也正是凭着带领熊猫电子集团所取得的飞跃发展，陈祥兴被评为首届二十名全国优秀企业家之一，并获得"全国劳动模范"和"国家级有突出贡献的中青年专家"称号。

永葆本色 不断追求

1997年下半年，陈祥兴从熊猫电子集团公司董事长、总经理的岗位上退下来，并于1999年正式退休。退休后，他全国劳模敬业本色不变，全国优秀企业家创业精神不衰，利用自己积累的资源和对商业的敏锐嗅觉，为社会奉献着自己的力量。他发挥自身资源优势，为企业的发展牵线搭桥，引进技术，配套加工。2002年，陈祥兴担任美国安德鲁公司顾问时，就南京爱立信熊猫通信公司的无线基站配套美国安德鲁的苏州无线并进入联通公司使用的问题，做了大量工作，以实现设备本地化。同时，他清楚地知道"熊猫电子"的两家子公司（光华电子注塑厂和联华机电设备厂）技术改造后，核心加工能力大幅提升，很需要配套加工。于是，陈祥兴带领两个厂的负责人三番五次去安德鲁苏州厂商谈，经过一波三折反复博弈，终于成功地得到大批订单，为安德鲁生产反射面天线、基站天线的天线罩和微波滤波器等部件，使国内基础加工向精深度发展，走出了一条高产出、高附加值的道路。2010年，他得知新发明的平面电机效率比传统的高出50%后，立即动员一家大公司董事长与专利发明人洽谈、考察，直至成功合资，资本金1000万元，专利入股占25%。现在陈祥兴成立了南京晨鸟电子有限公司，并担任公司董事长。

心系校友　无私奉献

　　陈祥兴对校友会的工作始终热心积极，在他的主导下，江苏省浙江大学校友会顺利成立，并由他担任会长。担任校友会会长职务是没有任何薪金的，事务却非常多，但他任劳任怨，一直勇于承担，组织了几个热心为校友服务的秘书长和副秘书长，渐渐地把南京地区的校友组织起来。现在仅南京市就有几千成员，这也促成了江苏省其他县市校友会的建立。由于校友会成员完全是凭着大家对母校的感情自发联系起来的，所以关系相对松散，为了把校友会办成有凝聚力、向心力、和谐稳定的组织，校友会办公室倾注了大量的心血，坚持每月组织活动，每两个月出版一期《校友通讯》，交流信息，增进交往，譬如举办老院士90寿辰庆祝大会、美籍华人博士时事报告会、南京考古新发现报告会、科技和保健报告会等，还曾经派团去杭州迎接应届浙大毕业生，做好就业安排工作。

深切期望　殷殷寄语

　　陈祥兴对浙大学子寄予了深切的期望，也给浙大学子提出了一些宝贵建议。陈祥兴校友告诫我们，在校期间一定要把基础打牢，以后走上工作岗位，结合实际，还要再重新巩固这些知识。另外，他还建议我们要提高自己的动手能力，对一些工程上的参数要有一定概念，而不能一心只钻研理论，同时也要跟上时代步伐，了解各个领域的最新进展情况，这样才能开阔自己的眼界。

采访人：2012级信息与通信工程专业硕士生　屠　坤

2009级信息与通信工程专业本科生　董吕挺

陈贵钦：坚韧的心　铸出广电魂

人物名片

　　陈贵钦，1962年毕业于浙江大学无线电技术专业，毕业后分配到中央广播事业局工作。1965年被委任为中国援助坦桑尼亚广播专家组技术代表，前往坦桑尼亚援建广播发射中心。1982年担任福建省广播电视厅党组成员、副厅长，兼任广播电影电视部科技委委员、中国录音师协会副理事长、福建省信息化领导小组成员、福建省为民办实事领导小组成员、福建省广播电视学会副会长、福建省通信学会副会长等职。2004年起担任福建省浙江大学校友会会长。

在浙江大学打下扎实的基础

　　来到浙江大学之后，从一年级起到五年级毕业，陈贵钦靠着助学金生活，每个月只有8元3角的伙食费。"当时的钱比较值钱，1毛钱能买1斤大米哩！"他说着咧开嘴笑了，似乎是为当时终于可以摆脱饥饿的困扰，迎来不一样的生活而喜悦。当时他的生活较为清苦，学杂费靠他自己寒暑假去杭州园林管理处挑泥巴赚取，挑泥巴的开头几天，他的肩膀又红又肿又疼，入夜只想哭鼻子，但硬是坚持下来，用赚来的钱交了学杂费。

　　"业精于勤而荒于嬉，行成于思而毁于随。"正是大学生活的不容易让陈贵钦不敢轻易挥霍大学的光阴。他追求思想进步，大二时就加入了中国共产党，是班上的第一名党员，并积极参加党团工作。他学习认真并热爱体育运动，课余时间参加各类运动，还参加了一些体育比赛。"我当时撑竿跳还拿了名次呢！"他谈到这里，露出了笑容。这些活动的参与非但没有影响他的学习，还有助于他的身心健康，从长远来看还练就了他较好的身体素质，也有助于他日后熬过了长期加班工作与前往非洲的那段艰苦岁月。

"生于忧患，死于安乐。"在艰苦岁月中成长起来的陈贵钦很快地适应了大学的生活。他班上的政治思想气氛很浓，绝大部分同学是共青团员，还有许多同学申请入党。把团旗插在校园里，在苏堤上过团日生活，以及佩戴团徽的宣誓活动都令他记忆犹新。他所在班级的学习氛围也非常浓厚，让他引以为豪的是，他们班大二时与高一级自动运动专业的同学一起上课，同样的课程，同一间教室，同样的老师，结果他们班的平均考试成绩比高年级的高0.5分，当时是五分制，高0.5分是不简单的。这在当时也轰动了学校，党总支书记还专门在校刊上对他们班进行表彰。

那时正是困难时期，粮食和营养供不上，学校里很多同学患浮肿病，可是他们班由于注意劳逸结合，在学校里开荒种地，把蔬菜全部献给食堂改善伙食，结果全班没有一个得同学浮肿病，直至顺利毕业。他们班同学相处得融洽又和睦。

在大学期间，学习之余他们还去参加各种各样的劳动和实习，到杭州、上海、南京的工厂劳动、实习，到安徽科学院实习，两次到杭州郊区和农民生活在一起抢收抢种，还到绍兴当过一个月的雷达兵。在劳动、实习和军训中，他们注重理论联系实际，提高学识水平，接受工农兵的崇高思想和高贵品格的熏陶。他们班同学毕业后出现四个地厅级和师级干部，一批教授、研究员、高工、总工、厂长等，积极参与祖国的保卫和建设。

艰难的非洲之行——援助坦桑尼亚

1962年毕业后，陈贵钦来到北京中央广播事业局工作，到工厂，到发射台参加广播发射机的设计、制造、安装、调试工作。过了两年半，他被任命为中国援助坦桑尼亚广播专家组技术代表，到坦桑尼亚援建国家广播发射中心。当时的陈贵钦刚25岁，当被问道他为什么会被委任这么重大的任务时，他说道："可能因为我是个党员，又是从浙大毕业，而且在国内的几个工厂、发射台里实践锻炼过，对发射台已有初步知识。"在浙大打下的扎实基础让他能够很快地适应工作。

不过，技术代表不是那么好当的，非洲艰苦的环境也不是那么简单就能适应的。按理说，建设广播发射中心的具体内容陈贵钦在国内就已经初步掌握，不过他一到现场才发现还是存在许多困难。

首先，架设三部天线交换闸的困难。当时三个大型天线交换闸要倒挂在机房屋顶天花板下面，每个天线交换闸有一两吨重，天花板上有8个地脚螺钉，要预埋得精准，不能有误差，否则就装不上去。现场又不能用吊车，很是伤脑筋。陈贵钦与工人师傅想方设法，在发射机上方搭架子，硬是安全准确地把它装上去，现场的坦方工程技术人员无不竖起大拇指表示赞扬。

发射机投入运行后不久，陈贵钦就发现发射机的最大调幅度开不到100%。调幅度是发射机动态运行的重要指标，涉及听众能否接收到最大响度的声音，这个问题必须解决。检查音频调幅器工作状态都很正常，陈贵钦怀疑音频调幅器末级电子管老化，于是重新选择放大系数高的电子管予以替代，把老化管放到高频末级使用，这样既保证高频输出的发射功率达标，又保证调幅度达标，还提高了音频系统末前级的推动功率，彻底解决了这个问题。

其次，坦桑尼亚共和国距离中国很远，建设过程中碰到技术问题，陈贵钦无处询问。当时的外交信使是一个月来一次，回信还要一个月，来回要两个月，靠他们根本来不及。在施工现场也没有电报、电话，遇到问题只能靠自己解决。当时，坦桑尼亚实行白天一贯制工作制，即八点上班，中午只有一刻钟的时间吃点心，一直工作到下午三点。而陈贵钦要继续工作到六点才下班，晚上还参加集体学习。这样，白天遇到问题，他只有夜里加班钻研，还要考虑明天的工作，所以经常忙到深夜，造成长期睡眠不足。

最后，恶劣的工作环境。为了不给受援助国增加经济负担，陈贵钦放弃了坦方为他在首都达累斯萨拉姆市区海滨提供的高级宾馆，自己在工地上架设帐篷，里面放置行军床，还用设备装箱板架起长条椅和长桌子，供学习使用。他坐在这样的椅子上有些摇晃。坦方现场环境不够卫生，蚊子、苍蝇、蚂蚁的体形大，咬人挺疼的。苍蝇还老停在人身上，赶走了又飞来，使很多人拉肚子，陈贵钦也不例外，拉起肚子几个月好不了，人消瘦得很。

尽管生活如此艰难，他还是挺了过来。那时，中国驻坦桑尼亚的经济代表处领导江代表看了，心疼地说："小陈啊，回国去疗养一段时间吧。"他说："不行啊，这边工作没做完怎么能走呢！"当时，他一边拉着肚子，一边还在钻研着问题。最终，原本预计一年半完成的援建工程不到一年就提前完工了，在国内都未出现过这样的业绩。团结奋斗、艰苦努力出成果呀！

工程竣工开播时，工地彩旗招展，气球高挂，飘带随风摇摆，坦方国家演出团穿着五颜六色的民族服装，载歌载舞，尽情欢跳。由于这个项目顺利建成并投入播音的示范作用，从此中坦大型合作工程如坦赞铁路、大型纺织厂、大型水源工程都陆续签订合作协议并相继开工。

回国后，1970年的一天，陈贵钦像往常一样出差到北京郊区的一个巨型广播发射中心，调试、改造新型广播发射机。突然，方毅与陈慕华同志带领项目管理干部来参观新机器，并与他探讨用该机型援助赞比亚共和国的相关事宜。

他惊诧之余，向他们介绍说新机器属于当时最先进的发射机，比援坦的设备要先进得多。该机高频和音频系统均有两级，核心部件使用陶瓷四极电子管和陶瓷真空电容器，系统采用蒸发冷却方式，整机效率很高，激励器采用频率合成器，倒频快，控制系统采用半导体逻辑线路，自动化水平高，完全适合出口。

但据他的经验，该机要做如下必要的改进：陶瓷四极管由于极间距离极近，才1～2mm，电子管内部工作温度极高，常常造成极间热碰极，而导致发射机无法工作，需要请电子管厂改进或使用功率大一级的电子管替代；陶瓷电容器也要提高真空度和耐压等级；此外，该机高频末级，电子管槽路系统经常高频跳火，如果在高原地区使用，问题会更严重，因为高原地区空气离子多，空气绝缘程度降低，故特别需要提高元器件的绝缘等级与距离，最好把高频槽路的支架换成聚四氟乙烯塑料王板支架，也花不了多少钱；还最好把高压汞弧整流器换成半导体硅整流器等。两位领导吩咐助手一一记下，准备与整机厂和电子管厂商议解决。他对工作的一丝不苟，专业水平之高实在令人敬佩。

让福建省的"广电之花"绽放

当时因为家在福州，陈贵钦请求调回福州工作，最后如愿以偿。后来他被推举为福建省广播电视厅副厅长，管理全省的广播电视技术发展和事业建设。当时福建省广电事业较为落后，电视台套数只有一套半，一套是中央台，另外半套是省台。说它是半套是因为省台并没有全天播放节目，只有晚上才播放，而且也不是每个晚上播放。

他坚持根据福建省委、省政府和人民群众的需求，制定多个五年及中长期的广电技术、事业发展规划并列入福建省国民经济发展规划当中，动员省、市、县共同实现这些宏伟的发展目标。

他首先抓发展规划，主持制定广电技术和事业规划，明确战略战术，依靠科技进步。在哪里建台，建什么样的台，建多大功率，建多少个点，然后各个点用什么频道，建了一个台还要计算它的覆盖面有多大，建台需要多少投资、多少维护人员以及多少维护经费等，这个技术、事业规划要编制出来，还要经过论证与批准。因为他主持并参与到其中的规划编制，所以即便过了这么久，记忆依然很清晰。

广电事业是重装备、高技术的事业，他制定一系列规划后就千方百计筹集资金。"我当时知道省里没什么钱，就跑到国家广电总局，跑到中宣部、国家计委、财政部，一直跑到国务院，以福建省委、省政府的名义代拟向党中央、国务院的请示报告，申请国家拨款。当然省里也会承担一部分责任，自筹部分资金。"他说着说着兴奋了起来，脸上也时不时泛起笑容，仿佛又回到了自己当初踌躇满志的年代。有钱后，他就组织全省广电干部和群众苦干巧干，出色完成任务，并不断向前进取，实现更新的目标。

即便是面对当初福建省广电事业的"一片狼藉"，陈贵钦也发扬坚韧的品质，不断地付出辛勤的汗水。如今，福建省的广电事业已经进入全国先进行列，形成了"一个中心、三个传输网络、两张覆盖网"的完美格局。

一个中心，就是省、市、县广播电视中心。他亲自狠抓中心发展，省级广电中心大楼被评为福建省1949年以来的十佳建筑之一。

三个节目传输网。一是广播电视卫星传送转播网。他首先提出采用数字压缩技术，多省共租一个卫星数字转发器方案，把福建省的广电节目不但高质量地传送到全国、全亚洲，还覆盖到欧洲、非洲、大洋洲的大部分地区。二是山上的数字微波传输网。福建广电独立自主地建设了全省第一大数字微波网，双向传输广电节目和海量信息。三是地下的两纵三横的倒月型的大容量、高质量、运行安全的数字光缆网，实现了全省广电大联网和多功能的应用，并连接兄弟省和北京的广电网络。

两张广电覆盖网，即无线广播电视覆盖网和有线广播电视覆盖网。福建是全国率先在省会城市开发有线广电网络的地区，并最早实现全省大联网，把高质量多套数的广电节目送到广大城乡群众面前，还为传输海量信息打下坚实基础，改变了过去"等、靠、要"的被动局面，为依靠集资建设广电、广电有偿服务闯出一条新路子。当时全国兄弟省同行纷纷来人取经。中央电视台、中央人民广播电台、中央国际广播电台都对此进行撰稿并播出，国家主要媒体也进行了报道，热闹非凡。与此同时陈贵钦也被中国广播电视学会授予全国有线电视技术杰出贡献奖。

如今，陈贵钦退休了，不过他还在继续奉献着自己的力量。在广电事业方面，他作为福建省广电科技委顾问，依旧继续为广电事业做出自己的贡献。在校友工作方面，他作为福建省浙江大学校友会会长，全心全意投入校友服务和母校工作。他说他为自己是浙大人感到无比自豪，理当为校友工作做出自己的微薄奉献，如果有来生，他还要做浙大人，继续为校友服务。

采访人：2014级电子科学与技术专业本科生　刘子涵

陆德纯：一个浙大半导体人的奋斗历程

人物名片

陆德纯，1962年毕业于浙江大学半导体器件与材料专业。曾任原华虹微电（上海，美国）总经理、总裁，上海人大代表和政协委员，上海科技学会副主席，中国电子学会半导体与集成技术专业分会委员等高级职务。1994年被评为第二届全国电子行业优秀企业家，中国500名企业创业者之一。1995年被评为全国劳模。

1962年，我从浙江大学无线电系半导体专业毕业，被分配到上海无线电14厂。当时该厂生产20世纪40年代早期水平的半导体产品：氧化铜整流器和硒整流器，厂房简陋，环境恶劣。我离开美丽的浙大玉泉校区，来到这样一个工厂，似乎要在这里工作一辈子，心理落差太大了。好在当时大学生还很稀缺，在领导的眼里大学生似乎什么都懂，因此对我还算是比较重视的。当时只有一位比我早一年毕业的厦门大学学生已经在氧化铜车间工作，而我就到硒片车间工作，参加硒片的新产品研发。

上海无线电14厂是在1960年由两家厂合并而成的，一家是1941年由归国华侨杨方朱先生创办、生产氧化铜整流器的"一亚电工厂"，另一家是1957年开始生产硒片和硒整流器的交直电工厂。我的工作就此开始。

1962年以后，更多的大学生来了，除了浙大的，还有复旦的等。我们这一批人想总不能一直做这种20世纪40年代的落后产品，于是就提出做"硅产品"。好在厂领导不懂技术，觉得大学生说得也有道理，就做吧！我们就从二极管开始，如高压硅堆、稳压管、可控硅等，这几种产品全是浙大半导体专业1958级、1959级的同学负责开发的。但不久，我们又不满足于二极管。为了不和上海元件5厂冲突，我们选了走"场效应晶体管（FET）"的路，这是非常正确的方向。场效应晶体管有MOS型和结型（J-FET），我们把老产品移交到新开的厂去。而J-FET因为有良好的抗辐射功能，后来还成为厂里的重要军工产品。

20世纪60—70年代，国内各方面的条件是很差的。由于"封闭"，我们对外几乎一无所知，只能从国外的期刊上了解一点信息，加上美国为首的"巴黎统筹委员会"对我国实施的"禁运"，困难很大。

尽管如此，我们这批"半导体人"还是兢兢业业地工作。这首先要感谢浙大老师的教导和为中国带来半导体理论的早期归国华裔学者，如谢希德、王昆等。我们学了这些基础知识才能看懂各种国外的书籍。有个笑话：半导体1958级的一位校友，谈女朋友还带了一袋书。他对开发"高压硅堆"是有主要贡献的。

20世纪80年代后，中国开始实施改革开放，知识分子的地位也慢慢有了提高。工厂产品从分立器件走向集成电路，从PMOS、NMOS发展到CMOS电路，工厂开发了与国外RCA公司CD4000系列相对应的标准逻辑电路，并打开了市场，还和安徽无线电厂合作制成了16位微型计算机的专用电路，在国内有一定的水平。我也先后被提为副总工程师和厂长。

改革开放的影响是很大的，但有两面性：机遇和挑战并存。一方面，我们有了进口技术和设备，有机会来开发新的产品；另一方面，我们的产品也会遇到进口产品的竞争，要能赢得市场，难度很大。刚开放，大多数人对外面的情况了解很少，容易误判。20世纪80年代中期，尽管我们反对，但在计划经济的体制下，不得不按上级的指令买了一条美国SSS公司的旧线，浪费了几百万美元。我们上海无线电14厂通过不懈的努力，在当时刘振元副市长的支持下争取到了一个在漕河泾地区建一个新厂和新线的机会，搬出了这个没有发展前景的环境。其间，我也被调到了主管上海电子工业的上海市仪表局任副局长，这给了我支持发展上海的半导体产业的机会。不久上海飞利浦半导体公司（现在的上海先进半导体公司）成立了，在贝岭公司的后面建设一条5英寸硅片生产线，为飞利浦公司加工模拟电路，我任第一任董事长。而上海无线电14厂新厂也被邮电部看中，成为上海贝尔公司从比利时引进程控交换机专用芯片的合作单位。此举得到了上海市市政府的支持，于是上海贝岭微电子公司成立了，我是第一任董事长。

1988年起，国家为了培养电子和邮电系统的干部，由国家体改委和美国AT&T公司共同举办了"高级管理人员发展计划（SMDP）"，全国共50个名额，分3年完成。我参加的是第二批，从1989年到1990年。这次培训对我了解西方市场经济的模式有很大的帮助。

但到了我将近回国时，上海贝岭的合资项目遇到了问题：由于中外方意见不合，项目进展缓慢。鉴于交换机集成电路国产化的重要性，时任上海市市长朱镕基下令将仪表局党委书记林树楠调往贝岭公司当党委书记，而我回国后也被任命为公司的总经理，严峻的挑战摆在我面前！好在我在美国的培训给了我很大的帮助，和外方有了共同的语言，我们从树立公司文化着手，从严治厂，一丝不苟，启用年轻人，很快改变了公司的面貌。随着交换机电路投入生产，公司经济情况迅速好转，得到了各级领导的重视。特别是1992年2月10日邓小平来公司视察，在看了引进的大束流离子注入机后谈到了"姓社姓资"的问题，给对改革开放持怀疑态度的人有了一个明确的回答。小平同志平易近人的态度给贝岭员工留下了深刻的印象。贝岭也从此成了行业的明星。

1997年华虹NEC公司成立，是迄今中国电子行业投资规模巨大，具有世界一流技术水平的高科技企业。1998年，公司派我到美国去建立设计公司。但是经过对美国硅谷的考察，我们为了有限资金的安全，决定先对硅谷的集成电路设计公司进行风险投资，以此开始合作。此举是合理的，也收获了很好的成果，让公司在美国立住了脚。中国驻美旧金山领事馆对我们评价很高，说我们开创了中国企业对境外高科技企业进行风险投资的先例。

2001年，我回国退休，"半导体"职业生涯也就此告一段落。

撰稿人：半导体专业571班　陆德纯

胡均川：深海蛟龙　赤子情怀

人物名片

　　胡均川，1966年毕业于浙江大学无线电系半导体专业，海军潜艇学院教授，博士生导师，全军优秀教员，文职一级、技术一级。领衔研制了第一套潜艇作战模拟软件系统，首次完成了对我国潜艇作战能力的定量化分析。开创并投身于"战术水声研究"，为水声环境效应作战应用做出奠基性贡献。卫星遥感水下作战应用新研究领域的开拓者，主持完成了我国第一代潜艇水声目标识别系统研制。

一

　　胡均川毕业的时候，正值国家大力发展半导体事业，人才紧缺，他所在的物理系的一个小班在大三下半年整体调入了无线电系。他毕业后在中科院半导体研究所工作，于1970年服从国家分配应征入伍。

　　胡均川在浙大求学时，家庭经济条件比较困难，其生活主要依靠学校助学金，因此他认为自己是国家培养的人，要终身报效国家。当时的生活条件比较艰苦，但是胡均川认为这样的艰苦生活还是有很多好处的：一是培养了节俭的习惯，每个月几块钱零用钱，只用于理发和买肥皂、墨水、邮票；二是同学们心无旁骛，学习刻苦努力；三是大家相互帮助蔚然成风，同学们之间非常团结。因此，大学时代给胡均川留下了很多美好的回忆。

　　在胡均川看来，在学校的五年中，在"求是"的校风熏陶下，他养成了努力进取、不计名利、埋头苦干的工作作风，这给他的一生带来很大裨益，是他取得成绩的必要条件，为他之后的人生奠定了良好的基础。浙大在1952年高校大规模的院系调整中，保留了一部分理科，坚持了理工合校。胡均川认为他是其中一个受益者，这使他既有物理的理论基础准备，又有无线电工程学系的一定工程技术训练，对他以后参与科研实践活动有很大帮助，使得他能在工作中遇到全新的问题时处变不惊，从容应对。

二

1978年，改革开放的到来，让科技工作者们迎来了"科学的春天"。全国的科研院校恢复了正常的运作，军队也一样。胡均川感到他思想上10多年的束缚一下松了绑，干什么都有使不完的劲。

胡均川在海军潜艇学院的第一件工作就是作战研究计算机化，第一个课题就是"××潜艇作战能力分析"，主要工作就是研究潜艇水下作战仿真。建模的过程很复杂，潜艇有动力系统、情报信息系统、指挥控制系统、武器系统，当然还有作战对象、双方战术和环境等。当时学院抽调了战术专家、武器专家、潜艇操纵的专家集中攻关，由胡教授负总责。当时大家干劲充沛，整个工程仅仅用了四个月就完成了。这个工作对胡均川有很大意义，使得外行的他对潜艇作战的问题有了比较深入的了解。也是从这个项目中，胡均川认识到水声环境对作战的影响极大，因此开始转向水声方向。之后他所有大的贡献都在水声领域。

由于水下作战强烈地受到海洋水声环境的制约，人们称潜艇战和反潜战为"水声战"。胡教授在国内率先开展水声武器系统环境效应技术研究。在他的主持下，水声环境分析和战术水声决策首次被应用于第一代潜艇指控系统。他主持立项和参与完成的某项工程建设，为海军水下作战提供了有力的战场保障和决策支持，为创建新学科"作战环境学"打下了坚实基础，该学科目前已发展成为军队"2110工程"重点学科建设领域。

"水声噪声目标识别"是一个公认的国际难题，是海军装备建设中重要的短板。胡均川以创新的思维和技术路线使识别系统研究取得重大突破，其研究水平处于国内领先地位。目前噪声目标识别系统已装备潜艇，为提高潜艇部队作战能力做出切实而重要的贡献。

胡均川介绍，在我国台湾以东和东海大陆架，有强劲的太平洋西边界流——"黑潮"流经，从赤道海域带来的高温高盐海水在东海大陆架边缘与低温低盐的陆架水形成交互，产生一系列的海洋锋和涡等中尺度系统，锋面和涡对水下声传输会带来强烈的影响。陆军作战依赖地形沟壑，水下作战就是利用海洋锋和涡这些声传输的奇异区来排兵布阵。这些海洋的中尺度现象的空间地理信息可以利用卫星遥感来获取。胡均川开拓了水下战场卫星遥感等新研究领域，他筹划组建了相关研究所。目前，该研究方向已成为海军科研新重点，为海军水下战场信息保障提供了新能力。

三

胡均川说，部队非常需要年轻的知识分子。我国部队的发展速度非常快，先进武器系统迫切需要有知识的战士来驾驭，信息化战争更需要有新型知识人来指挥。

胡均川希望学弟学妹们要有很强的环境适应能力。如果到部队去，首先要完成从民到兵的转换，尽快与部队的官兵打成一片。基层作战部队纪律严明、训练任务艰苦繁重，大家要有足够的思想准备，经得起艰苦生活的磨炼。

要善于将书本知识与实际相结合，把自己的知识用于解决具体问题。他说，同学们们将会遇到的问题，不大可能从书本上找到现成答案，要靠自己进行创造性的结合和发挥。

现在武器装备信息化水平很高，新的作战概念和理论不断涌现，大学里学的知识是不够用的，所以同学们必须善于自学，在学好自己专业基础知识的同时，必须注重自学能力的培养，这样在将来的工作、研究中能够不断获取新知识，与时俱进。

当然大家还需要具有开拓和创新精神，勇于开拓新的领域。一些未知的领域往往充满更多的机会，自然也会有更多的挑战。迎接挑战，才会更加强大，要勇当第一个吃螃蟹的人。

采访人：2014级电子科学与技术专业本科生 童 立 赵 攀

叶培建：院士搭桥　助推青春梦想

人物名片

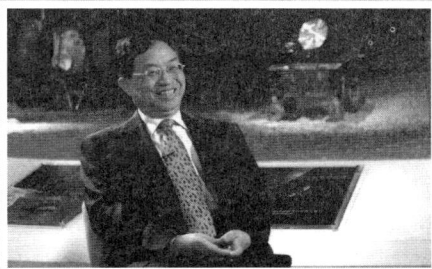

　　叶培建，中国空间飞行器总体、信息处理专家，1967年毕业于浙江大学无线电系，2003年当选中国科学院院士。曾任我国第一代传输型侦察卫星系列总设计师兼总指挥，为我国第一代长寿命传输型对地观测卫星的研制，做出了系统的、创造性的成就和贡献，并任太阳同步轨道平台首席专家；曾任"嫦娥一号"卫星总设计师兼总指挥，为首次绕月探测工程的成功研制做出了重大贡献，现任嫦娥系列各型号和火星探测器总指挥、总设计师顾问，空间科学与深空探测首席科学家；总装国防"973"和探索项目顾问专家组成员，清华大学等高校兼职教授。曾获国家科技进步奖特等奖、一等奖等多项奖励和全国"五一"劳动奖章。2014年，带领团队获国家科技进步创新团队奖。第十一届、十二届全国政协委员。

　　同学们，请记住：总有一批人在国家的主战场奋斗，没有这些人，国家就难以稳定，这些人创造了高科技企业得以发展的环境，为了国家国防能力的提高贡献自己的力量，虽然艰苦，但是当老去时回想一生，会觉得很有意义。

——叶培建

　　2016年7月20日，作为信电学院的一名本科生，我与"嫦娥一号"卫星系统总指挥兼总设计师叶培建院士在北京展开了一场关于"梦想与未来"的对话。这场对话，是信电学院校友生涯故事寻访的暑期实践内容之一，更是一个关于梦想传承的故事。

暮春，梦想之问随信寄出

我怎么也想不到，自己真的会提起笔写了这封信。春夏交接之际，经过重重考察，我成为学院重点发展对象，学院党委委员王震老师找我进行了深谈。谈话中，王震老师问道："你以后想成为什么样的人，你的梦想是什么？"王老师的问题，引发了我的思考。我毕业于湖州中学，高考前因为校友叶培建院士的一场讲座，坚定地选择了浙大信电学院，我内心深处有一个航天梦。而今，大学三年过去了，当初的梦想，是否还应该坚持呢？我有些不确定了。

谈话后，王震老师给我提议，未来的路该怎么走，可以问问叶院士的意见。听说叶院士是很少接受媒体采访、学校专访的，除非上级部门布置任务，一个普通大学生联系他，会得到回复吗？我忐忑地寄出了这封信。

"感谢您拯救了我的梦想。因为您，我没有放弃关于航天的梦想，是嫦娥二号成功发射的消息将我从繁重的高中课业中脱离出来，让我意识到梦想并非遥不可及。因为您，我选择了浙大信电系，高考过后，我有幸被浙江大学录取，一番纠结之后选择坚持初心，追随您的脚步……马上要升入大四，我和周围的同学都面临着相同的困惑——未来的道路该如何选择？如今我在抗干扰通信和卫星导航实验室学习，参与过华为的5G多天线MIMO仿真项目，也见识过实验室的老师们所参与的关于卫星的军工项目，了解到民用科技与军用技术的巨大差别，如今虚拟现实等民用科技发展得如火如荼，很吸引同学们，对此您是怎么看待的？真的很希望能听到您作为过来人对我们这一代人的建议。"

仲夏，院士倾心解疑惑

信寄出不久，我就惊喜地接到了一个电话，叶院士收到信了！他说很高兴收到来信，想跟我当面聊聊！怀着无限的喜悦，我开始了这场在北京的难忘对话。一个多小时的交流里，从大学的学习到职业选择，从专业方向到国内外深造对比，再到职业价值，叶院士倾囊相授，真诚又深刻地给出了建议。

"我们那时本科五年，一个星期只有一天休息时间，寒暑假也较短，与现在大四基本上没有课不同，即使是大学的最后一年也在学习专业知识。"

"希望出国留学的同学能够归国，现在祖国还很需要各方面的人才，当然，我也尊重留在国外的选择。"

"在学习阶段，专业本事多大不是重要的，重要的是要在本科阶段和研究生阶段掌握学习方法和广泛的知识面。现阶段最重要的是打好知识的基础，形成自己的一套学习方法……在未来的工作中，仅凭着本科以及硕士阶段所学是远远不够，还需要用大学阶段掌握的学习方法不断学习、与时俱进，才能胜任一份工作。"

"前些年浙江大学在国家主战场上的声音较小，但近年来这种情况有所改善。当然，不论同学们选择哪个行业，我都是支持的，这与个人的价值观有关。"

梦想，在秋季起航

叶培建院士的一番话让我茅塞顿开，我意识到，无论未来的选择是什么，身处信电这个行业，我都需要继续深造，增加知识储备，加强科研能力。只有这样，当梦想大门敞开的时候，我才能确保自己手握入场券。

综合叶培建院士的意见以及自身发展情况，我深思熟虑，基本确定了未来的选择。2016年9月，大学的最后一个四季周期开始了。在开学之初，保研工作就拉开了帷幕。经过层层选拔，我顺利获得保研资格，并选择了到与国防事业紧密相连的"抗干扰通信和无线导航"实验室进行深造，在不放弃未来无限可能性的情况下靠近梦想。我坚信，在未来的三年，经过实验室军工项目的历练，自己能更好地了解国家的主战场，更为全面深入地认识国防军工领域的研究工作。到那个时候，相信我能做出明智的选择，让梦想落地生根，投身到对祖国、对自身都更有价值的领域中，并为之奋斗终生。

采访人：2013级信息工程专业本科生　韦　逸

陈清洁：奇迹　在他手里诞生

人物名片

陈清洁，1969年毕业于浙江大学无线电系半导体专业，曾当选党的十六大代表。相继担任多家国有企业高级职务以及贵州省党政职务，并当选第八届全国人大代表。

陈清洁大学一毕业就和女友李香姣响应毛主席的"内地建设不起来，我是睡不好觉"的号召，双双踏上西去的列车，几经辗转，来到当时传说中"天无三日晴，地无三里平，人无三分银"的贵州苗岭大山沟，投身三线建设计划中的电子工业部国营第4325厂的建设。本来凭他品学兼优的条件，他完全有可能留在有"天堂"之称的杭州工作，而他却义无反顾地在大山沟里生根、开花、结果！

此后，陈清洁用自己的胆识与才智奏响了创业、发展、创新的人生乐章。

艰苦创业大山沟，努力开辟新天地

凡熟知陈清洁工作经历的人，都称他为"老振华人"。要当一名振华人，实属不易，却很自豪，这还得从当时的国营第4325厂创业说起。国营第4325厂是振华集团的主要前身之一。它坐落在贵州省黔东南苗族侗族自治州凯里镇一个大山沟里。当年，凯里不通火车，陈清洁乘火车到都匀后，和同伴们一起爬上拉货的卡车，站了5个小时，翻过有名的苗岭，于天黑时分才抵达大山沟。当晚他和同伴们住在四面通风的车库里，次日一早，他们要做的第一件事是建厕所。厕所很简陋，地上挖个坑，围上芦苇席就算建成了。他们在"干打垒"的食堂里用餐，没有桌子和凳子，一日三餐的菜肴，几乎是清一色的南瓜和辣椒。离厂十几里外有一个小集镇，每星期有一个赶场日，周围的百姓会将自产的农副产品等拿出来交易，但当时工厂军管会纪律严明，规定职工不准去赶场，说赶场是走资本主义道路，如果共产党员去赶场就要被处分。厂里不定期派车去外地买点蔬菜，拉回工厂后由职工排队限量购买，大家凑合着过日子；此外，一个月会卖一次肉，卖肉时人们排起长队，每人供应一市斤。卖肉人受极左思潮影响，刀不留情，一见是年轻大学生，总是给块最差的肉，还说，"臭老九"吃好没有用。当年的陈清洁真有从天堂掉到地狱的感觉，即使写信时以石头为桌，或坐在石头上以双膝代桌，但也不敢把真实情况告诉父母亲。工厂要求边建设边试制生产，提出"革命加拼命，拼命干革命"的口号。当时的工作和生活极其艰苦，陈清洁从挖厂房地基劳动开始，参与工厂宿舍、商店、学校、邮局及通城公路等的建设，经受了许多磨炼。在这个大山沟里，他与4325厂一起成长，从技术员成长为高级工程师，由干事当上了副厂长。他和1000多名职工心往一处想，劲往一处使，什么苦活脏活都抢先干，从不言苦，一干就是12年，得到了全厂职工们的好评。

20世纪80年代初，改革开放的春风吹进了大山沟，也吹醒了国营第4325厂的有识之士。当时也正值军工厂军品任务锐减，要"找米下锅"，经组织同意，陈清洁带领18名职工奔赴改革开放的前沿城市，创办了广东红棉电子厂并担任厂长。他借助深圳经济特区的特殊政策，从调查市场入手，确定工厂将生产和销售当时中国紧缺的电视机、收录机。当时，人们都还不太敢触及市场经济并在"大海"中学"游泳"，陈清洁不仅敢于"下海"，还发扬"在大海中学会游泳"的精神，开拓创新，在年年都创造上百万元利润的同时，还为贵州山沟里的企业提供大量的经济技术信息，为山沟工厂里的产品走向国际市场闯出一条路子。

在他第二次创业的第三年，正当他准备大干的时刻，组织上一纸调令，把陈清洁调回了在贵州山沟的国营第4325厂工作。回山沟后几个月（即1984年年初），不到40岁的陈清洁被国家电子工业部党组任命为电子工业部贵州管理局（〇八三基地）党委副书记。当年，时任电子工业部部长的江泽民同志视察电子工业部在贵州的25个企事业单位（21个工厂和两所医院、两所学校），陈清洁有幸陪同，用时12天。在江泽民同志的关怀和直接指导下，陈清洁参与了将25个企事业单位组建为中国电子工业第一家大型企业集团——中国振华电子工业公司（后演变为中国振华电子集团有限公司）的工作。公司组建后他担任公司副总经理、党委副书记、书记，成为一名自豪的"振华人"。

放弃优越甘吃苦，勇挑重担谋发展

　　陈清洁个子修长，眉清目秀，白皙脸蛋上常挂可亲的笑容。凡与他打过交道的人，都说他平易近人，富有亲和力和凝聚力。什么是亲和力和凝聚力？党性、人格、理想、智慧、包容，也许是这些的总和。在他的领导下，一批优秀分子很快相继而来，同心同德，合作共事，共创共和国的国防事业。贵州省委省府领导慧眼识珠，于1993年发出一纸调令，陈清洁走上了贵州省总工会主席、党组书记的领导岗位。

　　20世纪90年代初，随着改革开放的逐步深入，振华集团（〇八三基地）一度陷入极度困境。当时社会上把工业领域的〇八三基地和农村的麻山、瑶山（贵州最贫困的两个山区）联系在一起。至1995年末，振华集团在黔21家企业中，有17家长期亏损，其中1995年亏损7200多万元，累计亏损3亿元，资产负债率达89%，3万职工经常不能按时领到工资，大量的科技人员和管理人员纷纷投奔东部发达地区，振华集团濒临崩溃的边缘，这引起了电子工业部党组和贵州省委的高度重视。1996年1月，部党组和贵州省委经过反复考虑和磋商，最后决定把离开振华集团两年半的陈清洁调回振华集团，担任集团总经理、党委书记之职，挑起振华集团的维稳发展重担。陈清洁面对回调令，曾有过思想斗争，他十分清楚振华集团当时的严重困境。有人曾不止一次地劝他"好马不吃回头草""省里当官好，何必自找苦吃？"面对苦与乐的抉择，陈清洁想起曾与他一起在大山沟里摸爬滚打过20多年的同事和职工，想起了在母校浙江大学面向党旗举手宣誓时的入党誓词，更想起了1995年12月17日胡锦涛同志在北京接见他时说的那句出自肺腑的话："真舍不得你走，但共产党员就要时刻听从党的召唤呐，祝你成功！"退却与他无缘，陈清洁以高度的党性，服从了组织的安排，毅然回到振华集团，勇敢地挑起重担。他满怀深情地向组织表示："我家祖祖辈辈务农，我的成长全靠党的培养。所以，我的一切属于党！党的需要，就是我的人生路！"

　　1996年1月27日，那是每一个振华人难以忘怀的日子。在这一天，陈清洁被任命为振华集团总经理、党委书记。陈清洁在就职演说中提出了搞好国有企业"五好五力"的工作思路，即好观念、好班子、好产品、好管理、好队伍的有机结合，开拓力、决策力、竞争力、增值力、凝聚力的有效叠加。此后的实践证明，在陈清洁率领下的振华人，依靠"五好五力"使振华公司走出了困境，不断实现新的飞跃！

　　陈清洁一到振华公司后，带领公司一班人对国内外市场进行了充分调研，对集团所属企业存在的问题进行认真分析评估，并对企业向何处去、资金从何处找、适应市场的产品从何处来三大问题进行反复论证，转变观念，大胆改革，确立并实施优势发展、科技兴业、名牌拓市的三大战略，从困境中求出路，从出路中求发展，从发展中求创新，打响了一个又一个漂亮的脱困之战、发展之战、创新之战。1996年6月18日，振华公司总部从都匀迁往贵阳国家高新技术产业开发区，这一重大部署不仅为企业开阔视野、拓展市场打下了坚实的基础，而且为全体职工"快乐工作，幸福生活"创造了良好的条件。这一举措极大地提振了全体振华人的信心，吹响了振华公司大步走向市场经济的进军号。

当时的振华集团困难重重，陈清洁提出，唯一出路就是改革重组。具体思路是把振华集团中的优质资产、优势产品、优秀人才进行"三优"叠加，组建股份有限公司并争取上市，解决振华集团缺钱的主要矛盾。这一思路一提出就遭到各方面的非议，有的说振华集团想上市是天方夜谭，有的说癞蛤蟆想吃天鹅肉，更有人说是胡搞。国有企业重组上市在当时来说确实没有先例，陈清洁却斩钉截铁地说："振华集团困难到这个程度，只能有所为有所不为，重组上市这件事在振华集团内部只能讨论怎么办，不能讨论办不办，政府层面的工作由我来沟通。"（陈清洁当时还兼任贵州省总工会主席。）

几经努力，振华集团终于在1996年年底争取到贵州省人民政府1个企业上市指标（当时企业上市有政府指标控制）。1997年，集团剥离出了1.6亿元优质资产，组建了贵州省第一家高科技上市公司——中国振华（集团）科技股份有限公司。此举不仅为集团走出困境创造了条件，更是开创了军工企业上市的先河。集团上市后即募集资金4亿多元，于1999年成功进行配发新股，2000年又进行了增发新股，三次共募集资金17亿元，4年实现三大融资手段。这一创新被清华大学一知名教授总结为"有效资产–有效重组–重组有效"，并搬上了大学讲台。中央电视台经济频道以"塔起走出大山的桥"为题，对陈清洁做了半个小时的采访报道。香港地区凤凰卫视中文台《商旅冲动》节目也对陈清洁做了15分钟的采访报道。

1998年，振华集团克服市场疲软、亚洲金融风暴、长江流域特大洪灾等的影响，一举摘掉了连续7年亏损的帽子，以后又经努力，争取到政府和银行的支持，将振华集团在银行的8亿多元债务转变为债券股。从此，振华集团轻装上阵，连年利税都在1亿元以上，向着快速发展壮大的方向迈进。

经营管理两手抓，开拓创新铸辉煌

数字是枯燥的，但它是陈清洁心血和智慧的结果。有了钱干什么？陈清洁抓住国家实施西部大开发的机遇，下决心集中人力、财力、物力，建设一个规模化、系列化、国际化的军民两用新型电子元器件研发和生产，兼顾有绳、无绳、移动电话机研发、生产的基地，确立了"有所为有所不为，做精军品上水平，做大民品上规模"的发展思路，并在科技创新和管理创新上狠下功夫。

陈清洁为振华集团确立了"浓缩时空，聚业振华"的企业精神和"诚信、创新、务实、高效"的经营理念，确立了"企业发展，职工致富，快乐工作，幸福生活"的企业文化。他认为诚信是企业立足之本，创新是企业生命之源，务实是企业发展之基，高效是企业最终之的。振华集团是国家高科技企业，陈清洁坚持以科技为先导的理念，在科技创新上走企业自主开发和大专院校、科研院所联合开发并重之路，每年投入的科研研发费不低于5000万元，每年的新产品鉴定不少于100项，其中军品不少于50项，对有一定科技含量，有一定人才支撑，有一定市场前景的产品实行技术改造，走引进、消化、吸收相结合的路子，开拓创新，做大做强，每年投入的技术改造费不低于1亿元。到2008年年底，振华集团生产销售各类电子元器件100多亿只，生产销售各类电话机1000多万部，其中手机800多万部。更值得一提的是，当时振华集团已成为国家主要的军工电子元器件配套研发生产单位之一，为我国的国防事业发展做出了重要贡献。其中，仅为我国的飞天工程，从"神一"到"神七"飞船，振华就提供了上千种规格、上百万只高可靠电子元器件，做到了百万无一失。"神六"载人飞天成功后，陈清洁受中共中央、国务院、中央军委的邀请，参加了北京人民大会堂的庆功大会。会前，陈清洁作为中国电子元器件界的代表，受到胡锦涛等党和国家领导人的亲切接见并合影留念。陈清洁还被国家国防科工委和信息产业部授予国家高科技试点装备发展建设工程荣誉奖章。

发展是硬道理。陈清洁认为，不抓改革与发展，振华集团就不会有今天。在做大、做强公司主导产品的同时，振华集团先后在深圳、贵阳组建研发机构和房产、物业、国贸广场等三产公司，培育新的经济增长点，使军工企业的传统优势和上市公司的资金、管理、技术优势结合起来，利用沿海与内地优势互补，共谋发展。陈清洁认为，科技和管理是推动企业前进的两个轮子，要把科技转化为生产力还得靠管理。陈清洁把现代化的管理（如OA管理、ERP管理等）和严格的军工产品管严、管细、管实有机结合起来，工作中强调"四W"原则，即什么事（what）、什么时候（when）、什么方法（which）、什么人（who），都要落到实处，使企业生产一直处于安全稳定、有条不紊的运行状态。他亲自主持制定了上百项企业规章制度，使企业的资金流、信息流、人流、物流、生产流等按章流动，使企业产生最大效益。陈清洁认为事业的成功关键在于人才，他十分注重对人才的培养和使用，提出了"人人得到开发，人人开发自己""事业留人，感情留人，待遇留人""有德有才者是精品——重用，有德无才者是次品——可用，无德有才者是废品——不用""能者上，平者让，庸者下，腐者惩"等人才理念，并在实践中着力推行。在此基础上，振华集团已初步建立起有质有量的科技开发人才、经营管理人才和高技能操作人才三支队伍，保证了振华集团事业持续稳定发展。与此同时，振华集团努力营造"快乐工作，幸福生活，和谐兴旺"的企业文化环境，让新一代振华人不必再承受老一辈的艰辛。由于管理有方，经营成效显著，陈清洁被中共贵州省委、省政府授予"贵州省有突出贡献的国有企业经营管理者"以及"贵州省劳动模范"称号。

陈清洁带领下的振华人，没有辜负江泽民同志的"三线创业绩，振华开新天"（1991年）题字的期望，最终使振华集团走出困境，开创了属于自己的一片新天地。多位党和国家重要领导人曾视察过振华集团，都听取过陈清洁的工作汇报。特别是胡锦涛同志在担任中共贵州省委书记三年半时间里，四次到振华集团调研指导工作。1985年大年三十晚上，胡锦涛只身一人住进了小小的振华集团都匀招待所，陈清洁有幸陪同胡锦涛看春晚、吃元宵。大年初一，胡锦涛与振华集团的书记、厂长（院长、校长）团拜共贺新年，2012年胡锦涛访问贵州时还点名接见了陈清洁，并给予陈清洁巨大的鼓舞和力量。

爱校真情不褪色

一提起母校浙江大学，陈清洁就会说："浙江大学对我的影响太深、太好了！"这句朴实无华的话语，是陈清洁发自肺腑的感叹，是他对母校一贯倡导与奉行的求是精神的褒扬，也是对教导过他的许多师长的感恩。陈清洁说，几十年来，如果说自己在振华集团改革、发展、创新上做出一些成绩，这与母校求是校风的熏陶是分不开的。当两个女儿进入大学后，陈清洁还常用母校的好校风、好校训来激励她们。在浙大校训的熏陶下，两个女儿均学习优秀、事业有成。大女儿陈茵考入浙大计算机系深造，延续了父母亲的爱校情结。陈茵在浙大毕业后，考入新加坡南洋理工大学读研究生，后来成为美国施乐公司一名出色的工程师。二女儿陈莱从上海交通大学毕业后考入加拿大维多利亚大学攻读研究生，工作三年后就通过考试成为了国际金融分析师，学识和工作都十分出色。

俗话说，成功的男人背后总有一位贤淑女人的大力支持与奉献。当陈清洁讲到妻子李香姣时，眉宇间浅露出一丝歉疚与不安。他说："她和我是同班同学，按理说也可以做一番事业。曾经她的升职任命书打印待发，但我还是压了下去。直到调离振华集团时，李香姣仍是一般办事员。"对此，李香姣未有怨言，只是默默地挑起家务重担，培养好两个女儿，支持丈夫一心扑在振华大业上。而今，两个女儿都很优秀，这是对李香姣最大的慰藉与奖赏！

陈清洁对母校有永不褪色的感恩情结。他是个热心人，多年来，在极其繁忙的本职工作之余，担任浙大校友总会理事，先后担任贵州省浙大校友会秘书长、副会长、会长，热心为校友服务。笔者多次去贵阳出差，都受到他热情的接待。1995年7月，浙大校友总会召开各地校友会经济实体负责人横向联系研讨会，他同安毅夫会长把会务工作安排得井井有条，受到与会者的好评。2009年6月26—28日，在贵州湄潭举行浙大西迁办学70周年纪念会。会间，西部12省区校友会负责人会议召开，陈清洁被选为西部地区浙大校友会联谊会会长。这又是他热心为校友服务，对母校及广大校友深怀真情的佐证！陈清洁，真是一位求是之子的楷模！

陈清洁的业余生活丰富多彩。他喜欢阅读书报、看电视和散步，节假日里打打桥牌，闲暇时种花种菜，和朋友笑谈人生。陈清洁认为人生要牢牢把握好六个字"平安、健康、做事"，没有了这六个字，一切都是乌有。要做到平安就要遵纪守法；要做到健康就要合理饮食、适度运动、禁烟限酒、心理平和；要做事就要想做事、敢做事、会做事、做成事、不出事。可见，他是一个事业上永不止步，生活上知足常乐的人。有人说陈清洁人生走错了三步路：第一步，不该从杭州天堂走到苗岭山沟，那是天地之别；第二步，不该从改革开放前沿再回西部山区，那是富贫之别；第三步，不该从贵州省总工会主席之高位回跳困境中的国有企业之火坑，那是贵贱之别。陈清洁却笑笑说："多彩之路，无悔人生，责任重于泰山！"

采访人：1964届机械制造专业　杨达寿（转自《浙大校友》2011年第2期）

吴华夏：求是创新　成就梦想

人物名片

　　吴华夏，1976年毕业于浙江大学无线电系电真空专业，第七届、八届、九届、十届、十一届全国人大代表。国家特种显示工程技术研究中心主任，安徽华东光电技术研究所所长，兼任合肥工业大学光电技术研究院院长、博士生导师。我国国防前沿学科机载特种显示技术的主要开创者之一，他带领的科研创新团队曾荣获国家科技进步特等奖，曾获国家科技进步二等奖、三等奖4项，全军科技进步一等奖、省部级科技进步一等奖6项。

　　转眼之间，我离开母校已经40年了。在母校的几年求学生活中，我不仅汲取了丰富的知识营养，还得到了人格塑造。40年来，浙大的"求是"精神一直流淌在我的血液之中，成为我实现梦想的不竭动力。

　　我于1976年毕业于浙大无线电系电真空专业。学校的学习生活令我一生难忘，尤其是在做毕业设计时，在周文老师指导下完成的《印刷电路返波管慢波系统的设计》，使我开始迷恋上电真空世界的梦幻天地。在离开母校后的40多年里，我义无反顾地在这个专业里打拼奋斗，希望以此实现自己的人生梦想。

　　1976年，我回到家乡安徽芜湖后，在一家玻璃厂电子管车间从事投影管的科研工作。20世纪80年代初，我国国防重点工程之一的平显武器火控系统急需一种超高亮度的机载平视显示管，这要在0.15mm线宽的条件下实现35000cd/m^2超高亮度，并且需要高精度和高可靠性的极端要求，当时国内研究大院大所都不愿意接受这项任务。我初生牛犊不怕

187

虎，凭着满腔热情和年轻气盛承担下研制任务。在后续的几年时间里，我和我的伙伴们憋了一股劲，硬是凭着求是和创新精神，踏踏实实地攻克了一道道难关，终于完成了我国第一个机载平视管。该成果在经过各种严格的试验以后，于1985年通过了国家定型，此后正式开始批量装备部队，30多年来已经大批量装备了我国几乎所有的主战飞机，目前每年仍然在持续批量装备中。该项目获得国家科技进步三等奖和电子工业部科技进步一等奖。在此基础上我们又根据国家重点工程的迫切需要，先后研发并装备了机载下视显示管、机载头盔显示管、机载告警显示管等系列产品，突破了当时国外禁运对我国技术发展的限制，满足了国家重点工程的需要，并获得各种科技进步奖项。我们研制的内装施密特系统的投影显示管，创造性地将施密特光学系统与阴极射线管的电子光学系统巧妙组合于真空管内，使施密特、电子光学、真空显示、彩色会聚及制管工艺等多项技术融为一体，大大提高了系统的电光转换效率和延长了系统寿命，满足了重点工程需要，获得国家科技进步三等奖、安徽省科技进步一等奖。

进入20世纪90年代，国家重点工程急需装备机载彩色显示管，以结束我国"机载无彩色显示"的被动局面。当时我国民用彩色显像管有数千万只的生产能力，但是由于设计难度大，没有一只彩管是我国自己设计的，全靠对外引进技术，而机载彩色显示管具有高亮度、高精度和高可靠的性能特征，设计难度要比民用彩管大很多。在我们接受任务以后，尽管当时有不少人认为我们是"异想天开"，但我们没有被困难吓倒。经过多年的奋力拼搏、艰苦攻关，我们实实在在地解决了一个个难以解决的问题，终于在1998年完成了我国第一只机载彩色显示管组件的研制。该组件随后通过各种严酷的试验，逐步在歼10等主战飞机上批量装备。该项目获得30多项国家发明专利，系列产品先后获得国家科技进步二等奖、全军科技进步一等奖以及安徽省科技进步一等奖等奖项。

多年来我们始终以"求是"精神追逐前沿，踏踏实实攻克一个又一个难题，以创新精神驱动发展，奋力开拓未来的天地。20世纪90年代后期，随着显示技术的快速发展，根据重点任务要求，我们加大了对以液晶显示为代表的特种平板显示技术的攻关力度，并取得了较大进展。在进入21世纪以后，各种特种液晶显示模块已经大面积装备我国海陆空天各个领域，在天宫一号、天宫二号上装备的唯一的显示系统就是我们的产品，成功伴随航天员景海鹏、陈冬在太空遨游33天，目前仍在轨运行。此外，我国批量装备的主战飞机上绝大多数的机载平板显示模块都是我们配套的，如歼20、运20、空警500、歼15、歼16等。

2004年，我们接受了为神舟七号舱外航天服配套照明与报警系统的任务。"神七"的最大亮点就是舱外行走，我们对航天服配套的产品要比机载产品有着更为严酷的要求，时间紧，任务急，难点很多。我们经历了几年的攻关，2007年4月，倾注着我们心血与希望的舱外服照明及故障报警系统正式交付中国航天员训练中心，并于9月27日下午4点半，伴随航天员翟志刚完成了具有历史意义的太空第一步。

40多年来，我们一直不忘初心，坚定不移地在电真空领域耕耘。进入21世纪以后，根据国家重点工程的需要，我们加大在微波真空器件领域奋力开拓的力度，我们成功研制的双模大功率行波管已经成功装备主战飞机的火控雷达。目前我们正在宽带螺旋线行波管、多注（耦合腔）行波管、340G太赫兹返波管等领域奋力攻关，力争满足国家需要。

为了能集中精力完成国家重点任务，1987年年初，我和几个志同道合的科研伙伴白手起家，创立了芜湖电真空研究所（后更名为安徽华东光电技术研究所），专门从事电真空领域的开拓和发展，用以满足国家重点工程对电真空器件的需要。30年来，研究所不断发展壮大。创业历程让我品味到"求是"精神的宝贵，虽然创业道路艰辛，却让我品尝到了创新带来的无穷乐趣：我们依托华东光电技术研究所组建了国家重点实验室、国家工程实验室、国家工程技术研究中心以及国家太赫兹国际联合研究中心等国家级科技创新平台，为我的伙伴们和后续年轻人发挥聪明才智提供了施展才能的舞台。我们取得了国家科技进步特等奖、二等奖，全军科技进步一等奖，省部级科技进步一等奖等几十项科技奖励，先后获得国家专利700多项，其中发明专利280多项。从国庆50周年、60周年大阅兵到反法西斯胜利70周年大阅兵，从天安门前飞过的受阅飞机上几乎都装载了我们的产品，装载着我们这些华夏儿女对祖国母亲的赤子之情，这让我们倍感自豪。我们的成果也受到党和国家的重视和关心，江泽民、胡锦涛等都曾亲临我们研究所看望我们团队的科研人员，给大家以极大的鼓励。我作为团队的领头人也先后获得党和人民给予的很多崇高荣誉，这使我倍感珍惜和温暖。

40多年后的今天，我能向母校报告的是：浙大和周文老师带我踏进了电真空的门槛，40多年来，我不忘初心，时刻铭记浙大的"求是"精神，以百倍的热情投入我终生热爱的事业中。期间尽管有不少酸甜苦辣，有不少困难和挫折，也有很多转行的诱惑，但我始终坚信，我的事业在这里，国家的需要在这里，母校的寄托也在这里。人的精力是有限的，我要集中精力在电真空这个专业领域，把工作做细、做好、做出特色。我想，这也是我对母校和母校老师的最好回报，我们每个浙大学子就像是浙大精心培育的种子，将在各行各业生根发芽，茁壮成长，让浙大精神永放光芒。

撰稿人：1976届电真空专业　吴华夏

周建华：心系紫金港　悠悠学子情

人物名片

周建华，浙江大学研究员。1974—1977年就读于浙江大学无线电系电子物理专业，毕业后在无线电系担任辅导员、分团委书记。之后历任浙大管理系党总支副书记、浙大分部主任、浙大之江学院党委书记、浙大紫金港校区党工书记。

忆求学：夯实基础，以苦为甜

周学长的办公室位于紫金港校区医学院综合大楼，我们刚一进门，便被墙上行草体的"厚德载物"四个大字吸引了。据周学长介绍，在工作之余，他常常修习书法并担任浙大书画社副社长。从办公室里精致的盆景、舒软的沙发、成柜的图书，以及堆在办公桌上的几厚叠工作文件，可以看出周学长虽然工作繁重，他仍然不失生活的情调。

出生于江西农家的周学长，年轻时勤奋好学，高中毕业后回乡劳动两年，19岁时以工农兵身份被推荐进入浙江大学无线电系求学。说起大学生活，周学长不禁激动起来。当时由于大家入学前基础参差不齐，学校的教学任务安排较满，因此课业压力比较大，另外电子物理专业课程抽象难懂，需要花很大力气来进行钻研，因此，周学长学习非常努力，积极性很高，"电磁波理论""数理方程"等课程的内容周学长至今仍然记忆犹新。回忆起当时的学习、生活，他感到非常有趣，尽管学得很苦很累，但是在老师们的精心帮助下，他还是充满着对学习的追求。"学军""学工""学农"是学校安排的重要教学环节，使学生能够广泛接触社会，锻炼自己的能力。业余活动丰富多彩，学生可以打球、游泳、横渡钱江，锻炼自己的体魄。在这三年多的大学生活中，周学长与同窗们结下了深厚的友谊，同时也为以后工作打下了良好的基础。

思教育：勤恳做事，真诚待人

毕业后，能力出众的周学长留校担任班主任、辅导员、分团委书记、学校部门党政负责人。每到一个新的岗位，周学长都能与学生们打成一片，了解学生困难，解决学生问题，为学生未来发展出谋划策，与同学们一起成长。回忆起当年与物理系、无线电系、管理系学生在一起的日子，周学长显得异常兴奋，说这段经历让他学习了很多。当谈及段永平等一批杰出校友时，周学长更感到非常自豪，除了与校友们共同分享了在学校时的快乐时光，更让他自豪的是这些校友在工作岗位上杰出的成就。段永平校友创业、投资的成功经历让他感受甚深。

2001年，四校合并后的新浙大准备在西湖区三墩镇的一块风水宝地筹建新校区，这便是后来的紫金港校区。由于工作成绩突出，组织经验丰富，周建华学长被委以重任，出任新校区基本建设指挥部副总指挥。新校区开工建设所涉及的工作千头万绪，周学长以其出色的管理才能在紫金港校区建设的领导工作中游刃有余，顺利地完成了学校领导委派的建设任务。周学长在参与新校区建设的10余年时间里得到了极大的锻炼并一直充满自信，他始终享受着这份充满成就感的喜悦。谈到这数十年工作的体悟，周学长说，在工作中肯定会出现这样那样棘手的问题，但是只要坚持求真务实、以人为师、勤恳做事、真诚待人的原则，就一定能够化解一切困难。

由于长期从事教育工作，周学长对教育、对"人"的发展有着自己独到的见解。他认为教育最重要的是引导，应针对小孩的天性因势利导，家长和老师们不可强求，对待大学生重在教育引导，勉励我们要发挥长处，锻炼自控力，努力实现知识与能力并重，丰富自己的阅历，把握人生。

论校友：共享平台，共续真情

"校友"这两个字凝聚着对母校的眷恋、对成长的回忆、对同窗的情谊。周学长担任信电系校友分会副会长，他广泛联系校友，积极参加校友自发组织的各种活动，对系里一年一度组织开展的校友活动更是主动热情。谈到对"校友"一词的理解，周学长认为，"校友"不仅是一个称呼，更是学校联系校友的桥梁和纽带。

话人生：放眼长远，把握机遇

越过了工作的坎坎坷坷，历经了人生的风风雨雨，周学长言辞中那种岁月的积淀感让我们感觉极富亲和力。厚德载物，周学长一生都在践行着这条座右铭。他对待工作一丝不苟、有条不紊，对待学生以诚交心、殚精竭虑，对待人生有担当、有付出。在谈到入党的问题上，周学长说，人总是要有所追求，要有理想和信念。实现"中国梦"，靠的是一代又一代人的努力，年轻人天地广阔，大有作为，希望大学生在思想上积极进取，积极向党组织靠拢并加入党组织，成为"先锋队"的一员，为党的事业、国家富强践行自己的誓言。大学是实现理想的平台，大学生应珍惜这段美好的时光，留住这段美好的记忆。

在采访过程中，我们还了解到周学长业余爱好非常丰富。笔墨书香的办公室自不必提，周学长还是各项体育运动的达人，他的最大爱好是武术。据周学长介绍，他自幼习武，甚至到杭州之后还不忘拜师学艺，得到一代宗师蒋玉堃师傅的悉心指导，研习少林、形意、八极、擒拿。他也曾练过散打、摔跤、拳击，曾担任杭州市摔跤协会秘书长、副会长，浙大武术协会总教练。此外，篮球、排球、游泳都是周学长的拿手项目。

短短两个小时的采访进入尾声，周学长最后同我们分享了几点感悟：人生短暂，要有目标，放眼长远，打好基础，展现新一代大学生的视野，最重要的是一定要把握机遇，把握人生。

后记

从最开始跟周学长联系约定采访时间，到真正采访，再到后期采访稿的撰写，这一系列与周学长的交流过程，使我们深深感受到了周学长待人做事的那份真诚与责任。学长长期担任学校行政领导岗位，但与我们交流却丝毫不端架子，始终真诚以待，并无私地分享他人生的经验和体悟，这让我们都很感动，我们从周学长身上也学到了很多。

也许信电系就是这样一个地方，它能让每个在这个集体中学习和工作过的人形成一种特殊的认同感与归属感。虽然我们与周学长年龄相差很大，生活时代也有很大差别，但是同为信电系系友，我们有理由相信自己在若干年之后也会有像周学长那样的"信电人"的担当。周学长，我们还会再来看您！

采访人：2009级电子科学与技术专业本科生　石永麒

张旭光：市民卡之父

人物名片

张旭光，1982年毕业于浙江大学无线电技术专业，浙江创建科技股份有限公司董事长兼总裁，2003年设计出中国第一个市民卡应用系统，被国内外业界誉为中国"市民卡工程之父"。曾获多项国家、军队和省部级的科技进步奖，1997年获"浙江省首届十大科技实业家"称号，2012年12月获全国首届杰出经理人TOP10奖，2016年获"十二五"浙江省新型城市化十大贡献人物奖。

重温大学时光，玩命读书

张学长平时工作很忙，接待我们前刚刚在酒店参加完一个关于移动互联网的高峰论坛。我们的采访就选在酒店的咖啡厅，学长和我们一一握手问好后，赠予我们他的名片，热情地招待我们咖啡茶水，和蔼地询问我们每个人的情况。茶和咖啡的香雾袅袅升起，我们的采访也就正式开始了。

张学长在读中学时就是一个无线电爱好者。中学毕业后正值"文革"期间的"上山下乡"，他也是千千万万写决心书、戴着红花被送下乡的知青之一。1977年，全国恢复高考，1978年，张学长以优异的成绩考入浙大。那时学习物理的风气很浓，他第一志愿报了物理专业，但是阴差阳错地被分到了他喜欢的无线电专业。当时无线电系、计算机系和物理系是在浙大三分部，即现在的之江校区。三分部跟本部（现玉泉校区）不同，那边远离市区，校园小且没什么玩的，学生们看电影要跑到城里去，夏天热了就到附近的钱塘江里游泳。尽管条件艰苦，但是那时候的学生"读书很玩命"，晚上宿舍熄灯后，同学们就在手电筒或路灯下看书，大学四年就在寝室、食堂、教室、图书馆"四点一线"间努力学习着。同时，在这样一个相对独立的环境中，同学们相互都很熟悉，前后几届系友大都互相认识，包括段永平、吴君青等系友，这也成为他们人生中一段独特的回忆。

回想创业历程，万千感慨

大学毕业后的10年，张学长当过大学老师，也在政府机构和国企工作过，并且都做得非常成功。邓小平1992年南方谈话后，改革开放的步伐增大，全国上下掀起"下海"浪潮，政府也极力倡导创业。张学长就在当时放弃了安稳的公务员工作，开始自己创业。

在回忆自己的创业经历时，张学长竟用"九死一生"来形容。1993年刚开始"下海"时，他雄心勃勃，想以科技创业为己任，怀揣科技报国之理想。那个年代，别人都在热衷于倒卖或代理国外公司产品快速赚钱，他却以理想主义的情怀自己研发技术，开创所在领域中前人没有做过的新产品，结果很长一段时间因市场不能很快接受新产品，产品一度都卖不出去，公司资金短缺，银行贷不到款。在公司最艰难时，核心团队的六个人走掉了三个。因他的执着坚持，并且他及时调整了营销策略，逐渐得到客户的信任和认可，才慢慢使得公司扭亏为盈。

之后，公司的发展蒸蒸日上，还拥有了自己的新产品生产线，不久后就有投资商前来洽谈公司战略投资和包装上市事宜。经多次洽谈，双方已签订投资协议，就在投资合作几乎要落锤时，投资商的CEO因故跑到国外去了，导致公司为上市做的前期投入全部打水漂，资金损失惨重，并且失去了宝贵的市场机会。这件事给张学长带来的打击很大，他一脸遗憾地提到，当时一家技术实力不如自己企业的武汉的同类产品公司现在已经是一家很有规模的上市公司了。

后来，根据市场的演变和自己的专长实力，张学长选择转型轻资产的软件服务业，开始研发中国第一套职工医疗保险信息管理系统应用软件，进而在全国开发实施了近50个城市的医疗保险信息管理系统工程。2003年，他作为总设计师亲自带领50人的技术团队设计了中国第一个市民卡系统：杭州市民卡工程。现在杭州市民卡工程已成为全国各城市学习效仿的"杭州模式"，并被国家金卡办评为国家金卡工程20年最佳优秀应用成果大奖，接着他的团队在他的领导下把市民卡工程推广到全国各地城市落地生根，开花结果。之后，公司经历了和浙大网新等几家公司的战略并购，组建了浙江网新创建科技有限公司。张学长说，其实企业并购是一件很复杂的事情，每个公司的合并和并购的代价都会很大，其中企业文化和价值观的融合尤为重要。张学民让自己创始的科技公司与上市公司并购，让公司加入一个更大的集团，以使其做大做强，但是也让自己一手创立的公司第二次错过了独立上市的机会。张学长深沉地说，一般人只看到创业者表面的光环，实际上每位成功的创业者走过来的每一步都有自己的艰难与辛酸，没有"九死一生"的经历难以百炼成钢。近10多年来，他领导的浙江网新创建科技有限公司在社会保障信息管理系统、智慧城市惠民服务平台、城市一卡通工程、智慧停车服务平台、智慧助残、智慧工会等智慧城市应用领域取得了不错的业绩和上佳的品牌口碑，特别在智慧城市市民卡应用领域，已经成为中国第一品牌。为了更好地抓住未来10年中国智慧城市的快速发展机遇期，张学长创立的浙江创建科技股份公司计划分拆独立上市。张学长告诉我们，创业者最重要的是要有"理想、行动、坚持"精神，有远大理想，行动力强，不怕失败，贵在坚持。他打造的浙江创建科技股份公司的新品牌标志是INCREATOR，张学长说这是他亲自设计的一个组合词品牌。IN+CREATOR, IN代表创新、睿智与诚实，寓意做创新、睿智与诚实的创建者。"创建科技"企业的使命是创城市智慧生活，建城市智慧应用。"创建科技"企业的愿景是成为中国智慧城市惠民服务云解决方案的领军企业。

临别学长寄语，殷殷期盼

谈到有什么经验跟学弟学妹们分享时，张学长谈到了"扬长避短"和"取长补短"的问题。张学长说，每个人都有缺点和弱点，不论是认知上还是性格上的，对于自己最好不要选择"取长补短"，而要学会"扬长避短"。这已经不是一个单打独斗的时代了，一个不离不弃、互相信任的创业团队至关重要。他的核心创业团队是跟了他15年以上的团队。在创业团队内要学会彼此"取长补短"，他提到有一句很经典的话值得年轻人借鉴："没有一个完美的个人，但可以有一个完美的团队。"

张学长告诫我们，我们学习理工科的大学生在学习专业技术之余，也要多学习商业模式创新、人文哲学等貌似与本专业没关联的知识，要多参加社会实践，要不断扩大自己的知识面、见识面，提升创新思维和融合能力。他还举了美国苹果公司的例子，苹果公司在世界五百强企业中利润指标排名第一，综合排名第三。苹果公司的技术创新水平不言而喻，但是其最大的创新就在于用"新思维"的商业模式创新，乔布斯的伟大之处在于他的执着坚持与不拘一格的伟大创新精神，"手机云"就是苹果手机最伟大的创新。App Store（应用软件商店），可以终身连接（绑定）用户，而且不论App的发布方还是下载方都要给苹果缴费，苹果可以持续与用户发生交互行为。这种技术创新的背后是一种"互联网+"新思维支撑下的商业模式创新，是无边界的以人为本思维，本质是连接人性。张学长还提到了一个词叫"跨界打劫"。支付宝获得第三方支付牌照后，银行家们已经开始担心这个电子支付平台会极大地掠夺自己的资源，他们担心的事在今天已经真实发生；同样，微信推出短短几年用户量就已超过8亿，这个社交化的App让移动电信运营商和传统商业银行都惊慌失措。这真是一个新思维"打劫"旧思维的时代啊……

后记

天色将晚，采访已近两个小时。采访最后，张学长加了我们的微信，希望以后和我们保持联系，如果我们遇到问题也可以和他交流。他在集体合影之后，又耐心地和每个小组成员合影，然后才匆匆赶回公司。

在回去的路上，我们回味着学长的故事。往小了说，这是他自己不断追求理想、坚持奋斗的过程；往大了说，这是他那个年代的众多浙大信电学子的一个缩影。他们经历了中国激流变换的30多年，从"上山下乡"的无书可读、无学可上，到"恢复高考"后，凭自己的努力考入浙大——这是他们一生的荣耀，也改变了他们的人生轨迹。他们入学时，国家刚从磨难中走出来，百废待兴，他们秉烛夜读，毕业后或商海打拼、造福一方，或教书育人、研究学术，抑或平凡本分、淡泊名利，无不依靠自己的理想和信念，渡过种种难关。张学长说，改革开放30多年，前10年几乎没什么变革，第二个10年是线性变革，第三个10年是指数变革。第四个10年，我们这届学生将要踏入社会并在其间立足，面对瞬息万变的信息社会，一个万众创新、大众创业的年代，我们是否已经做好准备？

采访人：2009级信息与通信工程专业本科生　冯继雄　沈梦骅

段永平：做对的事情　把事情做对

人物名片

段永平，1983年毕业于浙江大学电子物理技术专业，现任步步高集团董事长。

得益于学院的对外交流项目，我和丁力等三位同学在2016年暑期来到美国密苏里科技大学进行科研交流。在学院老师的荐引下，我们三位同学有幸前往加州拜访段永平校友，并与其进行了长达三个小时的轻松交谈。段校友很热情，不把我们当外人，我们就海阔天空地随意提问，想办法多角度地了解段校友在大学期间的点滴往事和人生感悟。段校友对我们这些小师妹小师弟不设防，认真回答我们提出的问题，让人很是感动。采访之后，我们以"问和答"的形式仔细地整理出了采访稿，以尽可能地反映当时的采访原貌，原汁原味地表现段校友的情怀和智慧。

问1：当初您为什么选择到浙大就读？

我是江西人，浙大离江西比较近。当时高考是考前就填志愿的，我其实不知道填哪儿好，也不知道别人水平怎么样，自己考成什么样。那时刚刚恢复高考，1977年和1978年我都考了，1977年没考上，1978年就继续考，中间隔了半年。北大、清华在江西省招的专业我不喜欢，北大只招地球物理专业，清华只招水利专业，这两个专业我都没有填。我看到浙大有无线电电子工程学系，好像很时髦，就报了，报的时候也没有报专业，专业是进去以后分的，电子物理技术听起来就挺神秘的，我就选这个专业了。

问2：你们上大学时有哪些课？您特别喜欢哪门课？

课蛮多的。大一学基础课，有高等数学、普通物理、普通化学、政治、英语，还有

197

体育课、金工实习等；大二开始就有一些专业性较强的课，比如电磁场、电子线路，还有复变函数、数理方程、概率论、数理统计等数学课程；大三后专业课较多，如微波电子学、真空。真空其实蛮高科技的，你要把一个东西抽成真空的，就要用到非常多的科技手段，比如把壁上的气泡给赶出来，就要用到非常多的原理。最简单的例子是灯泡，灯泡里面必须真空，要是里面有氧气的话，灯丝马上烧断了。再复杂一点，就是真空度高的问题，里面真空度高了，那外面压强就大了。抽成真空还是难的，这与我们的专业紧密相关，比如高能粒子加速器里面肯定要真空的，要是里面都是分子，粒子怎么穿得过去啊，所以必须抽空。τ指的是剩下百分之几的空气，你不可能百分之百的抽光，总会有这样那样的东西在里面。半导体里面有很多这样的东西，线路板里面有很多都要搞真空的。这么多年了，详细的也记不太清了，粗略的、概念的内容还是清楚的。

谈不上有什么特别喜欢的课，但老师讲课讲得挺好的。印象较深的是教复变函数和数理方程的老师，但这个老师后来被调到复旦大学了。这个专业不是我特别想搞的东西，所以后来也没有再考这方面的研究生。每个人喜欢的东西不一样。研究生我是去中国人民大学读的，读的是经济学，后来从事的行业也都跟经济有关，当然，跟电子也有关系，做电子产品的研发和销售，比如我现在还做手机。我们的手机卖得蛮好，在国内所占的份额应该算是挺厉害的。但是我们不追求这个，这是一个自然的结果。我不关心别人的份额是多少，但是，我们的份额我是知道的。我们不公布整体的数据，因为我们不是上市公司，不强制我们公布。

问3：您对哪些老师印象最深刻？

当时给我们上专业课的老师现在不一定还在上课，大部分老师退休了。跟我比较熟悉的是黄恭宽老师，他肯定不给你们上课了，当然别的老师对学生也蛮好。黄老师给我的印象最深，因为黄老师教的东西对我成长有益，他不是简单地教课本内容，而是经常讲些道理。记得有一次做实验，需要用力拧，我想要拧得更紧一些，结果弹簧被拧出来了。黄老师说做事要留有余地啊，说我最后为了一点好处就冒了这么大的风险。因为装回去很难，需要费好大劲才装得回去，所以要留一点点余地，用劲到95%就可了，不用追求100%的好处，否则到最后你会失去更多。不是所有的事情都要竭尽全力，最好都留一点余地。

所有老师都是很好的，那个时候老师跟同学的关系挺紧密的。跟我们打交道比较多的是周建华老师，他那时候做我们的辅导员，现在已退休。他负责过紫金港新校区的建设，我跟他也比较熟，最近他身体不太好，我挺牵挂他。

问4：您是怎么安排学习的？您当时的兴趣爱好是什么？

我没有刻意安排学习，反正该上课就上课，该考试就考试。我平常交作业会比较晚，所以平时分比较低，但是到考试的时候较认真，会突击复习一段时间。那时学风好，不太会有人想作弊。

那个年代的大学生没有太多的兴趣，不像现在，玩的东西多，还有网络。那个时候只能下下围棋，打打桥牌。打桥牌是我在学校里学的，围棋自己本来会一点，但是下得也不好。我下围棋也不是很花工夫，可能也就业余初段，顶多业余二段。

那个时候能玩的东西确实不多，看个电视还要跑到主楼的大教室里，要走10多分钟，主要看个球类比赛，如男排、女排、男足。看男足最关心的是男足冲出亚洲，他们冲不出去啊，现在也很难冲出去。那个时候我们的活动和娱乐确实比较少。

问题5：你们组织过什么活动？

我参加的比较少。我原来是1978级的，上了半年学，因为身体的原因就回家了，休学了一年，到了1979年复学。到新班级同学就不熟了，差半年感觉就差好多，虽然大家对我很好，我也喜欢新班级，但一直都觉得自己像个局外人一样，所以参加活动也不太多。

毕业实习的时候，我去南京实习。从南京回浙大那一路，我是玩回来的，无锡啊，苏州啊，上海啊，感觉像是旅游过了。那个时候绝对算穷游了，我回学校的时候身上大概只剩一毛钱了。那个时候一毛钱还能干点事，按当时物价，一个月的消费估计是七八块钱，10块钱左右就勉强能过了，20块钱的生活费绝对是很宽裕了。大家都没钱，当然也就不会出去玩了。

问6：那时大家比较关注什么？

不太记得了。关注考试？好像也不是那么关注，不到考试我都不着急。我有个毛病，上课有时会睡觉，所以成绩也就中等。我们班30个人，我成绩大概排在十七八名，既不在前10名，也不在后10名。比较幸运，考试成绩还可以，一到最后几个礼拜，只要我努力，还是挺好的。我没挂过科（考试不及格），只要努力就不应该挂科。如果我努努力，也能考90多分。

我记得学校、系里有足球比赛。我不知道现在还有没有比赛，当时是有的。当时我们班在系里还拿过冠军，我还当过守门，也不太会，反正球来了就接呗。

问7：如何给自己设定人生目标？你在大学时的人生感悟是什么？

我们上大学的时候，头两年可能认为上大学就是人生的终极目标，上了大学就是天之骄子了，所以进了学校好像突然就一下子茫然了，忙半天也不知道自己在忙啥，发现学的东西也不太感兴趣，觉得不好玩也不开心。

大概到了大三，有一天我突然悟到，乐趣是在过程中的。因为我高考的经历比较特殊，我是往届生，在准备迎考的过程中一直很努力，有个目标在那里，就一直往前走，每天非常充实。等考上大学拿到录取通知书了，在我们那个小地方也算是高考状元了，过400分的人就我一个。听到有人在说："啊！有个人考了400多分呢。"我心里很得意啊。到了学校以后，突然发现失去了目标，就没有乐趣了。后来悟到，人生的乐趣就是在过程当中，需要自己不断地设定目标，而不只是达到某个目标；达到某个目标以后，就要设定新的目标，才会找到乐趣。为什么很多人喜欢玩游戏？游戏容易有目标，达到目标之后马上又有新的目标，所以有个过程。在现实生活当中，这样一个过程是很必要的，比如考硕士、博士，这都不是终极目标，但是这个过程你都可以享受，而且你达到这个目标以后，得马上再有下一个目标，当然需要是你自己喜欢的目标，如果你不喜欢就要避开。如果把考研作为终极目标的话，就不合适了。我自己有过这方面的体验。大学毕业的时候我要考研，在学校里复习了一个暑假，过得很辛苦、很不容易。报名的时候，教室里满墙贴着各个学校的招生简章、专业介绍（那个时候还没有电脑），我在那里看了三天，一个一个地看，就没有任何一个专业是我想考的。可能是我想得比较长远：专业与职业相连，不能是某个专业考上就行了，如果这个东西不是以后想干的东西，那考进去之后该怎么办？所以呢，三天以后我就放弃考研了。很多人就奇怪：怎么复习了这么久，复习得这么辛苦，你咋又不考了？是因为我没有想考的专业啊。毕业的时候，很多人问我将来的打算是什么，我说："如果你们哪天听见我又考研究生了，你也就不用问我混得怎样了，肯定是混得不好，表明我不喜欢所处的环境，所以只能选择继续考研。"后来我确实考研了。因为，我毕业被分配到北京后，不满意所在的工作环境，就考了人大的研究生，彻底换了个方向和行业，我不搞技术了。我不是说搞技术有什么不好，只是每个人喜欢的东西确实不一样，我觉得技术激发不了自己的兴趣。这算是我在人生过程中学到的一个东西：乐趣是在过程当中的。

还有一个感悟我觉得蛮重要的。大三的时候，也不知道是我在哪看到，还是谁说的一句话，叫作"做对的事情，把事情做对"。人总是会犯错的，但很多人不知道什么是对的事情，什么是把事情做对。你要坚持什么？错的事情一定不能坚持，必须改；对的事情，要坚持。坚持的意思就是你在做对的事情，在把事情做对的过程当中，你会犯很多错误，会吃很多亏，这也是一个学习的过程。然后呢，你要去坚持。因为如果想要做对的事情，你就要接受在做对的事情的过程中有可能会犯错误。这个感悟对我一生影响非常大。我曾受浙大校方邀请，为毕业生做过毕业典礼演讲，当时是在大操场上，学生乱哄哄的，给我印象特别不好，但我还是说了三点：一点就是做对的事情，把事情做对；一点是"胸无大志"，就是你要踏踏实实去做你喜欢的事情；还有一点是要做正直的人，做正直的人就是心里头比较坦荡。整天要小聪明，其实是很难受的（你们这些还没有毕业的，可能是感受不到）。很多人一辈子自认为很聪明，不说一辈子了，就说半辈子吧，几十年来一直在挣扎，做每一个选择的时候看的都是眼前的利益，所以一直在来来回回兜圈子，没有长远的考虑，没有对错，没有是非，只有利益。几十年后，你会看见眼光差异带来的人的差异是非常巨大的。

做企业也是一样。我觉得做任何事情，不管做哪个行业，当教授也好，做研究也好，搞技术也好，都是要看得很远，要选择做对的事情。如果是错的事情，要尽早发现，尽早结束。这是我在大学里面得到的一个很重要的体会。不是每个人都知道这个道理的。很多人知道要坚持，坚持啥他就不知道了。要坚持就要容忍错误，什么样的错误可以容忍？做错的事情，它必然会带来错误的结果。比方说企业，坑蒙拐骗是绝对不能做的事情。你想想，一个企业如果把能赚到钱作为终极目标，就会认为蒙钱也是行的，所以也就没有是非了，然而蒙着蒙着，最后就垮了。很多企业垮了都不知道是什么原因垮的。这样做企业有点像小偷，被抓到了只会觉得偷技不够好。如果这样想，那下回偷的时候会更精，会偷得更大，被抓起来后也会判罪更重，这不就是永远总结不出错误的原因来了吗？如果终于总结出来偷东西不对，哪怕偷技再高也从此不偷了，才表明悟对了。那些偷技很高的人肯定是很聪明的，如果把聪明用到做正道的事情上，30年以后肯定也很厉害，所以这是一个很大的道理，这种大道理愿意听的人很少。当然了，有成就的人本来就比较少。但是，总会有人去想这个东西，总会有人想得很长远。我们做的每一件事情都跟我们20年以后、30年以后有关联。想得长远些肯定会不一样啊。比方说你喜欢教书，那你肯定会成为一个很好的老师，因为你喜欢，你享受，那么你就会想尽各种各样的方法让学生明白你教的东西，想办法让学生将来有用处，而不是让他们只是考好试，出了学校就不管了，如果只是这样，将来学生也不会感激你。大学那么多年，我记得最深的是黄恭宽老师跟我讲的那句话："任何一个人，他最后选择职业的时候，如果想得很长远的话，他就会有所差异。"这个很大的差异你不知道在哪一刻会对你有所决定，包括在选专业的时候、在选学校的时候、在选工作的时候、在选工作地点的时候，当然也包括在选择男女朋友的时候，就得想这个人能不能长久地相处、能不能够结婚。

问8：在校读书时有没有感到特别遗憾的事？

没什么特别遗憾的事。那时候条件比较差一点，电脑刚出现还没普及。我们上大学的时候还没有PC，学的还是大型计算机。我们学的语言是FORTRAN，我先学的是BASIC，BASIC我觉得很好学，因为它是直白的东西，后来又学了FORTRAN，学的是一头雾水，又没有练习，计算机就上过一堂课，可能也就45分钟，还没搞明白怎么回事就下课了，下课后没法碰到计算机，所以我对计算机一直都很陌生。这对那个时候的我们也谈不上是遗憾，因为人总是处在某个年代。再过30年，你们会发现原来学过的东西又不行了，也不用30年，按照现在这个（知识更新的）速度，5年就够了。

所以，在学校里，最重要的不是你学到的知识，而是你掌握的学习方法和人生感悟，包括我刚才讲到的那些道理。比如，你要做对的事情，把事情做对，这个比什么都重要，包括要享受整个过程，而不只是追求某个结果。结果当然重要，但是结果没有你想象的那么重要。

关键是要找到自己享受的事情，这个对于学生来讲还是很重要的。我当年一直在想：是天之骄子了，应该很开心，应该觉得自己很了不起，但怎么一点乐趣都没有呢？为什么还老觉得整天都闷闷不乐呢？也不知道整天在忙什么，也想不起来想要看的书，作业也经常晚交，但是我从来不抄作业。我会对照我的思考过程和别人的思考过程。那时教材比较糟糕，也没有标准答案，我们做了习题，都不知道对错。思考过程给我带来了乐趣，还带给我让自己满意的成绩。像量子物理，现在不记得具体知识点了，但是一些大逻辑的东西还是记得的，比如熵定律。当时有人说要发明永动机，我第一直觉就是绝对不信，因为一直转不可能啊，不符合熵定律的，要这样的话这个世界就乱了。

我感兴趣的东西是非常少的，我做企业也好，做投资也好，做很多事情都有个特点，就是专注。专注可以排掉杂音，排掉杂音以后还有个很重要的前提就是信念，就是要相信一些东西，坚持走下去。

在学校里建立起的这些东西对我这一辈子影响非常大。我所领悟到的道理不一定是跟老师学的，老师基本上就是教课，能教这些东西的较少。据说现在学生要想见老师有点难了，因为学校太大了，人也太多了。当然了，在学校学习，最重要的还是在于你自己，在于跟同学交流，也在于跟老师的交流，以及与所有人的交往。

问9：您为什么想到要捐款？

赚钱多的人要承担更多的社会责任，钱多了对自己的用处也不大。母校毕竟我待过，对它有感情，觉得给它比较放心。当年的浙大老师都还在，还有同学在，我觉得他们应该不会乱花。总体来讲，我觉得他们还蛮好的，尤其是我们后来建的那个平安基金，运作得相当好。在信电系建这个基金我是挺赞同的，最早提出的是杨冬晓，他是我同学，当年也是我比较好的朋友。考研的时候，我们两个一块在学校复习，然后他考了我没考。他读书成绩是比较好的，在我们同班同学里他算最小的，我比他大三岁，他确实是读书比较钻研的人，也有可能是比较小，所以他也没有别的想法，反正就是爱上进、要读书，他也是比较腼腆的一个人。

（同学们插话："他现在上课是很生动的，还获得了永平奖教金，我们都喜欢上他的课。"）

已经生动了啊？那他进步了，真是祝贺他！我说的是那个时候，现在30多年过去了，人肯定是会改变的。他管的平安基金，我觉得特别有系统，每一分钱花在哪儿都有章可循，并且用得很得体，因为还要帮老师保密，谁用了这个钱是不好公开出来的，只能很有限的几个人知道。杨冬晓首提平安基金，说有些老师年纪大退休了，虽然有国家医疗保险，但是要用比较好、比较贵的药，国家不一定会给报销，他们自己又负担不起，如果有这么一个基金可以帮他们就好了。我说那我们就搞一个吧，就搞了这么一个平安基金。当然平安基金还可包括其他一些开支，比如支持退休老师们搞活动。就是让这些老师，尤其是退休的老师开心一点。现在的退休老师很多都是我们当年的老师，以后的老师也都能享受这个基金的好处了。杨冬晓管得好的原因就是他管得比较细，很明确。有些钱出去了以后虽然我跟不到、搞不清楚，但我总体相信浙大。

续问：当时这个平安基金除了退休的老师，您还加了三分部的卢医生？

因为卢医生当年就是我们的医生。我们那个时候医务室有两个医生，我只记得卢医生。那个时候生个病，无依无靠的，离家又远，不像现在你还可以打个电话，那个时候打个电话可费劲了，一看医生态度好，"安慰"很大。我觉得卢医生对学生挺好的，卢医生应该也被加上。

续问：平安基金是您倡议的吗？

其实也不是我倡议的，我只是支持。我给平安基金许下了承诺，就是别人捐多少我就配多少，最后总共大概是60万美元或者是600万元人民币我不记得了。反正基金运行也不错，当时大家说过的话也都一直都在起作用。没有遇到过什么困难。

续问：您所在的班级捐赠很积极，是不是受到了您的影响？

没有人给我说过有这个效应，我也不知道我们班里捐了多少。

我只知道我们班里面有些人捐款挺积极。我们公司系统的几个人，我有时也劝他们捐点，反正他们也有实力，所以就跟着一块捐了。陈明永也捐了，蒋晓兰、陈智勇也捐了。但是这个东西无所谓钱多钱少，哪怕象征性地捐一点。

问10：您认为，校友除了捐赠以外，还有什么能为母校母系做的事情？

每个人的情况都不一样，要看每个人的具体情况了。但是我认为这不是一个必要的东西，只要认为与母校有联系、有必要，就做。学生毕业离开学校后，其实和学校就没有太大的关系了。与母校的感情产生关系的，是那些人、那些地方。如果回去都找不到原来能够联系的东西，原来的东西都不在了，我们就无法产生什么感情。我现在回去还能见到杨冬晓。杨冬晓和我讲的时候，我就会很认真地听，因为有关联的东西在里头。所以一个人能为母校母系做啥，完全取决于这些东西。

我们之间的师生关系还是蛮好的。周建华老师在我们毕业以后还来看过我们，不是因为你有钱了他来看你。那时候大家还是穷学生，他来北京出差，就把同学叫过来见见面，这不就是联络感情了嘛。这东西并不是谁欠谁的，他也不欠我，我也不欠他。给你举个例子吧，有一次北方某个校友会的人找到我，希望我能给他们捐钱。我说你知道我是谁吗？当然那时候公司已经蛮有名了。我问他：你除了知道我有钱以外，你还知道啥？他啥都不知道。他不知道我哪个系毕业的，也不知道我学什么，他只知道我有钱。所以能为母校母系做什么，取决于和母校母系的联系，纯粹属于感情和缘分的东西。

问11：您对大学生创业有什么看法？

我从来没鼓励过在读大学生创业，甚至不鼓励创业。为什么呢，因为你需要创业的时候，你必然会去创，这是一个水到渠成的过程，不要为创业而去创。你说你有一个很好的想法，别人都很喜欢，所以你要把它变成一个企业，变成一个公司。但是如果只是为了当一个老板而去创业，那多半都会很惨。你可以往回看，大学生创业不是现在的事情了，好多年前就有。那时候创业的大学生现在能有几个好的？我不反对大学期间去做一些生意，建立一些创业观念。但是不能把这个作为一个目标。苹果公司的CEO Tim Cook 在某所高校做了一个毕业典礼的演讲，就是说你要找到自己的北斗星。你要知道什么是对的事情，然后你要一直朝那个方向走，那么几十年之后会有好的结果。这个东西不一定要毕业的时候想，上学的时候就可以去想了。只要心里真有想法，暂时失利或者错一步两步也是没关系的。《功夫熊猫》你们一定都看过，第二部说的就是你不一定会有一个好的开始，但是决定未来的不是你的开始。我对这句话蛮有感触的。

创业这个东西呢，该创的时候就去创，不要以为只要是大学生就该去创业。我们需要做对的事情，把事情做对。把事情做对需要许多技能，但技能这个东西呢，学校里并不全教你，只是教你一部分，比方说学习方法。然后你得有好的成绩，到社会上别人看你成绩不错，就会放心让你去做某件事情，即使你不会，只要你去做了，能力就提高了。所以在学校里学习成绩不能太糟糕，人家一看成绩这么糟糕，第一印象就是这个人一定没有纪律性。如果你的成绩还可以，又有一个特长，比方说围棋下得特别好，乒乓球打得特别好，那么人家就会觉得这个人还是有毅力的，虽然成绩中等，但还是有两下子的。如果你是一个肯学习又会学习的人，那么三五年之后就厉害了。如果你啥都不行，人家怎么会用你？不用你你不就永远都没有机会了吗？端盘子还需要有水平呢，一般人端两下可能就倒了，能端得那么平衡就很不容易。

当然，不能被专长所束缚。比如说，喜欢弹钢琴，不是说弹不到朗朗的水平就不好了，只要是想弹，很享受弹琴的过程就好了。如果你不是很享受，又想通过弹钢琴赚钱，那么日子会过得不容易。沃伦·巴菲特的一家子公司，每年开股东大会的时候，第二天他会邀请一帮人和他一起吃顿饭。我记得有一回和我同一桌的有一女的，大概四五十岁的样子。我想被老巴叫过去的人，总是有点特长的。我就问她常来吗，她说她第一次来，是个瑜伽老师，她就喜欢瑜伽。我问她为什么来，她说她父亲是老巴最早的股东，现在她父亲过世了，那么她就来了。她继承了她父亲的遗产，但是她依然还是瑜伽老师。一个瑜伽老师也没多少收入，但她就非常享受。能和老巴吃饭的人，身价都不菲，如比尔·盖茨、芝加哥大学的校长等。

我不是说教钢琴不好，但是如果沉溺于某个技能的话就不好了，这也是我以前在想的。我绝对不能去当一个出租车司机，这样会整天开车，没时间去想别的事情。我也不做餐厅，因为餐厅要买菜啊，要这个要那个，当然能做成麦当劳那样也很好。所以你需要有一个"不做事清单"，你应该早早地列一个这样的清单，碰到所列的事情就要把它排除掉，这样你才能聚焦在你想做的事情上。

做喜欢的事呢，你就会很享受，就会很努力。在我们那个年代，没有太多的选择，既然到了那个地方，那你就喜欢你做的事情吧，不然不就是和自己过不去吗？这会有两种结果：一种是你确实发现自己很喜欢，那你就享受它了；另一种是你发现你确实不喜欢，那么你就需要做出改变。我看有的人做不喜欢的事情，但一干就是二三十年，我觉得这些人属于想不开的那种，属于害怕改变的那种。我可以举个简单的例子，当年我刚去广东工作的时候，那时候有个公司叫星河音响，现在那个公司在不在我不知道了。那一个小的民营企业，那一年招了50个研究生，100个本科生，一个小企业哪能容得下那么多人。我在那儿待了几个月就跑了，我觉得这是我不应该继续做的事情了，我需要做出改变。我不知道接下来能不能找到自己喜欢做的事情，但我一定要先走，所以我就到了小霸王。那时候大家天天见面，天天一起打游戏。有个同事从澳门买了一台任天堂的游戏机借给我们玩了几天。我对任天堂游戏是有感情的。我一玩游戏状态就好，所以我真正起家是从游戏开始的。有意思的是，这家公司大家都想离开（指星河），我走了两年以后，小霸王都全国闻名了，然后我回去过一趟，发现当年说要走的人并没真的走。我说你们这些人脑子坏了吗，两年前都说要走了怎么到现在还没走？他们说没有找到合适的地方。所以错的事情要尽快停止，停止了不管要付出多大的代价都是最小的代价。一发现这是不对的事情，你就要马上停手。我觉得很多人做不到这点。大多数人做不到，但是做到的人往往就会做得不错。

问12：如果一件事情谈不上喜欢，也谈不上厌恶，那还要坚持下去吗？

这完全取决于你自己。说要去找喜欢的事情可一辈子都找不到，那可能就是你的问题了，因为这说明没有什么事情是你能坚持下来的。不管你做喜欢的事情也好，不喜欢的事情也好，中间都会有很多很多的困难。为什么做喜欢的事情能做好呢？因为你能扛过去，但是对于不喜欢的事情，可能就放弃了。如果所有的事情都选择放弃，那就是你的问题了。找不到喜欢的事情很悲哀，实际上大部分人都是这样。如果你碰到这种情况，也不要责怪自己。但是有些人能找到，比如说你很享受家庭生活，那就找一份不太忙的工作，每天回家带带孩子，做做家务。所谓成功，不是说要多有钱，要有多少人围着你采访。我已经很久没接受媒体采访了，你现在媒体上看到关于我的东西很多都是别人编的，这些材料千篇一律，都是10多年前的旧材料。这两年我们公司的手机起来了，所以关于我的报道可能会多一些，但那些都是东抄西抄的，都跟我没关系。

问13：不懂不碰？在生活中也是这样吗？

生活这个东西，关键看你享受什么。不懂的东西你可以去尝试，但不能拿生命去尝试，投资也是一样。比方说滑雪，如果你不会滑雪，跑到最高的地方扎下去，撞树了怪谁？如果你喜欢，得一点点来，一点点提高，得要清楚风险在哪儿，乐趣在哪儿。有人说他一生做了很多冒险的事情，比方说把钱都投给了苹果。我说冒险的事情不应该做。赌场里100万元一放，想要变成200万元，那下一把就没了。我投苹果是因为我了解，我知道他强在哪里，知道它3年、5年、20年之后还是强在哪里。我也了解谷歌，所以我有点谷歌的股票很正常。

问14：我有好多人生观的道理不能完全想通，就很纠结，能否帮我理一下思路？

这是一个年龄过程。我看到这个"做对的事情，把事情做对"的道理是在大三的时候，但是我真的搞明白或许是20年之后。就算你被我点醒了，你可能得花个5年或10年时间去理解。我跟别人讲投资的时候，告诉他们买公司股票要看公司的未来。如果现在问我股票哪只好，那我干脆把我口袋里的钱给你算了。任天堂这个公司当时市值比网易还低，但我觉得这个公司以后能挣钱，我就买了，甚至我都没认真看它的业绩。你看任天堂有一次涨了一个多礼拜，你能理解吗？你不能理解。你会买吗？也不会买，因为你坐不住啊，明天涨了五块钱你就卖了。当初我买网易的时候，别人不明白我为什么要买网易。我自己是做游戏出身的，我知道它的市场有多大。当时买的时候一块多钱，现在200多元。当然我没拿那么久，我赚了大概一百三四十倍。你如果不了解你买的东西，你不可能拿到一百倍，能拿到一倍就不错了。这个东西从哪儿学来？首先学校不教这个东西，到了一定年龄你就会慢慢去感悟。有所为有所不为，这是道教几千年的东西了，就是聚焦啊。现在提倡多元化，我们公司就蛮聚焦的，就算时间长了会有发散，大家说你又走偏了，你可以马上又回来。我们提倡本分、平常心。本分就是要做对的事情和把事情做对，平常心就是想我们当年为什么要做这个，我们有没有走偏？我们要问自己：到底在干什么？所以要一直想这是不是件对的事情，而不是去想是不是有利益的。对的事情就要做下去，不对的事情就要赶紧停下来。

问15：您对大学生有什么寄语？

就像我之前说的，找到你的北斗星，你们可以去找找Tim Cook的演讲，我忘了标题是什么。我自己给他起的标题是"找到你的北斗星"。别人都问我有什么技能，我从来不讲技能，因为技能这个东西都是要自己学。比方说打高尔夫，我会告诉你打高尔夫的体会，一杆打得远、打得近都没关系，一杆打得好、打得差也没关系，要有平常心，一杆一杆地打。很多人上一杆打糟了，下一杆就想打好一点、打远一点，想把它弥补回来。有的人做生意不顺，想下一单夺回来，所以冒更大的风险，然后又砸了，很多人都是这样将企业做死的。

采访人：2013级电子科学与技术专业本科生　马涵之

陈智勇：求是立心　情系信电

回忆大学

　　1979年，恢复高考的第三年，自小喜爱无线电的陈智勇校友如愿进入浙江大学无线电系电子物理技术专业学习。

　　陈智勇校友进入大学时年仅16周岁。丰富多彩的课余活动是同学们锻炼体魄的好机会，年轻的他常常参与学校组织的各项体育活动，包括踢足球、打篮球、打排球以及游泳等。除了体育锻炼，陈智勇校友在空闲的时候也会约上三五好友一起出去玩。因为无线电系所在的三分部比较偏远，有一次，陈智勇校友还向陈曾济老师借了一辆自行车，约上高中时的几个同学，骑着自行车跑去绍兴玩了一趟。回忆起这段经历，陈智勇校友觉得自己挺大胆，也很感激陈老师把家里的代步工具借给了他。

　　玩耍之余，学业还是大学生活的重中之重。陈智勇校友学习十分刻苦，也注重理论与实践相结合，注意培养自己的学习方法与学习习惯。大三那一年，陈智勇校友和班里其他同学一起进入南京电子管厂实习。在实习的一个多月里，陈智勇校友每天在工厂与工人们一起干活，观察了解了工厂的整个生产流程。这段第一次接触社会的经历给陈智勇校友留下了深刻的印象。

　　"浙大是一个比较好的平台，我在这四年的生活中学到了很多基础知识以及良好的学习方法。当然，这四年里点点滴滴的师生情、同学情也是一生中非常美好的一段回忆。"陈智勇校友如是说。

本分创业

本科毕业后，陈智勇校友被分配到天津的无线电一厂做产品研发。陈智勇校友做了一个多月的助理工程师后被分配到计算机应用科室做系统应用检测，北航的风洞测试、计算机数据采集系统都是他们完成的。

在天津待了四年半左右，受到老员工讲述的工厂创业时期的经历的激励，陈智勇决定寻求变化与突破，结束当时的安逸生活，到广东打拼自己的一番事业。于是，陈智勇校友来到了小霸王的前身——广东中山日华电子厂。

当时这个电子厂规模很小，组建没有多久。陈智勇校友负责产品研发，大学同班同学郭艳东校友负责整个工厂的生产管理，他们一起面试招聘了当地的高中毕业生与生产线的生产工人，逐步发展工厂。也是大学同班同学的段永平校友从中国人民大学结束研究生学习后，到了广东佛山，也加入了这个队伍，开始做产品与营销。

由于受到原材料质量的限制，他们三人的压力非常大，挫折也比较大。但他们不气馁，三个同班同学相互帮助。国内当时是没有游戏机的，他们三人最早是做四位机，从最简单的游戏机做到八位机。产品逐步做起来，家用游戏机小霸王随之诞生，工厂也从亏损转为盈利，小霸王品牌的顶峰时期随之而来。

在广东中山日华电子厂的经历让陈智勇校友、段永平校友意识到产品质量的重要性，后来这一点深深印刻在步步高的文化中。步步高从创立至今，一直强调"本分"两个字。尽管在创业的过程中，把产品卖给代理商时他们有过被骗的经历，但陈智勇校友、段永平校友始终坚持浙大的"求是"精神，无论是顺境还是逆境，始终按本分把事情做好，通过很长时间的积累跟合作伙伴建立了彼此信任的基础，也创造了今天的步步高。

心系母校

工作多年，陈智勇校友一直不忘母系。

2007年，陈智勇校友听说无线电系退休老教师们生病时有资金困难，在当时的医保制度下，有些退休老师突然得了比较重大的疾病，家庭有可能还是比较困难的。段永平、陈明永、陈智勇三人商量一番后，发起成立了平安基金项目。陈智勇校友一直觉得锦上添花不如雪中送炭，平安基金是一个非常好的基金，能为老师们尽一点绵薄之力，真正给老师们做一点实事。

平安基金创立后，北美等海外以及国内的校友们纷纷响应，段永平校友还提出了配比基金的提议，出了大力。当时系里老师们也做了一些工作。在基金成立阶段，老师和校友们有力出力，有钱出钱，非常热心。后来，平安基金的管理主要交给了黄恭宽和杨冬晓等老师，他们在这10年里义务做了大量的工作。10年来，整个基金运作得非常好，确实为老师，尤其是有困难的老师，真正做了一点事情。

除了平安基金外，陈智勇校友所在的班级——1983届电子物理技术班向浙大教育基金会捐款100万元给信电系建新楼。在陈智勇校友看来，1983届电子物理技术班31个同学十分团结，大家联系比较多，关系也很好，知道信电系要建新大楼的事后纷纷响应，认为班级整体为母校做一点事情非常有意义。

陈智勇校友说，捐赠只是回馈母校的一种形式，母校和毕业生之间的互动有很多，毕业多年后校友们多少都会关注母校，希望母校发展得更好。大家在自己有能力的时候碰上这样的机遇，能为母校出一点力，是很开心的事。

采访人：2013级电子科学与技术专业本科生　马涵之

2014级信息工程专业本科生　陶拓旻

赵元富：磨炼航天芯　砥砺中国梦

人物名片

赵元富，1983年毕业于浙江大学半导体物理与器件专业。现任航天科技集团公司九院科技委副主任，北京时代民芯科技有限公司董事长，哈尔滨工业大学、南京航空航天大学和北京工业大学兼职博士生导师，IEEE高级会员。入选国家千百万人才工程、国防科学技术委员会"511"人才工程。享受国务院特殊津贴。

数年求学路，几载求是情

1979年，高考成绩揭榜，18岁的赵元富却犯了难。由于信息来源较少，他对于大学以及专业"没有一点概念"，甚至犹豫了半天是否要去军医大学学医。由于对半导体收音机的浓厚兴趣，他最终选择了半导体物理与器件专业。而高中校长的一句话，让他与浙大结下了不解之缘。

浙江大学之江校区位于六和塔旁、钱塘江畔，是一直为人们所津津乐道的"浙大三分部"。绿荫掩映下，红砖房散发着古典浪漫的气息，夏萤秋虫是其别致的韵脚。清幽的环境中，琅琅书声回荡，更添一片悠长意蕴。在这里，赵元富进入了一个崭新的世界。

半导体学科在国内建设得比较早，但"文革"之后，一直发展缓慢。当时浙大的半导体器件方面虽说在国内领先，但是受限于设备、科研实验条件等多方面因素，学习条件十分艰苦。

但是，"整个浙大的学习环境，尤其浙大的求是学风"给了赵元富很大的触动，浙大老师无微不至的关怀也让他倍感温暖。"这些东西会起到很强的指导甚至是引领作用，对你以后的工作、生涯有很大的影响。"

而学习之余的大学生活也是精彩纷呈。赵元富最大的爱好就是读书。"说实话，大学给我真正留下印象的，还是图书馆里的书。"无论是高深的专业书籍，还是丰富多彩的非专业书籍，他都读得津津有味。书为他原本封闭的小圈子开启了通向广袤世界的窗口，而丰富的大学活动也让他受益匪浅。"当时根本不知道什么叫锻炼自己、提高能力。工作后，大学里参加活动的经历使得自己很自信，做事也有了参照。"

我们究竟为什么上大学，来到大学又要学习什么，其中包孕着宏大的命题。赵元富的一句话颇具启发性："本科学习中最重要的是学习方法、学习态度，尤其是对人思维能力的锻炼。"

漫漫求索路，拳拳报国心

四年时光荏苒，只有过去了才知道"毕业"两字中包含多少对旧日的怀念、不舍和对未来的迷茫、期待。然而，当时的赵元富却没有时间细想，摆在他面前的，是就业还是考研的人生选择。

1983年，正是大学毕业生包分配工作的年代，几乎所有的毕业生都选择了就业。这一切倒颇有些面包与梦想的意味。犹豫不决之际，黄敞教授发表在IEDM上的一篇文章让赵元富倍受鼓舞，他不仅仅是从这篇文章中隐隐约约地感觉到了一种将要改变世界的科技力量，更重要的是，他发现了自己真正热爱并愿意奉献一生的东西。

最终，赵元富师从黄敞教授进行更高层次的学习与研究，三年后又继续攻读博士学位，研究方向为计算机设备与器件专业，从此微电子研究成了他一生追求与奋斗的事业。

在他看来，"研究生选专业其实相对比较重要，博士生更重要的可能是研究的方向与意义，该研究方向今后还能不能并且值不值得长期做下去"。求学路上，浙大的"求是"精神深深地影响了赵元富，他说："其实我认为浙大的求是学风非常好，踏踏实实做人，实实在在做事，不管在学习还是在工作中，这都是比较重要的，是大家应该坚持的理想、追求的目标。"

1996年，工作了几年后，赵元富作为访问学者到美国进行了为期两年的学术交流。这段经历对他产生了很大的触动。美国科研的国际化让他看到了国内的不足与差距。"最大的问题其实不是在于人的能力或者智力不行，也不是不努力，而是在于他站的平台不一样，其实把平台提升了以后，再要站到国际高度就没有那么难了。"

然而，美国在军事、国防相关技术方面的严格限制使得中国人很难接触到核心技术，失落感以及民族自尊心更使赵元富坚定了回国后自主研发核心技术的决心。"其实还有很多的限制，有些课题你是不能去接触的，有很多东西必须得靠自己国家的强大，自己国家的基础能力提升，你才能真正在这些方面做好。所以中国从大国向强国迈进得过程中，很多核心的技术肯定是没有办法依靠别人的。"

由于发展时间较短，无论是工作条件还是科研水平，国内都无法与国外相比，但这一切从来不是赵元富留在国外的借口，而恰恰是他回国的理由。也许，对于这片我们深爱的土地，对于这些可爱的人，一切都不需要什么理由。

小小航天芯，大大中国梦

赵元富一回国，便怀着满腔热情投入航天772所的建设当中。中国航天科技集团公司第九研究院第七七二研究所（航天772所）成立于1994年1月13日，是国家重点投资建设的军用电子元器件研制单位。

虽说研究所在建所伊始受到了江泽民、李鹏等的重视，硬件基础条件比较完善，但是在技术上国内几乎是一张白纸，赵元富遇到的困难可想而知。

当时面临的最大挑战在于"到底选什么样的技术路线，来实现自己的目标"。经过反复的考虑讨论，他们决定选择抗辐射加固设计技术作为突破点，构建较为齐全的宇航微电子产品体系。这一做就是20年。20年风雨兼程，20年艰辛跋涉，20年精心磨一剑，20年奋斗如一日。赵元富却从来没有怨言。

如果说之前是受老一辈航天人的激励而投身航天事业，那么，如今赵元富已用自己的行动去诠释航天精神。"航天事业聚集起的一批科学家，一直在把航天事业当作自己一生的事业，这个话虽说听起来比较虚，但是实际情况真的是这样。"也不是没有过困难，也不是没有过彷徨，只是赵元富始终没有忘记初心，没有忘记那个曾经为未来立下志向的小男孩。"不管做什么，都肯定会有也应该会有各种挫折。"赵元富乐观地说道，"我觉得持之以恒，总能找到一些出路。"

经过数十载的默默耕耘，赵元富终于看到了曙光。2003年，航天772所研制的中国第一块超大规模集成电路上天；2011年，航天772所研制的国产空间用中央处理器（CPU）随试验卫星上天，实现了卫星核心芯片国产化；2014年，航天772所的宇航芯片已经开始走出国门，得到了世界的认可；2015年，北斗双星发射，航天772所的国产宇航级CPU首次在实用卫星上担当主纲。面对未来，航天772所将继续把自己打造成宇航集成电路主要供应商，希望为我国每颗卫星提供的产品品种和数量均超过50%，同时迈向国际化，成为具有国际知名度的宇航集成电路供应商。

从服务国防到服务社会，赵元富经历了一个重大而极富意义的转变。2007年，时代民芯公司完成我国首款北斗一代基带芯片BM3005的开发；2013年，他们研制的北斗定位方案成功应用于藏羚羊迁徙跟踪。赵元富说："我们盼望通过这些东西，慢慢地把航天的技术更好地融入国民经济之中，为社会提供更好的服务。"

对于浙江大学未来的发展，赵元富也是充满了期待："浙大作为一所综合性大学，未来应该多向国家重点军工部门输送人才，从而使浙大精神更好地融入国家战略发展规划领域，让国家听到浙大发出更多的声音。"

采访人：2014级信息工程专业本科生　李凯洲

江强：秉承求是精神　追求快乐人生

人物名片

江强，1983年毕业于浙江大学无线电专业，陆续担任广州军区空军通讯训练大队训练处副处长、司令部通信处导航自动化科科长。1998年10月从部队转业后，先后任广东省电子工业总公司总经理助理、广东省电子信息产业集团有限公司董事长、中国春和集团总裁、江苏太平洋造船集团股份有限公司董事CEO。现为杭州汇萃智能科技有限公司总经理。

饱读诗书的求是人

2013年开春，受江师兄的热情邀请，在采访的前一天，我们参观了春和集团下属的扬州大洋造船厂，在雄伟的办公大楼和一座座拔地而起的巨型门吊和船坞间，看到一个朝气蓬勃的现代化船厂的快速崛起，更对作为企业负责人的江师兄充满了期待。

初见江师兄，是在盛开着郁金香的德式老洋房花园一角的玻璃房中，江师兄正在边品咖啡边等候我们。我们面对的仿佛是一位平易近人的学者，他随意的姿态让我们轻松起来，消除了心中的紧张。围绕着我们的提问，江师兄谈笑自如，我们被他丰富的经历所吸引，更被他的智慧所折服，希望从他那里获得解决自身困惑的方法。

在采访前，江师兄的助理就告诉我们，江师兄是一个很有才华的人，平时除了工作，对国学和绘画极富兴趣。后来江师兄告诉我们，在很小的时候，他在机缘巧合下结识了一帮"文革"中落难的文化人，十分难得地受到了在那个年代备受批判的中国传统文化的启蒙教育。对于学习，江师兄很是乐在其中，直到现在，他还习惯在工作疲惫时做一些数学题解压。

江师兄告诉我们，他一直以来有三个理想：当兵、当厂长和当老师。进入浙大后，得益于先行于国内其他大学的选修课制度，除了无线电方面的专业知识，他选修了企业管理、自然辩证法、工业产品造型设计等各类课程，不仅拓宽了自己的知识面，还为今后的道路打下了基础。江师兄笑称，虽然他的成绩在系里算不上好，但所修的学分一定是最多的。

江师兄不仅在企业经营上有所建树，而且正在努力实现他的第三个理想——教书育人。采访中他提到："君子三乐之一，得天下英才而教之。"江师兄近年来先后在早稻田大学、复旦大学等高校进行过讲座型的演讲。谈到他最想教的课，江师兄说应该是关于国学在现代企业经营与管理中的实践，因为在这方面他的体验和感悟甚多。

坎坷当兵路，何去何从

20世纪80年代的大学毕业生很少有自己选择工作的权利，原本一心想去工厂的江师兄被分配到广州军区空军当兵，阴差阳错地实现了自己的第一个理想。然而现实远没有理想那般美好，当满心欢喜地去广州军区空军政治部报到时，江师兄却被告知他被转分配到驻地在广西南宁的空军第七军。当时的江师兄只能一个人面对突变的现实和迷茫的未来。江师兄说，他现在很乐意给初入职场的毕业生提供一些帮助，因为当时的他真的很无助。他愿意把他的经历分享给年轻人，哪怕能帮到他们一丁点也是好的。

在整个采访过程中，我们不断地感受到江师兄在面对困难和挑战时的乐观和豁达，并深受其感染。在南宁接受入伍教育期间，江师兄在三天内就把三大条例倒背如流，然后信心满满地告诉当时去慰问的空七军副政委，入伍教育搞一个月根本没有必要。不想，江师兄等5名新入伍大学生随即被下放到基层部队锻炼。无线电专业背景的江师兄被分在空42师吴圩机场通信营有线连电缆班，平时的主要任务就是挖电缆沟、铺设电缆、电缆的接续缝焊与维护，当时中越边境硝烟未散，条件之艰苦不言而喻。然而，理想与现实的巨大落差并没有让江师兄气馁，他知道必须改变现状，但首先必须适应环境，好好干，寻求机会堂堂正正地跳出困境。半年后，适逢空七军自动化系统筹建，江师兄凭借半年里出色的表现，顺利被选中去北京空军第三研究所学习我军第一套汉字计算机系统——ZD2000汉字终端与克罗米克联机系统，回到南宁军部一年后被上调到广州军区空军司令部。回忆往事，江师兄不无感慨："有些时候为了生存，必须首先适应环境，然后才思考求变。"

在广州军区空军司令部工作期间，江师兄的表现也很优异，随后年仅30岁便升至副团级，是当时广州军区空军最年轻的团级干部。江师兄在广空的主要工作是指挥自动化系统的建设与管理。一个区域的指挥自动化系统，需要协同众多专业和单位人员，牵涉到严谨的标准与协议制定和非常复杂的界面、接口的协调，江师兄却乐在其中。1983—1998年，江师兄先后参与了中国第一个航空兵师级和军级的指挥自动化系统以及第一个战区空军指挥自动化系统的建设与管理。他说这种对系统的规划、组织以及和很多单位的合作的相关工作与他的兴趣和追求是十分吻合的。江师兄曾在给战友的信中表示希望成为中国的奥本海默（美籍犹太裔物理学家，曼哈顿计划的主要领导者之一），哪怕不是一流的科学家，也要当一流的组织者和管理者。

然而当江师兄的设想一一实现时，部队环境也开始改变，对于以后的出路他再次感到了迷茫。江师兄意识到自己需要一些时间和空间来思考自己未来的道路，于是他选择到空军指挥学院进修一年。经过一年的学习与思考，江师兄更加深刻地领悟到适者生存的道理。面对现实环境的改变，他必须做出选择，要么改变一些原则，继续在现有环境中寻找自己的生长空间，要么坚守自己的价值观，寻找与之适合的环境实现自己的价值。江师兄形象地说，这就好像选择打篮球或踢足球，只能选一样，篮球不能用脚，足球不能用手，想手脚并用只能打橄榄球。最后，江师兄选择了离开部队，寻找新的发展平台。

路在心中

1998年，江师兄离开军队，转业到广东省电子工业总公司工作，2006年，成为广东省电子信息产业集团有限公司董事长，2008年，担任上市公司广东风华高科股份有限公司董事总经理，完成了自己儿时做厂长的梦想。然而他再一次想打破现状，进一步提升和挑战自己，于是决定离开国企。

2009年，江师兄接受自己好友梁晓雷先生的邀请，担任春和集团的总裁。从熟悉的电子行业到涉足船舶、海洋工程、矿产资源和大宗物流等产业的投资控股集团这样一个自己陌生的行业，江师兄觉得虽然颇具挑战，但经营管理毕竟有一定的普适性，相信自己在这另一片天地中，更有机会站在一个新的广度和高度实践企业经营。2011年，时值船舶行业的冬天，江师兄兼任了太平洋造船集团有限公司总裁一职，迎接他人生中的又一次重大挑战。

江师兄总是用轻松的口吻描述人生的重要转折，甚至调侃过去他在某些困难无助时刻遇到的趣事。我们感受到他面对人生遭遇的乐观积极心态，同时深深地被他每一次放弃过去的成就，去选择另一片天地从头开始的勇气所鼓舞。当我们问及他做出这些选择的勇气从何而来时，江师兄语重心长地跟我们说，做人很重要的一点是追随自己的内心，在法律和道德的框架下追求有尊严和快乐的人生，基于这一想法再把影响抉择的因素简化，就很容易确立自己的目标和找到达到目标的方法。江师兄说，有时候人为了生存没其他选择，但是人生总要找一个地方起步，到达目的地的途中可能会有岔路，但是我们应该向前看，把暂时的困境看作为未来做的准备，人生无论选择走什么样的路，都应该遵循自己内心所想。江师兄的人生有过三段不同的经历，但是他没有为哪一段后悔，或觉得哪一段路特别艰难。

当我们问江师兄有没有什么特别困难的抉择时，他的回答是没有。他觉得人生每一段经历和遭遇都是有意义的，而他也一直在追求快乐人生的求是之路上，不断超越自我，做出抉择。

"求是"精神的指引

在访谈过程中，江师兄对浙大"求是"精神的描述给我们留下了很深刻的印象。他认为浙大的"求是"精神指引了他对事业的追寻，鼓舞了他对人生的探索，给予他自在快乐，是他做出重大选择的精神支柱。

他说，浙大的"求是"精神让自己对人生有一种执着的态度，就是一定要想清楚自己究竟想要什么，将来想成为什么样的人。了解自己的兴趣所在，根据兴趣来选择要做的事情，从而在面临人生的抉择时，正确并且迅速地选择适合自己的事情。而这些适合自己的事情将会给自己带来快乐，使自己的生活更加充实，这些对于建立快乐的人生是有益处的。

从整个短暂的访谈过程中，我们感受到，江师兄在他的人生当中，从未停止过思考和探索。探索外部的世界，思考自己将走的方向。哪里是最适合自己的，哪里可以带给自己轻松快乐，哪里可以给自己最好的发展平台。在江师兄人生的三个重大的转型时期，他其实只在做一个选择——究竟是跟着大环境的变化去改变自己的处事原则，还是坚持自己的价值观，放下自己现今的位置和取得的成就，去换一个新的环境，重新打造一片属于自己的天空。他现在展现出来的那种自信满满的状态，让我们深信，他的抉择是最适合的。追随自己的内心，做自己想做的并感兴趣的事情，在给自己带来快乐之余，一定也会创造出巨大的能量。

江师兄给我们的印象不仅仅是一位精干的企业家，更是一位儒雅的学者。他给我们引经据典，并且将企业思想与诸子百家的思想精华结合起来，让我们看到了一种抓住不同领域的本质思想，并提取出人生的本质的境界。例如，他称赞王道之说"不违农时，谷不可胜食也，数罟不入洿池，鱼鳖不可胜食也，斧斤以时入山林，林木不可胜用也"是人类根本的生存发展之道，其中的道理和现在国家实行的"构建和谐社会"的方针政策是相通的。而企业经营管理也是同样的道理，从追求股东利益最大化转变为追求企业相关者共同利益最大化，从"在利益的允许范围内承担社会责任"转变为"在社会责任允许范围内追求企业利益"，建立和谐经营环境，才是公司发展长久之道。

现在，江师兄再次出乎意料地加入专注于通用机器视觉开发平台研发的杭州汇萃智能科技有限公司并担任总经理。离开熟悉的大型企业集团平台，转向尚处创业初期的高科技企业，他依然不被名利左右，遵循内心指引。

采访人：2012级信息与通信工程专业硕士生　刘　蓉　罗　兰　陈晓易

2011级信息与通信工程专业硕士生　杨　白

卢国文：责任下的创新　激流中的挑战

人物名片

卢国文，于1984和1987年在浙江大学信电系分别获得学士和硕士学位；1987—1991年在浙江大学信电系任讲师。1992年年初赴美国留学，取得博士学位后先在美国从事科研工作，是IEEE高级会员；之后转入工业界，分别在斯达康(UTStar)、泰乐（Tellabs）、思科（Cisco）等公司任高级工程师、项目负责人等职务。2014年开始创业，创立电商公司Zion Group Holdings Ltd，2016年被评为第五届杭州"侨界十大杰出人物"。

深层发现自身，不断挖掘潜能

我们初次见到卢国文校友时，他步履矫健，意气风发，全身散发着一种具有丰富阅历与昂扬斗志的气息。正是他爽朗的声音、精神的面容，带我们走进了他的世界。

卢国文校友于1980年进入浙江大学无线电系无线电技术专业，开始本科阶段的学习，随后又在本校读图像和视频编码压缩方向研究生，硕士毕业后留校任教。他回忆说自己在当时的浙大三分部（现之江校区）待了12年。这座古朴、美丽的老校区因为环境幽静，学生人数不多，非常适合潜下心来学习，信电系同学间的感情也都非常好。之后，抱着拓宽视野、增强能力的目标，卢国文校友于1992年进入美国宾夕法尼亚州立大学光电信息专业攻读博士学位，毕业后作为宾夕法尼亚州立大学应用实验室研究员留校工作，主攻光学无损检测和三维量测的研究。1998年，他到美国北加州硅谷进入工业界，从事从用户端到中心机房端的网络通信设备等各类产品的开发和研制。2005—2006年，卢国文校友受台湾牧德公司之邀，利用自己在光学检测方面的专长，与其一起合作开发了世界上第一个高密度电路板的激光钻孔后填孔的平整度的三维快速检测设备。2012年，时隔多年，台湾牧德公司由于公司扩展所需，又正式聘请卢国文校友为公司CTO，主持公司的技术开发工作。2014年，本着从技术、生产到市场全方位拓展和磨炼自己的目标，卢国文校友接受了一个跨境贸易电子商务公司的邀请，进入了电子商务领域。如此丰硕的生活经历构成了卢国文校友的人生简历，用他自己的话来形容这段经历，便是："在每个领域待上五六年，对这些领域都有较为深入的了解，从而扩大自己各方面的知识储备，达到融会贯通的程度。"

从图像处理、视频压缩、网络通信设备、光学检测、机器视觉到光机电一体化工业设备研制等不同行业的跨越，从产品研发到电子商务市场行销不同角色的转换，卢国文校友一次次挑战自己，一次次喜获成功。卢国文校友在介绍自己经历的同时，告诉我们这群学弟学妹们，在一个行业深入钻研的纵向发展是一种人生姿态，而不断跨越行业界限、扩大整合知识面、挖掘自己潜能的横向发展也是一种人生轨迹。简而言之，人生就是一个不断发现自我、发掘自己潜力的过程。每个人都是独一无二的，成功者的经历可以借鉴但不能复制，我们需要做的只是找到自己的兴趣爱好，寻求一条适合自己的发展道路，通过自身的坚持与努力打造一个最好的自己。

历经互联网时代，感慨工程师素养

卢国文校友的经历让在场的同学们深深折服，在他的事业发展历程中，其对互联网时代发展的认识引起同学们的思考。卢国文校友谈到，他刚进入工业界时恰好遇到互联网技术快速发展的泡沫阶段，因而可以说他见证了互联网过山车一样的发展历史。他认为之所以会产生2000年的互联网泡沫是由于基于互联网技术的公司扩展过多过快，远超过了当时人们对互联网的认知程度和接受程度，两者步调上的不一致导致供大于求。而经过多年的技术创新和完善及市场培育，现在互联网已经成了人们生活中不可缺少的一部分，因而基于互联网的大数据人工智能、互联网+、+互联网等新名词层出不穷。在谈及互联网泡沫时代的同时，卢国文校友指出，从互联网的发展史来看，一个革命性的新技术的发展，一般都会经历一个泡沫阶段。看好新技术商业前景的投资者蜂拥而入，会产生大量创新型技术创业公司，从而激发对新技术的全方位的探索。最后能通过技术和市场考验的公司就会生存下来，有些会成为巨无霸，如互联网技术革命产生了诸如谷歌（Google）、脸书（Facebook）、亚马逊（Amazon）和苹果（Apple）等互联网巨头企业。

随后，卢国文校友又讲到，我们正处在互联网发展历程中最伟大、最有机遇的时期，有很多不同的机会可以去尝试，诸如物联网、大数据、人工智能等新兴产物都是我们可以考虑发展的方向。卢国文校友认为在此后的互联网技术发展过程中，最需要考虑的就是如何设计人机交互的问题，也就是说技术的发展需要考虑如何适应或改变人的使用习惯，若是这个问题能得到妥善解决，互联网技术发展将走向一个新的阶段。

当然，身处这样一个科技快速发展的时代，工程师们也需要与时俱进，努力培养自身更强大的能力和更为优秀的品质。卢国文校友认为，工程师在拥有良好的工程知识的同时，也应该具备良好的社会责任感以及社交领导能力。除此之外，工程师应具有良好的信誉，具备主动学习、举一反三的能力，能在工作过程中主动发现产品问题与用户需求。他认为工作过程中工程师们要学会专注，切记浮躁，努力把一件事、一个产品做到极致。理想可以很大，但其实现就要一步一个脚印。卢国文校友还阐述了自己对成功的认识，他认为成功的程度有大有小，一个人如果能够充满激情与希望地做好自己喜欢的工作，而这个工作又对社会有益，那这个人就是成功的。总的来讲，成功不应该是用拥有的财富来衡量的，而应该是以产生的社会价值来衡量的。

热爱社会公益，勇于担当责任

在和卢国文校友的交流过程中，他提到最多的一个词便是"社会责任感"。"诸位在校，有两个问题应该自己问问，第一，到浙大来做什么？第二，将来毕业后做什么样的人？"面对竺可桢老校长提出的这两个问题，卢国文校友的回答便是，在浙大认真学习专业文化知识的同时努力培养自身的社交能力和领导能力，将来毕业后做一个具有强烈社会责任感、对社会有贡献的人。

卢国文校友以自己现在的工作为例，讲述了他对于社会责任感的认识。目前国内传统制造业由于自身产品开发和升级中遇到瓶颈，面临着产品性能不高、利润低、竞争力不强等多方面的问题。而他目前主要从事的工作就是帮助国内制造企业通过品牌产品等方式提升产品质量，从而增强其市场竞争力以及企业实力。在卢国文校友看来，帮助国内传统制造业转型升级也是我们信电学生可以考虑的就业工作方向，企业的新型发展模式非常需要我们这些拥有专业知识和前瞻理念的人才为其注入新的发展动力。

卢国文校友情系母校，参与和组织了信电系平安基金的募捐工作，是平安基金的两个海外理事之一。平安基金由段永平校友于2006年发起，是浙大第一个以照顾退休教师为使命的基金。卢国文校友还牵线联络，全程参与了2015年阮大仁先生向浙大捐赠4封竺可桢校长给他父亲浙大法学院创始院长阮毅成先生的亲笔信，以纪念他父亲在法学院设立100万元"阮氏奖学金"的捐赠过程。通过卢国文校友的牵线搭桥，2016年11月国际行动理事会与浙大中国西部发展研究院签订了合作建立智库研究中心的备忘录。随着双方合作的不断深入，通过国际行动理事会前政要们的人脉网络和影响力，浙大能够迅速提升在国际上的知名度和声誉。国际行动理事会是由世界前政府首脑组成的智库组织，其理事会成员通过共同研究，向全世界各个国家和国际决策人提出行动建议，为人类所面临的政治、经济和社会问题提出建议和切实可行的解决方案。

　　作为北加州浙江大学校友会理事长，卢国文校友主要负责浙江大学北加州地区的校友组织工作。当被问及北加州浙大校友会平时会举办哪些活动时，卢国文校友侃侃而谈。他说，北加州校友会常规的活动有春节晚会、野炊，以及各种生活、职场和创业讲座等，这些活动都受到了当地浙大校友的热烈欢迎，而现在青年校友比例的上升给校友会增添了不一样的活力，校友会时常根据这些青年校友们的需求开展各种各样的切合时代潮流的特色活动。另外，从2008年开始，北加州浙大校友会作为主要协办方，每年协助浙江省一些地方政府组织在硅谷开展大型招才引资活动，并帮助他们宣传当地的人才政策。同时，校友会还组织海外高层次人才代表团回浙江参加人才交流大会、考察和对接项目。对于校友会工作，卢国文校友最大的感触是：北加州浙大校友会是远离家乡、在北加州求学和工作的校友们的家，是校友们互相交流、相互帮助的纽带和桥梁，而北加州校友们对校友会组织的活动的参与度也很高，北加州浙大校友会多次被评为在北加州最活跃的校友会。同时，在卢国文校友眼中，校友会也不单单只是一个公益组织，他认为参与校友会工作让他在从事志愿者活动的同时，培养锻炼自身各方面的能力，校友会是一个培养领导能力、组织能力、拓展人脉的宝贵平台。访谈最后，卢国文校友代表北加州浙江大学校友会欢迎信电系有志于出国深造的同学去那边学习、工作。

采访人：2012级信息与通信工程专业本科生　李竹一

徐征：培养生存能力　着眼社会效益

人物名片

徐征，1984年毕业于浙江大学无线电电子工程学系，1991年获得日本大阪大学电机工程学博士学位，1992年获得美国加州大学圣塔巴巴拉分校材料科学博士学位。1992年应邀加入（美国）应用材料公司，曾任公司副总裁兼金属薄膜产品事业部总经理等职。2007年，在美国创立喜瑞能源技术公司，并任首席执行官兼总裁，致力于薄膜晶体硅光伏器件和组件的研发。

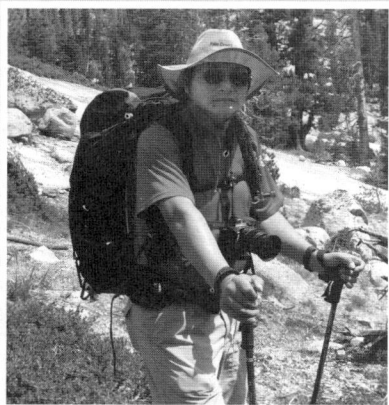

身处浙大，培养自身管理能力

徐学长在浙大的学习生活经历是非常快乐的。他告诉我们，他入学时是恢复高考以后的第四年，那个时候大家都非常珍惜在浙大读书的机会，所以都会非常认真刻苦地学习专业课程。同时，在课余时间，徐学长还积极参加体育活动，除了每天早上出操跑步，还经常与同学组队打排球、游泳等。徐学长跟我们分享了那时的很多趣事，可以看出，他非常怀念在浙大的时光。

徐学长说，身处当时的时代环境中，他和同学们特别热衷于讨论如何加入中国社会体制改革的浪潮中，并立志为国家建设而努力读书。徐学长也曾想过进入国家政府部门，直接参与国家建设，但是后来还是决定学习先进的科学技术来填补国家当时在科技上的空白，所以后来在本科毕业之后继续深造。

在谈到浙大生活的时候，徐学长还特别提到了管理能力。他在辅导员身上看到了管理能力的重要性，并且在学习过程中也着重注意培养自己的管理能力。他总结说，在本科阶段，除了学习专业知识，更重要的是开阔自己的眼界和知识面，以及培养自己的管理才能。

异国求学，融会贯通东西文化

徐学长先后求学于日本和美国，充分体会到了东西方学术文化的差异。在当时的社会环境下，国内的教育主要是偏向填补学术科技上的空白，更多地要求学生要扎实掌握专业技术，对科技创新的要求比较少。在日本，徐学长体会到日本人对于团队合作的重视，以及日本人认真扎实的学习态度。在美国，令徐学长印象最为深刻的是美国教授的创新思维和意识。

徐学长还谈到美国和国内教育的差异。在美国，学校注重的是对学生生存能力的培养，包括对学生沟通能力、表达能力的培养等，这些能力有助于学生未来的发展，让他们在社会职场中更有竞争力。而这正是国内教育忽视的方面，也是在美国公司的中国职员的劣势。

徐学长融多种文化长处于一身，将浙大的"求是"精神、日本的团队合作意识，以及美国的创新思维和良好的沟通能力有机结合在一起，融会贯通，形成独特的优势。

走进职场，注重培养三种能力

从美国加州大学圣塔巴巴拉分校获得材料科学博士学位后，徐学长本来也想去大学做名教师，后来考虑到投身工业界也许对社会的贡献更大，于是他加入了美国应用材料公司。这是一家位于美国硅谷的著名企业，在那里，他一做就是15年，从工程师做起，先后担任公司的项目经理、事业部经理，最后做到了公司全球副总裁，并且创造出了20亿美元的年销售业绩。作为一个华人，他能够在国外取得如此巨大的成就，确实非常难得。徐学长坦言，当时同在公司的华人曾问他："我各方面也不差，却一直默默无闻，你为什么能够脱颖而出呢？"徐学长仔细了解了这位同胞的情况后发现，他虽然技术能力不错，但是缺乏有效的沟通表达能力。他说："华人在美国的沟通和表达能力有所欠缺，并不是因为他们的英语不行，而是我们小学和中学阶段的教育缺乏对沟通和表达能力的训练，而美国的教育系统则特别注重这些能力的培养，所以经常出现我们华人辛辛苦苦干活，最后获得升迁的却是美国人这种现象。"最后，徐学长总结说，他之所以可以取得这些成就，主要是因为过硬的专业能力和有效的管理能力。中美文化存在很大差异，但是到了美国，就必须遵守那里的规则，除了具备过硬的专业能力外，还必须积极拓宽知识面，同时使自己具备有效的沟通能力、表达能力以及领导能力，这样才能在美国的大环境下生存下去，并且最终获得成功。

着眼社会，水到渠成自主创业

从应用材料公司出来之后，徐学长选择了自主创业。他先是在美国硅谷成立了喜瑞能源有限公司（Sierra Solar Power Inc.），后来他又在杭州成立了赛昂电力有限公司。现在位于美国硅谷的喜瑞能源是公司的研发和销售中心，而位于杭州萧山的赛昂电力则是公司的生产制造中心。我们问他，为什么在事业已经成功的情况下，还要冒险去自主创业呢？徐学长回答说，这其实都是顺其自然的结果。人的思想总是在慢慢变化的，他以前没有想过要自己创业，在美国应用材料公司工作的时候也是专注于技术。自己走上管理岗位后，他渐渐对企业管理产生了兴趣。经过不断的积累，他不仅拥有了世界领先的先进技术，同时也积累了大公司的管理经验。考虑到自己办公司更能产生社会效益，于是最后他选择了自己创业，并在国内设立了分公司。

谈及大学生就业以及职业发展的问题，徐学长给了我们很多建议，我们听完后感觉受益匪浅。他说领导心中理想的员工要具备两方面的能力：专业能力和综合工作能力。他认为这两方面的能力同等重要，综合工作能力主要指沟通能力和表达能力，各个公司最想要的人才就是既懂技术，又懂管理的人才。考虑到我们信电系的毕业生将来大部分都会活跃在工程领域，所以徐学长特别跟我们强调了沟通能力和表达能力对工程师的重要性。

寄语母校

徐学长认为，浙大"求是"学风对他一生影响巨大，"求是"精神一直贯穿在他的学习、工作和生活中。谈到母校，他希望浙大能够向斯坦福大学学习，不仅要为社会培养出杰出的专业人才，更要培养出通才和创新型人才，同时，科学研究要与产业化紧密结合，尽快得到社会效益。他希望师弟师妹在"求是"学风的指导下，积极开拓创新，成为各行各业的领导者，为社会的发展做出贡献。

后记

　　在采访中，徐学长给我们讲了很多关于个人能力培养方面的故事，他再三强调，在职场社会中，沟通能力、展示能力和领导能力是非常重要的，这三种能力是在社会上能够更好生存的必要条件。对于我们工科学生来讲，专业技能的掌握固然重要，但是这三方面生存能力的培养也不能忽视。另外，徐学长给我们留下深刻印象的是他的社会责任感，他公司的一切环保指标都是严格按照有关规定，是零污染零排放，这份坚持让我们敬仰。

采访人：2012级信息与通信工程专业本科生　李竹一

叶继承：实践是不变的硬道理

人物名片

叶继承，1986年毕业于浙江大学无线电系，1992年赴美国纽约深造，1994年研究生毕业进入美国公司工作，现为美国思科公司的高级技术顾问，曾任北美浙大校友会会长。

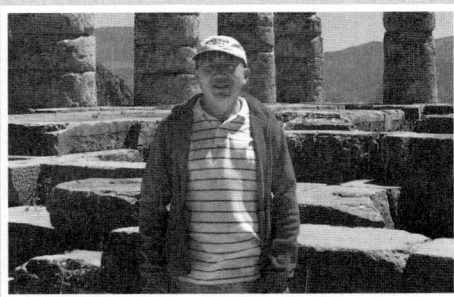

"国有成均，在浙之滨。"如今，在一片宽阔的土地上坐落着浙江大学紫金港校区。启真湖水淙淙，湖畔落木萧萧。秋，与"回家"有关。

适逢北美浙江大学校友会数名理事从大洋彼岸回到母校参观访问，虽然他们行程匆忙，笔者仍有幸采访了现任北美校友会会长叶继承校友。采访期间，他的夫人也陪伴左右。

实践是硬道理

高考后，叶继承有幸选择了自己偏好的无线电系，并于1982年开始了他的大学生活。1992年，他远渡大洋到纽约深造，两年后毕业。他现在是美国思科公司的高级技术顾问，在硅谷工作了10多年。

无线电系大部分专业是应用型的专业，实践是必不可少的。叶继承认为校内的实验可分为两种：一是根据课本、按照老师的要求完成实验；二是需要自己了解仪器设备，阅读课外书，尝试其他人提过但还未做过的实验。

从大学毕业到出国留学，为什么花了六七年，这期间他又经历了什么？

原来，叶继承毕业后就回到家乡的厦门华侨电子有限公司工作。几年后，国家政策要求申请留学者需要工作六年。叶继承认为这六年对他来说非常重要，"这段经历是基础"，这些工作经验对他的出国申请，以及研究生毕业在美国找工作都大有帮助，这也影响了他未来的工作方向。在厦华工作时，他从半导体集成电路应用开始，接着转向电路设计、数字逻辑等应用电子，一两年后做电视设计，最后是研制出口多制式彩电。1993年，他获得厦门市1992年度"杰出人才"奖，他笑着回忆说："当时我都已经出国了。"

1994年，研究生毕业的他在纽约一家华人创办的公司工作。这次，他的工作内容由数字半导体技术转为电脑监视器。这是一个过渡，两年后他到硅谷的思科公司，工作领域转向网络技术、微处理器应用。

从半导体到集成电路，接着到电视机设计，再到数字电子工程，最后到网络系统，叶继承的工作领域随着工作环境而变化，但实践是不变的硬道理。

结缘新"家"

1992年年底，叶继承只身到海外求学。当时他仍然用书信联系老校友，还并不知道北美有浙江大学校友会。直到2002年，一个偶然的机会使他得知这一信息，他于是便加入其中，服务校友会。

叶继承告诉笔者，北美浙大校友会成立于1976年，以各地校友会作为基层，理事成员主要是北美各个分会的负责人，校友会覆盖北美地区，把各地的校友联系起来。不惑之年的他在不久之前接任了会长这个职务，他说："老一辈的校友能投入校友会的精力相对少了，我们年轻一辈的校友自然要担负起这个责任，为海外学子与母校间的沟通建立桥梁。"

他感慨道："我们之前的成员主要是参加过浙大西迁的七八十岁的老校友。我觉得校友会的活动非常好，但是当时参加的人越来越少，因此亟须扩大校友圈。"那时通信远不如现在发达便捷，联系更多的新校友是个循序渐进的过程。首先，校友会不仅要有年长校友们常用的印刷版通讯录，还要有电子邮件通讯录，以更快地联络已有成员，再通过组织活动和校友会成员的牵线，更便利地获取校友新的信息，如此发展，扩大活动圈。很快地，校友会已有完整注册信息的北美成员有五六百人。

作为北美浙大校友会会长，他团结校友力量，努力为母校增加在海外的知名度，提高声誉，如近年来配合母校，协助安排浙大文琴艺术团到美国演出，其规模之大在美国高校中前所未有。身为浙大学子，叶继承认真地说："我们不只是服务校友，还要回馈母校。"

匆匆停留，深深眷恋

大学四年的时光匆匆而逝。三分部、红房子、大钟楼、之江秀丽的校园风景，依然历历在目。

采访的一两个小时中，叶继承多次感叹道："大学的日子过得好快啊。"他印象最深刻的是他在大三时参加无线电系学生科技协会，主要做维修工作，如修实验室里的仪器设备，此外周末还到社区帮忙，修收音机、电视机。"当时兴趣小组的成员们都非常活跃。"他回忆道。叶继承深深地感受到那是一个团队在完成一件事情，而不是一个人。"在大学里，你可以一个人安安静静地读书，也可以与其他人一起合作，这取决于自己。"无疑，他选择后者。在对在校生的寄语中，叶继承还特别强调了这一点。

我们时常会问，大学给予了我们什么？叶继承认为，大学培养的是学生的思维方式，也就是解决问题的能力。学到的各个知识点随着时间的流逝而渐渐印象模糊，但思维方式的形成是潜移默化、难以改变的。"大学让我学会系统地看问题。"他毫不犹豫地说道。叶夫人在一旁补充道："我认为他在浙大的学习为他打下了扎实的基础，他做事认真，动手能力很强，而且有很强的求知欲。信息科技转变迅速，但他仍能随之进行创造。"

他很怀念实验课的老师："我和实验室里的老师比较熟悉，大概因为平时经常做实验。"紫金港校区的环境完全不同于古朴的之江校区，10多年后回母校参观，叶继承却没有太多的陌生感，他说："一个学校的环境可以变化，但只要它的师资力量和学生素质没有变化太多，那么浙大的人才培养以及科技成果会依旧辉煌。我相信更好的环境、资源会促进学校各方面更快的发展。当然最重要的还是人，有老师圈、同学圈、校友圈，还有浙大人、求是情！"

采访人：陈　忱（转自《浙大校友》2010年第3期）

王维航：强健的身心铸成行业的标杆

人物名片

王维航，1987年毕业于浙江大学信息电子工程系半导体专业，同年开始攻读微电子专业硕士学位。现任北京胜天成科技股份有限公司董事长、总在，其参加的"华胜4075图形工作站"项目获电子部工业科技一等奖。

提升能动性，强大自身心理

华胜天成公司是一家知名的中国IT综合服务提供商，是将服务网络覆盖至整个大中华区域及部分东南亚国家的本土IT服务商。公司逐年扩大，面临招募新员工的问题。什么样子的员工是企业所喜欢的呢？作为华胜天成公司的总经理，王学长认为，主动性是一个人最为重要的品质。主动性包括对自己的知识进行更新和与外界的交互。随着科技日新月异，员工在大学中学到的知识在进入企业的时候实际上已经落后。这个时候便需要员工有主动学习的能力，对于自己需要掌握的知识自主进行学习。其中，外界的交互分为同一个小组内部的协调与沟通和小组的交流互动。这里的小组包括公司内部与其他公司。现在的科技产品绝大多数已经不能够通过一个人的力量来完成，这就需要发挥团队的作用。在完成一个复杂的任务时，一名优秀的员工需要表现出发自内心的沟通意愿。王学长比较了解中国工程师与印度工程师之间的差异。中国的工程师基于自身文化的原因而显得内敛，因而需要更多地表达出自己的想法，与他人进行沟通交流。表达与沟通是一个人在单位和行业中能够得以提升的重要推手。在管理企业方面，随着华胜天成公司的成长，公司的管理理念也在与时俱进，不断地被进行修正和完善。

作为一名行业上的成功人士，王学长认为坚持是取得成功最重要的品质。当然，在坚持之前，人需要有一个远大的梦想。坚持与不坚持将会决定这个梦想能否实现。诚然，运气在一个人的成功道路上也扮演着很重要的角色，但是坚持是一个人能否从芸芸众生中脱颖而出的关键。

不安于平庸，谨慎对待创业

人生中重要的选择就一两次，其余的与这一两次相比那可以忽略。随着中国大环境的改变，现在的大学生相较于上一代大学生而言面临的选择更为多样化。这对他们而言既是挑战也是机遇。在说到这一两次事关人生前途命运的选择时，王学长提到自己在中国电子科技集团公司第六研究所的工作。当时有一家香港企业给出十分丰厚的待遇邀请他去工作，然而仅仅过了一个月的时间，王学长就决定返回研究所。因为这家香港企业虽给出了优厚的条件，却没给予一个人将来发展的潜能，有着安逸的环境，却少了使人奋进的动力。虽然最后王学长没有继续在这家香港企业工作，但在香港企业的一个月让王学长对市场营销产生了兴趣。在返回研究所之后，他便从一位研发工程师转变为做市场技术支持的工程师。这是一次十分重要的选择，王学长从一名专注于技术的工程师开始向市场销售方向转变，可以说这是他后来最终决定自己去创业的一个伏笔。

另一个重要的选择发生在两年之后，当时著名的跨国企业惠普向王学长伸出了橄榄枝，多次邀请他前去工作，王学长便去参加了惠普的面试。这有一个小细节，由于到得比较早，学长便四处打量了一下这个公司，发现这个公司与他之前曾经工作过一个月的香港企业非常相似，有很好的员工福利，但是缺少使人前进的动力。面试还未开始，王学长便已经做出了选择。王学长还提到了新加坡国立大学与南洋理工的例子。两所学校同为新加坡名校，但是南洋理工在当时财政状况不佳，教学条件艰苦。而新加坡国立大学由于是公办学校，资金充裕，条件优渥。但是，经过20年的时间，在新加坡的商业圈子里活跃着的绝大多数都是南洋理工的校友。这印证了一句中国的古话："生于忧患，死于安乐。"变化的环境催人努力向上。

在李克强"全民创业，万众创新"的口号号召下，许许多多的大学生投入到创业大潮之中，作为一名曾经的创业人，王学长对于大学生创业有着自己的理解。许多家长可能希望子女有一个稳定的工作，这个时候是否具有独立性是决定一个人能否跨出创业一步的关键。王学长从自身经历出发，对于现在许多大学生没有积累便急匆匆去创业的现象提出了他的意见。王学长认为，大学生要在有足够的经验和社会实践之后再迈出创业的步伐。最好的模式是与导师进行交流后，先产生一个好的想法。这个想法一要有市场，二要真正为业界带来改变。有了好想法之后，几个志同道合的人便可以一起去实践创业。如果只是纯粹的经商，那么创业是没有特别意义的，为创业而放弃学业更是得不偿失。

注重强身健体，为未来打好基础

在采访的过程中，王学长多次提到了体育对于一个人将来的工作生活的重要性。尤其是已经工作20多年，体力的地位就更为突出。做公司的CEO是一个体力活，非常辛苦，需要充足的体力来完成各种各样的任务。体力会影响到一个人的方方面面。当体力不足的时候，一个人的精神便会发生变化：思维速度变慢，创新能力下降，耐心减弱，乐观思想消耗殆尽等。王学长提到自己在大学的时候十分重视体育锻炼，自己在高中的时候也经常跑步健身。这些都为他后来的工作生活打下了坚实的基础。此外，体育锻炼可以使人精神充沛，使人在与他人打交道的时候更容易获得他人的信任与帮助。

王学长对在校的学弟学妹们给出了寄语：希望学弟学妹们能够珍惜和充分地享受在大学的四年时光，根据自己的兴趣爱好用好大学的时间。因为这个时间将不能重复，它独一无二。

采访人：2015级电子科学与技术专业本科生　金远哲

何晓阳:"焊神"之路 创新之道

人物名片

何晓阳,1988年毕业于浙江大学无线电专业,2006年获上海交通大学高级管理人员工商管理硕士(EMBA)学位。现任无锡市风华焊接设备有限公司和无锡汉神电气股份有限公司董事长、总经理,中国电器工业协会电焊机分会常务理事,中国焊接协会焊接装备分会副理事长,无锡市锡山区政协常委,浙江大学无锡校友会会长。

"焊神"之路

汉神公司在全国焊接行业中,无论是在规模还是在质量方面都名列前茅,而且在多项展出中,汉神的产品均名列前茅,因而何晓阳学长在业界又被人冠以"焊神"之美名。

何学长在本科毕业后被分配到国营企业无锡虹美电视机厂担任工程师,在那里学长与焊接行业结下了不解之缘,而且也正因这段经历,一心投入焊接领域的何学长才能取得如今的辉煌成就。国营企业向来以"铁饭碗"著称,然而20世纪90年代的中国正如火如荼地进行着经济改革,大量的民营企业如雨后春笋般出现在大家的视野中。作为一名敢闯敢干、睿智务实的实业者,何学长看准了时机,毅然放弃了"铁饭碗",投身于自己的焊接事业。1997年,何晓阳学长创办了无锡市风华焊接设备有限公司,从此开始了他的创业之路。经过10多年的发展,风华焊接公司已然成为国内焊接领域的佼佼者,而何晓阳学长也变成了名副其实的"焊神"。

每一位白手起家者都必须经历千难万险，克服重重困难，才能获得常人所无法想象的成功。在创业初期，所有的产品生产、技术和销售全部由何学长亲自来抓。由于时时要处在第一线，所以何学长将办公桌直接搬进了车间。做完工作后，凭着一个人、一辆摩托车、一台机器，何学长就这么踏上了销售之路，进入客户们的工厂中进行推销、介绍，如同现实版的《当幸福来敲门》。然而，仅仅靠踏实苦干是不能在短时间内成就如此业绩的。在何学长的创业之路上，睿智的理念成为他不可或缺的助手。帮助他获得"焊神"美名的不仅有勤勤恳恳的工作态度，还有创新之道！

创新之道

时代的发展令人眼花缭乱，产品研发、生产方式不断地推陈出新，如果跟不上时代的步伐，就只能被时代淘汰。

在学长看来，创新理念为他的事业提供了源源不竭的动力，当一个人失去了创新精神时，这个人的职业生涯就基本进入了死胡同。他对创新的理解也分为以下两个方面。

首先，技术创新。当何晓阳学长白手起家时，业界大部分企业在从事交流机的业务，而他就已经看出立变焊机在节能和电网影响方面的优势，并着手进行相关的生产和销售，实际上成为最早国内做立变焊机的一批人，因而他的公司之后发展起来非常快。何学长认为新产品的生命周期越来越短，所谓"一招鲜，吃遍天"的经营方式现在已经不可行了。在每个生产周期，他都会要求企业投入大量的资金进行研发，推出新产品，以保持企业的竞争力。何学长要求不断地创新技术，企业要处在技术的前沿地段，自动化、数字化也成为它的发展方向。目前，汉神产品有汉神焊机、数控切割装备、焊接机器人和焊接自动化专机、激光焊接装备。焊机由模拟逆变完成向数字化焊机转型，数控切割配备汉神自主设计的数字化切割电源，焊接自动化专机和焊接机器人已经成为汉神支持行业用户转型的利器，汉神激光焊接成为中车集团地铁和轻轨车厢焊接的领头羊。

其次，企业管理方面的创新。何学长在管理上要求那些不能推陈立新的人员离开自己的岗位，他认为，如果在岗人员不能不断萌发新的思想、新的管理方式，那么在这个急速发展的信息化时代，必然无法继续生存。其实，从学长的从业经历来看，他的公司三次搬换厂房，规模不断扩大，自然离不开创新思想的帮助。然而，创新就意味着改变，改变就意味着利益分配的变化，这就势必对自己的生活产生影响，或好或坏，都存在风险，创新自然也需要富有勇气而且明智的抉择。何学长在毕业后拿到了令人羡慕的"铁饭碗"，然而他却离开了工作多年的岗位，选择了白手起家。我们可以想象当时何学长在做出这项选择时的纠结与思索，然而恰恰就是这次抉择，让他走上了创业之路，成为如今响当当的"焊神"。这次重要的选择对学长而言又何尝不是一次成功的创新呢？

帮助校友，回馈母校

何晓阳学长在毕业多年后已然成就了一番事业，而且还在适时地为学弟学妹们提供帮助。在本次采访中，我们有幸遇到了另一位毕业于浙大工商管理专业的雷洪波学长，他提到当时找工作时，无锡校友会就为他提供了很多帮助，把他介绍到了何晓阳学长的公司中，他就在此一直工作，并见证了汉神公司的成长。何晓阳学长现任无锡校友会会长，他们经常举办活动来加强校友之间的联系，无论是新生进入浙大学习，或是母校毕业生来到无锡工作，校友会都会举办一些活动来帮助大家互相认识，并对新人提供各种帮助。除此以外，何学长也跟母校建立了合作关系，共同研发产品，把自己的资金和技术拿来与母校分享，回馈母校，扶持母校。

何晓阳学长让我们深刻理解了企业家应具备的一些基本品质。不论是保持创新还是正确地定位自我，不论是勤勤恳恳、踏实苦干还是积累经验、睿智思考，学长用自己的经历为我们指引了成长之路。

采访人：2009级电子科学与技术专业本科生　郝迦琛

陶雄强：乘势而上　勇做行业领头人

人物名片

陶雄强，1988年毕业于浙江大学信电系，新一代宽带无线通信国家重大专项总体组专家，国务院政府特殊津贴专家，现任中国普天信息产业集团公司党组成员、副总裁兼研究院院长。由他带领中国普天研发团队完成的"TD-SCDMA关键工程技术研究及产业化应用"项目获国家科学技术进步奖一等奖。

论浙大：培养习惯，尝试经商

当谈及在浙大的生活，陶学长便止不住地开始给我们讲述那些精彩的过往。

在浙大学习的时候，陶学长对于学习有自己的坚持和要求。"对考试成绩我并不十分看重，但我觉得一门课学完了，如果都不知道讲的是什么，没有把内容搞清楚，这门课就白学了。"

读博士研究生的过程中，陶学长觉得仅仅学好本专业的知识并不能非常全面地去了解他要研发的用于电视机、手机等的声表面波滤波器的工作原理，于是他额外学习了许多其他相关专业的知识。在博士生毕业的时候，陶学长获得的学分比要求学分的两倍还要多。

在学习过程中，陶学长养成了独立思考的习惯。遇到问题时，陶学长喜欢自己到学校旁的植物园里散步，静心思考问题。直至现在，陶学长周末的时候都喜欢一个人在小区花园里或河边走一走。而每到这时，他的女儿就会问："爸爸工作上又遇到什么问题了？"讲到这里，陶学长不禁笑了起来。

学习之余，陶学长一直坚持锻炼身体。他坚持长跑，而受当时生活限制，锻炼完后想洗个热水澡也要坐车到很远的地方去，所以更多的时候，他选择洗凉水澡。久而久之，陶学长养成了以此锻炼身体的好习惯，并且一直坚持了下来。如今，陶学长仍坚持每周打两次网球。长期的体育锻炼帮助陶学长培养出了坚忍不拔的毅力，使其不论遇到多大的困难，都能够顽强地挺过去。

在浙大生活期间，陶学长还有意识地锻炼了自己的经商能力。研究生阶段，当时正值改革开放初期，学校的食堂也兴起了"承包制"。于是，陶学长和几个同学承包了三分部冷饮部，组织同学去卖冷饮。此外，由于当时计算机刚刚在中国起步，普通人很难买到，于是陶学长利用浙大的优势，组织了一个小团队，利用暑假的空余时间和老师一起推销计算机。"浙大的同学政治头脑可能比清华、北大的同学弱一点，但经商头脑很强。"回忆起这些，陶学长又笑了起来。

谈事业：抓住机遇，扛住挫折

陶学长于1988年硕士毕业，离开浙大，到了浙江电子器材厂工作。一年后，他联合车间主任等人承包了工厂的核心业务，工资立刻增加了很多。陶学长在这期间跑遍了全国主要电视机企业，积攒了人脉。做了三年后，陶学长觉得在小县城里上升空间不大，便回到浙大读博士。

获得博士学位后，陶学长到东方通信工作。1996年，东方通信上市，要选一个技术领头人，主管研发。陶学长抓住这个机会，成功获选，从一个最底层的工程师一跃进入公司高层。说到这里，陶学长露出了自豪的笑容。之后，普天集团成立了研究院，选了当时技术做得最好的陶学长做集团总裁助理，将他调到北京，他在一年后晋升为集团副总，成为央企中最年轻的高层干部之一。

然而，陶学长的职业生涯并非一帆风顺。陶学长说，在整个职业生涯中，最大的波折发生在他兼任凯明公司董事长的时候。当时凯明公司联合诺基亚、LG、TI、大唐移动等知名企业研发国产的3G芯片：TD-SCDMA基带芯片。然而，研发中途，资金耗尽，而股东并不想冒险追加投资，导致资金链断裂。这直接将陶学长推到了风口浪尖。员工没有了工资，便天天找陶学长讨债，给他发威胁短信，甚至对他进行人身攻击。这让陶学长产生了极大的压力。第一次融资董事会连开12小时却未达成共识，一个月后的第二次董事会又是12个小时，两次会议的整个过程，由多家媒体进行了现场直播，最终让外资企业对员工进行了赔偿，这件事才算结束。在回忆此事时，陶学长仍面带笑容，自信而淡定。

讲通信：深入浅出，有理有据

听完陶学长的职业生涯，我们又问了一些较为专业的知识，比如"互联网+"的含义。对此，陶学长以人体来巧喻。他认为，物联网相当于是人的手脚、五官等感知系统，用来感知信息，移动互联网相当于人的神经系统，把感知到的信息传递到大脑，云计算相当于人的大脑，处理和筛选出有用的信息，做出行为判断，最终输出人所需要的各种行动方案。而所谓的"互联网+"战略，就是用互联网技术改造各个行业，实现各个行业的效率最大化。陶学长在这里举了一个例子：时下正火的Uber、滴滴打车等软件，将需要找车的人和服务于人的车都移到了互联网上，实现人对车、车对人的透明化，通过互联网技术实现车与人的有效匹配，在很大程度上提升了出租车行业的效率，还催生了专车服务行业。而这些都是互联网技术带来的变化。这之前，大家可能怎么也不可能想象有大批学通信、学网络的毕业生在一个与租车相关的企业工作。

那么，"互联网+"的影响都是好的吗？陶学长说，有利就有弊，有"互联网+"，就有"互联网−"。还是以出租车为例，在有了Uber等软件以后，叫车服务不再只限于出租车司机了，只要有车，就能够做这一行。这样，出租车公司就会受到很大的冲击。而这些传统产业，就是被互联网减掉的。

结合中国普天的实际业务，陶学长还向我们介绍了普天助力智慧城市创新发展的情况，以及普天在政务、产业、民生、信息安全等领域推动 "互联网+"战略的情况。作为行业内知名专家，陶学长曾多次受邀为中央办公厅、中央网信办、国家发改委、国家防总等国家部委以及新疆建设兵团、江苏水利厅等单位做"互联网+"报告。2016年，陶学长被评为ICT"互联网+"影响人物。

提建议：接触社会，积累经验

在采访的最后，陶学长对同学们提出了一些建议：在这个信息量很大的时代，同学们要学会筛选信息，有自己的判断力；多去接触社会，多到社会中去做一些实践，多积累处理人事的经验。走向社会同学们首先遇到的问题就是处理人事的问题。浙大出来的学生，业务水平都很强，但如果不擅长处理人际关系，就没有发展空间，不能成为领头人。领头人，一定是能够鼓动团队，带动团队的，这种能力在学生时期就要开始培养。同时，他一再强调，同学们要在大学期间养成坚韧不拔的毅力和独立思考的习惯。

采访人：2014级电子科学与技术专业本科生 赫 炎

2014级电子科学与技术专业本科生 周 毅

王匡：攻坚克难中前行　创新创业中磨砺

人物名片

　　王匡，教授，博士生导师，1989年毕业于浙江大学无线电技术专业，1995年获浙大通信与电子系统博士学位。曾在2002—2005年担任浙大信电系系主任。参与研发的"高效、抗干扰天线宽带图传关键技术研究及应用"和"数字高清晰度电视系统关键技术与设备"等项目获国家科技进步二等奖。

闪耀在记忆中的三分部生活

　　高中毕业时，因为没有网络，王匡对大学情况的了解主要来自于父母和老师的介绍。王匡的父亲毕业于浙江大学无线电系。受到父亲的影响，王匡便将此作为他的高考志愿，并且顺利地进入了浙江大学无线电系就读。初入校园的王匡心思稚嫩，充满朝气，对未来感到期待却又迷茫。当时的他还不知道，一次看似自然而普通的志愿填写，却决定了他的人生走向。王匡与无线电系长久而紧密的缘分就此开启了序章。

　　和其他系相比，无线电系对学生的要求是比较严格的。王匡认为浙大线电系对学生的培养体系是比较全面完备的。经过四年的本科学习，王匡不仅收获了知识，还锻炼了学习知识的能力。王匡记得有一个暑假的实践活动是学习做收音机，电路板和元器件都是从工厂里买来的，学生只需要把元件焊上去调试就可以了，但是调试是需要功力的。把收音机装好之后，大部分人的能响，但是有人无论怎么调都只能收到一个台。虽然结果如此，但学生在该过程中锻炼了实践能力，这是非常重要的。令王匡留下深刻印象的老师有教数字电路的何小艇老师。何小艇老师上课风趣诙谐，不是照本宣科，而是按照自己的方式进行授课。他讲解知识点深入浅出，让人容易理解，在上课过程中还穿插讲述一些与课程相关的趣事，令上课的同学不易分心走神，因此深受同学们的喜爱。他的课让王匡获益匪浅，也为他之后的科研道路奠定了坚实的基础。

当年的无线电系是在钱塘江边上的浙大三分部办学的。三分部的生活条件比不上现在，冬天的热水供应不够，洗澡只能在水房拿冷水冲。大家一边冲一边唱歌，好像这样就可以驱散寒冷。实在冷得受不了，大家就沿着之江路步行两三千米，去闸口电厂洗个澡，吃碗面，再看场电影，然后心满意足地回到学校。当时一个班的学生本科四年都住在一起，同学之间感情非常好。在朋友的陪伴下，当时的王匡也不觉得大学生活过得艰辛。而不经意播种下的友谊的种子，如今都已长成参天大树，成为彼此的荫蔽。

当时娱乐设施不多，在业余时间里男生大多会健身，女生则搭乘公交车进城逛街。在三分部，一片长着杂草的沙地就算是足球场了，虽然条件一般，却是标准的场地。下课之后，大概四五点钟，王匡会去踢场球。王匡空闲时十分爱看书，文学历史，涉猎广泛。其他人只能用掉三分之一的借书证，他却用掉了一本半。图书馆规定每人一次最多借六本书，但因为王匡想借的书多，图书馆老师也会允许他一次借八本。当时看过的书，王匡倒是没什么印象了，但是他认为阅读对他产生着潜移默化的影响，而这与他日后的人生选择与个人发展也存在一定联系。

在王匡的叙述中，那些关于学生时代的记忆都是耀眼而闪光的。在什么都没有的日子里，大学生们却总有挥洒不尽的热情与干劲。工科专业的女生稀少，女生所住的九号楼被形象地称作"熊猫馆"。但是当时的社交舞会倒是不少，到了大三以后，每隔一两个周末，同学们总会组织一次舞会。王匡也向同学学习跳舞，但是他只学会了慢四，快三怎么都学不会。组织舞会很简单，把室内的桌椅往两边一挪，打开音响，就可以结对跳舞了。虽然条件简陋，气氛却是十分高涨的。

尝遍酸甜苦辣的科研攻坚经历

本科毕业后，王匡选择留校深造，并于1995年获浙江大学通信与电子系统博士学位。王匡从读博士开始研究数字电视，并且先后两次荣获国家科技进步奖，分别是关于"高效、抗干扰无线宽带图传关键技术研究及其应用"与"数字高清晰度电视系统关键技术与设备"的研究。

1996年，王匡刚刚毕业。当时国家科委牵头做数字电视项目，国家教委、财政部、国家计委等十几个单位一起参与。国家统一安排科研进度，每个科研单位专注于一个模块，同步推进。王匡的团队负责的是调制解调。大家都觉得这是个不可能完成的任务，不仅在国内没有先例，国外也才刚开始研究。而且当时没有合适的器件，一个FPGA只有巴掌大小，却有一万门电路，这就需要把传输通信的模块切割成相应的功能块，放在不同的FPGA里面。在开始这个项目之前，王匡就已经预感到困难重重，但是不做的话就永远落后，于是王匡带领团队毅然投身于科研工作中，一干就是两年。

两年科研生活的酸甜苦辣，如人饮水，冷暖自知。团队成员每天早上八九点到实验室，一直到晚上十点多才回去，没有周末，可以说几乎没有自己的业余时间。因为脑力消耗极大，虽然大家都挺瘦的，食量却很大。有次他们在火车上的餐车吃饭，桌上剩下一碗汤，于是一人向服务员又要来了一大碗饭，把汤拌上饭，津津有味地吃完了。服务员对此都感到震惊。

研究过程中最令人崩溃的是，团队成员晚上调好的电路板，第二天早上数据就又不对了。可能因为环境潮湿，甚至可能因为有人踩了下脚，电感的电感量产生偏差，就会导致信号频率存在偏差。因为器件的限制，捕捉带宽做不了太宽，频率偏差一点可能就无法捕捉到了。期间，实验室还曾遭过贼，某天早上大家发现机器的硬盘全部被人偷走了。幸好那时候他们的安全意识比较强，除了用于平时实验的大房间外，还有个房间放着服务器。每天晚上在回去之前，全部数据都要在服务器上备份一次。所以团队重新买来硬盘，导入数据，就把问题解决了，否则便会前功尽弃。

第一次在北京进行的系统联调是失败的。当时六个人去北京，回来时大家心情都不太好。下火车时大家数了数行李觉得没少什么，但是在火车上有人把大包里的小包拿了出来，就少拿了一个包。少拿的这个包是最关键的，板子都在里面。下了火车他们马上打电话到车站问，幸好那个包被列车员捡到了。又是一场虚惊。

从北京回来之后团队又用了一两个月，终于调试成功了。而此时团队完成的只是功能样机系统，之后王匡等人开始了下一个项目，项目的目标是把这个系统小型化，以在1999年国庆阅兵时用于现场直播。时间比较紧张，只有一年时间。项目差不多完成时，王匡去无锡加工板子，却发现板上布线存在问题，于是他又在那边停留了三天，重新调整。每天晚上闭上眼睛，他的眼前全是花花绿绿的布线。最终项目还是顺利完成了，原来庞大的机器，现在变成了几块板子，装在盒子里。国庆阅兵时，这些机器被安置在天安门广场和城楼的多个地方，为国庆阅兵的顺利举行做出了重大贡献。

2000年年底，国家发改委开始做产业化工程，在北京、上海、深圳设立了实验区，建立了发射塔。王匡团队所获得的成果并不逊色于国外，不做产业化很可惜。当时学校也鼓励校内科研人员去创业，于是王匡在姚庆栋老师和仇佩亮老师的帮助下，走上了创业道路。他主要负责研制芯片，即把原来很大的机器板子变成一个小芯片。当时数字电视主要是美国、欧洲、日本三大标准，后来中国也出了自己的标准，现在已形成专利，浙大是起草方。国内的电视机厂如康佳、长虹、创维，国外的如LG、三星等都需要为此支付专利费。

2002年，王匡在北京出差时接到了系里的电话。在电话里，王匡被告知，全系的教授投票，一致通过了由他担任系主任一职的决议。王匡在此之前从未担任过行政职务。他除了在学校里做科研工作之外，和外面的接触也比较多，包括国家发改委、科技部、教育部以及地方政府等，和企业的接触也较为频繁。当时无线电系正处于成长期，王匡认为大家想让自己当系主任是希望他能把系带出去，因为相对来讲他的思路更开阔一点。"校企结合"的思路就是王匡提出的。他邀请官员和企业老总来给学生上课。他们非常乐意来，教授学生一些企业管理的知识或者给予就业方面的指导。

采访人：2014级信息工程专业本科生　陶拓旻
2014级电子科学与技术专业本科生　周　毅

黄巨交：缘定浙大　留一点念想

人物名片

　　黄巨交，1989年毕业于浙江大学无线电技术专业，1989—1992年任职于温州市公安局，1992—2002年任职于深圳赛格集团，现为昆山市赛格电子市场执行董事、总经理、自由投资人。

特殊求学之路

　　如果要问黄学长今生最正确的人生选择是什么？他一定会毫不犹豫地告诉你，听父亲的话考入浙江大学。在考入浙大之前，他的求学之路还是比较曲折的。1979年，黄学长的父亲右派平反，黄学长主动请求父亲让他上学，当时黄学长16岁，同学们都12岁左右，黄学长比身边的同学们更加懂事，一门心思读书。由于黄学长小学没毕业就上了初中，所以他更加努力，初一的整个暑假就把初二的作业都做完了。他初一没学英语，所以初二英语一开始就考0分，又花了一个暑假把英语补了一下，这样英语成绩也提上去了。黄学长经过孜孜不倦地努力，终于通过高考，于1985年顺利考上浙江大学。

　　进入浙大之后，黄学长选的专业是无线电，但是被学校分到了半导体。学了一个学期的课之后黄学长觉得不符合自己的志趣，坚持要转回无线电专业，第二年就转回去了。这种坚持也始终贯穿在他的人生中。黄学长读本科的时候，读书很扎实，也很认真，毕业论文得了优秀。在完成论文的过程中，学长不但做了算法，还做了模型，学术与动手能力并重，这些至今还珍藏在家中。

　　大三时，黄学长总觉得没有充足的时间学习知识。为了搞好浙大文化节分部专场，欢送1984届的毕业生，他几乎用掉了一个学期的时间。他们经常讨论节目到深夜，经常在主楼团委办公室用幕布当被子睡在办公桌上。因为没有什么经费，节目都是同学自编自演的。当时1984届的文艺积极分子有马昕、张立新等人，1985届的有管卫泽、陈新等人。唯一外请的是杭州新华造纸厂的工人舞狮队。活动圆满成功时，黄学长心中十分满足。当然，黄学长从中获得的组织调度的能力到现在也受用。

事业节节发展

大学毕业后，黄学长被分配到温州市公安局，在那里工作了三年。公安局需要无线电的技术人员。温州山区多，当时通信非常困难，尽管当时经费非常有限，在黄学长的努力下，全市11个交警大队及40多个中队实现了对讲机联网，那个时候这种做法在全国还是属于首创。经过三年的历练，黄学长的能力得到了充分体现。但是，黄学长还是毅然选择辞职"下海"，跑到改革开放的前沿，进入深圳赛格集团。进入集团最初的三个月，他和普通工人一起住，生活条件很艰苦，但是黄学长努力做好自己的工作。金子总会发光的，之后他就在公司占得了一席之地，并在赛格工作了10年。

1994年，黄学长抓住科技强警的机遇，运用专业知识以及曾在公安局三年的工作经验，做起了公安110报警系统，他的产品几乎覆盖了整个浙江省的110报警系统。2002年，黄学长成立了自己的公司——深圳市赛安捷科技有限公司。

黄学长的事业是一步一个台阶做出来的，他从来没有好高骛远，一直脚踏实地，尽心尽责。在公安局的三年里，他利用自己的无线电技术给温州市公安局做出了贡献，在赛格的工作中，他"十年磨一剑"，积累人脉和经验，最后拥有了自己的公司，成为自由投资人。目前，黄学长在昆山从事商业地产投资。

热心校友工作

"大学并非一堵围墙里的独立王国，而是需要和社会交流联系。"目前黄学长的投资项目与浙大有一定的关联。他热切希望有机会多与在校师生交流，以创造更大的浙大品牌效应。

值得一提的是，1985届信电系"相识30周年，归来话别情"的同学聚会邀请了很多海外同学参加，并在同学会结束之时，收集了120多位同学的感言，感言讲述大学美好生活、同学情谊的真实故事，后来，同学会将这些故事串联起来制做了一本珍贵的纪念册送给每位同学珍藏。这些美好的回忆会深入每个浙大人的骨髓。黄学长认为，师生之间、同事之间、同学之间，只有和谐才能调动人的主动积极性，产生合力。

黄学长告诉我们，大学生更重要的是培养思维方式和行为习惯，并确立正确的个性，因为个性会伴随一生，个性给整个人生造成的影响某些时候比专业知识大得多。作为一名永远的求是人，他对学校的未来发展给予满腔热忱和充分关注。本次访谈让我们深刻感受到浙江大学不只是一所院校，更是一个共同体，而共同体中先行者灯盏里的光亮，可以指引我们这些后来者前进的路途。

采访人：2013级信息与通信工程专业硕士生　舒　醒

管卫泽：金融界的哲学家

人物名片

管卫泽，1989年毕业于浙江大学物理电子专业。现任深圳市中金蓝海资产管理有限公司执行总裁、深圳市中道文化传播有限公司董事长。

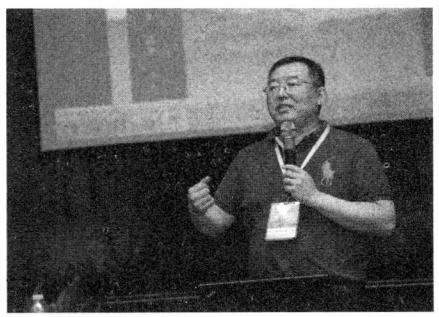

来到深圳市宝安区的工业园，湛蓝的天空和纯白的云朵给人一种轻松舒适的感觉。从信电系毕业却凭借证券的相关知识挥斥方遒，管学长是一个什么样的人呢，又有着什么样的人生道路呢？坐在公司的会议室里，大家脑中不禁浮现出若干问题。

不一会儿，管学长如约而至，他主动地和大家打招呼，并且将自己的名片赠送给现场的每一个人。他虽然还没有开口说话，但是举手投足之间流露出一股儒雅气息，凸显出成熟稳重的智慧。

思考着的大学

考入浙江大学，进入信电系物理电子专业学习后，管卫泽并没有将全部的精力都用于钻研专业知识，课余时间他经常借来西方哲学、毛泽东思想之类的哲学经典细心品读。"文化比知识更重要。"他意味深长地说。谈到信电系那几门难课，他觉得真的很难："电磁场很难，一生都难以超越。"经历过艰苦的学习环境和难课的考验，他很感谢老师的教导与照顾，对于当年给过自己不错分数的老师他还记忆犹新。后来大四的时候考研究生，管卫泽选择了自己很感兴趣的管理学院，但是很遗憾没有达到管理学院的录取分数。"母校对我很好，虽然没有到管院的线，但是我当时达到了信电的分数线，因此信电老师就问我要不要读信电，而且学校可以为毕业生保留两年的学籍，这期间都可以回到学校继续攻读研究生。"管卫泽利用两年的时间南下广东，到祖国改革开放前沿工作，锻炼能力。"上天很眷顾我，1991年，浙大管院开设证券与期货贸易硕士研究生，管院教授就问我愿不愿意来读，我接受了。"管卫泽用一年的时间完成了硕士阶段的课程，之后的时间，他用来实践，熟练掌握了证券投资和交易的各种岗位所需的知识，在工作之前就具备了相当的职业素质。盘点自己在证券行业的各种经历，管卫泽说："信电系教给了我理工科思维，而后来的社会实践教给我过硬的职业能力。"

持续学习的职业之路

"在大学我不算是一个突出人才，既没有读混合班，成绩也不优秀。"管卫泽谦虚地评价自己的大学时光。他认为是持续学习能力使自己有了今天的成绩。"充电四年，终身放电"的时代早已过去，不断地学习知识才能让自己跟上时代的步伐。"李嘉诚只有小学毕业，金融界的规则却烂熟于他的心中；中国平安董事长马明哲司机出身，利用工作的空余时间学习英语，当年在公司里英语水平首屈一指。"勤奋与坚持必不可少。1990年开始学习基督教思想，1995年开始学习儒家思想，2002年开始学习佛教思想，2007年开始学习道家思想，管卫泽从没停下学习的步伐。对于证券交易市场的风起云涌，管卫泽喜欢站在哲学的高度做出自己的判断，在他看来，中国传统文化有着巨大的力量。"做事情要顺应客观规律，做好自己的事情，顺其自然就好。任何事物，只要符合客观规律，结果一定不会错。"管卫泽用道家的理论教导我们："凡事预则立，不预则废。当然在做事情之前要找准方向，这样才不至于做无用功。"

求是在心中

"你们知道竺校长那两个著名问题的标准答案吗？"在场的人都被管卫泽的这个问题问倒了。"其实，竺老校长自己已经给出了答案：求是。"无论是在校园里还是将来步入社会，求是都是浙大学子一个必要的追求。现实生活虽然复杂，但只要顺应自然规律，求是地对待工作生活，就会到达理想的彼岸。作为国学爱好者和曾经的合唱队队员，管卫泽认真研究了浙江大学的方方面面，他认为浙江大学的校歌最富有内涵，其中包含了26处国学经典，涵盖了经典文化和时代思想；浙江大学的校园最具有文化底蕴，古典的三分部（之江校区）、树木葱郁的玉泉、充满活力的紫金港……每一个校区都独一无二；浙大校友力量雄厚，人才辈出，对于母校的发展不遗余力，在校友会的组织下，每一年校友都会为浙大捐赠大量资金用于奖、助学金，教工福利和基础设施的建设。段永平学长更是创造了单笔捐赠之最。校友是宝贵的资源，管卫泽对校友信息如数家珍，"我们现在做得还很不够，浙大校友抱团能产生更强的力量"。管卫泽对于今后的校友工作充满信心。

谆谆教诲

"做事之前一定要学会做人。"管卫泽教导我们说，"评价一个人的道德素质，我一般看他是不是孝敬父母，是不是用心对待别人。"管卫泽举了自己多年来一直记得老师生日的例子，告诉我们做事一定要用心、真诚。最后管卫泽向我们推荐了黑格尔、毛泽东的书以及《论语别裁》等哲学书籍。他说："趁年轻要多读书。"

短短两个多小时的访谈已经让我们感受到管卫泽学长身上的"书生意气"和参悟生活的闪光智慧，他的无私分享让我们体会到了浙大这个大家庭的温暖。未来的路有管师长指点迷津，阳光朗照。

采访人：2010级信息与通信工程专业本科生　李文博

程立新：从心而动　做好真我

人物名片

程立新，1989年毕业于浙江大学信电系无线电技术专业。于2010年加入中兴通讯股份有限公司并担任中兴通讯第四营销事业部副总理；担任中兴通讯股份有限公司高级副总裁、中兴终端北美区总裁及中兴美国公司董事长兼CEO、中兴终端事业部总经理、美国中国总商会常务理事。

铭记校训，感恩母校

程学长对母校一直怀有感恩之心，他认为母校"求是、创新"的校训对自己的影响是最深远的。程学长说，记得毕业前夕，老师请他一起吃饭。那天有两道菜，分别是是鸡翅和凤爪，老师告诉程学长，今后无论走到哪里，无论做什么，他都要有展翅高飞的理想，也要有脚踏实地的能力，必须珍惜从实践中去尝试、去积累经验的宝贵机会，培养学习、观察事物的能力，踏实做事，务实求真。老师用最简单的方式诠释校训，一直令他终生难忘。

程学长表示，浙大的校训一开始是只有"求是"的。考虑到学生在培养科学、逻辑思维能力的同时，还需具备其他知识素养才能更好地融入社会，再加上浙大人比较拘谨内敛，不善言辞，路甬祥校长在任时才在校训里加入"创新"，旨在鼓励广大学子了解工科范畴以外其他跨学科领域的知识，不断开拓与进取，全面发展。勤学、修德、明辨的价值观与学习态度，包括学习能力、发现问题与解决问题的能力、贯通协同能力等，都是年轻人需要修炼的品质。

很多年来，这些校训一直激励和鼓舞着程学长，"拓宽领域，全面发展"也始终贯穿于他的生活和工作之中。程学长表示，虽然他是学工科的，但是在美国FOX电视台接受Maria Bartiromo实况采访时，能从容面对亿万美国电视观众；在国际高端行业论坛上交流时，能引经据典与其他国家的人谈笑风生。程学长认为这得益于他在选择工作的时候没有拘泥于自己学习的专业范围，敢于从心而动，走出自己的舒适区。只要愿意学习，善于学习，工科生也可以成为最优秀的销售人员、管理者。

程学长当年是在三分部求学的，他一直都很怀念三分部师生间的那种亲近关系。他认为除校训以外，师生之间的友情对他的影响也是很大的，因为老师与同学之间有足够的沟通，以诚相待，建立了真实、深厚的感情，这使得他在情商方面有很大的收获。

程学长表示，他非常感恩母校帮他坚定了初心。四年浙大生活中老师们的谆谆教诲一直在他的人生道路上陪伴、指引着他。

成功都是水到渠成的，机会只给有准备的人

程学长认为自己从1989年毕业至今的人生道路都是很自然的，他所有的收获都是水到渠成的。毕业的时候他选择了熊猫电子有限公司，当年该公司在浙大只招了一个人，这份工作是要去车间当工人。当时一起去报到的还有很多来自中国其他名牌大学的毕业生，大部分人都觉得自己是学英语的为什么要去拧螺丝，或者学企业管理的为什么要去当工人呢？但是程立新觉得，你别无选择，如果你每天吊儿郎当地在那里混，那就是在浪费生命，所以就算是拧螺丝，也要好好地拧，实际上这也是一门学问。因为在自己岗位上做得很好，程学长很快就被派去做调试。

程学长说："后来我遇到了一个机会。那是有一次在北京出差，我早上在公司宿舍刷牙时遇见公司领导费总，他是负责公司的国际投标的经理。他问我那天有没有事，没事的话就跟他跑一趟。我本来那天是要去天安门玩的，就说好。当时是投标缅甸的卫星通信网，他就给我了一沓厚厚的英文资料，让我拿去复印一下，然后给他介绍下资料是怎么回事。这次之后，领导就觉得我做得不错，主动到人事部要求我到他那里去工作，这对我来说就是一个很好的机会。"

再后来，程学长到爱立信工作，从瑞典引进了中国第一个无线基站，因为有了1989年到1992年的三年车间劳动经历，他对生产流程和管理已非常熟悉，就很顺利地完成了这个项目。他表示，一路走来之后会发现，无论是换公司也好，还是得到升职也好，实际上就是很自然的。机会只给有准备的人。

面对困难，创新最重要

很多时候我们都会遇到挫折，面对挫折，程学长经常讲两句话：第一句是逃避问题的最好办法是解决问题；第二句是办法总比问题多。

程学长还例举了他一次永生难忘的经历。2010年以前，中兴在美国的业务是以系统设备为主的。就在2010年，美国的第三大运营商Sprint开始网络现代化，把它原有的3G网络向4G的LTE引进，客户非常需要中兴的创新技术，就邀请中兴去投标。当时中兴的排名是技术第一，商务第一，融资第一，但是在客户董事会的前一天，程学长接到《华尔街日报》记者的电话，说美国商务部部长给Sprint的CEO打电话说出于安全性的考虑，不允许选用中国厂家的设备。怎么办？中兴没有放弃，而是勇敢创新，寻找新的突破，在美国留了下来，把其主要资源投向智能手机市场。如今，中兴不仅在美国市场上活了下来，还成为在美国最成功的中国高科技品牌之一。所以面对挑战和压力的时候，人一定要有信心，不要放弃，人生态度和思维方式很重要，要勇敢面对，不断摸索，寻找新的突破。有些人会成为压力的牺牲品，容易抱怨，重复过去错误的行为，也就很难得到自己想要的结果；而有的人则会成为压力中的创造者，继续寻找解决方案，不断地创新，最终获得成功。

以实力获得认可，以谦逊赢取尊敬

程学长表示，个人的价值在一个企业里得到体现的时候，才是自己最自豪的时候，而时刻保持中国传统的"温良恭俭让"的风格，更能赢得世界的尊敬。

程学长本人是美国通信行业最高级别协会CTIA的常务理事，是该行业协会的第一位中国理事，也是美国中国总商会常务理事。程学长说，这些机会让中国人在美国人的世界里有了更多话语权，并同时赢得了世界对中国人的尊重和支持。

2010年，程学长刚到中兴美国子公司的时候，中兴的手机业务在美国市场的份额几乎为零。经过这些年的努力，中兴已经成长为美国第四大手机厂商。中兴不仅赢得了美国人的钱，还赢得了美国人的心。中国的文化也随着中兴在美国市场上的崛起而开始渗透于美国社区之中。2016年的春节，中兴让全世界华人在2016年NBA总冠军克里夫兰骑士队的主场见证了一场中国新年大赛活动，中兴在现场派发红包，赛场上还表演了中国杂技，啦啦队的美国姑娘们穿着中国的旗袍跳舞。中兴俨然已经成为中美两国人民的友谊和文化大使。

2016年9月，程学长更是在现场见证了姚明入选世界篮球名人堂的历史时刻，聆听了姚明的精彩演讲。程学长表示，姚明是中国的、亚洲的，也是世界的！就像姚明一样，中国的企业也正在走向世界。中国的崛起，不仅要在竞技场上以实力赢得对手的尊重，更要在场外以睿智谦逊的胸怀去赢得世界的心！

心系母校，寄语学弟学妹

程学长对于浙大一直怀有感恩之心。他始终心系信电系的学弟学妹，表示很高兴与师弟师妹们分享他的一些想法和建议。

首先，素质和能力是求职的金钥匙。企业需要各种人才，对管理者而言，员工的专业技能是非常重要的，但更重要的是思维方式和生活态度。其一，现代企业的整体结构是扁平式的，大家在自己的岗位上要发挥主观能动性，一定要创造自己的价值；其二，大家要加强与人的沟通能力，善于与人沟通，一定要掌握良好的沟通方式；其三，大家要善于进行团队合作，这个也是很重要的能力，如果能在团队中脱颖而出，你就可能成为领导者，所以说一个人的情商和与人沟通的能力很重要。

其次，如何对待机遇和机会。有句话是"机遇不会给没准备的人"，根据自己的经历，认真做一件事的时候，机会自然就会到来了，这同时也是一种经历。程学长经常跟员工说，你一定要珍惜今天，不管你今天的工作是不是你愿意做的事情，这都是你的经历，你的经历是你唯一拥有的东西，可以带走的东西，无论到哪儿都是你的积累。

再次，关于选择在国企、私企还是外企就业的建议。程学长认为，不管是去国企、私企还是外企，本质都是相同的，就是要做事情，对于个人而言就是要给团队创造价值，让公司产生价值，给客户创造价值，这样才能赢得尊重。在中兴这样一个很务实的企业，一定要讲真话，从心而动，不能因为老板的喜好而放弃讲真话，一定要做真我。在跨国公司，沟通很重要，一定要双向沟通，要有反馈，一定要跟沟通的对象换位思考，这样才是有效沟通。

最后，对于毕业就想创业的同学，程学长认为，现在的社会有很多机会，但适合自己才是最重要的，一定要从心而发。另外就是一定要创造价值。如果你毕业就创业的话，一定要很真诚地从心里说"我的这个创意肯定能给客户带来价值"，这是很关键的一点。如果没有这种很坚定的信心，是很难成功的，投机取巧在这个社会上是很难真正成功的。创业将会给自己非常大的压力，因为资源是不充足的。不要只看到马云现在的光鲜，一定要想马云10多年前创业的艰辛，不是说不鼓励大家创业，而是说创业一定要有很强大的内心，一定要坚持下去。

"一定要从心而动。"程立新学长一直强调这一点。只有真心地知道自己真正的激情是什么，才能真正地做自己想做的事情，才不会后悔。

采访人：2013级信息与通信工程专业硕士生　舒　醒

周忠国：时刻准备 抓住机遇

人物名片

周忠国，1989年毕业于杭州大学电子工程专业。现任东信和平科技股份有限公司董事长、党委书记。

求学路，不负好时光

年少时的周忠国校友非常独立，他读书用功，成绩优秀。1985年，刚满17岁的他考取了杭州大学电子技术专业，带着自己的抱负来到杭州这座美丽的城市学习一门国家刚刚开始发展的新兴专业。

在校期间，周忠国校友凭着一股执着的精神，顶住繁重的课业压力，刻苦学习，坚持做到最好。在周忠国校友看来，"最好"才是自己追求的目标，做到"最好"才有可能获得更好的机会。通过理工科的学习，周忠国校友培养了很强的思维逻辑和总结归纳的能力。然而，他并不是一心苦读圣贤书的人，周忠国校友认为大学时代同样需要提高综合素质，培养情商。

在掌握扎实的专业技能的同时，周忠国校友有意识地锻炼自己的社会能力。他在班里担任班长一职，尽管那时候学校的活动并不多，但他经常主动为班级同学组织一些活动，像足球赛、春游之类的，这些活动很好地增进了班级同学的感情，也提高了他的组织能力。考虑到理科生往往不擅长演讲，周忠国校友就有意识地锻炼自己演讲、发言的能力，为将来步入社会做准备。

"多实践，多参与，多总结。"周忠国校友如是说。

职场中，踏实有收获

1989年，周忠国校友面临毕业之后的选择，是出国还是进入商检局工作。然而，几经思量，他放弃了令人艳羡的商检局的工作，也没有出国留学，而是毅然选择了去杭州通信设备厂从事技术工作。

从技术部到质量部，再到采购部、营销部，乃至担任总经理助理、分厂厂长，周忠国校友通通经历和体验了一番，不同岗位需要不同的能力，他如饥似渴地汲取着养分，使自己日臻成熟，也为他日后的创业打下了扎实的基础。除此之外，他还参与了很多社会活动，锻炼了自己的表达能力、交往能力和沟通能力，因为他坚信"情商是关乎成功的要素"。

不知不觉中，周忠国校友在杭州通信设备厂工作了近10年。这段时间他最大的心得是：无论做什么事，都要怀着对自己负责、对工作负责的心态，为理想而努力，因为"任何事情都应当是为了自己和理想而做的"。哪怕是小事，都有可能成为展现自己的舞台。人们常说，是金子总会发光。周忠国校友相信，踏踏实实地为人处事加上敢于展现自我能力，是打开未来之门的一把金钥匙。

创业行，发展无止境

1998年，普天东方通信集团决定将下属的一个子事业部——智能卡部迁移至珠海，成立东信和平智能卡公司，于是，周忠国校友带领着10余名骨干人员开始了艰难的创业征程。

资金不足、人员紧张、市场空白，这些横亘在面前的困难并没有把周忠国校友吓倒。他对成立东信和平智能卡公司有着坚定信念，愿意为了这个目标不断付出。周忠国校友告诉自己和员工们，要不断训练强大的内心，即使是天大的问题也只把它当作一件要去处理的事情，并欣然接受它的发展结果。

在理想和强大内心的共同支撑下，周忠国校友带领着他的团队渡过了五六次的倒闭危机，并果断地做出决策：引进世界一流的德国生产线，与德国著名的卡商进行合作。经过深入的摸索和坚持不懈的实践，东信和平很快成为国内首家进入SIM卡领域的供应商。

如今，东信和平在周忠国校友的带领下，已经从当初只有17人的团队发展成为如今拥有1800多名员工的上市公司，专业从事智能卡研发、生产和销售，主营产品SIM卡的出货量排名全国第一、全球第五，是目前亚太地区智能卡行业中规模最大的企业。

但周忠国校友认为，时代发展很快，产品都有生命周期，公司可能在这个生命周期的上升期日子很好过，但也要警惕下降期的到来。时代在变，企业在变，要时刻掌握资源各方面信息，保持稳定很需要智慧。

"公司发展永远没有止境，是一个持续努力的过程。"周忠国校友笑道。

采访人：2013级电子科学与技术专业本科生　马涵之

2013级电子科学与技术专业本科生　谷超明

2013级信息工程专业本科生　李梦露

黄文宝：扎实求学　放手创业

人物名片

黄文宝，1989年毕业于浙江大学信息与电子工程学系半导体物理与器件专业，现任华自集团董事长、总经理。

华自集团的接待室里，我们看到黄学长风尘仆仆地走来。在雅致的氛围中，他与我们回忆校园岁月，畅谈奋斗历程，分享人生感悟，朴实的谈吐中透出一股儒雅之气。黄学长丰富的人生阅历以及优雅的人格魅力，给采访小组留下了深刻的印象。

梦回之江

1985—1989年，黄学长在浙大三分部（现之江校区）学习。三分部条件艰苦但景致秀丽，树上时常还有松鼠出没。学长笑称："当时我们初来时，听闻之江校区是世界四大风景名校之一，四处求证无果，也未曾闻名其他三者为何处，哈哈。不过想来空穴怎会来风，之江校区前临钱塘江，背后是漫漫一片青山，依山傍水的，风景真是好得不得了。"

正所谓"景美人更美"，当时三分部的学风正浓，可谓独树一帜。黄学长读书时正流行"60分万岁"的思想，黄学长却不愿苟同。浙大的教育当时抓得是很紧的，每节课点一次名，有时甚至点两次：老师点一次，教务处点一次。自习室也占不到位置，所有人的学习劲头都跟高中差不多。黄学长的高中同学觉得这真是匪夷所思。黄学长头一回去图书馆自习时就没有占到座位，只得悻悻回寝。浙大很早就开始搞小学期，当时谓之"第三学期"，就是利用暑假里的一个月让学生到工厂去实习，这对学生帮助特别大：充分培养学生的动手能力，将理论与实践相结合。

浙大如此紧张的学习氛围孕育了学长非常良好的习惯：时间安排紧凑，从不睡懒觉，每天早上起来跑步，之后去图书馆按照自己的计划学习。即便是不上课的时候，学长也有自己的学习计划，时间抓得非常紧，日程排得很满，几乎天天熄灯之后到厕所去看书，有时还得看到凌晨四五点。

艰辛创业

黄学长于1989年毕业，1989年是从分配到双向选择的第一年。由于局势混乱，本来联系好的单位黄学长并没有能够过去。于是黄学长去广东打工了一段时间，1993年开始和同学一起创业。多年之后，黄学长创业成功时回忆起往事，认为自己总体来讲还是比较幸运和顺利的。学长话峰一转："但是现在很多座谈会、交流会上，别人讲的许多困难我们也都经历过，也不算少，我们经历的困难比很多人讲的甚至还多一些，可是我也觉得没什么，慢慢就过来了。相对比较平缓，没有什么跳跃式的发展。"

诲人不倦

浙江大学是一所创新、创业氛围极为浓厚的高校，黄学长认为年轻人就应该要有勇气去创业，年轻就是资本。黄学长一开始也是一边创业，一边还在参加面试，不断地寻找自己的方向。创业需要一个全面的团队，需要有技术和管理等多方面的人才，同时自己做事要有韧性。有时专业知识并不是那么重要，因为毕业生到单位工作还是要经过培训的，最重要的是做人做事的态度。现在的课程教给学生思考的方法，给学生以信心，使他们根据基础知识对实际工作应用做一些自己的判断。现在的学生总觉得学的东西没什么用，根本用不上，其实现在的课程基本都是有用的，只是课程知识与学生未来的工作关联度到底有多大的问题。

在深造方面，黄学长认为，研究生就业竞争力明显高于本科生，读研这两年半，至少相当于本科生工作四五年。企业现在越来越愿意用研究生，因为本科阶段的学习主要还是理论为主，而研究生做项目的能力更强。在研究生阶段出国也是很不错的选择，能扩大视野。行万里路，胜读万卷书。在发达国家接触相对成熟一些的理论、知识对研究生学习还是有帮助的。现在有很多高中生、本科生就出国读书，还是早了，他们的自立意识、自理能力都尚未成熟。

采访人：2014级信息工程专业本科生　许音珉

2014级电子科学与技术专业本科生　王　畅

2014级电子科学与技术专业本科生　刘　鹏

朱江明：做自己感兴趣的事　做幸福的成功者

人物名片

朱江明，1990年毕业于杭大电子工程专业。浙江大华技术股份有限公司创始人之一，现任浙江大华技术股份有限公司常务副总裁。

大华初印象

大华公司总部位于杭州市滨江区，与市区的繁华相比，这里略显安静，空气更加清新，在看似平静的精致中活跃着一股不可忽视的力量。大华公司的新办公楼巍巍耸立，周围整齐的厂房里无数生产线高效地运转着。

通过门岗后，我们进入了公司的办公楼。宽敞的走廊中，西装革履、风度翩翩的商务人士捧着茶水洽谈生意；办公室内传出匆忙的脚步声，员工在紧张地忙碌着。经过一番寻找后，我们来到朱学长的办公室，正在打理事务的朱学长很快站起来，将我们迎入了办公室内，还客气地为我们倒茶，十分亲切。随行的大四学长与朱学长谈起找工作的事情，朱学长非常关心母校学子的就业情况，当即致电人事部主管，询问今年大华公司招收了多少浙大学子，并承诺给学长实习机会。访谈就在这样暖意融融的氛围中开始了。

充实的大学

在本科期间，朱学长属于那种动手能力强的学生，学习知识有一套独特的方法，对于专业课他从来不强迫自己去记住知识点，而是尝试去理解理论的实质。"要多动手，我当时曾经做过电视机组装这样的工作。"朱学长很喜欢当时学校里灵活的考试方式，在他看来，大学生最重要的是学到一套思考问题的方法。得知我们正在学习微机原理知识，朱学长还兴致勃勃地与我们讨论了汇编语言和C语言的效率，看得出朱学长对专业知识非常感兴趣。

朱学长说道，当初他之所以会选择杭大电子工程专业，是因为自己本身对电子有强烈的兴趣，不把它当作负担、任务，所以才会花很多业余时间去研究。朱学长还说，爱好很重要，有了爱好才能很努力地去做。可见要做好一件事，就必须对那件事充满热情。而他在大学时也参加了许多电子电路方面的兴趣小组和相关活动，像无线电爱好小组，在二三年级时组装电视机之类的。朱学长动手方面花了很多时间，正所谓"实践出真知"。而回想大学时光，朱学长认为，大学带给他最重要的东西还是在课程中学到的知识，像计算机原理、单片机原理等，这些都对自己之后的工作有帮助。当问及给学弟学妹的建议，朱学长认为在大学中更重要的是要学会做人处事的方法，只有掌握了正确的方法，在学习和生活中才能够做到事半功倍。

对于很多人来说，校园里学到的知识随着时光流逝可能会褪去颜色，但早已成为公司领导的朱学长却能清晰地记起其中的细节，着实令人钦佩。

超级技术员

1990年，朱学长走出了校园。"我感觉自己非常幸运，顺利地得到了第一份工作。"朱学长起初供职于浙江电子工业学校校办厂，不过两年过后，他就从校办厂辞职，开始了自己的创业之路。"当时市场经济一片火热，很多人都'下海'了。"朱江明学长觉得自己未来得有所成就，而不应该在某个单位里虚度一辈子，再加上当时周围同事的介绍以及创业的氛围和创业成功案例给他的信心，他这才选择了创业这条路。

说到自己的选择，朱学长感谢爱人对自己的支持。起初，大华公司只有屈指可数的成员，而朱学长就是第一批技术力量。在学校打下的坚实基础加上自己的不断探索，朱学长担起了技术重担。1997年，公司开始招募技术人员；1999年，一次偶然的机会使公司进入安防领域，开始生产视频监控、DVR等产品。21世纪，公司踏入高速发展阶段，技术团队不断壮大，朱学长不再承担基础的软硬件研发工作，开始从大层面掌舵公司的技术发展。正是由于全程参与了公司的技术开发，朱学长对于公司的技术框架了如指掌。多年的积累总结，使朱学长对技术有了极其深刻的理解，即使是细枝末节的理论，朱学长都能给出精确的解释。举例来说，为了让我们更好地理解公司的产品，朱学长清晰地解释了网络视频中的抽样和编码知识。朱学长无愧于"超级技术员"这个称号。"知识是万变不离其宗的，拿处理器来说，目前的二核、四核处理器的运行原理与单核的相差不大。""要不断总结，弄清实质。"朱学长告诫我们。

朱学长总结道，在创业过程中，促使他及其团队成功的因素有不少，最重要的就是诚信。做生意讲诚信，踏踏实实让客户满意，才能够成就客户，成就自己。还有就是重视技术，重视产品，提高产品竞争力，把更多的资金投入技术的提升、产品的研发中，这样产品才有先进性。而这一切都源于浙江人踏实务实、稳扎稳打、一步一个脚印的做企业的态度。

谈到如今的创业热潮以及对大学生创业团队的建议，朱学长表示，现在创业需要更加慎重。相对来讲，现在很多产业都已经比较成熟，留给后面新的创业者的机会比较少，所以创业成功的概率比以前要低。以前只要有胆子，努力干，就可能成功，而现在机会减少，就要非常谨慎，除非有非常好的项目，才可以投入进去，不然可能失败的概率也比较高。虽然现在"大众创业，万众创新"，但是从成功的概率来说，创业相对还是没那么容易。

管理精英

走向管理岗位的朱学长同样出色，精确把握着公司的前进方向。精通技术的朱学长同样精通材料订购、制造流水线、运营成本等管理学概念。访谈中，朱学长给我们简要分析了当前安防领域的市场形势，指出大华公司已取得不错的成就，社会影响力逐渐增强，浙江高考考场的视频监控装备以及很多银行的监控装备都出自大华。同时，大华在全球安防领域仍有发展潜力，目前大华安防领域市场份额连续三年排名全球第二。对于合作，朱学长说："要宽宏大量，不能过分强调自我，要虚心向上游供应商学习。"朱学长十分重视人才的培养，为新加入公司的年轻人提供了两条成长之路——技术和管理，他鼓励新人坚持在一个岗位上做出成就而不是频繁换岗。"公司并没有将学历作为评价员工的唯一标准，业绩才是关键。"朱学长给我们举了一位本科生进入公司后迅速得到晋升的例子，表明"努力就有回报"。

幸福的成功者

当被问及成功的定义，朱学长说："做自己感兴趣的事，生活和工作融为一体。"通过与朱学长的谈话，我们能深深感受到，虽然工作繁忙，压力很大，但他很快乐。从他津津有味地与我们讨论技术可以看出，在朱学长身上，"百万富翁并不快乐"这个命题不成立。在如今日趋功利的社会，做自己喜欢的事情变得越来越难，但是朱学长做到了，而且坚持了下来。结束访谈的时候，我们在朱学长的办公桌上看到了演算纸，顿时倍感熟悉，朱学长解释说这是给客户介绍产品用的。毕业多年以后，朱学长本色未变。

寄语

朱学长表示，自己和学院以及学校领导也经常联系，了解到信电学院这几年发展特别好，已经成为浙大较为突出的专业之一。信电学院的专业是热门的专业，学生也都是优秀的学生。朱学长希望，浙江大学和信电学院都能够越办越好，不断培养出更优秀的人才。

采访人：2010级信息通信工程专业本科生　李文博

2009级电子科学与技术专业本科生　邱　立

2015级信息工程专业本科生　江舒婷

陈明永：己欲立而立人　己欲达而达人

人生路上的两次抉择

"在很多情况下，选择比努力更重要。"陈明永学长和我们讲述他当年的求学经历。早在初中毕业时，陈学长就面临着"阳关道"与"独木桥"的艰难抉择。在20世纪80年代，父辈们都希望自己的孩子能尽早就业，好为家庭减轻负担，陈学长的家人也不例外。长辈们希望他考入当地的师范院校，毕业后能够保证分配，相当于找到一个"铁饭碗"，有一份体面的工作，有稳定的收入来源，过朝九晚五的生活……这些看起来似乎挺不错，而陈学长却有不同的打算。他的理想是进入名校，追随内心的想法，成就不一样的人生。功夫不负有心人，经过几年的寒窗苦读，陈学长以优异的成绩考上浙江大学。"我们每个人的成长过程中有不同的际遇，由于家庭原因或时代不同，碰到一些两难的选择，好在我的父母还比较开明，让我自由选择。我听从了内心的声音，坚定地做出了选择。而且这次选择的意义，让我明白了什么是我不要的。"

"忆往昔，峥嵘岁月稠。"大学四年很快过去，风华正茂的陈学长走到了人生的另一个十字路口。毕业后，陈学长先被分配到一家电子厂，但他经过慎重考虑并在父母的建议下，回到了老家四川，在成都的一家国企上班。对于这个选择，陈学长说："其实我是一个很听家里人话的人，我不太想违背长辈们的意愿，而且我觉得回成都工作也挺不错，离家近，还可以顺便照顾父母。"

然而，仅仅10天不到，陈学长毅然决然地辞职了。他离开了四川老家，离开了父母。虽然有些不舍，但他憋着一股劲，收拾好行囊，登上了南下的列车。究竟是什么样的原因让他如此坚定，让他这般义无反顾呢？"这哪里能算是企业，没有好的企业文化，也没有生机活力，管理跟不上，跟我心目中的企业完全不同。"陈学长所在企业的经营管理模式和他大学四年大量阅读所建立起的对企业的认知有很大出入，这让他很沮丧，他甚至可以预见20年后郁郁不得志的自己。于是，在父母及家人的一片反对声中，陈学长做出了他人生中最重要也是最明智的选择，一如他当初报考浙大，"选择的意义在于，首先排除不想要的"。于是，他决定南下打拼，开始了他的寻梦之旅，尽管未来有太多的未知与不可期因素。

时至今日，陈学长对当年的情景仍印象深刻。"由于当年没有高铁，我只能辗转从武汉坐火车，记得我坐在靠车窗的位置。列车在启动的刹那，我望着窗外，思绪万千。火车发出了一连串的呜呜声，速度越来越快，穿过田野，穿过河流，穿过群山……当时我在想，到了广东，等待我的将会是什么呢？未来会是什么样子呢？心情既忐忑又憧憬，但忐忑多于憧憬，更多的是一丝愁绪。在放飞思绪之际，耳边响起了熟悉的旋律，车厢里正播放着《人在旅途》的主题曲，它隽永的歌词和优美的旋律深深打动了我，非常应景。我依稀记得其中的几句歌词：'千山万水脚下过''向着那梦想的地方去'。火车满载着五湖四海的异乡人，穿过河流，穿过高山。我心底想，此时此刻，不正是像歌中所唱的一样，'千山万水脚下过'吗？徐徐南行的火车载着我向广东进发，不正是'向着梦想的地方去'吗？忐忑与迷茫的情绪顿时变得坚定起来，对未来多了几分信心，少了几分彷徨。"陈学长给我们分享他人生中难忘的瞬间，他说这是当年求职路上真实的心情。这也是每位毕业生要经历的，我们总有一天要踏入社会，走进职场。他鼓励我们从象牙塔走出来后，不要慌张，不要害怕，要勇敢、从容地面对就业。"每一棵草，都会有一滴露水。每个人终会找到自己的价值所在，虽然我不知道你们每个人的路在何方，但我想，路就在你们的脚下吧。"

加入小霸王后，陈明永学长深深认同段永平校友的经营理念，他发现对于企业的理解，他们两人是出奇的相似。正是出于对企业相同的认知、共同的价值观，两位志同道合的年轻人一拍即合，在随后的岁月里，他们一同在东莞长安这片神奇的热土上，缔造着一个接一个的商业传奇。

本分专注的独特文化

踏入OPPO总部大楼，首先映入眼帘的是一行鲜明而又独特的文化标语："本分、用户导向、追求极致、结果导向。"在接待负责人的讲解下，我们得知，这正是OPPO引以为豪的企业文化，其中"本分"是最核心的价值观。这种文化价值观在公司的成长过程中，尤其是在公司面临一些重大决策的时候，起到了至关重要的作用。"我们身处一个充满压力、诱惑与挑战的时代，容易被情绪左右，产生恐惧、烦躁与不安的情绪，进而做出错误的判断。如果我们能隔离外力，始终保持本分的心态，回归事物的本源，想想最初我们为什么出发，这样处理问题的方式会变得更清晰。"陈学长分享着"本分"博大精深的内涵。

陈学长一直认为，办企业要专注于产品，为用户创造价值。"君子务本，本立则道生。"这也正是"本分"最本真的含义。商海沉浮，在这些年的摸爬滚打中，学长更加坚定了最初的想法。陈学长说在经营企业20多年间，他碰到了很多企业"不本分"的例子，见到了不少企业家为追逐利益而放弃原则。"有些企业为了赚快钱，或投机取巧，或沉湎于粗制滥造，短时间内确实赢得了一些财富，而企业变得越来越浮躁，很少有企业能沉潜下来，专注于做好产品，做好服务。这些公司的生命周期都很短，没几年的时间就倒闭了。"

陈学长还给我们分享了一个案例："当初我们在海外销售游戏机时，和A区域的一个代理谈好了价格，每台游戏机50美元，他们订了1万台，双方也签订了合同。而在交货的前一周，我们发现B区域的市场发生了变化，游戏机的单价需下调5美元，是否给A区域的代理调价，我们内部的伙伴有了不同的声音。有人说，既然已经签了合同，代理也同意了这个价格，就没有必要调价了，如果便宜5美元，给公司造成一笔不小的损失啊！后来我们还是决定每台降价5美元。"陈学长回忆道："虽然我们没有承诺过，并且合同价也是50美元，但我们还是主动让利。即使不调价，也不会被人说成不诚信，因为我们没有承诺，但从公司的文化出发，却是不本分的。本分是什么？本分是付出代价的坚守，本分是高于诚信的。本分要求我们在与人合作时，不占他人的便宜。涉及利益分配，我们不会想着去拿最多的部分，而是拿合理的部分。我们追求的是商道而非商术，要考虑合作伙伴的应有利益，再在此基础上追求我们的合理利润。"这个举动让海外A代理非常吃惊，他们简直难以置信。他们说，做生意这么多年来，从未遇到如此本分的厂商。

除了"本分"之外，"简单专注"也是OPPO倡导的重要理念。OPPO做产品非常专注，聚焦在用户的核心需求，不会去做很多产品，在每个产品的打磨上却花很长的功夫。在推出第一款手机时，OPPO没有急于求成，而是花费了一年半的时间精雕细琢，做出了令人惊喜的产品。陈学长说，少即是多，魔鬼在细节。他希望OPPO的内部伙伴们能崇尚专注，追求极致，对精品发自内心地坚持，追求细节的精致完美，以更加谦卑的心态，聆听用户的心声，以苛求之心打造伟大产品，给用户带来惊喜。

陈学长认为，OPPO最近几年在闪充、拍照上取得的一些成绩，归根结底是坚持以用户价值为依归，很好地满足了用户的核心需求。OPPO不会去关注手机的销量、市场份额和行业排名，他认为聚焦用户核心需求，埋头把产品做好，利润和业绩是水到渠成的事情。正如稻盛和夫所讲的："不要追着利润走，要让利润追着你走。"这也是陈学长和公司内部伙伴在涉足手机行业之初达成的基本共识。

关于企业管理与经营，陈学长还有很多心得，那些在实践中得出的真知，对OPPO而言想必是一份不可多得的精神财富。

永存心头的母校情谊

一聊到浙大，陈学长的话匣子就打开了。他滔滔不绝地讲述了当年浙大三分部发生的一些奇闻轶事，我们可以看出他对母校深深的情谊。对于在校大学生普遍关心的专业和就业方向的问题，陈学长发表了自己独到的见解："考试没有必要追求100分，考70分就够了。我们不仅要学知识，更要有智慧。"他认为在大学里学习本专业知识是次要的，更重要的是学会学习、学会选择、学习自己感兴趣的知识。诚然，专业知识是评判一个人学习成绩的主要依据，然而在实际工作中，只会有一小部分人会在自己的专业领域工作，再进一步，这一小部分人在工作中也只会用到一小部分专业知识。"知是行之始，行是知之成。只有在实际的工作岗位中加以应用，才能更好地检验我们平日所学。"陈学长的一番话道理深刻，提醒我们去重新思考大学专业和就业的关系。

"我在浙大一半的时间学习本专业，另外一半的时间都在学习历史、企业管理。"陈学长广泛涉猎其他专业，他对于企业管理的很多理念，也正是在大学期间一点一滴地积累起来的，而陈学长学习的对象正是日本企业家、SONY的创始人——井深大和盛田昭夫。正所谓"不积跬步，无以至千里"，大学四年的厚积薄发，站在前人肩膀上的一次次远眺，给陈学长管理企业打下了坚实的理论基础。这样一段宝贵的学习经历，也使陈学长开阔了视野，助他在做重大决策时能够游刃有余。

"滴水之恩，当涌泉相报。"陈学长对浙大、对母系有着深厚的感情，作为信电学院校友分会第一届理事会理事，他非常关心学院的发展，并且广泛动员校友们参与支持学院发展的工作。为感谢师恩，他大力支持学院平安基金的建立和运转。

还有太多的例子可以佐证陈学长对母校的深情厚谊，还有太多的言语可以表达我们对陈学长的崇拜和敬仰。本分做人，诚信为企。不仅如此，陈学长还是一位极其低调务实的企业家，我们很少在媒体上看到关于他的采访报道或他的只言片语。他淡泊名利，宁静而致远；他求贤若渴，惜才爱才，不遗余力地提携后辈，十分重视每年OPPO的校招大学生，给他们广阔的平台和试错的机会。他认为"大胆使用年轻人"是公司最大的创新，他视"己欲立而立人，己欲达而达人"为一生的座右铭。"高山仰止，景行景止。"陈明永学长是一位令人尊敬的企业家，值得年轻人学习！

采访人：2010级信息与通信工程专业本科生　杨卓然

2013级电子科学与技术专业本科生　马涵之

郑立荣：扎实求学　放飞梦想

人物名片

郑立荣，1992年毕业于浙大信电系光电子技术专业，1996年和2001年分别获中科院半导体物理理学博士学位和瑞典皇家理工学院电子系统设计工学博士学位。复旦大学信息学院院长，海外高层次人才"千人计划"国家特聘专家，通信与媒体电子学教授。先后任KTH微电子和信息技术系研究员、KTH信息与通信技术学院媒体电子学首席教授，2007年1月起兼任瑞典爱立信集团网络研发部专家，2007年7月起任瑞典国家创新署智能包装物联网国家创新中心主任。

在复旦大学宏大壮伟的光华楼里，郑学长回忆校园青葱岁月，向我们畅谈奋斗历程，分享人生感悟，朴实的谈吐中透出一股儒雅之气。郑学长丰富的人生阅历以及优雅的人格魅力给采访小组留下了深刻的印象。

源起三分部

1988—1992年，郑学长在浙大三分部（现之江校区）学习。他笑着回忆起炎炎夏日在钱塘江中游泳的情景，更对与众人一道消灭野猪之患的趣事记忆尤为深刻。"当时它就在面前，没办法躲开，那就只能想办法直面……"他对消灭野猪之患的描述从侧面展示了他的性格与处事方式，具有心无旁骛的韧劲和钻研之心。

谈及浙大的社团与学习生活时，他笑着说起当时和同学一起发行的刊物。因为三分部位置偏僻，许多事情都由学生自行组织，自娱自乐，社团、组织、咖啡厅……曾在新闻社的他向我们展示了工科生在文化艺术上的能力，身为学霸的他，也常常在学习之外，兼顾学生会等各个组织社团的大型活动。

郑学长感叹道，在校期间没有了解到三分部的悠久历史，毕业多年之后蓦然回首，才发现三分部兼具自然环境的美与文化积淀的美，因而他对钱塘江畔、月轮山上三分部的感情愈发醇厚。

孜孜求学路，异乡打拼

1992年，郑学长以十分优异的成绩毕业，被免试推荐到中国科学院上海冶金研究所（现微系统研究所）攻读固体电子学研究生。中科院浓厚的学术氛围、平易近人的老师、良好的传承与合作平台为他在前沿领域的研究提供了广阔的空间。工作勤奋刻苦加上一些天赋觉悟，他仅用三年半时间就完成了硕博课程，在国际顶级杂志发表了10余篇研究论文，获博士学位的同时，还获得了中国科学院院长奖学金特别奖，首批全国百篇优秀博士论文奖。

郑学长在学术领域崭露头角，吸引了一些国际同行的关注。怀揣人生远大理想的他，接受了瑞典皇家理工学院的邀请，远赴瑞典求学。在瑞典皇家理工学院攻读博士期间，他的研究方向由原来的器件转向了系统设计，并与爱立信等企业联系紧密，既帮助企业解决实际工程问题，与产业发展相结合，又走在了研究发展的国际前沿。2001年获得瑞典皇家理工学院博士学位后，他选择了留校工作，2006年通过公开竞争成为瑞典皇家理工学院媒体电子学首席教授。同时，郑学长还在无线通信行业领头羊瑞典爱立信集团兼任网络研发部专家，还是多家高科技公司的咨询顾问。后来，他回国工作，无法继续兼任爱立信技术专家时，公司高管更是用一封热情洋溢的感谢信表达了他们对这位华人技术专家的感谢和不舍之情。

在后续交流中，郑学长谈到了他回国的心理历程。尽管在瑞典已经到达了一个巅峰，相较于同龄人，他所获得的成就已是他人难以企及的，但是他认为，与其如此安逸地工作生活，倒不如回国再次奋斗。

人才教育观

郑学长在瑞典学习并工作10多年，丰富的经历使得他对教育与技术创新有着独到的见解。他认为大学中的大类培养模式符合国际化发展趋势，本科阶段的学习应以广泛涉猎、基础学习为主，以打下坚实的根基，而研究生则应选择专业领域的某一方向集中钻研，"在坚实宽广的平台上竖立起一根尖针"。大类培养重在提升自我学习的能力，尤其是在爆发式发展的电子信息领域，技术日新月异且门类广泛，该领域的学生应学会有针对性地学习，保持自身知识体系的时常更新。

谈到创新工程人才的培养，他指出，芬兰、瑞典等北欧国家国土面积虽小却创新活力十足，关键在于他们的人才培养模式。在这些国家中，高校与企业合作联系紧密，并将这种合作真正落到了实处，高校在工程领域的研究既能解决实际问题，又走在国际前沿，如瑞典皇家理工学院还会聘请工业界的专家兼职工业教授和博士生导师。郑学长认为，我们国家迫切需要更多高层次的工程人才。就拿IC产业举例，中国是芯片的消费大国，但其制作水平与国际技术水平仍然差距很大，在IC行业的设计部分需要更多的创新团队，需要更多的既懂产业需求又懂技术方法的创新人才。他希望能够引进北欧国家的创新理念，让国内更多高校了解"工程硕士"的精髓，而他本人也在工程人才培养模式上做了很多努力，以期能创造出良好的口碑与品牌。

此外，根据切身经历，郑学长认为，大学培养人才时，应多将其送至各个行业等，而非囿于本校。唯有将人才送至校外，才能从根本意义上真正扩大学校的名声与能力。且对于人才而言，这也是更好的机会，可以去接触不一样的思想、技术，开拓自己潜在能力。谈到浙大恩师时，郑学长说十分感激当时学院对于将其免试保送至中科院的支持，正因为学院的支持，才让他有了见识到更广阔的世界的机会。他也认为，正是浙大本科的培养，让他有了扎实的基础，以及更加广阔的眼界。这些基础决定了他未来有更大更多的选择机会，也让他在涉足各个方向之后有了更加明确的目标与兴趣。

谆谆教诲，殷殷寄语

在谈到大学生的职业生涯发展规划时，郑学长表示现在很多学生不够主动，不敢从正面渠道了解信息，缺乏个人独立判断，因而会出现跟风从众、迷惘等现象。郑学长认为，个人的成功主要有两大因素。其一，"做人"，个人素质是成功的重要因素，这里的"素质"包括自信心、个人判断能力、心态、人际交往能力、社会责任心和个人进取之心等。为人真诚、易于跟他人融洽相处和合作，就有机会获得更多人的帮助和支持，遇见人生路途中"贵人"的概率就更高一些。其二，"做事"，不管在什么岗位上，都要兢兢业业认真负责地做好自己的本职工作。只有将"做人"和"做事"这两方面结合起来，才能在社会上立足，并成为一个优秀的人。

当我们问到初到国外求学是否会孤独无助时，郑学长表示并没有过这种感觉。他说，所谓的孤独无助大都是由于缺少主动沟通或是没有向朋友发出正确的信息造成的，适应新环境的最好办法便是保持乐观、积极、主动的心态，多与人沟通，获取有用的信息，结交新的朋友并热情互助。

郑学长鼓励信电学子时刻保持积极主动、乐观开放的态度，多与外界、与他人进行交流合作，多从正面渠道获得有益信息，培养独立思考的能力，不要盲目从众，同时还要努力提高自我学习能力，紧跟时代的步伐。

他希望母校能在今后逐渐享誉世界，为各个领域输送出更多有能力、有信仰的人才，并祝愿信电学院在科研领域和人才培养上能有更多、更大的突破。

采访人：2009级信息与通信工程专业本科生　陈哲达

2012级电子科学技术专业硕士生　王　嵘

补充：2015级信息工程专业本科生　忻杨璇

李宏伟：不畏艰难　勇敢创业

人物名片

李宏伟，1995毕业于浙江大学电子物理技术专业，1995—2003年在浙江大学从事团委和行政工作，同时在浙江大学管理学院攻读硕士学位。现任杭州初灵信息技术股份有限公司董事、杭州博科思科技有限公司总经理，为杭州宏音网络科技有限公司创始人。

辅导员队伍里的"拼命三郎"

"大多数成功的人在成长的路上必定有过这样一段时间，他忘我地付出，不计得失，不求回报。"李学长对我们如是说。

1995年大学本科毕业时，李学长有三个选择：回家工作、留校做辅导员、去国有企业。最后他选择了留校做辅导员，8年的辅导员经历为他后期的创业打下了坚实的人脉和能力基础。

2001年，李学长被派往浙江大学宁波理工学院，参与宁波理工学院的建设和招生工作。当时的宁波理工学院只是初具雏形，面临教室没有桌椅，学生课程没有教学计划，师资没有确定等难题。在古人"有志者，事竟成，破釜沉舟，百二秦关终属楚；苦心人，天不负，卧薪尝胆，三千越甲可吞吴"的名言激励下，短短三个月的时间，李学长和他的战友们通过各方联络，寻求浙江大学各个学院领导的支持，带领宁波理工的教职工团队完成了第一批招生任务。回想起当年的日子，李学长说："在宁波那样炎热的夏天，忙得连洗澡的时间都没有。经常是凌晨两三点睡觉，早上六七点起床继续工作。"更让我们吃惊的是，在这两年时间里他还在浙江大学管理学院研究生院拿到了在职硕士研究生学位。经常往返于杭州和宁波之间，那一段时间里，李学长是浙大思政队伍里出了名的"拼命三郎"。

博科思带来的第一桶金

2003年，互联网席卷中国，李学长又走到了一个十字路口，是继续留在浙大的行政岗位，还是走向市场？经过三天深入的思考，一股创业之火在心中燃烧，李学长毅然走上创业之路。

2003年年初，他和几个校友一同筹资100万元投资建立了杭州博科思科技有限公司，最初公司与广播电视台合作，主营短信投票和彩铃业务。业务虽然有了，但是初创公司的业务能力、团队能力有限，收入也就有限，而支出却越来越大，最初的100万元很快花光了。公司在增加投资的同时，也尝试做其他短期内可以有收入的软件开发、硬件销售业务，但由于各方面积累不够，公司整体实力不强，经历了多次失败。在这最"黑暗"的阶段，李宏伟学长和他的创业团队还是非常团结，对未来充满信心，虽然经历了几次失败，但团队的成长让他看到了未来成功的希望。

到2005年，浙江电视台热播的连续剧《天龙八部》中的"短信互动"给博科思带来了转机。抓住这个机会后的博科思逐渐走上正轨，走上了稳定上升的道路。后来公司又经历了几次业务转型，现在的博科思已经是有260名员工，微信应用开发国内领先的中等企业。2012年，杭州初灵信息技术股份公司（证券代码：300250，创业板上市企业）整体并购了杭州博科思科技有限公司。

回顾博科思的十几年，李学长让我们深刻感到这中间凝聚着他无数的付出与汗水。他给我们举了一个例子，他每天的工作从早上八点到深夜，从公司的管理到具体业务，事无巨细，他甚至经常晚上睡梦中接到电话，便要穿上衣服去和客户谈业务。当时根本没有"累"这个概念。他认为，想着自己要朝一个目标去努力，凡事都认真做，不计较得失，很多事情自然而然就做好了。

当前中国的创业成功率低到1%，然而博科思做到了，李宏伟做到了。谈到自己创业成功的原因，李宏伟说，创业并不是所有人都能做到的，要想清楚自己要干什么，还要做好付出巨大代价的准备。创业总是少不了挫折，这时顽强的毅力就尤为重要。至于机会，整个社会在发展，机会在不断地产生，现在浙大的同学们更应当有国际视野，才能抓住整个时代的脉搏，创造价值。

不甘寂寞的连续创业者

博科思被并购后，一般人可能会认为李学长实现了财务自由，可以在大公司里上班，拿着丰厚的薪水，这辈子也就行了。但李学长"不甘寂寞"，最近几年连续创业，又新投资创立了杭州宏音网络科技有限公司，重点做音乐培训的项目，业务叫"音乐E家"，通过互联网给想找音乐培训老师的家长提供更便捷、性价比更高的服务。目前公司业务发展良好，在业界取得了很好的口碑，相信在李学长的带领下，"音乐E家"在将来会成为惠及全国人的优秀的互联网音乐教育平台。

一辈子的信电情

"桃花潭水深千尺，不及信电赠我情！"说起信电学院，李学长想起了当年的三分部，现在的之江校区。李学长表示，昔日在浙大三分部，虽然生活简单，但所有同学亲切地都像一家人，他至今仍记得钱塘江的潮水、老师的谆谆教诲、同学的纯真情谊……他还谈到，自己每年都会回到之江校区几次，足见信电系在李学长心中的烙印之深。

李学长还与我们分享了当年的大学生活，他认为学生参加社团活动不仅能提高组织能力，更加重要的是还能理解每个人的想法是不一样的，正如罗素说的，阅读和认识到世界的多样性是很重要的两件事。

谈到信电学院的学生培养，他由衷希望学院能让理工学生多学习公文写作、经济、管理、历史、社会等其他方面的知识，为以后的工作奠定基础。同时，他认为学院也可以鼓励学生在学校内部创业，学生自己找到项目，在专家的指导下，从新生开学起就进行创业活动。在这个过程中，学生遇到的困难和挫折不但能为之后的正式创业打下基础，也能让同学们认识到自己究竟适不适合走创业这条路。

在谈及大学生创业方面，久经沙场的他给我们指出了一条现实可行的道路：毕业后，先在大型企业工作，学习大企业的管理理念，培养国际视野，积累一些行业经验和资源；然后在中小型企业工作，锻炼自己的实际操作能力；这样到了30多岁，便有足够的资本和良好的心态来应对创业中的各种困难与挑战。

志向高远，脚踏实地

"浮躁是不少年轻人的通病，既不安于现状，又不知道自己未来想要什么，想要的又该如何实现。"李宏伟学长说道，"在大学里，在社会中，都是一样，相比学习成绩，综合能力往往是更加重要的，而良好的学习习惯，比现在所学的知识，更能够让人受益终生。"

李学长不但关心同学的学习情况，同时认为身体也是非常重要的，同学们目前在学校里要养成锻炼的习惯，才不至于在之后的社会竞争中由于身体不行被比下去了。他对在校大学生的寄语是：在工作、学习、家庭、健康之间找到平衡，得意不张狂，失意不沮丧。

人生的路上，我们需要有一个长远目标不断驱动着自己前行，困难总是可以克服的，李学长就是我们的杰出典范。从他身上我们学到，认定了想去的地方，便大步向前，一路思考，一路奋斗。

采访人：2009级信息与通信工程专业本科生　张育铭　吴　超

2015级电子科学与技术专业本科生　余铁铮

齐洋：让自己与众不同

人物名片

　　齐洋，2006年本科毕业于浙江大学竺可桢学院、浙江大学信息与电子工程学系。他曾在广州宝洁公司、美国大型半导体公司塞朴拉斯等从事管理和研发工作，并被美国PQ Labs公司聘为营销副总裁。现任湖州佳格电子科技股份有限公司总经理。

求是求学，奠定基础

　　齐学长一进入浙江大学竺可桢学院，就给自己定下了出国深造的目标。到了大二，他开始为出国做准备，因此他进入了信电系，跟随导师开始接触科研。当时他的导师是从麻省理工学院回来的，对待学术非常认真，不分昼夜地奋斗在科研岗位上，对他产生了积极而深远的影响。尽管如此，在那个出国机会紧俏的年代，齐学长失利了，没有拿到理想学校的录取通知书。

　　在经历了这次失败后，齐学长开始总结过去，收获了影响后半段人生的经验。"这个社会每个人都拥有不同的资源，一个人的成功就在于如何将资源扩大，并利用好这些资源。"

重整旗鼓，走向职场

　　在本科期间，齐学长便开始创业，曾创立印刷出版公司，并与多个大型公司合作过多种业务，包括Nikko（日高）、FedEx（美国联邦快递）、Samsonite（新秀丽）等。

毕业后，他被聘为助理品牌经理，在广州宝洁公司（P&G）从事市场营销工作。在宝洁工作期间，他依旧不断学习新鲜事物，大量地加班，大量地学习，收获了许多。在一段时间的工作后，齐学长对自己日后的职业生涯做出了规划，并选择了出国深造。

齐学长坦言，这一次出国，自己有了更多的憧憬，心里有着一份巨大的知识清单。他仅用了一年多的时间完成了全部硕士学业，并额外修了数门商科课程。在此之后，齐学长进入大企业从事市场营销工作，然而市场营销工作对英语要求非常高，他再次受挫。但他迅速摆正了自己的位置，积极寻找解决方案。他为了学好英语，进入一家外企实习，并免费为其拨打客户电话核对账单，以此锻炼口语。三个月后，他的口语水平有了质的飞跃。"那个时候不管是印度人，还是日本人的口语我都能轻松应付。"齐学长如是说。

于是，齐学长便凭借着优秀的履历和流利的英语，进入了大型半导体公司塞朴拉斯。之后他又凭借其优秀的技术背景和市场营销经验，被美国PQ Labs创业公司聘为销售营销副总裁。

发现商机，回国创业

正是在美国硅谷的这段职业生涯，齐学长接触并学习了很多关于手机触屏的知识，并积累下了大量的技术与人脉资源。据齐学长介绍，在某一次与客户的交流中，他发现大尺寸触摸屏领域很少有人涉足，特别在国内，几乎还是一片空白，这个现状让他热血沸腾。

为了实现自己的梦想，最大限度地实现自我价值，齐学长毅然放弃了美国优厚的薪资，来到湖州开始创业。他说："创业的确是一件异常艰辛的事情，尤其是对当下大学生来说。你们远远不够成熟，有太多的东西需要重新学习，需要做好强大的思想准备。"对此，齐学长还分享了一些他的经历。谈及创业历程，一段段过往岁月历历在目。最初，齐学长与同事研发出第一款产品后，在向潜在客户发送邮件5分钟后，就幸运地接到第一个来自新加坡的客户打来的电话，一切都进行得非常顺利，甚至是"格外激动人心"。但问题也随之而来，对生产线的陌生使他们陷入了困局。为此，他几经周折联系到了老同学的父亲，前往对方工厂参观，学习生产线的布置、架构，之后还花了半年时间亲自学习财务工作，总之学习从未停止。当公司扩大、一再招募员工后，齐学长马上面临的便是管理问题，"尤其是技术研发岗位的管理问题"。于是齐学长便每天晚上阅读中外管理书籍、案例，从中汲取"适合自己的方法"，不断实践与完善，才有了今天的成就。"看看自己今天是不是比之前更忙碌了，是检验自己是否比以前成功的一大标准。"齐学长笑着谈道。

当我们问及在创业阶段遇到的最大困难时，齐学长说："我觉得明天的是最难的，因为昨天的都是已经解决的问题，最难的是未知的问题，我也很怕明天，但是直接面对是最好的方法。"听罢，我们不禁对他富含哲理的见解表示认同，正是如此丰富的人生阅历，才能造就齐学长的与众不同，他才有如此成功的今天。

寄语母系，鼓舞学子

在分享创业经历之余，齐学长还谈到了我们信电系，分析了我们的优势与不足。他认为，信电系培养学生的理念是造就高档次的技术人才，希望各个学子都能在日后担任首席工程师职务。也就是说，目前信电系把重心放在了学生的综合素质培养上，这是我们的优势，也是我们的劣势。职场最需要的是能马上做事的员工，因此他强烈建议信电系学子在老师指导下综合发展之余，还要利用好身边的资源，尤其是充分发挥高档次实验室的功能，用好储量丰富的图书馆，来提升自己的实战能力，用真枪实弹来武装自己，让学历、文凭真正发挥出光彩。

齐学长很感激母校、母系对他的栽培，认为信电系是他成长道路上一个重要的港湾，希望信电系的学弟学妹们能够"努力追求自己的梦想，发挥资源的作用，步入成功者的行列"，他愿意力所能及地帮助我们，引导我们。

采访人：2012级信息与通信工程专业本科生　李竹一

毛靖翔：梦想精彩人生

人物名片

毛靖翔，2010年毕业于浙江大学信息与通信工程专业。他专注于互联网、移动互联网、移动游戏等领域的布局经营，成功创办杭州米趣网络科技有限公司、杭州晨聚网络科技有限公司（多聚）、浙江网竞网络科技有限公司（网娱大师）、杭州趣游科技咨询有限公司（游戏工厂）、米硕基金等多家企业，被评为2016年达沃斯全球青年领袖、2015WEnF世界青年企业家等。

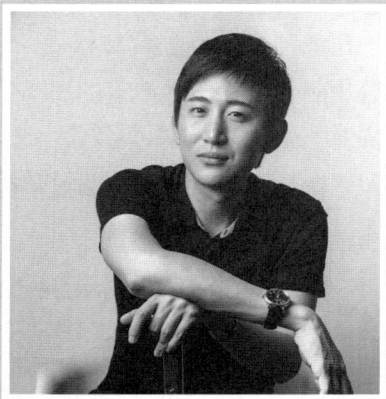

当我们见到毛学长时简直不敢置信，因为他看起来实在是太年轻了！稚气未褪的他好像和我们一样奋战在信电系各科艰难的课程中，笔直端坐的他却又散发着一股沉毅内敛的稳重气息，他深邃的眼睛里闪着智慧的光。

毛学长说，在2007年被浙江大学录取之前，他其实已经拿到了清华大学、北京大学等在人们眼中的中国最好的大学的录取通知书，但是在一个多月的时间里，他并没有为外界所说服。最终，他坚定不移地拿着浙江大学的录取通知书来到了浙江大学紫金港校区。

那个炎热的夏天，他才17岁。

17岁的他就这样在紫金港校区启真湖畔开始了一段年少自强的传奇创业经历。

东家公寓——创业试金石

会议室亮白色的灯光打在毛靖翔挺拔的身躯上，滔滔不绝的他像是一个身经百战的战神，可是神情温顺的他却又像一个诗人。

他继续叙说着自己当年的故事，声音像是会议室外淅沥的雨声，丝丝入扣，润物细无声。

那年他还是比现在的我们还要年轻的一个17岁的少年，带着一股不羁和倔强来到浙大。他在送母亲离开的那个下午坚定地告诉母亲："妈，我上大学以后你就不用给我一分钱了，我自己养活自己。"他说当时母亲就像看一个幼稚的孩子一样看着他，和其他父母一样，她也以为眼前这个倔强得有点可笑的孩子只是说说而已，并且不放心地给他留下了8000元的生活费。她只是把眼前这个孩子的诺言当成了轻狂少年的随口一说，却没想到这个孩子的成就远远超过了可以独立地生活。

拿着一学期的生活费，毛学长开始琢磨怎么能够实现这个诺言。那时的紫金港校区不像现在这样建筑林立，商业发达。那时紫金港校区周边的商业还未成熟，周围除了望月公寓，没有其他的人群聚居地。当时在望月公寓内的一些商户将自己的房间租赁给有需求的浙大学子，但是这些商户提供的房间仅仅是普通民居房独立出来的一间卧室，环境非常差，卫生远远不达标，隔音效果不好，房间布局也很脏乱。细心敏锐的毛靖翔学长发现了这个小小的机会，并且紧紧抓住了它。

他拿出自己绝大多数生活费，再集合了几位老乡和同学，总共凑了10万元左右，租赁了一些商户的房间，并且对这些房间进行了简单的装修。虽然这些房间的条件依然没有星级宾馆那么舒适豪华，但是相比已有的其他出租屋，这样的环境对于大学生们来说已经具备了足够的吸引力。

可是就在这时，毛学长面临了创业起步的第一个小小的危机。

团队由于花费太多的金钱在房屋的租赁和装潢上，已经没有足够的资金做宣传了。如果不做及时的宣传，仅仅凭着用户自己的口碑传播，那么团队事业的发展步伐将被严重地拖慢！古人说一分钱难倒英雄汉，但是资金的缺失却没有难倒年轻的毛学长。

为了帮助公寓进行宣传，毛学长想出了一个简单却非常有效的方法。他们在浙江大学的校园论坛cc98上发帖，宣布在公寓运营的第一个月内同学们可以报名免费入住。免费，对于经济条件有限的大学生来说无疑是最大的诱惑，免费并且更加干净卫生的环境对于大学生的诱惑力简直难以言说！于是，东家公寓不仅在最短的时间内得到了全校范围内的广泛传播，并且树立了"服务一流"的口碑。

就这样过去一个多月后，毛学长推出了会员卡方案来推动东家公寓的发展，用户只要办一张2000元的会员卡，就可以享受每次租赁房屋价格打八折的优惠。拿着用户缴来的会员卡费用，毛学长租赁和装潢了更多的房间，东家公寓在浙大紫金港校区正式落户！

第二桶金——野心勃勃，奋斗不止

东家公寓在紫金港校区发展至一定规模后，毛学长拿着牛刀小试带来的第一桶金来到了浙江大学玉泉校区。

这一次，毛学长想直接做一家大公寓。但是，他不得不再次面临资金短缺的问题，虽然第一次牛刀小试带来了一些资金，但是这些资金远远不足够运营一家规模庞大的酒店。

世界上钱能解决的问题都不是问题，他笑着说，眼里闪着智慧的光。毛学长看中了玉泉校区旁边的一栋旧楼，这栋楼虽然外表破旧，但是五脏俱全，并且由于位置比较偏僻，室内装潢比较差，所以楼内的住户并不多。毛学长找到了这栋楼的楼主，和楼主协商说由毛学长来负责楼内的装潢，一起开一家酒店。如果盈利了那么楼主拿40%的利润，如果不幸赔本了那么算是毛学长免费为楼主装修房间。楼主痛快地答应了。

就这样，毛学长获得了一栋楼的经营权。不过好事多磨，他再次遇到了资金问题。楼内的装修是需要设计师来设计的，但是对于这么大的工程，设计师最少也要收费几十万元，这个数字对于当时的毛学长来说还是非常巨大。毛学长没有办法从其他途径获得这么庞大的资金，只能再一次依靠自己的智慧在困境中寻觅生机。

善于把握机会的毛学长发现在浙大紫金港校区内有很多设计专业的学生经常会在校园内的墙壁上涂鸦，他灵机一动，在紫金港内举办了一场室内装潢设计大赛。毛学长提供建筑材料，由学生们来设计每一个房间。这样，毛学长不仅节省了数十万元的设计费用，还为每个房间制定了独一无二的设计。

就这样，毛学长再次用自己的智慧和能力踏上了创业的第二阶梯。

在这之后，有了丰富创业经验的毛学长又创办了杭州连锁的37℃美食工坊。自此，年仅20岁的他已经成了杭州范围内赫赫有名的青年创业者。

沃顿——锋芒渐露，登堂入室

随着不断地创业，毛学长也慢慢意识到自己很多方面的迫切需要。他清醒地意识到在知识产业发达的新时代，没有足够的理论知识的支撑，他没有办法在创业这条路上走得更远。于是他毅然停止创业，回到校园，并在22岁时成功收到哈佛大学、耶鲁大学、宾夕法尼亚大学等多所大学的录取通知书，而后进入全球排名第一的商学院——沃顿商学院攻读MBA。

在沃顿学习后，毛学长渐露锋芒，羽翼渐丰，但是他并没有像其他在沃顿就读的学生一样留在经济发达的美国。他认为中国正处在高速发展的阶段，机会更多。在毛学长24岁时，他带着几位想法相同的同伴一同回国，开始了在国内的创业征程。

在回国之前，他们已经在杭州注册成立了米趣科技公司。回国后，他们作为国家"5050计划"最年轻成员，入驻杭州海外高层次人才创新创业基地，并获得政府300万元资金无偿支持，米趣科技成为2014年获得杭州滨江政府无偿扶持资金最多的重点企业。后经杭州市滨江区人才办推荐，毛学长成为浙江省"千人计划"史上最年轻的入围者。随后，毛学长又被评为达沃斯世界青年领袖、2015WEnF世界青年企业家、福布斯30岁以下创业精英、2014年度新锐浙商、杭州市十大杰出青年、杭州市侨界十大杰出青年、"5050"计划创业领军人才、"521"全球引进人才计划专家、浙江省"发现双创之星"，入选"浙江省千人计划"、世界杭商大会青年领军人物20强、任杭州市新生代企业家联谊会副会长、浙江省青联委员、杭州市青联委员、青年企业家协会常务理事、浙江大学时代精英班创业导师、浙江省游戏协会理事。

2014年，米趣科技拆分涉足移动应用业务的事业部，设立子公司杭州晨聚网络科技有限公司，开发定位为活动社交平台的产品"多聚"，目标瞄准热爱组织活动的年轻人群体，旨在"将活在虚拟世界的人拉回到现实中来"。2015年，米趣科技设立子公司河南网娱互动网络科技有限公司，开发出一款基于网吧竞技约战平台产品"网娱大师"，布局国内游戏全产业链。在上游，孵化游戏研发团队；在中游，丰富手游CP产品，向RPG、卡牌等方向发展，并介入运营商游戏分发、社区O2O分发、商场Wi-Fi分发等发行模式；在下游，以网娱大师APP布局全国网吧，打造游戏深度玩家集聚的垂直手游渠道。

2016年，毛学长带领公司从深创投、达晨、前海基金、华夏基金等机构获得3亿元B轮融资，目前，公司市场估值约为70亿元，成为近几年国内发展最快的移动互联网公司之一。

青年当自强，年少应轻狂

毛学长告诉我们，年少就应当轻狂，因为这世界没有什么不可能，只要你认真，只要你坚持，只要你敢做。

我们反思了自己的大学生活，我们是否过分循规蹈矩，是否活出了自己想要活出的样子，是否一直在舆论和传统的围城里，走在父辈和社会为我们制定好的路线上？在中国的教育体制和目前的文化背景中，我们是否轻易抹去了太多棱角，轻易放弃了对自己的人生、对这个世界的美好想象？我们可以比现在过得更好吗？我们可以为自己在学习的专业、在做的事业，再多加上一分梦想、一分所谓轻狂的憧憬吗？

或许我们缺少的并不仅仅是一份"年少轻狂"的心。成功背后一定藏着更多的汗水甚至泪水，一定藏着太多太多难以言表的辛酸和拼搏。年少轻狂，不是年少空轻狂，而是要付出足够的努力，保持足够的专注，不让轻狂成为笑话。

我们会平庸一生吗？我们怎样才能活得精彩？我想，毛学长已经告诉了我们答案。不要想了，找到兴趣，为之努力便是了。

采访人：2013级信息工程专业本科生　郭世超

第六章
校友名录

本（专）科生名单

1960届无线电技术　15人

何振华　周肇基　李俊明　黄锡泉　赵文厚　戴玉琳　龚应彬　曹琴华　刘润生　汪诗才
郑嘉芳　杜鸿图　徐建平　叶秀清　赵德新

1961届无线电技术　37人

蒋金锁　黄树新　符锡璜　许森林　沈致远　李金水　徐宝昌　陈孝榕　张更龙　林天顺
朱懋友　严德宏　陈天琪　余桃先　陈瑶琴　李振华　鲍凌风　潘明涛　徐文一　张明新
王一鸣　钱照明　宋治文　范华民　曹　熙　刘文瑞　陈春成　朱长岭　董伯藩　宋康林
黄森森　袁平书　林隆东　张慧玲　严淑卿　徐建勋　陈香云

1961届全国无线电师资培训班　27人

张业和　余宗廉　杨守民　金积芬　张尊舜　郑康书　陶芳生　泮教忠　张丽曼　罗雪群
蔡瑞亮　黄奕对　曹梅新　甘国荣　朱国珍　刘宏豫　曾焕堂　周爱雪　宿绍庭　张明达
王朋玉　宋振兴　昌振斌　陈振铨　倪逸民　沈云飞　徐兴潮

1962届无线电技术　79人

秦恒骅　袁长奎　徐胜荣　柯文宪　赵隆尧　蔡式定　朱慰忠　孙志邦　张先琦　陈洪超
牛运河　孙长永　俞槐铨　傅玄英　陈楚羽　陆孝如　陈桂馥　孙世民　张绍雄　张绳武
林金明　傅培德　刘松英　田马法　周宝金　缪荣生　瞿水生　何克兴　何锦标　郑静怡
王诗刚　沈亦廉　沈百渭　杨志忠　陈宣兆　赵本灿　孙韬任　俞文君　周曼琳　姜志权
林金堂　朱家干　孙鲁扬　嵇书墉　倪君杰　沈金梓　方振元　郑忠立　鲍锦春　游金禄
黎中海　陈明武　邹建伟　沈仲吉　忻鼎富　沈根生　李万金　陈大钧　陈再权　林昌波
朱寿亮　王承荫　朱清南　华克祁　傅德庆　蔡文富　黄振华　陈贵钦　叶澄清　朱纶耀
陈锦堂　陈祥兴　周昭茂　朱焕金　柴大智　顾申年　吕克炫　吴继耕　施能球

1962届电真空器件　33人

方建树　李志能　俞相富　欧永狮　斯志纯　朱国庆　归瑶华　石寿林　孙肖楠　罗国雄
林至真　卢养武　张友章　林建珍　宋学道　姜荫周　马震钰　陈抗生　骆　序　王双庆
吴新仪　王贵祥　徐士根　闫　迅　周逸翔　骆培正　杜美如　白自强　张益民　沈剑明
梁政法　郑季声　郑广雄

1962届半导体器件 22人

陈明华	严成冠	王迪恭	钟　雄	李禹庭	魏积祥	张西萍	陈民勋	陆德纯	叶润涛
田竹标	卢家琪	江延龄	黄嘉华	陈兆中	潘德华	夏传钺	姚奎鸿	常余文	尉健翔
叶德惠	王隆全								

1963届无线电技术　101人

郑恒升	杨菊生	黄镜明	韩信枝	谢登铭	陈全富	葛庆松	许金章	杨才华	张朴修
陈关德	陆其佳	汪祖华	姚佩珍	江清如	于良寿	陈庆新	黄奕对	毛恭维	冯　洁
荣维勤	顾沛寅	钟焯星	吴仲海	甘国荣	金积芬	李斯本	周定霞	崔益茂	张福娣
李宗智	范　敏	陶芳生	姚荣庆	于景林	朱德虎	翟克强	储水滨	何国柱	宋根兴
杨品炎	卢维英	顾伟康	范崇淦	范立明	徐金梅	吕振斌	张卫达	过学理	王明德
杨荷珍	郭躬旭	张龙彬	沈云飞	骆清山	杨显芳	林登济	岳希成	李德成	张业和
赵德祥	周定金	郭森泉	姜渭和	范希超	张丽曼	施云德	黄长发	蒋坤华	林　开
何舜君	黄纪福	费仁兴	丁先国	陈发根	陈泉林	吴性良	章汝源	王勇敏	郭裕君
钟国钧	柯正本	康荣发	张慧伶	潘德宗	顾申年	陈　阵	沈大有	张加镇	俞德炎
陈秀云	王兰珍	夏根女	陈圣香	龚吉鑫	陈衣舫	忻旅明	王君山	邵忠范	崔勇才
沈言明									

1963届无线电技术导引　43人

黎园明	朱小富	顾震亚	钱乙君	胡荣华	蔡麟书	忻贤民	俞长荣	赵亦生	舒岳钦
孙丽生	徐婵娟	汪　鹏	董炳权	孙根芳	陈云珠	单克勤	胡素娟	胡秀仪	林贵宝
谢兴龙	王　玉	蒋永山	赵明友	林文权	朱明璋	徐静涛	何素贞	华兴初	王荣标
沈芳华	汤志明	陈达睦	蒋金明	胡学成	赵澄谋	冯金龙	田惠兔	杨永昌	杨菊林
徐雪林	吴振文	金以海							

1963届电真空器件　32人

赵季荪	傅金才	王善福	王宝发	俞书乐	邹石华	周林保	潘文德	胡聿新	孙万根
何天水	尤田錬	季明瑾	左人镶	刘惠芳	张振贵	胡文豪	金玉堂	秦龙德	戴人俊
尹忠杰	勇荷娣	火树藩	彭　荣	徐则园	李文相	周瑞金	马玲娣	高宝华	林国古
王建新	金云龙								

1963届半导体器件　35人

莫大康	路民峰	邹斯洵	焦玉芳	陈焕章	王岳泉	陈惠民	李广根	柴常达	李文焕
钱如珍	杨文龙	张幼萍	戴玲华	杨润生	黄长根	徐丽生	陈蓉娟	龚有成	周彩芳
王烈强	江家煌	朱　霖	程义凯	陈继惠	徐理家	芮明星	张铁桥	荣金辉	李德明
王戎瑞	沈流芳	宋湘云	李松龙	邹以文					

1964届无线电技术　120人

过佩珏	吴翼振	包嘉安	傅冠龙	穆锡麟	张国兴	洪仁本	黄德源	夏高信	徐同水
胡雪金	曾云连	宋水孝	吕国富	周世章	陈汝法	冯汉葵	苏志真	林兴华	斯金瑞
顾如洲	张永林	吕铁城	虞秀娟	王健	郑岳标	楼江超	朱育文	祁世荣	傅金生
方云土	谢盛淡	水启彭	谢宗河	蒋荣根	郑福林	戴慈伦	邢湘珍	姚月娥	徐幼敏
莫见清	朱作正	章宏劭	朱仙寿	李静芳	邵宗乾	李庆德	傅瑶红	李德义	翁星旺
王莲珍	沈晓华	陆耀华	倪章信	郑福云	朱邦民	毕镐钊	徐惠康	黄大明	徐时菊
谈志宏	刘祖勋	周章龙	毛福康	潘新康	周继东	方权耀	宋炳泉	施文根	林富贵
王忠格	刘金禀	吴常詠	许松宝	竺忠水	潘焕兴	柳庄	俞蒙槐	陈彦岚	金兆华
倪金锁	吴兴有	陆振华	周坤馆	赵昭诚	郑镇龙	鲍咸能	沈玉琴	王植鑫	孔伯焕
顾渭川	傅慧英	肖学桂	陈龙骏	房英琴	夏志宏	丁渭生	张金海	王易	刘义生
叶锡升	冯炳荣	沈士英	虞菊英	吴增源	袁义良	钱格非	胡新田	魏毓莘	陈大龙
孙炳顺	邬子文	楼吉明	沈树人	严立华	沈甫培	卓惠祥	胡以镛	吴勇兴	徐启昌

1964届电真空器件　52人

潘玉坚	徐建春	徐曾昭	赵世昌	张悦琴	程瑞生	徐云玉	洪浩然	董文炳	叶定经
金德林	卢保金	陈文樵	何廷修	龚仙贵	李青士	林汝咏	胡定美	虞昭梅	韩肇本
宋子熊	周素珍	胡瑛骅	陈章华	汪以靖	周其明	徐正卜	沈一鸣	张志林	朱玲玲
袁金炉	虞迪民	吴振声	李孟达	何志成	陆友琴	钱宗华	陈鹤芳	张玉祥	陆吉良
胡崇良	宗美宝	范国校	管文涛	余德根	卢纯瑞	倪志沈	周荣楣	赖起楠	干书来
黄松生	夏莲芝								

1964届半导体器件　47人

吴相甫	范廷灿	王钰明	李国江	何吉标	程瑞华	陈水林	罗爱琴	袁圣宝	虞承端
张鸿声	陈楚材	叶生发	吴祥生	凌启亮	何建华	钟维墉	陈荣玲	谢黄海	陆明惠
周娟老	华克坪	冯安国	何金铃	杜瑞梅	顾启中	孙志金	杨继龙	丁保岳	葛玉尧
吕九红	姚震宇	应志君	张培江	郑洪奎	章其法	祝富林	朱金富	陈尚许	杨爱曾
陈明永	刘德荣	方月影	尤华生	余玉良	陈瑞胜	余玉良			

1965届无线电技术　114人

楼仁宝	金洪厚	丁虎中	沈光荣	王绍卿	周关根	葛明贵	何淑锦	白希誇	吴子达
徐崇湖	范德昭	郭文龙	徐文娟	陈垛盛	金瑞富	侯大年	朱汉培	杜金根	朱朝光
刘金华	吕贤望	沈尧根	周晋藩	王经伦	朱金英	李令富	沈永林	沈春花	刘春祥
廖仁麒	余龙山	南志麟	陈柏宏	钟嘉禄	周才夫	袁永高	蒲盛昌	单昌海	阮琪琪
徐金松	张明明	何杞鑫	王伯荣	解长关	袁之麟	郑友娇	冯静华	孔令海	钱自坤
钱峰广	徐顺芳	杨三寿	卢贵良	张祖吉	张国祯	俞槐卿	沈瑞珠	欧阳天文	江明福
卢为开	吴忠世	王明华	钟彩娇	王宝坤	孙连香	沈燕燕	胡丕志	徐鸿寿	鲍良材

章金海	杨永福	郭亨铮	林贵富	沈桂珑	陈水珠	边爱玲	朱金汉	邹书文	张树根
黄起娥	章文美	张六均	戴文华	金承茂	傅彩婷	陈海深	刘方行	贝国华	柴彩宝
周之振	苏锦秦	沈昭年	胡章钦	吴国庆	吴锡健	仇凤英	金云华	汪仲华	纪维顺
何登荣	吴长征	陈星博	郑慰亲	周正文	陈柏樑	张登元	沈建华	陈子饶	陈开华
范建顺	张端昌	王纪康	张洪达						

1965届电真空器件　47人

陈体强	吴始清	唐仕鸿	徐朝桁	强茂春	李维翰	单新发	褚彩芳	梁素珍	孙大成
董新夫	殷之义	李敏梅	宋广元	蔡素琴	胡兆琥	宋秀珍	林　灿	高明华	沈超泗
杨振业	王金标	朱宝安	唐光华	张忠义	辛良义	奚　静	郑金声	周国强	胡法松
徐庆成	邵观荣	龚德海	张赛珍	李永土	章仁玲	娄惠珍	周芬英	陈其芳	沈文骏
洪明昆	王妙康	汪爱林	徐官松	杨智权	蔡信财	袁智驹			

1965届半导体器件　64人

林明祥	王静欧	胡亦先	包承祁	董义民	朱银海	叶应良	吕闰生	戴绍秋	吴益中
吴龙文	顾吉品	黄文云	陈安凤	鲍忠辉	陈文照	张文香	沐慧敏	蔡小玉	柴皇甫
郭忠尧	泮静贤	方高足	景永明	王文波	谢水根	胡成绎	徐世楼	王新义	陆宝根
陈高庭	刘德镛	陈报林	叶锡宏	严士方	陈惠华	陈康民	戴明显	徐长林	苏尚旺
王焕生	许凤鸣	丁冬青	李萍芳	孙仲安	陈春仙	郑熙樟	沈　弘	徐炳福	孙连根
任云珠	徐熙汉	朱子川	孙静芬	朱　华	朱志祥	蔡琪玉	王宝凤	袁永德	刘杏生
张秀凤	谷建良	王保福	朱广英						

1966届无线电技术　79人

裘柏金	傅德明	余水苗	张彦钧	朱维新	张剑雄	季高清	陈关权	应文军	袁雅翠
王明申	江文天	徐翠娣	严加法	陈昆荣	裘长青	邱　宏	袁能兴	庞　晖	徐湘光
赵祖娥	竺天芳	孙炳松	徐　群	王兴森	虞立东	李庆良	林镜鸿	贾长枝	吴培钟
俞福霞	杨莲娟	李文扬	陈觉新	徐宗敏	诸勇建	李强健	刘有明	陈求真	徐志纯
蒋文艳	唐志荣	徐震勇	余新乔	葛辉玉	江卫明	胡先龙	周　涛	张雪根	郑玉兰
周邦定	杨新尧	周增寿	陈赛玉	何梓舫	郭成昌	俞凤奎	张福清	徐赛秋	雷世康
周祥熹	吴宗根	徐金德	邵立勤	陈白原	王渔水	程　杰	丁桂凤	沈益亨	张公俭
孙伟东	郭丹凤	朱上林	金庆现	顾坤范	葛凤翔	赵其华	姜雄善	魏方朔	

1966届电真空器件　28人

胡立铭	陈绍其	吴燮荣	邓石臣	戴月华	章雅琪	陈信华	黄声根	任继清	范庆新
袁金花	虞中杏	杨锡林	曾上海	史利贞	何竺土	徐建雄	陈美珍	陈培炳	王臣年
何浙林	夏生芹	潘银松	郑人珉	周丁昌	谢忠法	王维新	周长宝		

1966届半导体器件　61人

胡均川	何　诚	姜珠冠	叶良森	唐金华	徐锡洋	梁寒冰	吕　进	张　宇	王仙兰
杜行尧	陈友德	丁月华	陈　强	俞国英	陈东明	陈志鹏	国振泰	朱桂枫	沈美林
刘日钧	楼章和	孙承毅	邹广有	郭翰云	沈松春	许梓云	刘立孝	陈长云	张桂华
高全荣	鲍德海	万月贞	沈　炯	梅良森	王增福	苗金利	唐仁福	施　炜	王英强
吴蜀萼	钱琴珠	尤晓振	郑英杰	孙　勤	郑雪荷	洪静芬	潘洪秀	徐秋霞	马式满
袁士功	吴美水	徐文荣	朱德和	郑　重	卢根财	王巨榛	王增福	吴元灿	吴仲敏
吕正渭									

1967届无线电技术　80人

徐永赤	徐宝珍	应后昌	刘希平	徐洪富	黄国鼎	孙干华	吕立新	王南光	王美云
王玉琴	杜尚崇	曹忆漓	张身龙	陈风雷	吕隆德	沈启逵	马步青	李爱媛	曹巧玉
陆大庆	郑庆光	董凤英	莫熙康	盛福生	金恃明	田设付	郑洪良	方金炉	谢松泉
郎桂斌	王春富	徐式章	黄瑞安	屠守定	陈心海	陈康雯	陈裕标	岳　泰	黄爱焱
余木兰	张敏哉	黄光成	谢成柯	章守苗	陆中海	陈国娴	毕霓玲	黄为民	李春雷
胡志荣	何向明	吴根勇	李为东	包长铨	谢松城	楼珍森	华根土	胡金荣	柴志勇
李一鸣	莫飞雄	柯国杰	应文信	余学军	聂登康	纪友勤	毛克法	陈焕新	汤宏恩
姜梅青	陈金水	施成水	吴　斌	翟俊虎	史定张	黄丽华	叶培建	林金坤	蔡方权

1967届电真空器件　37人

吴宝林	叶耀宾	周明伦	陈亚芬	卢夏竺	王才鼎	裴五一	何海梁	王永祥	童锦林
陈国俊	顾明初	华一新	马宝祥	傅永翔	陈文海	沈娟如	陈裕芳	马　雄	徐福生
吴幼卿	金章洪	胡寿生	吴森彬	黄浩杰	郁定国	胡纪熬	胡有成	李晓娇	吴万祥
唐序蛟	戎玉妮	孙家丰	陈玫和	倪国荣	余曾修	施　海			

1967届半导体器件　37人

周如华	姚长开	俞　辉	陶国森	孙成迪	陈兴国	戴庆旺	吴正宽	罗永康	陈育人
沈午松	张永柞	徐　军	尹祖慰	戴锡荣	肖　波	叶　明	裴泳锐	沈　崎	徐小娜
陈书渊	林　辉	章锡余	林绍基	沈复初	宋哲文	汪晓岚	杨复森	林新民	房振华
汪　斌	沈德轩	吕正渭	林在梁	徐桂芳	徐　坚	陈朝淦			

1968届无线电技术　64人

陆立浩	王式生	柬浩荣	严传书	姜纪祥	陈章贞	钱希坚	金新寿	倪杏标	周初星
刘元阳	俞福根	高五星	王　勤	郭武林	周乃存	胡　农	陈健雄	陈斌操	陈　岗
石林华	叶贤祥	林崇镝	叶德荣	李　建	严德生	郑　旦	王燕喜	马明方	滕水娟
张红华	胡晋元	占　峰	蔡丽英	吴世余	章　涛	钱亮炳	项用铭	朱桂松	朱家雄
朱志远	王险峰	徐炳根	徐日新	王映煌	梁作仁	谢爱凤	项　峰	孟　冲	冯为民

汪傅栋　闻　新　胡　炜　徐　兵　刘　凡　胡　键　纪　列　张妙荣　郑筱祥　叶　昕
顾　伟　汪　彤　徐克明　陈素娥

1968届电真空器件　32人

郑笑郎　蒋忠明　鲁明炎　沈　煜　许金元　卓厚云　蒋纯校　陈岳庭　徐茂华　高吉宝
郭星德　陈忠元　葛一球　张农樵　杜　矜　吴永南　胡振民　陆　堪　汪李章　余达杨
董尧德　吴达师　林桂新　梁景宝　韩肇澄　杨友芳　章镇南　陆继中　朱根荣　毛夏莲
杨元照　朱启祥

1968届半导体器件　29人

张善芳　郑洪运　徐存海　陈新富　金明辉　黄　放　杨木祥　潘尚总　金文苗　周家华
朱丰毅　严　娟　吴长安　丁凤菊　王建华　翁　立　瞿龙海　阮贵阳　祝金华　阮震翔
江云民　马　达　戴智康　顾　杰　罗昌明　励道铭　曹连根　倪一帆　叶洪勋

1969届无线电技术　65人

倪锡林　於荣林　周梅芬　傅乐炳　王耀斌　黄金屏　朱高飞　吴敏聪　洪复初　贺慧娟
单培文　肖泰山　乔忠仁　沈　霄　黄宗美　王六珈　梅杏德　马自强　黄清松　汤全坤
林谒庆　张德荣　唐抗胜　朱铁屏　叶经天　鞠在芳　曹振光　陈秀卿　高云发　刘平生
刘传淳　瞿福志　王余银　陈象珍　江祖兴　何海棠　康文刚　张月祥　马才珍　俞马泉
戴鸿安　官正忠　王　汀　刘兴华　张培义　陈朝禹　许立峰　李　锋　王长水　唐国忠
余杨岳　黄剑峰　杨兴邦　张正明　陈山鹰　吴金粦　朱文干　李式巨　叶国洪　沈正惠
吴钟斌　陈沁芳　王宪权　任水仙　汤子良

1969届电真空器件　31人

王臻禅　吕瑞良　杨文照　徐国明　卞　涛　姚士玉　韩茂良　蒋岳光　丁源伦　王令隽
邹当先　顾玉明　王洪奎　郑时捷　金绍菲　冯耀鑫　沈　云　秦恒骠　丁仁根　胡胜鹏
张长山　胡达中　徐雪伟　贺鸿兴　胡福昌　赵伟麟　徐兰芬　黄静康　王如朗　许岳良
莫海鸿

1969届半导体器件　36人

郑银水　陶　淳　程　勇　沈水龙　楼成波　王永辉　李香姣　黄照兴　孙　烈　王载松
刘贵舟　徐可人　罗　筠　曹秋炎　陆允孙　丁　纯　谢道隆　丛利华　庄志庸　吴昆裔
陈其鉥　赵利云　吴忠龙　陈福元　杜昌琴　张涵清　应介良　陈沁芳　徐鹤林　陈文坚
江浩忠　蒋东仁　徐家义　鲍钦霞　陈清洁　王庆盛

1970届无线电技术　74人

张伯伦　李明初　虞玉仙　王本胜　蔡丁生　贾祥有　史良国　张为人　叶卸良　蔡金德
高立模　闻莲凤　胡允海　郭樟桃　王宗法　严明祖　汪　黎　郭德福　梅海森　唐士佼

朱桂林	蔡银田	金志伟	徐秋兰	蒋照素	陈瑞满	董思义	胡蓉生	王金洪	裘见福
黄大伟	王永兰	施希鉴	于登吉	毛廷书	颜文新	郭仲芳	黄金生	祝王飞	黄如星
朱林祥	方建中	申屠桃仙	甘铁峰	王存旺	周协民	张兢	何海昌	钱松福	张长金
许雅庭	金云山	楼更成	胡湘树	许玉炳	钟美清	邱小荣	王大中	朱云瑶	周厚钦
吴群仙	蒋秋娟	卢坚	楼月凤	胡兰芳	徐鹤翔	叶红	黄法新	钱守礼	涂春辉
徐步训	吴秀茶	金良全	金锦宝						

1970届电真空器件　30人

吴作清	王德苗	冯志良	项金清	赵永华	冯泽松	刘根生	应伯根	王征	徐电
沈欧	黄星波	陈志兵	陈志超	李军	骆兴龙	刘健	詹振毅	周毅	施强
王江河	卢伟	张玉波	褚永明	蒋继红	朱封鸿	姚邦伟	卢经山	徐水香	张琼英

1970届半导体器件　28人

王志英	胡晓	王春山	孟夔炎	孔玲玲	焦礼纯	胡碧玉	王立成	王春香	叶必光
何德涧	陆成友	曹康明	金良全	鲍超	杨争辉	王绍澄	叶德澄	朱海林	徐斌
董志海	张月香	杨小娥	余序平	李迎	邱文伟	徐白露	宋学勤		

1973届无线电技术　47人

宋业连	祁陈梅	卢樟耀	羊秋玉	章兆凤	瞿子林	郭明	黄信有	傅为民	郑骏发
沈峻岭	余保华	金官凤	万战胜	池和苹	傅宝林	吴祥华	陈九林	叶远男	张礼春
李云	陈生祥	张兴玉	葛存桂	王平	唐国贤	李建堂	齐红	金汉江	李朝华
周桂荣	王风祥	黄海华	肖南	袁朝辉	甘腊珍	杨福平	李志良	贾荣景	王观荣
曹周民	侯岁山	傅法仁	刘长茂	李金亚	吴江	肖力军			

1973届半导体器件　34人

陈定松	叶明才	叶奇放	徐旭峰	朱秋霞	朱兆芳	陈政月	徐塗生	刘卫国	陈桂贞
陈益炉	周杏兰	周溪迪	林茹贞	王贤同	张俊仙	周新华	马玲兰	施松盛	刘志山
芦启兴	赵金海	陈潜乔	张杏生	王良友	楼志堂	余应荣	吴汉才	高根法	赖中富
祝先行	滕星范	褚熬齐	李锦辉						

1975届电真空器件　31人

徐银梅	马满琴	刘艳	万道田	周明	王厚让	谭连顺	王素勤	朱坚红	田美凤
黎传林	张明熙	楼新民	尹晓舜	朱菊新	张苏贞	席金秀	章绍东	李善根	晏放成
杨德贵	李利华	谢淑媛	杜利放	赖大安	成融荣	汪哲中	王锋	张美琴	李玉华
杨利民									

1975届半导体器件　30人

| 杜渝平 | 董瑛 | 宋祥芳 | 吴声钦 | 吕荣瑞 | 焦怀南 | 李存信 | 朱惠琴 | 马月珍 | 盛志英 |

张立高	耿发山	何礼洲	单绍柱	陈学英	李洪敏	王海涛	陈光亮	张海葆	冷金根
吴泉源	李志慧	岳惠敏	陈兴贤	杜卫国	张　新	项绍其	朱传林	李安奉	孙华英

1976届无线电技术　31人

毛茜琳	王凤祥	刘玉安	余松柏	张炳发	施高亮	罗文定	刘燕琴	古守泰	吴祥发
吕振国	张守亮	倪熙岚	郭其华	陈燕清	易　容	吴家宏	张泉芳	张跃武	谢银芳
饶先迪	郭莲英	向安银	李根根	赵金光	徐建华	周海振	朱玉田	卫文周	刘先明
李　捷									

1976届电真空器件　30人

高冀湘	蔡锦凤	任高潮	林宏基	吴华夏	张焦夏	袁亦江	张佩瑾	章爱民	苏仁员
林文国	吴通宝	龚如康	陶洪法	汤美郎	白陆空	刘国栋	连克杜	朱水苗	顾武杰
鲁金兔	徐桂珍	申镇其	江祥目	陈人有	杨忠文	毕松鑫	孙云龙	刘改建	刘　哲

1976届半导体器件　30人

王双花	燕士兰	邹正平	许茂源	罗木贵	马寿山	谢永春	万顺秀	刘树华	孔玲新
胡华宾	曾纪源	陈　浩	雍成文	张世玉	李　明	范信龙	胡水发	顾坤明	贾　军
赵　军	张桂花	李锋涛	范继春	邱鹏程	许　渊	冯所川	胡捷华	谢秀莲	吕建民

1976届电子计算机制造　30人

王新玲	王柏忠	芮振璞	余永泉	郑淑辉	钟天恩	谢　东	陈　英	王启标	江树木
李晓凯	郑荣然	金建国	戚茂春	杨先年	王光侃	刘德智	李洪山	杨仲森	陈道乾
鲍之敏	张肖琪	方峨国	吴建和	朱建林	杨锦孟	赵少英	汪一芸	胡厚麟	白世昌

1977届无线电技术　36人

帅玉川	张　平	毛金才	李林根	孙正法	夏国兴	薛桂林	阮争英	张素勤	包炳生
李伯贵	张建国	贺　平	蔡进恩	汪仙梅	贾继红	任彦明	李德良	张葆增	杨绍清
敬茂林	高卫平	丁清槐	辛　建	李　敏	张　醒	裘本产	张庆平	陈小芸	方伯亚
宋　刚	柯坤田	章柏华	缪才林	徐永龙	陆仁宝				

1977届电真空器件　35人

戈美玉	陈笑云	王进生	周爱法	俞安惠	夏震宇	薛　佑	胡　政	张惠玲	王炳根
周建华	范仁贵	路金钟	臧松才	胡文军	褚秀妹	王　列	胡修业	陈镇锋	郑春福
谭金根	周文庄	蒋秋香	倪方良	祝忠东	张小林	邹永生	谢渭庆	陈金花	魏　东
石　磊	高积柳	章肖泉	詹立水	谢梁龙					

1977届半导体器件　32人

童庆林	郑学龙	谢良燕	孙　耕	季　娴	罗晓平	徐士英	张振江	冯湧麟	朱德清

沈相国	郭爱华	刘美香	李秀英	陈树妹	何一江	虞顺发	赵晓明	吴雪芳	曾桂凤
梅惠芳	周振高	卓凯甫	沈忠义	贾 勤	张 平	成德莲	范太锁	关方炳	任吉川
耿四一	钱来娣								

1977届电子计算机制造　29人

王敏华	陆加园	邓松如	李宝甫	秦学礼	章新国	杨国林	王云秀	陈美珠	郑纪琴
周妙根	柴志荣	喻小林	刘志荣	杜惠仙	张玲芝	王立生	周均良	张林星	夏维武
邬培金	李玲娣	童素琼	江关朝	金延昌	陈庆南	许金龙	钱雪林	林海琴	

1978届无线电技术　37人

陈伟源	唐吉昌	王仙顺	朱之成	杨鑫娟	赵良明	王文华	钱益民	朱百岩	金云龙
陈远利	俞素萍	潘平来	郑大光	叶先根	徐建新	陈松林	谢长斌	朱宝玲	张元秀
徐卫国	黄人广	范庆元	郑仁勇	赵国萍	王美娥	孙成群	赵新建	周志义	叶朝亮
许建明	郭金杭	傅范淑	罗小达	周平灿	赵 维	俞汉民			

1978届电真空器件　27人

夏校良	蒋金甫	宋卫平	施惠珍	刘孝玉	李君平	宗成亮	吴称舟	李锡堂	高文河
张 明	宋文萍	陈宗宝	郭继发	洪宇军	蒋有寿	张晓梅	杨福琴	高俊荣	韩建华
李桂良	吕贤明	姜泉毅	陈迪凤	蒲怀英	李明观	张野澜			

1978届半导体器件　29人

陈青华	蔡晓燕	游媛玲	郑金柏	彭成信	张炎龙	李 平	陈晓萍	沈建芳	刘晓萍
王善平	徐学定	汪桂发	申培军	徐爱斌	李 健	李 莹	方 明	余志炎	诸葛富荣
魏亚军	沃佩琴	吴立亚	朱国萍	聂才美	黄伦钰	苏玉宝	张 黎	许雪薇	

1978届电子计算机制造　29人

王桂霞	李 宏	刘延娟	丁平照	李学来	钱成益	张瑞峰	刘 琳	蔡慧珍	田丽娃
李石先	沙民义	蒋方炎	李志敏	孙 胎	范翠娥	李武祚	白移凤	张建强	张国良
吴子勤	严菊华	黄开秀	刘鲜京	周运先	凌 灿	张瑞康	田新华	郑 伟	

1980届无线电技术　39人

耿肖君	孟少华	马玉芬	杨志华	吉明秋	蔡 潜	裘然一	赵会英	郑春仙	田希国
田兴国	陈德荣	林加东	于 力	张 萍	郑秀萍	张春弟	郝豫川	陈永清	王英俊
地里夏提	袁秀岚	朱 瑛	张连军	郭法滨	李培龙	王廷阳	涂援朝	汤结桃	杨宝进
张延辉	郭 俭	邵盛伟	刘书斌	陶加中	钱晓农	王春林	章立铭	赵 维	

1980届半导体器件　28人

| 王迎建 | 方 芳 | 顾德美 | 刘树纲 | 金文新 | 胡汉章 | 朱政雄 | 王世力 | 丁舟民 | 张根娣 |

| 陈庆国 | 宋松年 | 詹炳鑫 | 何风贵 | 吴秀英 | 屈美君 | 刘继志 | 陈　辉 | 卢贤芳 | 王颂兵 |
| 谢友林 | 侯雪芬 | 江永前 | 刘建平 | 李小兢 | 徐国芳 | 廖纯一 | 盛文彬 | | |

1981届电子物理技术　21人

林梁挺	龚为新	邵克勤	卫　敏	丁　芸	宋剑峰	李吉勇	程　康	王晓耘	冯伟泉
李伟中	泮　洁	方安宁	王　佐	王　强	金心宇	陈建沪	赵　阳	顾世华	钱新荣
吴洪森									

1981届半导体器件　35人

龚　毅	陈　琼	杨光平	韩伟宇	袁　建	林政伟	徐　立	丁一亭	谢　平	齐臣杰
姚　卫	梁　红	黄　汐	杨左娅	蒋亦超	陈为民	王保民	唐　政	韩　雁	许　昌
张旭辉	王建忠	邓远东	戴熙明	郁建民	金孟树	杜功强	石振尧	张　淳	陈　林
熊南汉	杨　铭	俞伟清	张康敏	徐姝靖					

1981届电子计算机制造　35人

王泽民	赵影雪	王　平	郑　平	曹　平	刘永清	马绍力	张国强	陆继平	吴　念
钟　平	程　先	周　斐	吴汉桥	邢小良	江黎凯	陆　敏	叶晓萍	杨裕明	王东勇
林逸群	毕志刚	丁一凡	吕　杨	王玉巧	宋　炜	任卫国	夏超英	周小姗	陈丽辉
韩家宁	徐布克	陈坚平	袁　迅	叶民献					

1982届无线电技术　73人

程　隽	刘学林	谷维加	刘天甫	许国祥	彭建纯	李　晋	王　澍	郑　政	谭丹柯
于少军	张旭光	刘　闽	曾建瑜	辛小霞	胡步达	冯　骥	周亦农	毛祥根	王昕池
王禾丰	黄　莺	秦　虎	毛承宁	欧阳佩唏	陈晓华	梁若涵	蒋　晨	梁　晶	鲁黎生
李　敏	周丽文	严吉强	郑　建	葛　新	濮鸣鑑	徐　诚	林　海	许　华	张定龙
陈葆文	李　欣	郑　伟	姚晓明	张　申	许晓刚	孙剑鸣	张学诚	房旭民	马学宁
吴伟国	许　阳	刘洪志	魏俊杰	朱小明	叶　健	赵十华	陈永辉	孙李宏	晏　为
杨生瑞	谢志亮	郑兴建	刘　飙	裴可勇	刘滨帆	王一中	王晓鸣	史志俭	王嘉康
侯毅刚	蒋达先	孙起元							

1982届电子物理技术　67人

张利华	姚　楠	郑凌西	朱君松	黄战生	黄　敏	沈征宇	蒋　平	肖清芳	解应龙
王永安	陈　跃	袁　至	申　林	潘以闻	陈立峰	严　钧	裘燕萍	翁旭东	陈向真
王兴和	张芒粒	郑伏天	潘新予	杨鸣华	曹麟刚	余丰人	汤伟中	叶雁群	杜建军
刘　滔	翁宜慧	叶平波	杨柳青	张　浩	叶　冰	王泰宏	陆庆谊	吴绍英	胡　煜
陈　炜	王后乐	谢　白	单晓文	刁小刚	武　红	黄达诠	田晓林	林奇全	贾　清
项　峰	钱瑞春	王建芬	朱一心	张　泉	李　江	徐　彪	楼平胜	许起鸣	马文方
许哲群	袁重武	杨圣辉	方乾明	缪　鹏	黄民智	吴宏毅			

1982届半导体器件　　55人

周向前	李　倍	梁东明	胡俊青	陈　坚	罗科勤	王　海	宣晓伟	穆京祥	徐晓光
毛　利	王勇佳	刘立君	周　晓	王椒民	黄元津	任　翀	张　晓	何宇青	郑华杰
蒋晓波	郑兆礼	林梦尘	祝鸣球	徐姝靖	历鲁卫	李建勋	郭　萍	邱　迅	郑　杰
林　雁	殷瑞琪	林　钢	吴民雄	王　珍	陈德伟	孙　宁	蒋　能	胡天斗	赵　万
刘　琳	汪荣萍	武益民	王跃林	马建青	张毅生	李　伟	卢　智	苏德毅	陈劲夫
张　钢	李　珈	朱肖林	鲁　历	王伟华					

1983届无线电技术　　62人

朱　凡	江　强	张　凯	董科平	曹　红	邬立平	徐　冬	陶剑锋	乐振武	张　耿
蒋寅生	丁丰其	任伟泉	徐　青	张淑萍	池忠明	郑　鹏	韩卫宁	王　强	杨平勇
龚　平	杨　伶	朱学光	范勤毅	詹　超	廖海方	陈　伟	谢　非	熊　梅	朱金有
周　刚	裴　华	刘　澄	陈建平	鲁尔巍	蔡小波	沈士三	胡谷雨	何　英	刘一村
潘　峰	楼　伟	万　伟	陈　侃	俞其宏	陈克波	孙晓铁	林永斌	蔡　伟	王笑冰
陈　虹	高　凡	董守玲	应启峰	周　峰	蔡方平	江　渊	吴　坚	高　翔	徐剑萍
季长春	胡靖一								

1983届电子物理技术　　31人

万　玫	龚剑萍	杨冬晓	陈智勇	吴通锡	夏　杰	程　刚	王敏华	王　晶	陈　刚
吴　伟	张　群	郭艳东	戴　毅	卢小林	包志刚	陈　泓	吴列万	周　方	顾　杰
段永平	汪宇清	李　龙	陈晓东	吴君青	潘　敏	黄崇钛	姚建峰	邹红武	李金新
陈道中									

1983届半导体器件　　31人

王　锐	曹其萍	倪永平	季建华	周海波	桑识宇	谢海鹰	朱文冰	彭彩君	朱陈焜
郑光烈	潘　华	徐剑虹	石振尧	陈　杰	马西宁	陈先瀚	范伟宏	赵元富	黄　勤
冯　平	邱静君	王月明	吴仲杰	周建科	俞永昌	龚利汀	张　进	林　葵	王捷民
张开林									

1984届无线电技术　　64人

王　瑛	李文道	林发炳	蒋忠云	史晨愉	张孟犀	段　炼	石　琰	李爱光	周　毅
甄　林	包晓岚	张祥山	徐三三	徐珊寅	任　刚	赵建国	蔡元敏	许林元	陈　健
黄舟波	章　铮	沈　功	俞子涛	李启青	陈　辉	黄秀坤	王　松	张仲非	谈列维
沈　光	陈岳龙	常　平	王　健	陈　琦	莫立宇	周绮敏	杨　伟	吴国飞	褚　昂
刘　峰	陈龙波	黄　为	金　艳	杨　波	邱晓鸣	熊兴荣	卢国文	陈常谦	黄可群
王玄实	杨加明	袁建国	鲁尔巍	江瑞清	邹　昕	黄志轩	刘　康	张　帆	柴　樑
范勤毅	李　军	谷　力	蒋天凌						

1984届电子物理技术　21人

毕海芬　路红鹰　李天恩　邹英寅　涂剑南　梁　坚　程　坚　杨　静　孔刚玉　杨肖雄
何国鸿　顾　毅　黄　中　傅　刚　庄　红　刘　昌　陈基忠　罗志刚　徐　铭　屠　枫
樊志毅

1984届半导体器件　27人

卜敏儿　马建华　刘宏岩　成　志　张以捷　徐　征　曾闽惠　江　岚　方建明　刘学锋
宋剑平　周国冰　黄云波　韩明华　郑　颖　王丙丰　孙力武　杨伟毅　施　虎　黄武杰
黄春耿　郑毓红　王绍理　许新华　张　明　莫　华　曾　平

1985届无线电技术　63人

王健为　李云峰　宣建华　韩国万　王雅楼　陈　辉　高宝成　李慧娟　李舜革　赵　兵
蔡义钧　倪新魁　陈国俊　夏弟方　余燕萍　张庆民　郭大兴　江瑞清　孙　新　郑以坚
翁建滨　丁国辉　张晓钢　高永晟　朱维敏　朱晓华　周大成　梁旭鸣　王　铮　陈志宏
唐国良　曹小艳　任　兵　周吉岷　游龙翔　贝彤彬　陈剑波　殷　可　温红园　李　良
周学理　蔡力军　包明泉　陈新华　徐志连　于慧敏　张正友　茹　畅　常　平　许　健
尚　进　黄扬丰　王　捷　吴一闽　赵　兵　郑逸轩　朱榕城　周　清　黄林立　王家隆
吴晓忠　高宝江　张雅慧

1985届电子物理技术　26人

周启琼　刘　仪　吕利清　陈　华　林文彬　赵未知　鲁卫民　韩　筠　刘心红　李浪飞
陈　锐　周　波　胡正良　舒咬根　丁江群　刘向东　杨继雄　陈绛平　罗永涛　骆金龙
蔡　宏　毛向东　陶雄强　张　杰　吴志武　金国春

1985届半导体器件　34人

马　玲　王光磊　麦　苗　邹永杭　柳　博　黄祎炜　黎煜忻　安　婖　王晓星　贡苏康
邱发雷　俞　滨　谢　健　吴建平　吕婷婷　冯　浩　严　余　何　矛　郭妙泉　鲁华祥
傅一民　陈　颖　朱贝里　严东军　周文锦　袁　茂　蔡生金　朱建宇　王大宇　宋毅明
吴嘉忠　周黎明　黄波海　蔡月泉

1986届无线电技术　77人

王一红　方忠良　刘斯录　陈兆多　张宏志　胡国旗　舒光恒　刘　萱　王　雄　许炎彬
陈建昌　易　瑛　南翃华　潘学毅　孙　敏　王明利　孙　杰　陈禹友　易永健　钟锦川
潘强龙　孙红霞　王志和　朱利人　邹志国　周才良　俞河会　霍振龙　朱永华　王晓彤
沈伟平　范剑峰　周学民　姚　远　魏泉苗　李　红　尤祖光　李维民　林绳元　周新生
姚　鹏　陈国俊　何雪梅　卢光义　杨　刚　张　彦　洪保明　郗育江　蒋政敏　林中如
田振才　杨建章　张　健　姜宝军　顾照明　何剑平　高　秋　叶胜枝　陈　平　张　裕

郦 江	奚红兵	包章贵	梁 敏	刘小权	陈 彤	张立江	胡 强	徐煜明	姚建良
马再行	刘校阳	陈 革	张江鑫	胡立华	蒋竹岩	陈 健			

1986届电子物理技术　48人

吴轶瑛	秦 勇	石京民	名世京	陈 钢	季阳阳	黄 昕	郑金菊	戴春玲	江一飞
沈发平	陈 晖	周祁顺	童晓春	林 立	王 龙	汤道夷	沈春林	邵建达	祖继锋
谢民永	张 宏	王长华	刘 萍	李万才	吴文涛	胡海洪	蒋 抗	张雅男	王国仁
刘平山	杨 平	郑国武	顾尚云	韩 松	周月华	王家斌	孙 明	杨成荫	张 云
徐 冉	吴志武	周贤利	邓英韬	朱新富	陈 伟	张 晔	曹睿颖		

1986届半导体器件　37人

王 琳	周 弘	叶继承	朱志远	杨国忠	张 增	童 云	王汇娟	周 绮	刘 勇
任 毅	陈志军	张铁强	谢 军	李学红	胡必成	刘和祥	苏朝阳	闵忠明	秦 毅
韩 飞	陈宇红	胡明华	许文农	李立康	郎金荣	顾斌京	程剑飞	吴 莹	马永良
朱成梁	杨志成	林期远	曹骥乔	潘万苗	张 敏	王学良			

1987届无线电技术　80人

李 晔	张 超	费旭东	洪 津	张祖明	徐金强	沈建兴	竺爱琴	张勇建	叶海飚
赵培毅	李 恒	徐胜波	郑树生	晏淑琴	周加林	庄建华	李银凤	李 浩	蔡治增
苏建平	陈雅梅	周亦军	苏明耀	郑坚平	李全福	林永辉	孙孝年	王伟良	刘炳军
朱开建	吴 明	李伟森	潘仁久	杨 丰	王浩波	刘志明	黄进华	林毅红	李 寅
杜海舰	熊思民	王一川	陈 伟	俞秋华	赵 晖	高文生	周正宇	郭一兵	肖秋枫
陈孟杰	于海河	王海根	高自强	姚 武	陶倚天	金志强	郭日升	林建宇	王俊伟
陈 杰	谢林澎	何剑平	金效杰	郭 铭	房世晖	王 伟	陈伟灿	范庆超	姚建良
张 伟	蒋 磊	何建国	张 炬	徐国银	丁兆亮	冯新炎	张国舫	蒋正春	钟为民

1987届电子物理技术　40人

何一青	陈学慧	陈俊国	季家红	倪云岸	邝亚镭	金文兵	吴弋旻	陈惠萍	刘民庆
李永安	杨学实	姜金荣	郑志贤	宋依兰	张 砥	刘志国	赵文华	邹节辉	毛履华
储国君	王严梅	张衍廷	刘玉祥	赵和平	秦冬成	吴立庆	叶德华	张丽莲	陈燕军
刘子泉	章献民	潘明政	黄培信	徐俊群	潘 晔	陈 雄	李 立	章吉云	楚海明

1987届半导体器件　34人

李桂芳	邬海芸	朱忠云	陈 健	庄宝煌	姜云华	熊志亮	刘晓英	王维航	朱月林
郑 政	罗华宁	周伟福	颜明星	张 朔	王廷耀	杨晓剑	林 瑜	孙卫明	初宜亭
舒福员	张奇萍	王洪广	杨建超	苏学杰	胡为民	张植民	斯笑岷	温建青	王健麟
余 兵	蒋 瀚	蒋立平	费旭辉						

1988届无线电技术　92人

陈 田	李启武	茹庆祝	朱耀强	张旭东	徐静波	刘磊平	余晓生	邬益川	沈永泳
张仲敏	杨红俊	洪其禄	许俊杰	陈玲萍	徐日恭	萧 越	李小阳	潘顺生	邱云芳
梅育华	毕 净	刘燕鲲	冯江一	何金祥	王 刚	金其均	姚 琪	施 勇	杨文安
揭廷红	俞志刚	吴 军	吕 东	王 东	金向东	殷宁军	朱 青	骆 勇	傅仁平
蒋力放	李新发	李孝安	邵立新	于晓丹	金建新	杜少杰	陈培国	吴传杰	戴贤皎
潘 征	李 伟	李鸿斌	尤强华	冯剑明	冯锦羡	林诒彤	郑朝晖	樊建平	周 勤
宋 玮	韦建炳	巫晨亮	张尔渔	王新德	吕枕昆	魏成飞	丁 纯	刘 铸	李 斌
高小平	韩帮计	王德熙	杨颂军	郑剑虹	边彩应	吴 迪	陈 伟	邹 勇	虞陆平
何晓阳	上官海英	赵怀基	汪雪松	茅良平	杨以平	韦海强	孙峻峭	邵紫光	刘树新
胡建强	骆有坤								

1988届电子物理技术　34人

薛宏真	朱 梅	张立骦	徐祥华	黄 诚	张立新	胡明捷	朱月秀	郑惠骏	周继红
李 蕴	徐建华	靳 军	周荣海	徐向东	黄明光	胡水鑫	邱承武	陈 智	袁方华
马铁一	舒 怡	吕亚坤	岑龙达	周耀亮	魏 骏	张剑斌	焦孟草	金 宁	许 骏
柯英奇	周 玄	马 昕	袁智敏						

1988届半导体器件　31人

马 骏	周良业	王飞军	方 军	曲 翔	吴清扬	蒋焱斌	刘培红	潘仁根	周成春
陈 彤	陈立祥	马玉川	张国锋	胡拥军	叶 朋	马洁荪	钱志刚	李小阳	汪 宏
周 率	刘 骏	沈顺清	周晓兵	刘 勇	周永春	方 华	屈民军	王洪利	毛星明
凌忠兴									

1989届无线电技术　88人

王伟国	高建平	黄忠东	周 策	陈 鸥	郭少牧	潘岩德	刘顺坤	郭 漫	丁学欣
黄巨交	郑洪涛	周 联	周志杰	邹国辉	黄玉生	王奕炯	詹伟国	阙维伟	林 沐
蔡俊彦	宋蓉蓉	程朝阳	叶 鸣	丁志良	李丹丹	王震武	刘 晔	荣光宇	施 涛
胡志忠	邓健康	刘 峰	郭志彤	王 匡	金立荣	朱双霞	任温革	陈洪宾	林宏伟
周如彪	曾维东	谭钦红	章国敏	陈建强	洪忠毅	王东舟	代 涛	吴 征	王 戎
刘铁树	季学会	陈伟明	庞清萍	张劲松	卢 伟	沈玉琴	吕会民	樊文劲	郭基富
陈志忠	刘 峰	洪 军	张 红	金慧星	姚晓辉	朱 斌	韦 然	祝 滨	徐 凡
任伟芳	程立新	孙建文	王效灵	陈 新	陈复生	许 基	叶 忠	徐 洪	王海鹰
张 波	贾正峰	戴富仁	陈 军	李兴华	王俊云	张雷声	吴阳生		

1989届电子物理技术　37人

李忠伟	陶文军	朱 镝	黄学军	王士钦	覃 红	管卫泽	陈树畏	辛立波	徐剑青

洪光烈	戴忠伟	丰 平	周效东	杨国贤	俞俭平	王百春	何长缨	王向东	章 静
王晓民	张焕荣	商 洪	邢超勇	叶丽玲	邹小豹	张军浩	屠斌飞	乔金梁	夏劲松
丁佳斌	谢芳铭	刘文化	朱文杰	王 钢	胡咏梅	汤建周			

1989届半导体器件　30人

夏 凉	张雪松	徐晓勇	卢肖红	卢金昌	罗 展	石凌涛	林 军	钱延红	邱炳光
郭顺良	吴 文	王 劲	严望东	施新天	蔡晓东	叶远华	李巨江	周先平	黄文宝
华光平	顾 迅	吴 越	朱小武	毛时钢	王文凌	李 红	陈 珉	王 哲	沈雪范

1989届光电子技术　29人

汪一心	崔祖国	鲍红卫	张 驰	戴平岳	赵 军	朱丽津	汤劲松	秦 策	宋 健
屠林涛	范滨滨	何剑林	钱 毅	王 勤	葛杏林	高根华	何永芝	杨 捷	王硕勤
杨 冰	赵 英	管海玲	张胜雷	陈舜军	罗 岱	张瑞兵	栾 健	张济志	

1989届电子工程（杭大）　78人

舒 展	龚玉芳	盛 伟	黎自若	张菊良	俞红军	马 飚	杨 洋	郑林军	郁志刚
陈文勇	沈海鸣	周忠国	宋六明	黄法良	陶日初	沈玉堂	缪春妹	朱巧芬	钟学军
李 青	黄维东	李泉明	郑小兵	李 恳	王献珍	王姚仙	黄达累	华 山	丁兴大
郑 飚	徐 雷	贾洪高	汤敏坚	蔡 斌	吴立仁	应 敏	姚茂群	周荣良	陈军方
朱秀雄	郑根土	杨 武	张利坚	王曲平	孙菊芳	袁旭明	杨劲波	张日光	吴厚顺
朱立军	王焕良	周英良	鲍劲风	吴 坚	李晓军	金桂英	吕 毅	林建森	方 群
朱震华	盛 葵	程忠民	王 勇	沈文江	黄秀萍	丁明红	吕鑫法	冯 森	梁晓峰
余新华	吴松根	江风茂	周张水	凌 云	张云龙	沈建平	厉国伟		

1990届无线电技术　83人

李 淞	杨卫忠	付菊英	吕 岳	霍大伟	梁彦杰	夏星航	张 辉	张旭霞	郑 忠
杨 东	刘万钧	翁丰贤	李晓峰	胡建农	朱洪昕	万 群	张耀文	卓 磊	颜 峻
聂志干	尹开红	毛海平	龚建宏	李 军	张 泳	易 晖	宋向阳	董志峰	潘灿文
黄天舟	张 琪	李广宁	叶立群	彭 扬	甘亚昌	黄蓓蕾	潘剑侠	马 琪	唐 宏
姚 群	陶 红	黄海英	陆京辉	张宇彤	郑 联	马国荣	李景文	张文卫	候家欣
胡甫军	袁 羽	金可之	李忠兴	章维嘉	程建东	王 强	易建宇	朱森祥	汪 涛
张军红	杜其弘	陈卫平	杨若旭	黄健波	毛鸿卫	刘淑康	陈 忠	徐雨红	山彩强
魏中宏	史雪飞	余 军	王有才	沈忠阳	胡晓红	陈 鸽	陈世忠	王中军	萧 虎
冯 波	许长春	姜坚勇							

1990届电子物理技术　33人

| 张 维 | 李富平 | 秦 捷 | 陈葆中 | 黄一峰 | 徐文雄 | 张 斌 | 王 凌 | 张 宇 | 王友文 |
| 谢德龙 | 董云明 | 陈登明 | 周 兵 | 佟 昕 | 周碎明 | 刘炯晖 | 罗 坚 | 杨绍荣 | 谭 蓁 |

张浩东　管文军　柏　青　李秀山　徐新新　刘祥林　李　扬　饶晓燕　王岿然　蔡东良
周　斌　金　涛　邹德刚

1990届半导体器件　35人

张　立　肖　彤　沈　伟　杨志家　金　峥　宋卫权　付永良　陈建海　陈沈明　朱向东
张卫东　徐爱民　田剑彪　黄景江　潘承建　刘柳胜　鲍　宏　马　彤　肖　行　朱坚胜
孙乐文　胡定颉　江　涛　夏　青　陈朝晖　蔡动平　吴生龙　赵海新　胡晓宁　齐江萍
庄　严　陆英华　陈　戈　李如春　罗彩丽

1990届光电子技术　23人

傅小华　徐卫中　刘　斌　黄　申　胡革清　林我仁　吴小萍　张剑良　郭建委　武　兵
戚运东　戴　鹏　陈学岗　蒋　睿　金建兴　宋　凌　李荣民　陈光清　范　挺　刘雪峰
陈建新　程瑞能　刘天工

1990届电子工程（杭大）　81人

殷小娟　王莉花　肖云祥　吴　磊　金贵华　卢　巍　谢宝江　吴旭明　应　军　诸兴水
钱　珺　张　海　郑文虎　冯　京　陈禹臣　朱　捷　许世峰　潘海滨　邵大浪　邵莉伶
陈秀珍　宣　峰　傅　忠　刘　东　吕富强　林海深　杜陟红　刘宣中　卢根生　莫兰燕
赵贤春　杨小江　章佳欢　陈法华　陈　胜　高　平　黄林峰　丰月霞　叶旭同　宋炬伟
姚　伟　陈钜镇　吕海堂　黄伟胜　方有仁　徐建峰　方　斌　梁　勇　郑根好　陈　明
陈　斌　张雨澄　刘云珍　冯伟红　敬　华　徐世吉　朱江明　屈　峰　汪其良　俞勤华
刘李法　金　殴　应丽春　张静苏　奕金祥　周宏米　蒋永杭　江　勇　姚　峰　赵立德
冯　珉　金秀容　赵国龙　汪鹏君　杨寿堂　金良才　胡强耿　王中琦　徐　晶　沈佳春
吴　昇

1990届无线电技术大专　40人

杨选中　孙延坤　蔡丰钱　徐晓华　周　幸　张允乐　陈　晖　水胜涛　来先传　薛健才
王同文　陈军羽　孙国新　陈礼政　王非也　王　健　陈伟疆　葛丽娟　庄东华　胡　敏
陈　超　王志扬　林晓冰　林腾蛟　华勇勤　吴列敏　李海光　葛志华　王继红　叶乐中
陈智勇　张　赟　李　军　朱旭霞　张伟忠　孙红卫　叶其昕　曾忠伟　施晓晓　李人勇

1990届电子技术大专（杭大）　53人

倪晨晓　王乐莺　钱　宗　郑志超　吴旭松　郑相春　赵典力　叶建伟　张新军　陈贤忠
刘乐珍　施　弘　郑　东　陈半雨　陈　甬　戚新龙　陈秀薇　谢惠忠　臧朋福　陈三友
黄　昊　周舒翔　刘　芊　张立新　张胜梅　金胜丹　黄贤庭　毛建平　郑　伟　徐鸣晓
徐利阳　管　璐　李　劬　陈秋微　张立琴　俞刘斌　徐　涛　嵇冬林　张　晨　许爱群
魏　缨　陈辉煌　申屠春升　南永生　朱烟朝　吕　瑛　孙建屏　许益新　徐杰中　倪立群
黄启新　彭世青　黄育文

1991届无线电技术   96人

周益民	应学斌	李文造	陈 晓	张大海	季晓明	张 庆	徐海滨	徐永强	滕育红
钟 雷	顾扣宏	林 青	曹开鸿	王雪松	黄向农	蒋小亮	牛 征	黄 勇	金 晖
曾青文	吴玉金	周 蕾	冯 翔	许彤宇	杨 翊	杨 光	易湘红	杨刚华	尤琦辉
陈思远	杨 晔	吴晓航	徐 立	黄西明	郭跃峰	朱亚韬	陈文宇	徐 锋	顾之健
高 杰	魏春晖	胡欢刚	林文山	傅 凌	章云徽	黄 玫	丁祖春	戴 满	龙新电
谢开旗	汪剑松	郭 龙	费文跃	孙宏超	张佐旭	张 奇	叶红剑	向旭家	应 勇
李基波	金宏健	张敬华	郑 威	杜春风	贺 东	陈 红	蔡志勇	徐其元	朱红斌
高劲草	谢辉珍	郭 旭	杨永清	黄 闽	栾丕杰	虞 露	程德心	岑寅杰	翁轶伦
张岳文	谭 凯	蔡 彤	吴晓冬	汪盛斌	黄 强	袁晓兵	王珏平	金 玮	陈 炜
周向峰	赵 彪	王洪波	郑 刚	孙建军	吴鸿伟				

1991届电子物理技术   25人

张 浩	毛雪峰	方 军	阚加武	何成钢	洪学斌	刘杰明	叶 健	朱坚群	单小勇
姜益兵	刘月明	郑亚峰	冉立新	喻世栋	章仲华	杨洪祥	陶 广	谭鸽伟	柏 雷
赵春华	沈建国	毛建军	梁慧峰	程 峰					

1991届半导体器件   29人

范菊平	杨海生	姜文红	邵宇晖	马忠伟	肖日升	王 锋	刘庆良	袁 兵	叶 坚
王 雷	吴建兴	章高宏	毛志军	程卫华	李高伟	魏文杰	邹选平	王洪杰	贺向阳
曾树青	蒋宏华	叶秀峰	潘广儒	韩 燕	廖勤瑜	李 铁	张宏富	陈春晖	

1991届光电子技术   25人

朱文星	陈保华	朱雪梅	朱 庆	吴 刚	何 迎	金仲和	李 松	钱开俊	吴荣亮
郭 彤	袁 忠	杨 旻	卢逸榕	陈文通	王工一	叶 青	石 军	邹思元	张 舸
杨建义	杨浴晖	陆晓峰	李 明	陈勇贵					

1991届电子工程（杭大）   72人

周 涛	朱 洁	黎文广	沈 曙	徐跃军	章海兵	廖世荣	王森辉	金正来	章学军
陆系群	虞晓燕	柯 文	李仁德	陈金贤	韦 雷	蔡晓恺	朱长仁	陈惊雷	钱 雄
张 明	章小娥	裘道临	李红伟	薛晓忠	李家羽	胡世伦	吴永年	王志宏	夏海荣
马卫娟	张 军	金利光	冯卫灵	楼亦忠	蒋成旭	庞鸿才	钟岳军	周思军	吴晓飞
万亚素	韩莉萍	叶小勇	周选昌	罗良进	包宏明	祝云珏	彭云波	赵建昌	徐香兰
沈书华	陈 瑶	徐 飞	池文胜	刘湘江	程争武	沈建忠	赵 军	黄 武	章利明
江莉薇	张燕华	戚国万	许天海	黄连根	戴益焕	边国成	钱亚鹰	高 卫	陈拥军
姚浔峰	邵淑芬								

1991届电子技术大专（杭大） 39人

倪晓海	徐泽生	陈 强	林华永	冯文君	余 斌	蔡洁荣	高 嵘	沈兴源	朱东进
夏晓强	李 黎	俞 坚	董 谦	孙文文	许昇浩	王 进	朱卫东	诸 挺	金福云
钱泽恩	姚燕茹	袁晓玲	王淑贤	盖江平	王臣瑞	田文生	张观佑	王正江	王丰生
陈 锦	黄好佳	王文正	陈晶亮	蒋义炮	潘志仁	赵秀梅	马锡林	李子荣	

1992届无线电技术 90人

朱娜娜	雷剑文	孙 斌	于 华	秦 烽	郑 俐	朱晓冬	朱国弟	章剑秋	贺 清
褚红宇	郭士杰	李伯平	胡祖敏	王黎明	陈灵生	王 强	潘福林	洪 怡	顾 震
宋昊城	周 勇	林 潮	胡丰生	黄 扬	方志成	蔡 瑛	张群峰	刘族亮	郑 菲
盛志良	沈 毅	曹洪波	陈 彪	陈 敏	郭睦凌	黄启胜	彭 渊	马 强	胡 艳
陈伟东	沈列洪	朱建峰	叶建华	徐晓靖	王晓蕾	马卫星	姬海啸	钱伟珏	朱映波
姚向东	王 伟	李 伯	陈燕红	孟庆国	俞洲勇	夏鸿志	李 伟	吴玉明	陶 樱
姚军华	张 峻	陈海清	张 冰	夏巨林	赵柱平	楼国红	陆建新	柏 兵	彭乐龙
徐玉波	蒋 俊	李 浩	黄咏梅	齐晓明	鲍 斌	姚力轲	胡可狄	鄢小林	李爱民
钱 毅	王晴雯	陆江文	王 坚	郑 仁	吴 韬	李剑鹏	吴建辉	韩宏春	秦少绚

1992届电子物理技术 28人

左小山	欧阳湛玉	卢志腾	戴伟东	费伟峰	张春兰	左小山	赵 文	许瑞安	田 丰
孟 翔	吴庆峰	孙小莉	赵 文	邱 春	张志鸣	陈 捷	纪少辉	王 沛	丁维新
邱 春	石 腾	施久林	李剑明	雷山红	骆马林	陈明永	陈志强		

1992届半导体器件 23人

彭光辉	陈 捷	汪建青	何杰荣	郭小伟	孙卫亮	叶建中	王 铮	施 雪	王巧玲
王震华	陈瑞龙	赵武军	林国标	樊兴明	胡海波	周卫星	陈宇文	陈 红	钟履超
王仁毅	游步东	张 岚							

1992届光电子技术 26人

鲁 海	胡彦强	肖弘元	上官鹰	沈美根	吴 边	胡 征	杨 宁	党 群	谢宇峰
刘彦杰	高 鹏	徐凌峰	徐益民	梁露晶	李为民	胡宏涛	张启明	石 军	周 宁
郑剑宏	郑立荣	周伟勤	胡小文	蔡红波	樊卫华				

1992届电子工程（杭大） 55人

陈燮斐	俞卫红	王小民	金建明	陈践韬	徐云华	蔡森泉	孙雷波	唐 晖	陈丽华
施 瑾	薛利明	郑长武	黄 杭	吴树海	潘孝栋	袁 昕	陈小云	沈晓东	李卫中
盛沛健	周卯生	徐信侠	杨 勇	郭美坚	陈晓莉	毛利杰	尚剑波	张炜明	王中耀
郑有振	丁旦阳	张晓芳	姚萍萍	洪明潮	洪明潮	金跃京	屠桂东	王 健	吴志晓

李立新　王仲生　严卫明　张水丰　龚文华　施红军　朱国华　钟永均　王黎阳　郑壮华
叶展翔　郑家松　胡席辉　沈　宁　陈曼丽

1992届电子技术大专（杭大）　28人

陈旻珊　许菁华　童晓晔　唐荣花　黎清凤　楼云瑛　刘飞蝉　吴建军　吴跃进　梁红彬
阮凌浩　叶　震　楼建成　吴忠孝　戴晓斌　马文虎　李　伟　张盛强　刘贻远　刘春雷
全旭平　盛俊豪　骆永平　谢世友　万建旭　万升良　李建权　李荣华

1993届无线电技术　81人

李江宏　吕　炜　苏　卉　王　劲　谢立峰　吴宇岚　吴　庆　黄　臻　林晓萍　曹志明
史红侠　连纪文　张龙文　文　剑　周　鹏　卢云川　金大坚　罗云彬　同　军　邢炎炎
杨圣兵　周建川　桂　黔　阮国祥　郑　鹏　朱俊明　钱春英　叶丽娟　任　健　沈长校
王　瑾　于潜江　石曙海　曾永和　张　彬　李　俊　潘蔚琳　姚向东　李　舶　王　伟
聂　鑫　张　炎　桂　丹　杨永华　刘　馨　李自力　吴　铮　张泊橹　汤国强　陈　炜
桂国华　沈惠祥　宣志坚　陈旭光　高　莉　王　皓　谢伟光　杨德喜　杨英群　钟建龙
陈荣华　程小彦　丁世民　林　荣　吴奇斌　彭一锋　李　立　刘　勇　程静雄　连　英
区建雄　王　栋　刘　峥　陈学军　郭洪涛　狄小康　王印东　李　伟　陈宇峰　赵　磊
王文剑

1993届电子物理技术　20人

赖　镶　宋牟平　沈进进　魏小强　曹开波　贺　超　王宝华　袁文俊　张　毅　陈　荣
王　涛　赵凤楠　袁　楠　孙　琪　卢朝晖　顾明军　李　挺　李广南　黄炜焘　汤　赟

1993届半导体器件　22人

过中梁　周　辉　李鲁川　曾为民　张富斌　张岐宁　孟繁焘　徐宏利　林　斌　张朝东
陈亚川　金　珂　唐敏杰　陈桂玲　俞　林　张　伟　张　岚　黄仁兴　于治楼　任国军
斯海华　曾文坤

1993届光电子技术　13人

陈　磊　吕力峰　王晓东　徐水波　扶东东　叶　斌　周恩明　寿昕涓　方　晓　陈斌斌
谢先辉　张伟峰　王小燕

1993届电子工程（杭大）　33人

吴秀芳　苏卫鸣　郑伟诚　郭卫东　陈志宏　马　骏　张武忠　毛峥嵘　胡天翔　周立群
郭　晔　曹善会　应旭峰　高伟正　林则利　孙云权　刘茂明　金益平　王纯波　孙劲松
陈希睿　金熠杰　王　伟　胡海鸥　陈　坚　顾　玮　王　溯　黄志钢　蔡旭东　施　坚
姚健平　俞　坚　蔡卫东

1993届电子技术大专（杭大）　22人

谢莉波	朱淑燕	应勤理	顾　峥	赵崇周	赵武锋	姜书丹	张惠斌	童桂芳	邹泮根
邵林春	封国齐	刘　林	李华芳	戴许雷	谢克欢	陈　峰	邬培春	吴雄臣	金　波
张鲁生	曾峻岭								

1994届无线电技术　87人

李　强	张　蕾	陈大可	胡　晖	全建军	谢　磊	章幼宁	郑映辉	高国良	沈芦波
汤洪流	吴子英	章佳文	张海峰	张向阳	赵品勇	朱晓东	程凯林	胡丕林	梁光耀
卢胜文	罗列异	赵之昂	滕小宁	何　斌	李　伟	王　碘	陈军波	黄明辉	张　谦
彭　勇	梅柳波	杨学民	梁　虹	王　岚	陈　程	胡　微	贾永安	杨海波	张燕龙
强宇红	张　宾	赵行明	仇沁茹	何国锋	张朝阳	范成法	吴晓春	方　驰	王健成
金秀萍	汪　莉	赵向艳	陈绿洲	许大坚	杨世华	杨晓峰	张立志	张欣煜	庄晓彤
陈少淳	彭朝霞	黄　斌	吴旭东	杨曙辉	章小明	张继华	应伟光	赵汉蒙	陈　俊
郑烽辉	蒙　剑	韩　霞	陈晓华	周宏亮	林　松	康　平	刘全占	李宏杰	王　栋
商复联	林　偁	刘镜来	沈铮安	徐文滨	蒋云燕	周志晓			

1994届电子物理技术　19人

陆　炜	朱民源	杨启敏	章祝夫	周元欣	童　琳	倪　悦	雷帅帅	项飞明	申屠浩
王　野	徐晓枫	沈　健	陈桢琰	黄　成	严　己	周海丹	夏荣平	陈　笔	

1994届半导体器件　15人

韩晓霞	施　戈	侯晓华	郭　亮	冯　昊	蔡俊华	梁　斌	刘　伟	陈阜东	郭　维
李海峰	林金健	刘　成	项亦军	林　青					

1994届光电子技术　20人

尚慧玲	孙一翎	朱　骏	杨　肖	王晓秋	徐少山	谢　俊	周文川	夏　卉	杨立光
赵登极	吴　俊	陈春华	魏蔚晴	李建华	王孟孺	张海勇	牛海昀	刘　荣	曾　昕

1994届电子工程（杭大）　42人

陈惠芳	郭　敏	林丹凤	朱　红	毛滋春	林　红	朱剑峰	许卫华	斯　杭	叶海蛟
冯永前	陈　曦	陈宣俊	金　日	黄　敬	张世兵	应陈逸	方　钧	王　灏	王永明
傅晓明	金耀权	任晓林	沈　平	叶　炜	毛小雷	金晓艇	谢旭志	高峰行	应芳琴
胡莲君	陈耀军	潘统芬	冯　翔	白　巍	陈灵义	吴剑航	王建东	陈雄文	吴　宁
周建林	温益泉								

1995届无线电技术　87人

毛伟达	周大可	朱亚男	肖　毅	陈志军	刘学然	秦　健	吴维鸿	陈　波	崔寒梅

杜竞斐	卢 敏	乔 闪	崔 健	方 荣	邓小庆	林峥源	刘杰鹏	刘熙治	罗义军
彭 荣	钱锡祥	孙锐欣	王励斌	王天富	翁 奕	吴晓伟	徐元欣	杨 渝	张 翔
张早阳	张振新	张薪龙	钟锦台	钟亚云	李 颖	王 锐	魏 斐	张冬梅	陈旭文
董 嘉	胡新法	蒋本同	沈哓舟	王东哓	王惠龙	王兴国	王竹刚	吴 琳	谢楚森
邢 猛	徐竞舟	杨贤军	杨晓强	杨雪峰	尹 昱	于 利	袁吉林	赵俊辉	周一心
季晓蓉	李晓华	卢平平	郑剑瑜	樊永宁	谷锡勇	黄剑刚	李 梁	梁德光	刘寿宝
茅 健	欧阳光	钱 健	乔军让	吴伟中	谢世恩	杨剑雄	袁 征	钟国锋	郦 峰
孔令广	许纬波	应 骏	金晨声	廖明生	孙卫军	章 苏			

1995届电子物理技术　28人

崔兴盛	袁任飞	陈晓美	黄博勤	李 为	张 玥	卜力宁	陈 昕	陈红强	丁志超
金 恒	李宏伟	刘 伟	刘 彦	罗 艺	彭 涛	曲晓光	谭永东	王 进	王旭光
魏建荣	曾允文	张 昱	张 炜	郑长军	程 静	徐永红	郑文隽		

1995届半导体器件　23人

王 辛	戴 蕾	卢向辉	王 乔	白玉明	卞阳晖	陈 勇	陈志康	胡礼信	李昕华
林文琼	毛之江	裴晓波	王清泉	吴 博	谢跃松	徐 杰	许 寅	薛 刚	杨美华
张志贤	朱园园	戴友平							

1995届光电子技术　23人

胡 堃	许 涛	叶 韬	纪永玲	金玉红	张悦华	赵 旭	陈海飞	代 涛	胡晓宁
金红涛	李 巍	林 钺	刘庆华	沙 翔	孙 伟	姚军雷	于正纲	余建宇	喻 浩
郑永新	智晓勇	张 征							

1995届电子工程（杭大）　41人

霍海茹	楼欢燕	陈红梅	何 苹	李晓红	麻英君	钟云伟	黄铭海	唐伟伟	陈劲松
陈列铭	沈伟淑	陈利松	吴 军	王国锋	顾建华	李国良	金忠鹤	陈起来	姚振华
周东升	金 继	袁功胜	吴武军	钱智敢	刘俊杰	郑东斌	潘宇清	庄庆杜	任 荣
陈 存	季征乔	周德胜	方文信	陈晓纲	范益平	李凯奔	潘海铭	姚伟国	斯远航
赵 明									

1995届电子技术大专（杭大）　41人

陈亚旦	杜向群	华 丽	金秀莲	刘 元	骆凤兮	王丹旦	王君燕	吴红艳	陈国华
陈肇亮	陈子福	段人毅	龚长征	何根松	胡凯军	胡启春	孔秦松	劳世杰	李华川
廖清新	楼国强	蒲自华	宋迪军	汤保军	童春健	汪振坚	王 磊	王海涛	王理强
忻国能	赵 敏	周朝阳	周鸿鸽	周金德	朱灵智	朱 煜	刘 康	赵佩玉	韩丽青
孙旭芳									

1996届电子工程　115人

甘静瑗	徐筱琳	诸容平	包海威	卞　昕	陈　青	陈方彦	陈金虎	樊荣虎	方洋俊
哈亚军	雷　琨	刘　涛	刘奕夫	潘战孺	饶俊阳	孙　伟	王　东	王　烨	魏　晗
吴　韧	谢筱栋	徐昭胜	邹志永	左春强	金　鹏	程　江	邵博阳	李若海	杨伟健
董云彤	陈　芳	施春艳	张　欢	陈　勇	陈亦彤	何海国	姜海军	李　军	李昌忠
李彦平	林志明	莫家军	任丽民	戎杭庆	沈会良	孙建新	汪　欣	王　臻	文乃彬
吴　炜	谢　亮	张　春	张思建	张武君	钟　园	覃永贵	李　伟	赵晓东	王　伟
彭　成	龚大年	吴东晖	赖　强	杨春霞	蔡晓东	杨　燊	胡　泱	涂杏平	徐　睿
陈　奇	邓毅华	关　曦	何照东	胡志俊	李襄龙	李卫军	刘　蓬	卢　威	鲁钰峰
潘析非	任鸿庆	史乐中	孙宏波	孙志军	唐耀辉	王　斌	王　伟	徐绿洲	徐新宇
杨景浩	叶　敏	章志刚	赵东晖	祝　晶	孔　鹏	韩放飞	刘　佳	刘　建	曹　飞
严维奇	阮　遂	薛君良	彭　波	章正浩	贺啸山	何凌音	陈宗静	蔡永丰	黄朝晖
阮晓敏	郑绍俊	程里亚	张春芳	华荣强					

1996届信息电子技术　64人

洪旭庄	林　怡	曲　芳	张　玲	曹　峥	丁美玲	方　仑	何民伟	黄立勤	金广斌
匡卫民	赖　勇	刘安东	马惠明	谭卫平	王　良	吴　旻	徐培梁	杨战伟	周　迅
张寅松	徐　香	林　捷	匙嘉敏	董　凯	张蓉蓉	丁　旭	杜晓伟	胡林忠	刘海涛
王利全	吴丹涛	薛　京	姚坚晓	叶　华	伊　军	张志雄	周　达	陈　浩	庄成隆
张庆新	段　强	陆建云	吕晶瑶	夏淑华	姚德宏	陈　涛	胡霄宗	李　超	李一丹
刘　辉	陆海峰	吕　辉	田　洁	屠　炎	王汉君	吴建军	谢峥辉	许瑞祥	季　成
褚秉华	丁常海	尹　锐	王　昆						

1996届电子工程（杭大）　53人

戴亚娥	梁　峥	林慧明	陆　春	汤　洁	杨优洲	钟　京	包震斌	蔡　峻	蔡一氚
陈虎嵩	程永正	董雪兵	龚　坤	何巨浪	胡旭峰	黄运超	李力波	刘明辉	鲁　钧
吕红广	施振波	舒晓军	王函韵	韦　健	吴迅冬	俞　江	袁益松	章　奇	章晓斌
张　伐	赵康良	周　军	周胜华	诸葛江焕	卢　瑛	钱肖新	徐　洁	袁　敏	樊毅成
胡　斌	胡国峰	姜　浩	柯　涌	王剑锋	许文省	易　义	曾周静	章　鑫	章勤超
张　杭	张昀瑛	董江群							

1996届电子工程大专　29人

施晓恩	邬晓萍	徐莉莉	杜　峻	沈　懿	蔡　闽	孟国军	王兴波	汤勇敏	杜国栋
李　弋	郎勇明	曹呈熙	郑汉吉	沈浩军	周启鸿	童宇辉	娄达波	杨　俊	李一明
张一诚	张　超	孔万里	林　霄	周江平	张　凯	徐寅杰	赵　峻	郭华嘉	

1996届电子技术大专（杭大）　52人

朱秀兰	丁　红	廖水根	陈　斌	陈建鹤	卢益龙	杨　挺	周昔香	郭　莉	陈　栋
杨根卫	叶小萌	王　健	邵和国	姚青青	陈晓文	马灵峰	楼峥嵘	吴旭尧	宣迎晓
金正平	陶卫娟	冯　贵	李明星	王文义	周　斌	朱海忠	张立庆	周　赟	许红弟
陈　羲	余　骏	金江涛	张光仁	郑益林	陈晓萍	吴云晓	王　洋	黄永传	许泽军
黄玉刚	杨世福	单阳芳	杨冬强	陈利军	胡一尉	李凌云	文辉斌	钟　宏	陈海风
孙　冠	叶　强								

1996届计算机应用大专（杭大）　43人

曹晨霞	严敏芬	陈美丽	乔珍丹	施丹君	徐　莞	陈桂红	曹金华	陈雪梨	俞　颖
蒋灵英	金　瑛	陈灵飞	赵春娥	谷丽君	许雅利	林慧敏	王立群	陈灵洁	周伟杰
罗永富	徐仁杰	张　毅	吕　挺	阮　政	王志鸿	尚庆朋	罗　诚	韩祖尧	石富军
王　怡	陈　波	严平忠	方华平	陈小云	卢启军	陈星明	叶晓炯	蔡甲峰	罗华增
王　剑	蔡升阳	徐志刚							

1997届信息工程　38人

归　琳	何晓燕	黄玲欢	李彤琛	林　舒	王　炜	包虎江	陈　豪	何新军	朗　超
李　德	李良啸	林环振	钱晔东	宋韧炯	孙　杰	万俊青	汪少波	王　昀	王国昊
吴联民	徐习海	杨佳明	叶正荣	俞　巍	张敬锋	周军强	周祎晓	朱　伟	陈　虎
汤志军	刘　峰	欧阳捷	沈　皓	丁文青	杨　平	钱力翊	江一波		

1997届电子工程　75人

林一青	杨　明	贾玉晶	徐辰昊	易晨方	金　兰	钱　芳	许春霞	张海燕	陈建仇
陈兴麟	董　瑞	管青山	韩　颖	胡之航	蒋　炬	蒋曙刚	楼旭炯	马黎明	马庆凯
沈　超	施佳洪	帅国兴	陶巍巍	汪建海	王　勇	王晓涛	吴文伟	杨勇军	曾　毅
张　力	张卫忠	赵天林	周建纲	朱学森	陈　柽	王　茜	张　毅	张海娟	赵　琦
朱希靓	蔡岳林	陈殿磊	陈晟罡	杜　鹏	冯伟江	符诗超	李　浙	廖锦平	卢声波
陆健贤	斯保民	谭治国	王向东	文　浩	吴新彤	徐　川	徐佳亮	阎林祥	杨　涛
杨　宇	赵　刚	赵　海	赵建华	赵学军	庄　远	李东晓	唐　海	周笑磊	刘　艺
许　鹏	沈纲祥	沈云亮	姚中扬	张学军					

1997届信息电子技术　58人

刘安弟	徐旭东	陈　霁	陈　新	陈定泼	陈连川	李宝华	戴　路	丁海煜	范益荣
傅　健	高　俊	蒋建宇	周雷干	刘　杨	苗福久	谢锦扬	杨洪波	叶冠华	张一鸣
刘乃军	裴旭红	章建聪	韩泽耀	黄健青	李小军	李旭光	徐向明	邵宏宝	沈　明
施灵峰	王　珂	王云翔	谢新山	马慧莲	殷建斐	曾玉波	张顺先	朱伟华	邬方习
宫　颖	肖　广	阮　颐	杜敬国	梁文广	刘　莹	韦　虎	翁慈洁	郑曙峰	杨春晖

鱼 军 章立宗 张 帆 赵昌永 郑 伟 郑文坤 陈芳炯 吴向阳

1997届电子工程（杭大） 42人

刘文婷 严 彦 张雪芳 包宇斌 鲍 闻 曹 明 陈 晨 丁赋洲 杜 歆 郭群跃
黄铭均 姜锋波 金 波 金 勇 金荣良 李惠忠 李一中 钱俊军 钱志军 沈海波
陶 杰 汪 安 王兴虎 吴敏军 吴晓燕 熊建明 徐 峰 徐 革 徐郭强 叶 闪
叶振宇 虞庆一 余士平 俞 勇 章方铭 郑国林 钟 军 周晓进 朱肖克 应鸿峰
乐力文 王 江

1997届信息工程大专 31人

虞君杰 丁冬芳 吕 远 苏小莉 王玉梅 俞银娟 赵雨芳 单 栋 方宏海 胡卫星
陆朝阳 罗 晟 马胜利 戚煜夫 盛梁华 王 舒 王黎洲 王雪峰 吴伟星 杨伟国
叶启云 应 健 俞 淦 俞志波 张雪锋 赵永华 朱国荣 朱寒光 朱华军 奚竹平
章安东

1997届电子技术大专（杭大） 49人

陈 琦 李丽君 陈 亮 高 铁 唐 斌 徐少飞 张舟军 陈君丽 林 晨 陈 勇
金孙红 唐诗洋 徐向锋 郑维滔 陈晓清 骆毓蓉 陈 烨 李晔刚 王 征 徐象勃
周治国 杜剑群 董冬梅 陈海华 廖 青 王军辉 叶 郁 朱卫农 芳根英 许丽丽
陈万春 刘震宇 韦 军 俞文清 缪 军 傅崖晓 钟晓颖 陈小刚 梅小永 吴 平
袁 昊 骆宏晖 金晓芬 朱红波 陈友忠 任 飞 吴新南 袁国平 金 靖

1998届信息工程 50人

林正汉 冯兢程 林子楠 刘蓟文 汤 爽 汤雪兰 周 英 管云峰 郭旭锋 劳 谦
李 勤 李海江 陆 锋 邵 隽 孙大成 魏 生 徐哲敏 易志强 余 维 张 震
张卓宏 钟 浩 钟念伟 恽 健 姚任农 叶 勇 应 瑛 倪祖耀 叶 阳 单 成
阮 泉 杨 维 姚炜勇 袁建军 崔燕燕 高 波 蒋跃斌 梁 祺 林乐平 申志雄
田 元 王 宇 周朝荣 张俊松 陈 彀 司马禹 赵智勇 吴 欣 黄 霞 俞 波

1998届电子工程 67人

王 刚 钟雪峰 刘 阳 梁荣登 娄迪恺 陈闻杰 赵雪霏 褚 嫣 蔡诗杰 陈 冰
陈向阳 董易淼 付 捷 何沛巍 黄金鹏 季 华 靳 彤 李 浩 刘才清 刘天罡
王 超 王 龙 翁俊杰 吴晓斌 吴晓峰 颜 罡 杨彦军 章 琦 张洪建 张晓航
张玉泉 李 芸 王 洁 王 萍 班全庆 陈海涛 戴 兵 邓光亮 董劲松 冯坚鑫
甘晋卿 蓝 剑 林志嵩 刘承棋 潘军辉 彭 屏 史若初 宋振樟 孙新涛 魏 剑
吴振鹏 杨 军 杨 盛 张红旗 张庆文 周爱明 朱正伟 邹 琪 陈越猛 肖学藤
陈 怡 黄金煌 伍振军 潘巧海 张俊松 汪志勇 林 峰

1998届信息电子技术　54人

赵　元	秦　宏	吴　铭	徐峰铭	占恒正	潘旭华	沈　亮	邓海峰	冀根利	李　斌
盛志伟	王　雄	王凤明	夏　鹏	赵大萌	钟晓龙	周　健	高　萍	求秋音	吴小敏
曹晓峰	顾义东	霍明旭	梁　剑	林　翔	唐苏平	唐仲春	万　巍	张　凯	万　莉
俞　岚	陈　伟	陈学诗	李文辉	林　剑	商志华	王文辉	王志超	肖凌云	徐兴峰
杨征海	郁　勇	刘　涛	盛　森	卓国志	周胜强	潘　森	詹　蓓	张旭辉	高　睿
王援伟	林实践	张　颐	李文辉						

1998届电子工程（杭大）　49人

黄初霜	李杨娟	全小曼	王　戎	赵梦恋	边建民	蔡钧伟	陈　勇	陈　焱	陈建祥
杜永高	段迎盛	何　俊	胡晓东	蔡海军	李剑峰	李日上	历晓华	刘维国	刘严者
卢可辉	卢仰坚	马　骥	潘堂钦	任宇鹏	沈　年	沈国良	史汉阳	王　孟	王裕新
谢文平	徐　龙	徐健峰	许　可	杨　波	杨　帆	叶逸群	余　殷	章春林	张　健
郑　刚	郑胜利	郑锡光	郑宗晗	周　武	周建锋	周文晖	周拥民	朱志阳	

1998届电子技术大专（杭大）　31人

陈　希	吕熟英	袁玉兰	金卫民	陶　晨	王卫青	伊品超	洪美霞	王　芳	陈余宽
刘年富	万新建	徐国生	余仁林	胡　娣	尹　红	黄文辉	沈水军	王成伟	杨有根
张一平	黄　爽	俞赛赛	金　鸿	孙卫强	王剑文	叶肖华	诸葛晓尔	卓文坚	宋德荣
王鹏辉									

1999届信息与电子工程　160人

彭　翔	石　蔚	陶　勇	王志斌	徐晓煜	杨庆森	叶恩铭	殷永宁	余年兵	张　聪
张立琛	赵跃云	周圣华	王　滢	张晶晶	包孝东	毕伟峰	韩　雄	何洪俊	胡中原
黄立锋	蒋宇澍	李　玻	刘　劲	荣玉军	邵　毅	沈斌华	史可显	孙　侃	王　炜
王夏婴	吴　渊	许　宜	俞伦锋	袁梦涛	张守武	郑明吉	李海燕	李玉芳	吴禀圣
陈　杰	陈旭东	戴　谦	耿伟华	顾　宗	何旻鲲	花　菓	黄　洁	姜大勇	江应华
梁建新	刘凤军	龙克垒	潘燕峰	彭兴邦	邱世魁	施昌盛	王　威	吴雪霁	武进峰
杨　弃	张海峰	戴　琰	李　睿	陈亚勇	韩　晶	后　盾	江福民	荆嘉敏	李井岗
吴志华	严　松	曾宾嘉	张卫锋	周建华	温志颖	夏　芳	焦向峰	金旖青	刘　洋
欧宇星	王　扉	文　迪	向火荣	余　达	周　方	周伟华	朱江云	高恩兴	葛旭东
葛志明	洪　烨	鲁　效	马建业	张　治	赵小祥	周　健	周志洪	吴　蕊	樊　星
龚惠民	黄建锋	惠　华	徐峻峰	徐松余	许光磊	严德政	张　华	周伟然	许华永
徐建东	肖　刚	吴进义	翁志鸿	王宇剑	王旭军	王晓罡	王伟峰	王瑞豪	王　蕙
谭环群	黄　统	郭海飞	郭房富	车道远	陈　蕾	陈宇鹏	程庆军	付一平	柯健荣
柯珊蓉	刘　铁	龙　山	鲁　杭	潘　波	杨　鹏	叶　隽	臧　晔	张世侨	张裕汉
张钟涛	赵　凯	赵　宇	邹　浩	邹莉萍	邓　彬	郭　翔	蒋　鑫	李国辉	林　波

林　峰　林　广　林龙良　林轶枫　刘　浩　刘亦兵　齐子初　孙飞燕　魏小燕　余年兵

1999届信息电子技术　68人

陈　华　陈海嵩　李永卓　廖火荣　王迪辛　陈　剑　陈　洲　陈凌云　华　晔　廖兴旺
卢世祥　陈　英　方邵华　郭　彬　界立红　王华萍　魏秀虹　陈继军　陈圣学　方建飞
郭　伟　何晓晖　何旭洲　胡　昊　黄国晖　黄茂国　康剑柯　孔晓彬　林雄鑫　钦　斌
秦大威　吴明心　吴明远　吴夕周　肖　阳　严海涛　杨　成　袁　远　张　欣　张静林
陈月仙　唐衍哲　乌　江　杨　浔　杨　婷　崔忠升　冯　涛　高自新　龚　矣　何德军
皇甫江涛　焦国栋　刘易臣　吕　龙　宁顺卫　曲小锐　沈广茂　田志江　王茂华　许学平
杨昌华　杨方辉　叶云海　尹春山　赵　冰　勾剑波　胡宇亮　蒋曙涌

1999届信息工程（西溪）　29人

施　苓　宣蕴华　季欢挺　林仁干　倪　刚　严正信　张忠民　黄晓明　陈　翔　姜理栋
刘臻武　钱　能　曾陶道　沼扬笛　斯　艳　戴黎锋　江　辉　卢　森　唐南生　章建隽
於　震　孙绍瑜　傅临黎　蒋建荣　马为群　吴　浩　张海峰　贺　平　许　翔

1999届电子工程（西溪）　40人

黄卓英　周君景　陈宇强　顾剑锋　李国清　毛　峥　王　检　李明明　包晓润　陈育伟
何关松　李深海　毛　云　王建军　徐　霜　陈　亮　崔　磊　胡天俊　李先堃　祁春林
严　兢　叶丹萍　陈　羲　高文杰　江　峰　李迎朝　秦　鹏　杨剑浩　章　萍　陈华华
高学锋　郎志龙　吕永信　汪　晖　尹　明　于　赢　张小龙　张轶修　朱晓东　朱信忠

1999届电子技术大专（西溪）　31人

杨海英　郑　润　曹国华　金　辉　陈志军　李其武　何杭权　葛志杰　贾军峰　潘晓东
毛武斌　梁宗辉　毛永江　沈　继　吕　湘　潘小凡　沈　奕　王东佳　杨伟振　吴海峰
翁国平　王道敏　石洪曙　吴　平　俞国杰　俞国桥　章文华　张王丰　张维强　张向东
郏正学

2000届信息工程　62人

危自强　赵永洲　傅一恭　陈继晖　陈　煜　陈晓毅　章　英　高加奇　缪　刚　李　强
陈嘉华　王　磊　邵云霞　方　敏　屈晓燕　李　响　邱　淳　胡　旸　阳　昕　伍景宇
张　健　赵　欣　于胜强　陈春霞　蒋　莹　杜　雍　赵　亮　赵欣刚　周琼芳　张文俊
张　颖　杨娜娜　刘　浙　蔡佳佳　朱　斌　龚劲峰　范　瑾　谢亚光　赵亚凤　刘剑锋
刘　娟　朱少波　李　锋　吕　芳　程　敏　邓　旸　刘昕颖　刑　娜　任　重　吴京其
吕江波　葛小慧　赵小磊　蓝　宏　沈　珺　林铸祥　娄嘉骏　赵　俊　马天宏　蓝　桦
董　斌　许晓勇

2000届电子工程　89人

宋嘉新	陈　佳	王　璐	徐贻斌	刘建刚	陆宏伟	虞光辉	黄　昕	贾晨军	寇玉昌
刘　斌	沈闯宇	余苗军	杨利民	严　励	赵　耀	高　燕	顾丽敏	林　表	曹　敏
邓继军	和艳丽	陈海军	胡　伟	华海敏	黄建华	金世杰	许丰平	施建强	斯祖森
张华阳	郭　晶	王玉荣	洪宋委	华林江	占　玮	邓　阳	刘　崇	屠　榆	万　涛
王　校	张　猛	伊　林	朱　臻	栾团结	洪　翔	李　熠	唐继强	张子男	郑　波
董晓萍	颜　宇	戴钟海	董晓军	傅　强	蒋宁昱	王　凡	范　谦	胡柏山	黄志方
刘　敏	茅宏业	陈丽萍	江　涛	李　巍	李鸿江	孟　昱	王晓明	徐小祥	迁　岩
杨剑锋	姚弋宇	周　淞	欧寒艳	朱红丽	曹　立	龚万炜	芦　勇	杨章顺	章　庆
张　亮	周曲波	方宇妍	韩　晓	卢景卿	王　懿	徐　嵩	杭　伟	王新峰	

2000届信息电子技术　63人

孙拥军	张　鹏	杨亚东	刘一平	陆小马	武蓓初	郭佳琦	沈佳瑞	张洪义	祝　勇
范　燕	田　庆	吴雪羽	祝　磊	蒋　峰	肖　坤	张　季	朱　洁	蒋劲松	刘振龙
宋　勇	丛　军	李晓明	陈国萍	黄　鲤	詹　桦	周　平	张伟巍	胡晓明	刘立枫
杨俊智	郑　剑	李曼晖	胡锋平	谢俊杰	徐　进	郑　轶	朱卫俊	杨　丽	陈　凌
陈嵩珂	龚正伟	孙大伟	严红霞	姚　澍	陈　卓	陈润初	郭　为	赵志刚	莫胜利
叶　斌	周小平	陈振效	顾晓曦	贺　晟	丁俊强	何　锋	夏　涛	杨　威	陈红胜
陈敬芝	沈云峰	阿里福							

2000届信息工程（西溪）　35人

张邵华	管　军	陈　猛	单函超	毛安昌	任世达	施建伟	王振东	许成悦	赵列菲
赵晓春	朱晓雷	程　刚	郑春长	沈　冬	张苗君	鲁东华	高　波	何超瑜	叶伟中
周佩雷	沈燕妍	王光力	张　敏	谢方敏	张俊才	朱宏毅	苏　涛	温　春	章　斌
郜留东	石　磊	劳坤明	董必佩	任战琦					

2000届电子工程（西溪）　70人

冯　斌	厉　焕	刘　黔	沈　明	储爱良	张云龙	董伟旗	章君超	张志华	郑立其
卢　锋	黄　罡	周仕丰	杨香绿	刘日利	薛朝语	朱张勇	蔡晓波	朱伟国	潘克明
胡英军	邵　础	孙华平	沈　阳	陆力子	吕冠军	任晓鹏	韩　恒	张海风	赖富顺
莫颖宇	奚德建	方　勇	陈慧妃	庞学委	张春升	沈雁飞	刘进治	张　颖	董　杰
郑哲岩	毛五洲	崔秋云	吴　玮	侯冬鹏	谷孝忠	李淑洁	刘海鹏	王　磊	黄建平
彭永昱	虞兆刚	诸葛毅	郑　宇	劳国民	朱明华	俞忠杰	郭晓平	彭俊艳	周　瑜
罗满华	韩利国	胡　晟	朱海燕	钱建校	盛　吉	瞿雪清	杨　光	焦丽云	朱琦斌

2001届信息工程　73人

陈建乐	曹　明	曹千芊	陈海建	陈沪东	陈　涛	陈忠克	董晓扬	范辛越	傅周宇
古　进	韩　乐	何　亮	何　羽	胡　浩	金少华	金　玮	乐　斌	李　铭	李　甬
李志涛	厉华波	郦　明	梁　骏	刘　丹	刘毅颐	刘　哲	楼　剑	楼喆午	卢秋波
陆　亮	孟　磊	牟　琳	彭丹丹	任　炜	沙　曼	宋晓强	宋征卫	孙一飞	田　宇
童兵兵	屠文慧	王　刚	王华建	王　锦	王　晓	王洋昔	王　正	吴恩平	吴　明
吴玉忠	谢廉毅	徐英韬	徐智渊	杨静玉	杨天宇	杨云强	余承宇	余官定	余　杭
张　磊	张艳平	张　颖	张永江	章剑锋	赵　宾	郑宇翔	朱　彬	朱　墨	诸东华
邹建平	邓庭辉	骆剑峰							

2001届电子工程　100人

曹吉良	曹治华	车　飞	陈　谔	陈　浩	陈　涛	程　皓	程　浚	池　骏	崔　磊
戴建伟	戴　玮	丁展如	丁宗源	范红雨	范胜利	顾跃宗	郭海军	何永德	黄智杰
蒋　雷	蒋清晓	金　琛	金千里	金　钟	李春程	李　昊	李睿栋	李　纬	林　瑶
刘　传	刘　伟	刘小宏	刘旭晖	刘亦兵	刘　勇	刘　宇	刘圆圆	卢秉廉	卢洲白
陆　浩	吕阳明	马鹏飞	毛　健	闵卫丰	穆立舒	彭　力	齐晓娟	强星刚	饶　源
沈　峰	沈建刚	沈轶飞	宋麟茂	苏歆海	孙文峰	唐　珆	唐震洲	王若晖	王夏铭
王晓罡	王晓晶	王　园	王政林	吴宝春	吴烜晖	夏震华	肖　诚	肖　翔	谢　炎
邢新景	熊　竹	徐恒宇	徐　红	徐　莹	许　刚	许　俊	晏江南	杨小中	游　扬
于宗源	余　毅	虞　海	张朝鹏	张　飞	张俊峰	张　力	张林刚	张　炜	张向阳
张　翼	张泽彪	张卓修	章策珉	赵迎升	赵子华	周　鑫	朱永锋	朱允荣	朱志刚

2001届信息电子技术　67人

陈　超	韩　威	刘剑滨	罗　刚	吴　楠	徐张英	岳颖峰	陈　好	黄　琳	刘　磊
毛　毳	吴瑞东	许国旺	张富强	陈清平	金　浩	刘　亮	孟　庆	吴顺珉	杨　伟
张　征	程保罗	金敏玉	刘晓捷	钱　颖	吴相俊	姚扬勇	赵仁杰	董　浙	孔　凯
刘晓金	乔　吉	项　光	尹　坤	赵文华	杜红越	李　剑	刘　昕	沈科立	谢豪律
于钦杭	郑　桓	方　斌	李　明	刘　洋	涂晓昱	谢　宁	余　明	郑贤刚	耿　旭
李雪峰	刘志强	王旺昭	徐　渤	虞卫峰	周　涛	郭大磊	梁　宇	龙　毅	王兆明
徐盛彪	袁　丁	朱立成	郭　鹏	刘　剑	栾元华	吴春华			

2001届信息工程（西溪）　44人

蔡建强	陈杭娟	陈　婕	陈克坚	高　伟	郭守进	胡翌博	胡　芸	冀学美	孔金灿
李科伟	李　炜	林春青	林志强	龙　杰	陆　震	吕伟峰	莫立骏	潘瑾瑜	潘　骏
潘张鑫	邱　雨	施晨霞	宋　俊	陶国荣	汪　琼	王驰征	王　江	王　婧	王　立
王　永	吴　虓	夏苗方	徐　坚	许亚文	杨　波	杨光洞	俞　伟	郁　君	张智渊
钟加顺	朱　练	朱茜茜	朱　拓						

2001届电子工程（西溪） 49人

鲍福良	陈恩林	陈昉	陈天君	陈贤磊	陈小平	仇雅芳	董长乐	谷炜炜	方培沈
何建	黄海锋	林弥	贾林杰	江圣敏	蒋保平	蒋旭林	金世方	赖峰伟	李海军
李旭明	林方聪	柳培永	楼海燕	卢余建	鲁振科	吕伟	倪斌	倪圣珑	阮一鸣
孙宁	沈民军	沈宇扬	宋涛	苏约瑟	王晓燕	汪福增	王成军	王均祥	韦斌
翁芊	吴国斌	徐君	阳东洲	叶展	赵立荣	周朝锋	朱挺	朱红欣	

2002届信息工程 83人

包建意	曹轶伦	常杨杨	陈坚	陈剑辉	陈捷	陈希	丁科	丁秀娇	董洁
方表峰	房波	冯兴光	龚淑柯	龚薇	管良荣	韩博	洪建润	胡俊	胡幼默
宦若虹	姜超	柯拉	孔微	匡凡	赖莉雅	李吉庆	李洁冰	李力攀	李玲敏
梁建新	梁勇	林姗	林英姿	刘宏举	刘蓟铭	刘珂	刘松	陆伟华	吕峻
潘赟	瞿逢重	任菲	尚谷岚	沈杰	时斌	苏航	孙珺	孙启通	唐莉
童斌	汪亮	王非凡	王娟	王曙毅	王子敬	吴逢治	席国宝	肖亮	徐敏
徐明霞	许周毅	阳洁	杨黎波	杨晓	翟智博	张丞昭	张弛	张朴	张维禄
张燕	张英	张赟	赵建军	赵望石	赵兴	赵子雪	周晨	周炯	周亮
朱高峰	朱玉	卓越							

2002届电子工程 95人

蔡杰	蔡捷	曹蓉蓉	曾贵炜	曾宇	陈国林	陈培学	陈炜	陈懿	陈渝
程术希	崔然	范佳波	方力一	高磊	管天	何峻	何利文	胡韩萍	胡杰
胡炯炯	黄丹丹	黄毅	黄智殷	季爱慈	蒋治春	金光旭	金海祥	赖宏萍	雷东壁
李乐飞	李鹏翔	李强	李征	栗振庆	梁晨阳	廖尚金	林灵	刘军	刘已未
刘悦	吕骏	马飞	马晓栋	马盈	庞智博	秦小芸	屈绍峰	瞿志伟	沈雷
盛杰	石璟	石磊	孙小叶	孙旭其	拓庆国	万东	汪成栋	汪颖	王昊一
王建斌	王磊	王凌波	王新宇	王耀明	王泽	吴磊	吴天宇	吴志坤	夏渊
徐群	许国辉	许伟义	严文中	燕鹏	杨明帅	杨圣建	姚栋	尹航	于黎明
余长宏	张霞	张砚寒	张艳霞	赵珂	赵鹏	赵云池	郑国卿	郑晓	郑渊
钟林钢	周红刚	周敏达	朱海芬	朱文彬					

2002届信息电子技术 82人

任川	虞志雄	钟云	李新龙	韩波	朱深红	曹仁奕	余力	宓城	杨涯乐
詹磊	刘成	王云讯	郭清	万科	蒋大明	李清	孙杰	温卓明	俞宏
孟豪	崔征	喻武龙	宋巍	高松全	黄章俊	吴滔	应学义	胡复明	万鹏
王犇	张旭琳	王德炼	赵永帅	殷德舜	倪新伟	沈丁力	沈军华	宋达	李霞
季一波	张书文	万磊	应海涛	王光峰	赵斌	江志琴	潘湖迪	焦凤	韦平
王琛	朱容葛	张雪锋	汤敏	任春江	孙春来	陈国恩	靳少伟	葛启文	叶翔

管灵鹏	洪　慧	贾科森	胡亚晔	杨　铭	曾双静	姜　杰	吴剑辉	潘俊峰	李广波
姚韵若	浦志卫	齐　恒	祝　栗	张开明	张　昊	朱　丰	张铮栋	郑　伟	曾　钢
张　平	相剑波								

2002届信息工程（西溪）　61人

包　岚	常志华	陈　晗	陈　奇	陈　易	杜向华	方建晓	付　强	甘春妹	顾晓燕
洪　波	洪焕杰	胡文达	蒋　明	蒋一波	金　雷	乐建连	李萍萍	李一平	连水深
林　霄	刘　佳	吕　洪	吕战锋	毛雄飞	钱　烨	裴　婷	邵　枫	沈东方	沈　婷
沈锡潮	孙　炯	王金铭	王　坤	王琳琳	王　玮	王宇翔	王子立	温国栋	吴　冰
伍银儿	项　君	徐　健	杨　琦	余　祥	张　锋	张丽红	张　燕	章炜巍	赵艳铎
郑　欢	周芳芳	周骆斌	周　期	周朔燕	朱　懂	朱　强	诸东强	竺晓霞	祝杭建
庄昊飞									

2002届电子工程（西溪）　61人

安春波	陈炳均	陈文明	陈　骏	陈　勇	戴灿荣	方　琪	冯建荣	冯思荣	冯轶俊
胡俊锋	胡凯添	江　勋	姜建华	蒋　毛	金凌阳	李　超	李俊杰	李　伟	李文飞
刘　杉	刘亦成	楼晓钟	缪进征	穆海燕	钱立锋	裴文杰	沈海航	沈　明	沈益华
陶灵兵	田建勤	庹宁强	王方正	王华娟	王　凯	王文欣	吴　帅	吴　欣	吴燕飞
夏其表	谢烈勇	徐　峰	徐文明	薛绍辉	叶增超	应向军	尤伟刚	俞震华	张海宏
张慧熙	张久峰	张连刚	张琦滨	张轻扬	张晓隆	赵金鑫	赵林勇	周广琪	朱　泉
邹　焰									

2003届信息工程　83人

祁　峰	周雅赟	徐　慧	肖　霞	马晓宁	胡　倩	章展超	胡静俊	朱　聪	周　智
周友军	周广夏	曾　山	武　超	杨春德	杨宝川	颜　凯	王　磊	王　佳	舒　展
张哲伟	荣苏江	卢　翔	刘方舟	李岸良	高　参	丁　健	冯兴光	陈　亮	陈　军
陈　刚	车柳柳	常　烨	赵　扬	房永进	于　源	伍　捷	林　洁	顾艳艳	周　迅
章　炜	邵晓卓	张贻雄	张　涛	张　磊	徐建根	吴剑平	王　辉	安鸿峰	汪嵒凝
谭正元	林　晨	李岩哲	李　馨	李　可	曹　晶	李宝魁	乐东坡	黄正峰	褚嘉亮
陈　亮	陈　亮	陈　亮	张维娜	李　静	陈蓓蕾	朱英胜	张洛维	韵　江	董　波
俞　飞	叶建洪	闫文哲	谢　林	王　震	汪存雄	胡　旻	沈　默	沈科科	柳　振
姜旭宁	黄安湖	胡晓鸣							

2003届通信工程　72人

王　兰	彭燕婷	潘曙娟	孟　烨	李　婷	李　果	程　方	陈芳妮	朱凌霄	钟　杰
赵祥红	俞　迅	叶庭为	杨晓峰	魏立佳	王月定	王斌锋	万　熠	仝　恩	唐吉庆
邵　笠	秦晓阳	莫乾坤	梅川群	鲁　炜	李志强	李程峻	孔凡春	胡建学	郭贤志
高　进	付　琳	冯一飞	丁耀辉	戴凌龙	赵　娟	徐　曼	魏柠柠	王夏闻	廖佳佳

方　芳　董佳懿　陈　晨　周　强　赵宗杨　张文杰　张剑荣　袁海宁　杨　恺　杨　彬
薛晓亮　熊春林　王　华　王海勇　王　晨　毛贤华　罗　宁　罗家骏　刘明月　刘海业
李树锋　李　成　江耿丰　黄卓慧　黄希煌　黄近倞　何　骏　方　华　董志国　范颖莹
李　帆　孙玉成

2003届电子信息工程　224人

杨松楠　周丽丽　袁　伟　应　君　尚丽娜　崔则君　陈　瑶　周　威　赵　奎　张　贝
应明江　易志行　易　飞　杨守清　杨汝新　阎志进　徐　迪　谭祖炜　谈申泉　司长兴
彭　亮　彭　飞　潘朝洪　倪正方　刘　毅　梁　竞　李佳树　简张勇　贾　魁　胡文杰
郝明锐　管国鑫　陈美华　陈　斌　蔡剑辉　杨　楠　王雅萍　李　玥　李　严　陈晓晓
陈宵雅　陈佳莹　朱　江　郑　鹏　章伟明　张晓松　易　峰　许　飞　吴振浙　苏　科
曲　亮　戚永豪　倪笑楠　罗功宸　楼永飞　楼雷钧　李　东　李春海　瞿　琛　蒋忠杰
蒋萌青　蒋　杰　姜　上　黄琨华　耿启富　高　鹏　付国威　方　寅　丁　伦　陈　凡
蔡振宇　安之平　许　超　熊　颖　吴　臻　阮卡佳　皮　娟　宓媛珊　蒋　婉　诸葛晶
朱学生　张　峥　张　洁　张海棠　姚　飙　杨　晖　杨　桦　夏　厦　王泽颖　王彦波
王　飞　钱向群　潘　立　潘华东　牟彧清　凌　波　李炳博　金衍煜　蒋　坪　贾　涛
黄　瑜　黄科杰　何列丰　高卓群　方伟彬　方　健　邓俊勇　陈　波　俞　苑　宋　红
莫云剑　李　倩　朱建飞　周明德　张　旭　张　波　臧　亮　叶春晓　杨其军　徐东林
吴程科　邬领东　王晓波　沈莼吉　楼　斌　任　王　李金民　黄梓荣　黄　田　黄嘉翊
龚劲江　高建水　范益波　陈永禹　陈　丰　王　钰　沈慧叶　凌　毅　李秀冠　郭丽花
诸玉锋　朱泽恩　周　亮　郑　罡　赵羽圣　章宇辰　章科学　岳巍会　杨　杰　颜　琪
许鸿锦　谢光华　王海杰　王　晨　沈建潮　潘　昕　莫国兵　马驰育　蒋锦辉　胡国兴
丁　嘉　池万哲　陈益崇　陈加琪　朱凌燕　郑小珍　许　冠　沈冰琳　吕　航　邹池佳
郑伟亮　赵剑波　袁　平　徐　毅　徐晓余　徐巧亮　夏远飘　王　翔　童　琪　潘建成
吕晶华　柳　勋　黄　耀　董　亮　丁剑峰　崔　剑　崔方杰　夏　莹　陈宇珏　戴惠英
戴海霞　吕美芳　周雪峰　赵　峰　叶　琪　杨　晟　徐伟民　王　剑　沈凌峰　钱　进
庞学辉　马明超　芦　双　刘俊飙　郦　可　励幸辉　李　丰　李　超　金力马　贾益均
丁　威　陈道富　陈　斌　郑云鹏　黄鹤云　姚　奕　黄　乐　甘后乐　付红岩　张　健
谢　斌　王池征　朱大海　徐子翔

2003届电子科学与技术　108人

吴　鸿　郑晓敏　杨雪燕　魏　玮　施　虹　钟　昱　赵　峰　张安军　应若策　吴文广
王　辰　汪　浒　孙　飞　沈志伟　马建江　刘文廷　凌　云　李波辉　李　斌　金永峰
黄斯阳　韩志宇　过志杭　郭宏韬　程乔乔　常　青　曹志强　朱　婷　于　娜　施敏文
沈　慧　郑　琦　应广希　姚　丰　徐乐园　夏晓亮　王兆伟　王　松　王　奎　宋海斌
施建衡　阮春郎　任　亮　毛洁明　马绍宇　卢贤国　刘卫宗　金　桥　黄小伟　葛杨翔
樊　江　丁风雷　陈子明　陈　曦　伍海霞　陆佳颖　刘君敏　郑洪斌　余　辉　应迪清
严卫健　徐宁宁　吴　健　王俊杰　王慧泉　王　超　万献生　孙　浩　盛志瑞　沈　庆

曲文棣	马小鹏	马 亮	罗 冀	罗延廷	鲁公羽	金 波	蒋 铭	杭 飞	陈 泉
陈 强	王 英	施梦娱	章迪龙	张东舟	姚卫忠	杨水淼	杨昌楷	毛红光	罗中锋
楼 青	刘鸣峰	林海锋	乐双申	康华节	江旭明	黄武康	范正国	陈通领	蔡威波
朱晓波	杨 波	陈松威	吴树高	罗 勇	赵 锋	李 翔	万 磊		

2004届信息工程　119人

郭 斌	冯 雪	农 双	钱丽萍	许士芳	张春美	朱燕萍	葛建宾	郭力伟	洪晓亮
江 宁	金 佳	区 彦	任 游	沈渝力	王晨毅	王升阳	叶建阳	张宏杰	张新国
张哲斌	赵建平	赵 能	郑周杆	梁楚行	张 炜	倪 昕	杨春德	楼向明	姚 沙
余 辉	袁宏毅	袁伟波	朱建达	吴 烜	章旭松	陈端端	于 凌	张璐璐	章慧俊
章 煜	赵 虹	蔡 烁	陈杰成	陈世守	何 睿	洪 亮	姜 阳	孔祥来	林水城
鲁汉洋	骆 凯	马剑杰	王建鹏	王明浩	杨 卓	俞 海	俞云杰	喻亦炜	张伟峰
张 渭	章剑勇	朱 慧	余 江	戴 静	王嘉华	陈 涛	杨 旭	秦河峰	杨 波
李 萌	冯 靓	江巧微	吴 欢	吴 婧	夏冰洁	毕晓亮	陈 辉	褚方杰	崔建东
范生森	冯标彪	郭 彬	侯培民	柯靖浙	李鸿堃	李 林	卢 飞	朴元斯	史 隽
宋 斌	夏奇骏	杨 凡	尹 俊	周夏野	朱江力	朱齐驱	董晓文	曹亚亮	黄昭文
李 晨	李大鹏	林 竹	凌虓威	陆宇晖	吴 远	马 锴	谭 昊	冯 希	王芙蓉
王 蘅	许 媛	陈昕浩	陈子福	冯旭杭	郭众磊	何 峥	胡良烜	姜 望	

2004届通信工程　97人

杨志敏	万溢萍	汪丽洁	王 薇	夏淑婷	阳耀萍	杨逦荣	张 春	贺 文	洪 星
胡新宇	李 智	刘大周	陆子达	吕 鹏	罗一伦	王东来	王 贺	王 伟	肖 晋
许 峰	张朝杰	张新然	赵觉恒	赵 亮	周和平	朱 俊	何梦琦	秦 丽	任院林
王贻政	王任大	周 哲	刘 柳	杨成伟	陈梅丽	冯艳蓉	黄 颖	刘 媛	莫霄雁
张静宜	张祖英	陈 雷	陈 庆	陈 睿	高 风	谷 辉	乐 一	励 迟	林旭伟
楼舸洋	鲁 巍	陆志华	罗 华	施立军	施奇良	苏明烨	王晓辉	魏 杰	吴汉京
杨 凡	杨 琦	张 磊	朱 彬	朱梦尧	韩科锋	张 博	余承宗	黄一峰	章立伟
郗丽萍	刘 翔	沈文丽	谭 颖	吴丝美	徐 劼	郑艳兰	郑旖旎	陈夷秋	褚林根
丁蒋霖	李峰磊	李 鹏	吕 丰	求秋均	全绍晖	舒 适	唐鸿锋	王一鸣	王云良
夏良通	徐 聪	徐 铮	尹 航	尹 涛	尹旭雄	张 彪			

2004届电子信息工程　158人

张志豪	范红梅	刘 瑜	骆雪琴	许树娜	陈 宁	杜晓阳	何 晶	洪方绍	黄友云
姜 建	金方其	梁 田	林 波	吕江波	蒲 宇	阮东方	苏 鹏	温 允	翁科达
叶晓鸣	尹金银	应国兴	余鹰伟	郑 冰	郑泽溥	卓王波	贾 可	李仕专	管国鑫
徐子翔	张晓锋	赵 宁	余苏旭	朱 琦	楼玉青	王 倩	翟文帅	张花蕊	张扬丽
柴赛军	陈 博	陈 昊	陈 录	陈 鹏	顾震宇	洪 瑜	黄海泉	纪 磊	劳懋元

李强	卢凌	孟建熠	钱呈	钱惠斌	邱为	施树声	王祝勋	王卓远	徐立
曾福杰	赵诚荣	赵献明	周雷鸣	马海江	吴振浙	叶妙永	于千	张文建	席山河
曹奂雯	胡晓慧	李宁	沈珊瑚	叶院红	章凌燕	朱颖颖	陈炳军	戴韬	董鸣
方利锋	冯炯	顾健华	华松	陆高杰	蒲培斌	钱利国	全励	饶毅	王喆
魏芃	吴亮	徐欢	叶选腾	殷俊	张文昱	章建铭	周宇	朱凯科	刘涛
丁益君	龙院海	卢金跃	吕冬明	罗东君	蔡苏萍	官媛	吴斐	杨丽娜	叶娟娟
张峥	陈顺利	冯宇海	高岳	郭臻	贺维	胡慧锋	姜涛	金刚	林长乐
刘福珉	马志刚	钱良	邵利智	施旭林	孙铁南	孙正捷	王天栋	王真昊	温怀林
谢俊豪	杨大胜	张开	周刚	周航	陈晨	占俊伟	赵颖峥	劳昊	毛雄飞
陈文明	潘政伟	邵驰	宋意辉	孙虎	汤涌江	巫戈明	丁洁芸	方燕燕	骆莹
任立	孙男男	王璐	曹凯耀	陈振	崔曙峰	戴仁彬	任正卿		

2004届电子科学与技术　105人

郭敏捷	刘萍	赵娜	丛靖	方涛	洪振宏	胡伟聪	黄健	季博	李扬
林峰	林华英	罗成	马明辉	沈国锋	王安理	王辉	王同斌	项波	项有贵
徐升槐	杨建江	俞科挺	曾铮	张晓军	张永晋	赵亚滨	郑振华	周毅	杨帆
陈望	徐永	王伟	孙斌	李洲	谢少林	范好好	高晴	胡央维	蒙涛
陈哲	方明江	傅俊亮	胡惊	蒋金	赖卫	李解	李勇	梁鹏	林守锋
刘佳翰	刘建	鲁聪聪	潘海锋	阮元	孙晓堃	孙益表	王晨曦	王成	王春晖
王义	吴献	吴一帆	徐玮鹤	许幸	杨桂东	杨旸	叶晖	赵普社	赵伟岗
郑航星	周海峰	周理忠	朱弘博	朱俊达	朱涛	邹伟栋	叶晓伟	任亮	金京锋
王屹	郑昌文	郑旭东	马竹君	何一佳	庞洁	王丽莉	徐佩毓	耿敏明	宫汝振
黄庆忠	黄正亮	季伟才	姜帆	姜鹏	李杰	戚伟	王策	王帆	王和包
吴陈辉	吴善迪	谢品宇	张晨	赵晓潭					

2005届信息工程　110人

丁登	孙欣	宋滢	张鸣	郑俊君	赵炎君	刘群增	许婧	费晨宇	金意儿
郑家嘉	郑立婷	谢坤	杨君兰	汪莹	李蕾	游卉青	李萍	王倩	孙梓霞
王姗姗	王维娴	章竑	林强	曹川	王亮	徐刚	舒畅	陈争胜	贺清华
艾丹	林保春	陈正华	彭光宇	张翼飞	张熙康	刘佳	吕强	马骥	刘政春
张旸	朱株	陶苏衡	林统未	王黎来	杜煜	吴江南	许波	陈超	何忠磊
刘飞	廖骥君	马力	周晓烨	戴清	蒋国华	邱琳	李秋卓	杨鹏	朱韵鹏
田津	邹张欣	戴郁	高伟军	赵良乾	范征	隆晓菁	胡学芹	范思梅	潘辉
温鑫	王晓菊	余子黎	郑路	沈捷	黄彦睿	秦秋石	逢珺	石冰	刘晓奇
缪志宏	汤桓	苏世	任志鹏	汪玮	周鹏宇	郭瑞	强幸兴	程锦文	陈军
冯天天	张珂	韩冬伟	王勇	郑维容	郭晨江	童一鸿	斯科	沈彬	李中原
刘书文	张磊	储学立	王浩	王长明	章定学	徐彬	郑毅	刘兴华	杨文彬

2005届通信工程 98人

邱敏晖　金晓东　张想苹　陈柳慧　李颖懿　赵婧闻　刘　颖　江毓敏　傅丹丹　刘　健
王贻术　吴　聪　李军东　李　璋　李　鹏　蔡　玮　周志明　孙　凯　黄尚戎　徐　亮
黄展迪　张利敏　朱　益　何赛军　孙琦超　陈晓东　吴伟荣　孙　科　周云侠　罗　强
王施思　许　珂　刘　洁　丁鸿飞　李　竞　杨迎春　庞　峻　刘戈舟　刘　杨　王新娜
夏　杉　周　玥　王诗越　庄　蕊　孙春华　吴　琼　阮一真　王志雄　曾嘉宏　田　浩
罗　俊　张　宝　余　乐　刘亦杨　贺　雷　张金凯　洪明毅　林侠霖　王永会　沈路平
陈飞虎　蒋刚毅　俞赟昀　李　友　杨　超　盛恩平　应坚栋　周丛丰　陈光谱　代春青
徐　吉　傅　端　吴　霜　李凤清　肖　赟　高　颖　涂燕华　倪燕子　郑庆宁　朱上志
杜晓亮　李明锋　陈晓衡　王梁昊　孔安生　李　凯　杨　旸　应玉成　胡伟捷　倪志博
陈灵刚　龚大埔　黄晓立　楼康华　胡剑辉　俞晨晟　俞　力　邵如青

2005届电子信息工程 140人

张如江　张　禹　沈　成　陈长怡　刘　贺　崔　甜　周　霞　杨　礼　梁云松　谢　辉
张　斌　陈　伟　张志文　何勇刚　夏圣金　董兴达　高宁曲　韩　斌　周敏捷　吴文涛
陈　然　闻　诚　司　星　王　宁　肖嘉宁　章　侃　周长明　胡骥炜　周　亮　赵　巍
严　勇　张彬铮　陈国华　陈丽君　奚　圣　董文箫　王寅林　邢　燚　牛之果　俞　吉
任正卿　梁昱晨　董亚丹　林瞬婷　许　茜　钟君娜　洪少华　黄少彬　苏　军　邹成林
刘　洋　严　巍　王　伟　史昕亮　阮　宇　冯晓光　马富凌　郑少渊　徐　歆　陈　肯
岑雪峰　夏　雨　裘少立　孙　杰　徐　超　胡襟天　吴林根　尹　山　蒋路茸　蔡志方
卢成荣　李国平　项崇明　李　健　王志勇　李瑞军　吕　锋　魏　强　周龙少　殷　婷
林　潇　付　佳　王　燕　厉风华　黄　伟　黄剑烽　余冠辰　殷　燎　徐　阳　罗英靓
姜　伟　张秋华　石勇建　杨　田　洪陆驾　钟　赟　何　杰　魏立平　何李夫　李春杰
石　鑫　金海波　徐　申　周常恳　陈启彪　潘文简　张　镇　刘　暐　沈　潜　黄晓伟
王自立　傅　鸣　何晓兵　刘哲鋆　王　奇　刘　鹏　李成亮　徐　婕　程响响　楼佳佳
张　骞　石玉龙　刘　琪　刘纯悦　陈　庆　胡继松　吴开炜　田　林　黄　赞　陈代声
张志斌　许　平　夏佳伟　林广阳　王　君　金　军　黄立锋　许凯凯　章晓敏　陈　峰

2005届电子科学与技术 102人

崔小霞　张　燕　周慧英　叶红波　梁家宝　戴明发　张胜浩　刘　强　曹海波　刘　巍
王钧锋　胡宇星　朱子郢　彭海萍　王　栋　吴　骏　刘　松　李　星　林万建　喻　钢
林昕锴　鲍　健　王荣生　项国明　景旭斌　胡　淼　屠丁元　孙健晟　马銮梁　金　涛
戴知君　余　琦　赵翔宇　祝　赫　杨礼嘉　陈　磊　刘　源　郑弘毅　朱毓烜　邹　华
李　萍　张静宁　钟　鉴　胡温如　王　胜　陈　茗　赵　晖　闫涛涛　廖文俊　高　阳
陶栋杰　周礼红　王智韬　骆　飞　原　慎　蔡　友　张　寒　孙德炜　金　孝　沈勇良
吴永亨　郑晓东　徐　昉　傅　楠　金佳军　孙菊根　陈建琪　方　狄　廖少武　李朝江
吴晓煜　杨　柳　李安乐　高　阳　周　斌　汪建新　王炯耀　于洪森　郑姝妹　肖司淼

陈海涵　金骥　李陟　罗斯建　闫烨　赵冬　曾意　陈晓亮　刘文杰　周丰
王碧　景小叶　杨雪锋　秦强　杨志怀　赵奇　瞿宏亮　陆国相　蔡捷　沈建峰
杨晓东　胡浩峰

2005届信息工程专升本（华家池） 55人

安晖　陈崇贞　陈加增　陈洁　陈凯杰　陈小栋　陈祖铄　程洁　方昌仙　戈克瑜
韩斐　韩玲　韩睿　何京　何丽　胡佳驰　胡俊鹏　贾龙君　江奋飞　金崇程
来磊　梁焕锋　梁荣　林华胜　林圣国　林晓丹　林星　陆惠梅　吕考旋　钱彬
邵德明　沈晓萍　施秋蓉　谭旭琛　王炜　王香玲　王祥造　王毅　邬权松　吴晨昀
项云　谢瑾　徐良渡　徐征　杨海云　杨柔　殷欢强　詹永飞　张雄伟　赵海云
赵华军　赵林芝　赵仲恩　周俊　朱靓

2006届信息工程 115人

丁登　孙欣　林曦　张翼飞　张旸　赵璐　程勇　徐林忠　曾静　祁雅娣
刘花　顾瑜虹　陈思嘉　张月娟　周寅　周杰　于博　肖滨冰　王训　王旭东
肖专　王嗣平　宋靖　施珂毅　沈晓琳　任志远　钱徐江　阮一荻　戚华飞　马宁
刘洪庆　李谭生　贺赛　郭锐　姚力　高亢　甘克勤　陈开建　陈建恺　方峥
张钰　汪玮　谢琪　王喆　王建炜　孙继峰　刘宇飞　陈智德　钟耿　许慧
徐彦泓　兰青　张吉　袁震海　徐宁　王小航　彭勃　刘琪　刘赫　孙煜文
刘慧敏　胡祖达　林立　郑俊君　余亮　杜煜　黄建华　王莹　孙戌杰　丁雷
曹健辉　徐赞　夏薇　吴菁菁　舒群　刘海桃　廖琬明　赵博　张奇　张凯舟
俞雷　于洋　项纯昶　韩柯　王良勤　童华铭　唐棠　孙峰　宋哲钰　潘东瓯
袁峰　李泽昆　李晓宁　江国范　胡琪　海科翔　傅华江　张骋　车小轮　胡一雄
张莹莹　周楠　刘永杰　杨琳　朱禹　姚烁　王哲　宋威　邵赟　李欢
黄柏翔　刘殿超　徐进　彭曦　陆经纬

2006届通信工程 129人

喻键　刘戈舟　毛颖颖　刘健　李军东　张小兵　周云侠　高杰　陈钢　徐义
郑路　彭媛　潘浙溪　廖韫婧　金美丹　霍媛圆　黄芳　周状　张旭　张祺
张浩　张波杰　袁琅　姚彦龙　宣建锋　吴良良　石巍　盛磊　任学良　牛智
马永辉　刘耀庭　刘国军　林炳　李剑云　类成金　顾菁华　高明　陈翔　林挺萃
李立言　黄达　张建敏　蒋书羖　杜维　陈勋　宓正宇　施振吴　刘恩初　张楠
孟凡瑞　刘颖　黄琛　董玲　丁丹丹　朱帅　张亮　张宏杰　张桂荣　曾伟超
王斌　孙煜　齐斌　梅旭　刘问宇　刘红军　林科　李旻　李科科　雷鸣
雷杰　赖永鑫　胡文军　胡文　胡鸣人　何建忠　杜柯桢　陈翀　柴先明　安乐
金文勋　张潮　郑伟伟　赵志文　冯灏　房超　王婧楠　刘畅　杜诗川　倪娟
喻璐　赵晖　赵辉　张磊　吴怡然　钱晓曦　来晓梅　金羽晔　崔丽娜　周元杰

周侨	周强	赵仁军	张治月	张鹏	张锋	尹子斌	徐声景	王军	谭卓
帅博	牛斯迪	刘臻	刘亚	刘磊	刘佳东	郝韬	郭和益	房欢	程航
陈自宸	陈志飞	陈烨	鲍庆洁	吴嵩波	李邺	董泽	初晓宇	陈晓	

2006届电子信息工程　152人

吴益刚	张玉洁	张佳	汤群	乐莹	程爱莲	蔡葵	朱晓峰	张英鹏	张小龙
张鲁	张波	俞欣旻	许文曜	许科	徐卓东	徐科君	王杨	王翔	孙喆
邵志鹏	缪鑫鑫	吕明忠	楼洛阳	龙曦	林峰	姜涛	纪玉滨	葛康	陈桂忠
包朱强	安强	徐战胜	王义凯	罗宇	张华锋	曾志宇	陈曦	陈曦	陈省区
曹晶	曹峰	毛宇宁	刘志航	邵颖芳	秦媛媛	明朝燕	毛燕飞	李侃	葛丽芳
宗强	郑重	章晓峰	张宇	张宁	张大伟	于成龙	杨望	吴联芳	王薛峰
汪峰	万林	沈迪科	裴超	罗净	刘赟喆	刘宇	刘宽	李源源	李甲子
江天	胡森来	胡锴亮	冯跃喜	丁靖	张倩	盛丰	贺青	陈昊	何宁
高从洲	杜元甲	胡宇鹏	胡梢华	吴可嘉	臧伟见	马超	石桦	孙杰	张吉梁
赵琦祥	毛航徕	李艳敏	李秀君	张哲	叶斌斌	徐智鹏	徐睿	星亮	肖伟
武俊	王树彬	石磊	任毅	钱越夫	祁迪锋	刘勇	刘威	刘晟	梁文锋
梁键	李凯星	冀军	何利华	韩文	龚博	蔡力宇	蔡慧玲	徐潇岚	王梦禹
陶晶	齐洋	陈焕煜	薄秋实	臧玮	刘若鹏	何晓兵	刘哲鋆	刘国宾	吕锋
马元远	沈宁	古继智	徐文蔚	王银珺	王佳佳	邵净羽	康雯	赵鹏	章璐
张宏刚	吴颖嘉	王维宁	王任	万欣	桑乃泉	邱磊杰	毛剑	吕亚杰	刘畅
李东旭	胡志君								

2006届电子科学与技术　101人

桑泽桃	朱钊钊	杨婷	王小宇	刘彬彬	赵斌	张海燕	叶志成	熊帮发	夏冬冬
王晓亮	石京民	沈建庆	阮越	钮龙彬	娄陆敬	刘振	刘学满	刘人玮	林如锋
厉国华	李子乐	顾昌展	冯星	冯高阳	方帅	丁力维	陈帅	陈佳	安鑫荣
蒋建辉	李理敏	黄坚	何志业	葛陆泉	刘源	叶利斌	朱毓烜	邹华	许松
沈林峰	夏宝林	聂博宇	李娜	董小英	周灵韩	张晶杰	张聪凌	叶兰御	杨顺文
杨利君	谢治中	夏可立	王勇	王明雷	王光琳	田正强	宋奇仑	史传奇	卢文吉
刘超	林锋毅	李烨	吉光	何明	付文	丰震昊	崔强	炊健	陈琦
陈金龙	柴伟忠	戴春祥	崔弘豪	陈勇	陈炳建	蔡武彬	于洪森	蒋伟	陈斌
郭航晓	毛小丹	梁君	李牡铖	陈丹	郑云卓	郑科科	叶威	叶森	邢贺仁
肖力	王鸿标	王宝	孙国鑫	沈玮	沈禛珏	任阳	裘志江	潘国贤	吕宁
刘俊									

2006届信息工程专升本（华家池）　59人

| 蔡昀 | 陈欢梅 | 陈斯恩 | 陈通财 | 陈欣 | 戴晓城 | 戴云锋 | 单绍琴 | 何广闻 | 洪亮 |
| 胡柏栋 | 胡鹏凯 | 黄瑞芳 | 黄益昌 | 江正标 | 金丽君 | 金伟刚 | 金文斌 | 金衍昆 | 劳华栋 |

黎蓓蓓　李海伟　李　洁　李　莉　李世平　李小琴　林大涛　林玲菊　林赛赛　卢杰钰
骆张杰　吕国庆　缪茂藏　潘　虹　瞿为佳　童灿玑　汪福杨　王　敏　王　翔　王　悦
吴春选　吴燕芳　肖　萌　谢虞娟　谢作相　徐　斌　徐启进　杨　乐　杨宗瑞　叶赛丹
翟利钢　张　丹　张森林　张森娣　张维校　张云霞　赵　煜　钟国龙　周国军

2007届信息工程　145人

傅晓强　周　毅　吴自然　张祥春　孙　磊　姚　涛　黄　颖　甘　泉　凌云霄　吴永海
葛　俊　刘瀚宇　徐志远　刘永伟　孙元园　范一鸣　高可越　杨　名　周　序　刘　瑶
陆　绿　夏梦璐　吴晓金　彭　岑　李捷彦　冯腾发　侯维玮　翁志远　王智华　孙　韬
卢　超　何　锐　邹　彦　王侃磊　楼晓俊　耿　阳　王　琦　朱思达　王庆文　周　阳
赵　轩　赵浩强　陈冀骥　姚刘杰　俞烽烽　项世珍　鲍慧强　金　星　张其文　王万丰
宋　磊　周孜聪　冯雅美　袁　超　吕国东　郑文生　张燕琴　林元宁　丁菁汀　戴　亮
王　星　董黎超　孙剑光　徐　杨　刘　蕴　何必利　陈健辉　吴　嘉　王　楠　姜哲圣
陈俊辉　李　博　潘　芳　金丽玲　金婷婷　陈　曦　周　铭　林　源　梁　立　赵慧冬
李春波　孙　锋　刘安民　吕　明　李羽佳　谢煜锋　孙崎峰　陈熙冲　林伟俊　郭亚锋
杨时奇　王鞾舟　袁一锋　黄晓华　钟晓强　方子阳　丁永锋　王勍然　顾　良　鲍必赛
刘晓竟　郭　超　谢宝磊　迪蓬德拉　黎黄山　阮玉竹芳　林　朋　李寅初　付　应　徐沛来
向　洋　程　鸣　黄　莹　郑雅敏　李振华　姚懿鹏　谭焜元　王徐敏　李　珊　蒋　茁
李意鸥　白　杨　张　卉　姜　鹤　杨自强　鲁欣钧　杨　镔　肖　啸　程宇博　徐　晓
郑远哲　王志宇　刘　深　陈　珂　李晓雪　倪　娴　艾　鑫　熊佳丽　赵晓宇　姚宇宏
丁　妍　任　杰　刘扬帆　张晨溪　魏玉欣

2007届通信工程　98人

张　恒　李华锋　王　洋　马　驰　徐　勇　王传刚　谭　圆　李　越　杜文银　刘晓峰
方小亮　王明昊　伍妙君　姜一寅　彭　瑶　吴奇波　华能威　龚卓君　赖全荣　孔德锋
杜志远　杜芳蓉　金　煦　冯春霖　陈淑保　陈　静　赵　潇　徐鲁威　剧丹丹　黄　亮
黄亚洲　丁艳敏　李　喆　张永健　叶斌丽　杨丽萍　李跃健　言　焙　胡建美　雷　晴
张孜妍　顾君珺　王培雅　雷景智　宁泽宇　张文娜　傅楚雄　蔡　昉　杨　牧　周华莉
沈　坤　赵　涵　林　键　王家祥　高海源　黄晓政　欧阳洪　王小凡　任　昕　马　超
邓　兵　沙　晶　庞　超　李连军　韩思扬　陈庆霞　陈　犇　秦海珉　姜　松　王勇松
刘子元　靳达谦　李　鹏　向　骞　任周丰　陈　光　俞锋锋　竺嘉捷　赖一柱　向　明
张灿锋　凌云志　陈东辉　陈津来　李锦煊　谢贤海　陈　康　吴　迪　方　辉　付　涛
戈　扬　沈　力　祝胜建　蒋　炜　姚　凯　孔宪国　唐晓明　孙占伟

2007届电子信息工程　131人

覃军生　金利平　陈琴琴　施费野　冯　玲　陆佳颖　韩　驰　李　泽　王　庆　吕慧敏
王化营　舒　欢　邓稀佳　翁奇炜　唐少华　郑　寒　刘　兰　赵月利　张　欣　金安敏
吴　健　李淇琦　崔文频　邓瑞楠　郭智洋　高　昊　肖宇扬　岑　宇　徐鸿明　沈　炎

马毓博	王 锐	林 琛	彭 博	郑英杰	郑 芬	原建利	王 波	吴 竹	孙 伟
谢俗子	吴 奕	石依娜	李鹏展	任雁蒙	罗冰杉	孙 斌	张 睿	费 翔	李倪琪
卜士喜	李 真	王益雷	潘高峰	余恒杰	李 璞	武冠英	杨 荟	史浩良	胡 流
薛海涛	王 建	陈绍达	咸晓光	林锦昌	周高锋	张许丰	张 烨	施锦河	严子洋
魏 巍	崔陆晟	李风新	戴雪维	陶 勇	杨 嘉	孙铁伟	辜渝嘉	张 超	王佳新
姜 周	徐 建	高明武	范 凯	陈 科	顾建挺	汪 洋	周 颖	龚帅帅	丁 洁
沈其忠	曾瑞乐	傅可威	陆科杰	刘佳楠	周春喜	王 荔	卢晓华	周妙云	徐 扬
吕剑超	吴 立	王安兴	杨 雯	余子斌	周 升	王 佳	叶德信	刘君杰	戚靓亮
郭文婷	邓 华	魏中华	龙 江	刘太彬	付 裕	王 磊	孙 成	林源蒅	胡 佶
王艳芳	江玲玲	陈丹丹	陶文质	余秋亮	陈 雷	范丽兵	冯玮琳	林高翔	陈俊颖
丁 鑫									

2007届电子科学与技术　93人

海 鸣	汪 巍	肖 睿	谢笑飞	谢梦涛	王 翔	李月熙	何伟艳	唐盛军	李 珂
张吉皓	杨 幸	孙灿芳	杨 晋	何 钰	方 舟	蔡清源	许 昊	郭雅珲	王张朋
朱小丰	陈李佳	王 辛	陈资博	于 维	姚 晶	陈 妍	王 欢	金佩珊	林 宁
谢江滨	斯瑞珺	王廷宇	李 辉	黄林安	饶 蕾	郑 供	刘冠洲	吴旦钧	郑震湘
蒋玲玲	陶长春	李 冉	赵欢畅	江舒杭	陆 波	刘 亮	陈秀平	贾文建	周哲民
鲍 翀	曾才赋	雪 春	王亚林	陈爱丽	虞学伦	马海瑞	邹良港	张 艳	葛 益
刘汉文	蒋 伟	方建民	丁 静	陈 晨	王肖莹	黄大海	彭洋洋	何 苏	葛 旭
宣浩锋	黄 河	廉玉平	陈 杰	李重阳	刘 鑫	陈 涛	吴忠敏	朱诗宇	卜肖园
刘常浩	韩成功	吴挺竹	赵佳特	杨培克	熊真真	杜宇禅	谢 俊	吴正珏	林琪伟
周全跃	张景埕	宋红兵							

2007届信息工程专升本（华家池）　49人

陈 裕	陈跃伟	程国强	褚昌正	邓彦君	丁武俊	何松苗	胡朝强	胡德尧	胡哲峰
华海波	黄爱丽	黄储银	黄珊珊	姜 斌	金建明	金 杰	金益明	李 森	李学明
李永锋	林玉萍	林 志	卢勇余	麻胜坤	屈跃伟	阮岸文	施胜锡	石路宏	史赛慧
孙 键	汤晓畏	王恒刚	王鑫标	沃健斌	吴育鋆	伍高品	徐南杨	严智慧	杨东辉
杨黎明	姚晓平	于巧军	张 磊	张 涛	张晓科	章晓闻	郑元各	周忠达	

2008届信息工程　66人

王欣欣	席 明	潘丰俏	王心焕	杨 磊	杨玉杭	王 迅	赵 寅	左欣慧	郝 璐
黄占星	张 飞	陈 曦	李潮波	俞海明	褚金锦	吴 赛	俞湘湘	魏 亮	贾晨阳
方少慰	杨青青	郑 玲	李 诚	周 啸	王 坚	梁薇薇	林圣辉	王 磊	吴晓金
钱 力	朱 虹	代晶静	陈哲达	李寅初	罗赞丰	黄晓军	许天明	戴 佳	华玉环
曾 华	杨丽花	袁 渊	唐 磊	吴焕铭	汪晓雷	崔 云	陈从平	吴良英	林 珠
祁仲昂	宋 南	薛玖飞	赵亚飞	郑铋科	方 磊	马珂洁	王嘉锋	叶 璨	郑彬彬

张 眉　熊 锋　鲍冠群　王 悦　陈 钰　林 颖

2008届通信工程　82人

刘子元　苗小康　武洲云　吕春苗　吴 栓　吴 飏　陈 江　李云飞　高振龙　邬可俊
万清波　王 纯　王 俊　施炜韬　张华滋　陆 晔　刘经泽　刘志凯　华 磊　吴 珂
吴 伟　宋留斌　屈冰峰　沈华良　张玉贤　陈雅欣　刘 奇　唐 颖　宋 颖　陈 鑫
杨伟文　朱晓霞　富 饶　赖一柱　张卓然　陈 晨　鹿 博　刘泽宇　张 昱　刘乾坤
康 宏　李亚鹏　龙 芳　李 韵　张腾翼　郑 俊　王跃强　陈小军　潘 轶　杨积冰
左文辉　易春晖　陆宏博　杨 柳　邢晓文　丁旭东　黄 璐　陈远飞　裴凌伟　钟笑言
蔡春晓　沈逸铭　王 峰　吴昊阳　孙 驰　黄卫建　万 鹏　吕洋洲　陈少磊　王 晓
陈丹洲　王延长　曹剑波　吴 昊　吕思达　吴 杰　袁 博　徐文超　王 超　楼 荒
张江扬　鲍经纬

2008届电子信息工程　142人

胡东启　胡伊丽　杨 巧　谭晓波　陈 徽　王 欣　岳 亮　孙 原　谢扬海　刘 斌
郭明辉　朱小力　陆子鹤　朱文峤　李海峰　李 斌　宋泓亿　林成地　林 俊　金秋欢
翁利强　周秀锋　戴雅跃　王国婷　江健勇　胡旭杰　来是家　陈 晨　李 俊　王海松
严鋆锋　何伟斌　武淑丽　国 薇　张亦倩　乔云飞　张志卿　万会江　石 卫　康 竞
王 卓　冯祥栋　王 林　马 乾　张 京　李佐辉　王全洪　潘丽杰　杨纪超　杨 波
张 毅　王震宇　程 岳　林 为　叶 云　胡新毅　王 波　徐 强　肖钦文　王 浩
邱 婉　欧华峥　陈一敏　李 婷　王旭霞　赵文斌　李 顺　陆小明　费 回　章焕平
赵 平　吕旭东　蒋 杰　陈利欢　周冬鑫　吴超溓　丁 力　陈 宏　徐之曦　杨剑飞
鲁金波　沈 犁　胡 寅　倪华军　李尚文　乔 鹏　陈绍达　卢晓华　刘 亮　计 瑜
项晓燕　王 攀　马文强　袁典波　朴 云　阮 航　李春澍　王荣华　杨 劼　张 磊
司 楠　童超韂　蒋 升　徐 惠　王 琦　穆林雪　王 佳　林 宁　曹未峰　陈 武
陈 颖　朱 挺　张 博　杨光迪　朴雪花　汪赛男　钱俊娟　史晓宇　雷路路　张 宇
肖教窑　田鹏飞　田丁丁　周大森　钟 达　瞿高鹏　黄安生　麻敏觉　陈 侃　邵卓伟
官兴华　章 乐　柳元铎　金岳本　蔡晓周　谢之宇　郑凯还　呼 伟　魏中华　杨 昕
潘竞楠　江晓阳

2008届电子科学与技术　93人

杨培克　蔡大可　李素莹　何 烨　王 佳　王 瑾　金梦珺　徐 进　陈泽锋　冯晓星
黄如星　申建华　申发中　朱道虹　邓 圆　邱元杰　俞洁虹　江俊杰　高鹏程　刘凯凯
杨 楠　谢 飞　林 剑　王金程　徐晓贤　沈小虎　沈 宇　陈夏敏　韩长新　曹影华
罗禾佳　魏益鑫　韩 峰　冯 斌　邵亚利　王文佳　李 敏　徐礼吏　郭 岳　张君捷
黄 丞　王 帅　彭 成　王 峰　朱昱铭　徐建平　张 昊　袁广文　孙屹昂　惠旻鹏
李秋实　张慧金　黄觉寒　叶宝祥　尉定国　上官建秋　陈启浩　项 伟　胡伟健　唐传友
邱 东　刘赛尔　向 微　何 颖　李 忆　童亮亮　杨天赐　关 迪　文 杰　熊林强

兰　金	汪　威	徐兆斌	白　刃	徐远东	张立军	邱　晨	黄　寅	赵　浩	李胤德
俞旭辉	杨伟君	余超群	潘科军	俞建伟	周　阳	张　斌	陈瑞宜	郑　路	胡世昌
朱兵辉	杨　晋	林琪伟							

2009届信息工程　76人

王庚润	罗　央	叶　闯	庞宇博	钱盛涛	陈　杰	武　晖	陈志民	钟　烈	汪　慧
秦　莹	李　聪	林照礼	钱晨曦	周豪杰	黄俊钧	郭天晨	李　尧	张　颂	方　正
丁　凝	颜丹丹	陈威静	莫景凤	张开石	劳颖捷	尹　鹏	缪　挺	黄春明	郎　杰
楼文涛	杨　辉	郭延磊	林　超	李　泉	薛　诚	王　昊	许朋远	张　明	李　扬
陈国赟	连文佳	魏加富	蔡　喆	王云峰	路丹晖	胡　洁	杨　劼	蒋　晗	丁雪丽
汪宏伟	杨　飞	刘家瑞	王文涛	徐翘楚	李　璋	黄易川	王一叶	吕　震	王　帅
唐一枝	李　政	方中南	李金超	陈曦明	朱兴国	赵红海	李　伟	张　峰	王　聪
孙海龙	张存义	郑大禹	梁书成	汝　磊	杨璐俊				

2009届通信工程　31人

卢　维	周雷震	沈佳峰	于绩洋	杨菊湘	徐斌斌	陈　犇	葛浩宇	韩　韬	谢小容
娄世强	郑　驰	陈　敏	王秋芳	杨慧敏	李嫣文	陶忠琦	王瑞杰	唐亦非	张　涛
胡自达	申泽源	顾海寅	张志鹏	叶曾川	许胜峰	戴瑞成	陈高翔	周　宇	黄　烨
王联响									

2009届电子信息工程　119人

钱铮铮	刘　峰	付　海	王　飞	李福海	黄映乾	陈继周	张　磊	许金飞	李　阳
韩卓志	吴　超	吴　轲	竺振宇	胡文欢	陈浩楠	周　刚	黄　毓	章敏明	刘　江
吕　波	周岳勇	葛思宣	庞志刚	钱海旦	陈　翔	谢　杭	张治镕	金崇超	许丽丽
盛　麟	区坚海	王子彬	蒋　帅	尹佳乐	王凤莺	朱　静	王凌燕	周靖婷	宋庆庆
金昌权	余　憋	孟祥喜	党　魁	韩　振	施学良	吴　峰	何　泽	朱　晴	高　振
陈　亮	熊　威	李　鹏	高治雄	罗径舟	孙　振	章煦洲	何章立	张维滨	周　锋
王作佳	巫梓君	赵　杰	郑芝寰	曾宪恺	欧阳博	周　璟	朱　瑾	徐李融	陈佳佳
沈颖洁	黄宗杰	黄鹤汶	季　涛	郑　超	王钰博	王　昀	范　帅	颜洪雷	蒋煜豪
吕　航	修思文	杨凌虓	冯庆坤	陈利生	高　伟	陈科迪	崔　毅	潘思霖	林　恒
吴学祥	郑春梅	杨　帆	汪　婧	华苗苗	曾健林	鞠晨斌	刘震洲	梅晓虎	刘西西
张润捷	郭建锋	韦远虑	蔡　熠	沈　漫	龙启强	王　净	汤　骁	郑中碗	石广宇
范海广	陈佳宁	钱　锋	傅健丰	周栋树	吴志安	马振亮	陈巍卿	张学冠	

2009届电子科学与技术　87人

黄小婉	李　恬	柴雅飞	严亚俊	刘　航	林建连	梁毅文	赵欣慰	张　诚	李　涛
王　伟	潘珍敏	丁　巍	林青涛	谷占忠	常　凯	王　翌	林伟敏	裴雨贤	沈　逾
胡佳贤	傅唯威	金仁刚	叶晓龙	周　洋	郑　轼	周　健	胡敬首	王　臻	马方玥

魏　源　梁　筱　叶绍秋　郭从众　杨俊义　黄　烨　郑　宁　谢　维　苏荣耀　付　健
杨　冰　赵明臣　陈　昊　高海东　李文浩　徐庆健　苗　萌　张世峰　田钢锋　徐宇顺
朱国锋　丁立聪　李　曜　黄立丰　徐　超　周　皓　卢金元　沈国权　李君婷　刘　超
姚灵芝　刘怀宇　杨伟伟　梁　国　张　鹏　王　俊　肖　熠　孙　众　吴彬彬　王国圣
许常涌　刘晓鹏　王　俊　卓　涛　范飞军　郭伟峰　陈云刚　许铁峰　俞恒阳　梁北峰
陈　廷　郑　以　罗文杰　樊强强　蒋剑磊　梁　静　朱流星

2010届信息与通信工程　232人

朱　汀　王小喆　李　斌　洪钧煌　卢晓华　丁智鸿　孙浩志　秦源远　李　森　耿　方
王凌燕　邹善泽　吕俊宏　林财涨　宋　瑶　吴锦龙　姚少俊　洪钧剑　杨基鸿　陆碧东
陈　凯　单慧明　王泽朗　杜晓辉　闫亚萍　廖永辉　王元博　欧华峥　张　帆　徐　速
林　琼　杨静伟　谢　挺　闫兴斗　王　旸　吴　雪　王耀萱　王　翔　刘炳源　朱家行
蒋盛新　于　新　韦远虑　赵　宁　史林锋　应　鹏　张　歆　金献军　李贤胜　吴国珊
鲍飞静　苏　星　武玉阳　郑中碗　闫　爽　黄梅玉　张仕酒　曹曙明　季　丹　朱　迪
康　楷　周世杰　王锦凯　管小芳　朱家怿　王海燕　梁晓霖　刘　勇　朱亮亮　应晓娇
徐　航　张腾飞　荆　潇　叶　刚　沈　奥　郑魏魏　代博为　于鹏飞　陈伟锋　章　亮
徐　人　黄鹏飞　穆云崧　杨帅帅　李敏渝　陈芳芳　董沛君　苏　昱　左旭光　袁铁山
张林寅　覃金玲　邱　婉　宋千曙　孙　阳　刘晓宇　秦骁峰　潘文森　杨延鹏　潘立波
郑　敏　徐经汉　沈秀红　蒋煜豪　马　聪　汪　洋　秦博雅　赵朝君　李　闯　朱佳豪
李冬烨　张　宁　赵诗意　张　劭　陈　锐　万勋锋　应军科　孙大伟　安尼维　卢　欢
许冠岚　付　航　陈江渝　余　雨　王　楠　施一剑　王提寅　黄文琦　魏　逊　孙　鑫
曹石颖　刘　璐　陆玉珏　刘　项　赵　俊　杨　帆　郭延磊　屈　茜　黄芙蓉　金鹏飞
李　锐　朱李晨　王琬芜　王卉妍　张　鹏　高　深　何贤杰　徐坚阳　陈志新　王青青
王卓玮　谭云栈　徐国明　沈益青　张公正　胡　琪　倪　雄　朱康平　姚敏佳　童　蕾
陈　曦　杨积冰　谭　浩　王建伟　王　謖　王胤逸　李伊清　程高超　何迪亮　陈方舟
程　远　乐奇翔　王　巍　王鑫磊　陈　浩　丁　凯　尚德懿　邵海峰　季晓东　李　阳
张　程　王子異　黄浩然　刘　俊　赵　昕　周圣贤　潘　敏　师　勇　夏　隽　杨建威
韩　涛　赵嘉阳　王　昕　吴泠岑　李燕飞　王志远　赵学义　余若洋　叶耀崇　鲍溢彦
侯　烁　赖立人　陆笑天　叶悄扬　马悦清　王　莉　吴　飞　陈　昊　娄延年　杨德操
姜　璟　杨凡超　文禄衡　翁天杭　吴克艰　张哲铭　李玉琦　梁鸿飞　崔桂华　郑明智
黄清华　周　锋　陆　勇　孙　伟　施烈航　郑乔剑
张　赢　谢张勤

2010届电子科学与技术　43人

鲁虹伟　刘　涛　陆光威　郑　杭　张翼翔　杜　鹏　王吉意　于海通　王　昊　赵　琼
杨　力　张延蕾　燕　成　梁荣伟　吴慧娴　魏　骁　张超然　宋　锋　沈伟超　张　东
林　波　李冠营　何家欢　韩　军　潘余昌　沈　涛　谭俊杰　杨　伟　费　翔　李惠民
方　巍　李宜泽　方文运　于　韬　孟　炯　徐铭钟　孙华俊　苗　辉　奚晶瑾　郑晓勇

刘　野　武庆亮　周吕翔

2011届信息与通信工程　219人

张小康	罗　晴	张明庆	黄宇翔	盛　律	龚　匤	祁　麟	孔令儒	周　宁	王　芳
刘　源	马　超	朱辰波	李永佳	周　辉	郭　俊	刘学光	高培鑫	赵　磊	廖　明
查圣明	刘　超	王天祺	贾峻苏	方梁洪	常　诚	尹　方	孙琦琦	刘子辉	王　彪
吴超培	信晓峰	魏乔松	马洪佳	李　震	任鑫驰	王韵灵	孙　培	张　奇	刘东岩
袁　铭	赵佳岱	孔　敏	赵　龙	石晨欣	康　凯	马攀科	郎松平	吴　天	李来扛
马聚川	金俊浩	刘梦影	张震宇	孙孟孟	容　榕	吴春江	徐锋南	朱　衍	杨　超
陈裕宝	陈　昊	赵晓沐	张慧君	陈　楚	林哲凯	毛靖翔	胡　也	毛镔瑶	任逍航
孟祥昱	姚宏武	吕　鹏	严　俊	王　舸	王炳文	刘俊毅	何　森	于　帅	杜国俊
郑凯磊	付文美	颜鹏轩	赵北辰	王圣捷	夏　松	廖　玥	靳　迪	陈　波	由李艳
卜晓莹	来晓泉	陶彤彤	严　波	畅　硕	吕一品	杨　白	徐　杨	刘瀛浩	顾一欢
彭政谕	赵钟伟	顾竞雄	周　翀	胡一平	夏　天	张　蕾	林成亮	张　超	郭丽玉
陈高远	杨　健	姚创沐	孙　晨	杨　洋	管　斌	胡宇阳	赵文彬	杨　俊	杨　蕾
蔡　啸	朱晨希	曹继伟	秦旭斌	郑　昊	刘　唯	吴建璐	孙铭阳	韩百朋	应　挺
李　洋	张俊闻	李　辰	朱聪聪	张波悦	刘　宽	朱　哲	郦　彤	陈仕谋	邱　瑞
杨　旸	李　军	蒋　勇	邓盛超	吴宇哲	杨国辉	缪　俊	倪　蒙	李　斯	陈泠希
李战辉	罗洁莉	单旦骏	周浩威	戴　行	朱　琳	刘浩然	徐　姗	黄海宁	王　进
嵇　盼	董一帆	彭宇彬	周梦哲	陈　翔	虞上宠	金敏娜	吕　昶	李　豪	王宇佳
李　波	蔡　著	徐一骊	夏灿锋	何至初	王路月	徐　伟	叶彬彬	田　丹	王一鸣
闫康达	曹　湿	黄一鸣	窦　巍	计佳栋	杜笑笑	郭　晶	沈鹏程	韩　义	李振杰
陈宏益	段苏阳	李俊奎	孙称新	周东林	周　芸	贾路恒	张　亮	王　卿	刘　爽
李世博	丁鉴洋	朱振超	金晓波	刘晓锋	姚益霖	胡　莹	金恒尧	曹　涛	赖涛涛
虞盛康	金哲宾	凌　勇	金　庄	陈波儿	毛鑫光	张　玮	符谷经	陈　兴	

2011届电子科学与技术　79人

刘怀宇	王　青	吴颖殷	杨宇嘉	宋少鸿	林利瑜	卢　路	李　瑞	李如筠	吴小元
芦炎德	吴　婧	徐瑞青	刘腾飞	梅逸风	陈伟坚	李龙佳	倪　侃	张俊龙	齐海彬
邢　泓	刘　壮	张文磊	吴焕挺	丁泽伟	陈　良	谷文潇	杨龙志	王　赟	洪飞泷
董　兴	李美娇	辛　悦	王　帅	王少华	徐佳洁	励　侠	金晨浩	王洪波	周　杰
于　帆	陈　然	王文博	孔令甲	张叶青	何慧敏	赵　纯	贺旭东	陈　曦	周圣直
诸建伟	胡和益	金乐波	程兆武	翟之根	陈泽华	朱阳芳	游　凯	郑龙飞	马　蔚
应　文	刘　洋	汪晓涛	每　媛	刘诗雨	熊　超	俞　磊	芦杰亮	严梦霄	唐　萌
陈　挺	毛宁强	任秦彬	罗彦彬	曾宇骁	周　睿	夏　毅	陈　融	李承一	

2012届信息与通信工程　228人

王　真	朱光旭	王丽媛	于天航	陈　盛	赵明敏	周　俊	姚雪琼	张骁祺	曲　嵩

朱朝群　徐　琨　黄剑华　赵　赟　孙剑桥　方雪飞　张　超　谢贯楠　孟庆阳　杨学成
王　晶　江玉环　廖红春　梁健威　张　劢　宋明肇　沈栋士　钱　鼎　王　会　王宇鹏
王　欢　周　卓　王迪龙　孙　凌　朱　墨　郭小勇　孙晓庆　祝航程　潘宇浩　刘弘毅
李倩文　葛彩霞　原文博　王　倩　单联峰　彭家亮　谢景文　孙　龙　吴佳冬　俞　浩
贾　飞　金　鑫　赵晓敏　韩　旭　陈佳丽　迟明宇　皮　特　李佳芮　王燕妮　卓雨臻
俞　靖　董　月　李浩阳　姜志骏　岳博超　盛亚婷　龚莓淋　李勉洪　成东峻　罗　东
章　渊　叶　韬　何　源　刘冠雄　王顺程　李硕彤　郭语亭　宋　戈　杨佩忠　周　骞
叶迪辽　高洲阳　张　希　马子昂　刘　欢　原雅芳　刘雪晴　楼伟谊　张　瞭　钟昌杰
胡　阳　宋刘一汉　黄张伟　陈璐艳　陈　想　周逸凡　唐　杰　董　晶　徐豪灿　韩飞航
李　凡　罗茜倩　王甜甜　宋　超　黄　毅　汪　刚　马　骧　叶　新　李　思　朱文俊
耿　洋　马　晖　刘　洪　邵振江　周璐璐　刘丽丹　孙婷婷　刘晨光　梁倍毓　孔伊明
杨明月　李　波　黄雨聪　左一鸣　何津松　詹双华　郑唤欢　张　勇　李　哲　贺　娟
谢　奕　韩　辉　闫　博　贺嘉敏　孙伟龙　李　坚　陈涵逸　胡琪凯　陈佩瑶　余江华
陈明蛟　王懿丰　邵　聪　刘　程　张润人　卢　玥　胡昕悦　张哲一　王鑫鑫　李　伟
应倩岚　王大君　邱文渊　陈林萍　郭　翔　汪后禹　冯　丹　范理杭　童建策　严　菁
殷人俊　范静远　张　健　屠　坤　钱力言　赵家奇　黄　菊　何　茜　陈　迪　周昌和
屠江锋　唐慧超　王紫薇　毕松杰　李　晶　张铖程　缪琬芸　刘　畅　赵生龙　林圣超
程晓鑫　方　辉　黄　进　吴芬芳　齐　鲁　杨　茗　郭　昕　陈婉君　李佳宁　陈　域
陈书界　吴陈炜　徐　佳　钱京京　刘宇民　孙韶阳　张　林　孙晟昊　蒋佩琪　郑耀彤
邹　泷　陈孝武　蓝维宇　王晨路　薛　威　樊瑾箴　周文雯　陈兆印　俞　果　奚　婉
王献斌　刘文迪　杨　旸　于文婷　王　婵　高　博　程　超　陈中悦　史　航　景麟德
朱海燕　孟　昊　王开兴　叶　腾　石　珂　王　成　耿邱一郎　李　昂

2012届电子科学与技术　89人

曹思汗　杜　威　李　珂　麻群辉　陶　强　肖文哲　张一栋　陈　杰　贾维东　刘　放
秦姚冬　查振旭　房静姝　李　鑫　马　威　童万平　徐宇啸　章宇慧　陈增增　江海涛
刘　启　任　宇　陈　晨　傅宇峰　李　燕　梅　剑　王吉轩　杨　搏　赵　宽　崔　明
蒋冠杰　柳成荫　茹泺镔　陈华斌　何　洋　郦大力　米　平　王乐博　杨乐天　赵　毅
崔　楠　蒋华杏　楼杰超　沈凯仑　陈华盛　黄　晓　林　威　聂　涛　王　理　杨　雄
赵　越　党月豪　李　超　陆　健　孙继龙　陈佳佳　黄子龙　林真引　潘彬彬　王旗龙
应佳男　钟汇凯　邸瀚漪　李道宏　罗　辉　孙　俊　王　涌　虞龙杰　仲冬冬　王　哲
王树朋　俞　彬　钟益京　杜超禹　李根杭　吕晓东　孙世宝　吴虹宜　张骏亚　朱冰青
吴沐阳　张璐霖　朱　正　伍文超　张　骁　邹丰远　袁　悠　周凌峰　项乐强

2013届信息与通信工程　227人

焦春旭　童　毅　李　芬　王　翔　宣子蔚　崔　哲　姚阳子健　黄章成　刘　旭　聂　磊
许鲁凯　刘　帆　汤潇巍　唐　勤　王思龙　周叶芳　饶　琪　孙静远　朱怀宇　冯继雄
曹聪琦　麻继洲　刘卉芸　周天益　宋少华　李雯琦　周立峰　张育铭　钟远耀　李双阳

汪恒智　王　鹏　许　阳　汪东旭　洪文浩　田立宁　陈　瑜　王叶娟　邹　霖　张　婧
黎建辉　张亚庆　张　萌　程　磊　颜　敏　束佳明　邵正超　裴　录　吴才泽　邓亚斌
范德良　姚　枫　郑伟伟　张晓萌　路　泽　张潇雨　华幸成　邱　立　孙　阳　包崇仪
杨　旻　陈国豪　翟雄飞　沈梦骅　卢招庆　许鹏飞　付攀玉　李如晖　何　骏　叶方宇
吕武略　郭龙瀚　孙　超　吴　超　陈哲达　洪　明　陈逸群　潘燕杰　冯凯滨　刘彬洁
陈樱芝　寿绍迪　柳雨明　于　波　赵一方　陈可鉴　杨博斐　张　政　任健强　白　旭
周佳盛　吕　栋　李郎尼　章盛娇　孙海洋　汪非易　李顺斌　谭毅华　隋贤忠　罗鸣霄
赵　越　何炎频　王亦可　詹婷婷　童士权　姚　冕　徐志娟　蔡泽煌　钟　鑫　许　超
毛宇毅　严　晗　郑宇琦　杨　烁　秦　枫　李　媚　李向前　盛　涌　侯国伟　任凤鑫
黄本康　温海光　徐睿杰　姚棋中　戚正栋　江文婷　颜　俊　翁梦婷　王立群　陆　薇
张依云　赵　晋　于佳宁　张振海　陶秋琰　钱　哲　吴旖雯　朱清豪　吴　慧　周　倩
陈　旭　石心莺　范　依　章一帆　李　喆　潘孝刚　沈　微　林　森　吴　浩　周赛琼
黄国峰　吕勤毅　刘轶文　马　欣　方叶秋　陆　敏　陈宇廷　韩可心　王一钰　郑旻星
杜杉杉　董吕挺　吴　满　王雪姣　余昕伟　周炎兵　顾　骏　赖百胜　于化龙　刘　画
楼泽斌　宗泽冰　胡洁芳　刘长桥　刘　纯　徐宁浩　崔周丛　祝其乐　陈　雨　陈　红
何　倩　刘　杰　孔文杰　王绍劼　刘　皓　赵欣茹　武海涛　张　帅　邹　哲　蔡陈静
张序钦　林函霏　朱之京　陆方舟　郭思琪　王　辰　江一帆　钱柏湖　陈文丹　曾令根
陶一翔　叶蔺沁　白福栋　马文涛　李永胜　林　城　张呈杰　王映皓　林煜豪　廖　昆
石红梅　徐　虎　赵航榆　叶先进　周　蓉　郑　正　王同琛　周　英　乔晓田　李　楠
郭天戈　石佳禾　李博雅　杨潇翔　余晓飞　刘陈展　程　楷

2013届电子科学与技术　99人

许吴斌　范　蕾　李瑞祥　陈志全　熊绪超　高璐颖　宋　磊　韩菁慧　朱蒋财　潘　骏
王　华　米　阳　姜建飞　段知航　殷高其　李增一　刘志宇　黄　枭　郝迦琛　梅玲琪
邵春沅　曾祝青　高泽宇　廖　凯　杨　程　郭　原　林贝贝　胡　华　裘林超　高志文
茹晨光　吴　涛　张　鑫　吴浩波　杨世森　吴季倍　刘宇翔　章剑波　樊肇楠　陈金凯
张友明　钱雨霁　王润卿　冷　静　俞　航　王泽予　陶　然　褚　硕　方春飞　刘佳琛
沈宇峰　孙成龙　陈　晔　陈黛莉　黄景林　邵宇光　陈　宁　余　添　曹继芳　李伟康
郭贤信　黄　开　郑　川　卢修博　戴庭舸　闫盛峰　巩慧超　陈　浩　王　骁　王鑫磊
俞清鹏　冯　煊　韦跃岭　杨　帆　孙世宸　蒋昱昱　邓　超　刘元凯　傅家俊　罗　昊
彭希亮　叶轩文　王乐园　魏　星　范宏亮　张　为　石永麒　鲍雨晴　储子翔　杨　阳
魏　超　姜招群　金天波　吴国挺　张华杰　刘　铮　程　东　林佳妮　俞志辉

2014届信息与通信工程　196人

杨　堃　王　骈　施成燕　童路成　孔　超　项　麟　王　蕴　徐晨蕾　顾淑霞　姚　镇
傅双婷　蓝瑞宁　付　嫱　王安琦　赵　嵩　黄嘉逸　刘理文　费霄汉　金咏哲　王浩一
徐小杰　吴复生　马川江　张国威　沈青青　陆烨峰　姚边秋　薛　傲　倪　枫　王　磊
邱永健　罗春备　万　强　景　存　何瑾文　万　贝　杨光璞　孟　宇　俞蒙蒙　倪海茜

张　金	孙嘉岐	王梦楠	刘启发	耿　超	张赛赛	胡　越	李博豪	沈　睿	黄　颖
胡凯益	林阿俊	郭芙蓉	余　典	孙仁伟	陈青圣睿	杨珑顾	张宇舟	郑志祺	潘之玮
顾晨辉	陈诗岩	杨卓然	路淞苓	黎　睿	刘云斌	葛露萍	杨世远	李　姝	钱财杰
胡　可	杨婷婷	黄　瀚	林晓冰	张　彪	陈海琛	余　科	马龄阳	陈启越	何思源
杨　哲	夏　乾	焦茗阳	蒋盛智	李坤伟	漆　琛	何月君	庄艺杰	楼诗旭	石　在
张　靓	郭昕昳	曾　昊	毛　珏	黄兆丰	郑高挺	叶潇锋	朱俊玮	廉黎祥	陈佳妮
舒荣贵	黄　伟	何　宇	潘以瑶	孔祥璐	阎清晖	虞震楠	高维健	李岩妍	钟晓鸣
陈　波	周鑫一	王盛南	陈曼琪	孙南平	刘家齐	杜　丽	张富军	黄思羽	崔方宇
薛亚朋	陈天琪	徐鹏伟	盛　迪	张霄宇	申　治	张　凯	毛东杰	伍冲斌	张　麟
尚小钧	余启联	许振宇	林　露	李　达	叶振宇	王颉丰	孙杰斌	吴天宇	翟奥男
孙明杰	夏车韵	蒋宇波	苏振增	刘荔斌	黄建全	孙逸玮	赵岸然	何泓利	张久菊
马向荣	朱　恒	高　宇	李　喆	李　昭	于　寰	韩长东	李文博	胡　玥	胡　玥
蔡聪聪	陈旭斌	彭子展	莫　凡	余先波	钱辛宇	陈甬龙	陈永进	邹　楠	徐子茜
陈　龙	文鼎柱	潘　晨	王　松	郎逸聪	彭朱炜	寿　康	张文姗	俞俊涛	孙晓奇
陈佳伟	王程浩	林　沐	卢　俊	霍音佳	霍芳菲	林　辉	王　哲	陈志强	黎宛丁
魏来恩	李航川	齐　越	王梦婕	吴　愚	迟杰鸣				

2014届电子科学与技术　78人

曹　特	张兴伟	刘　祥	汤　博	罗嘉俊	丘启霖	匡祖颐	张彬春	沈邱红	曹欣扬
潘鹭青	许　梁	李群飞	沈煜斌	胡天耀	岑懿群	谷之韬	陈镭丹	江　南	张维颖
郑大巍	陈文浩	曹奕周	全赛彬	樊时中	何乔治	厉志锟	秦鹏飞	陈宇栋	何睿晨
孔令果	菅　毛	高　峰	何一超	蒋联赐	李云河	杨　讯	郭剑博	张　浩	吴志乾
郑焕东	施丽燕	吴　瀚	黄燕清	潘　灏	韩廉魁	陈　丽	高兴未	沈一帆	蔡恬恬
钟一舟	陈　豪	邓铭鹏	王贺雨	范腾龙	任晋晋	杨凯月	葛晶爽	彭　炜	王林烽
沈　洋	谢溁超	邱竹郁	刘　哲	陈嘉龙	刘俊洋	夏　磊	易　达	吴宏杰	蒲迪锋
汪泠澜	沈君成	李耀宗	吴　璠	翁哲阳	谈晓东	张　通	周　游		

2015届信息与通信工程　207人

刘子赫	蒋佳男	白　鑫	韩晓宇	高　越	苏海波	李泽南	张　涵	杜振华	吴　撽
王　洋	塔米尔	郑　欣	田宇佳	王金昱	韩啸天	朱刚毅	范志斌	虞思城	孙宇乐
景利乔	傅林捷	蒋鑫磊	戴恺迪	潘晗倩	宣梦洁	杜程程	张晓宇	韩　超	辜一帆
卢冰倩	卜又春	吴　思	刘佐珠	丁　浩	龚　翔	朱晓颖	张海涛	吴冠初	李　睿
邹恺辉	刘志翊	金　芳	张夏青	寇馨予	曹凌霄	黄良凯	傅炜东	浦东旭	胡雷斌
王　行	李　煜	叶泰航	唐　帅	凌志强	戴雅云	欧晓呈	毛佳敏	杨　浩	毛超杰
史超遨	时　鹏	卜哲元	王　瑞	朱安杰	岳新玉	陈文龙	李松洋	张　琳	邹瑜亮
陈维燃	梁智聪	徐子悦	王占峰	高思思	姜　鑫	金日成	邱宇琦	陆阳华	吕俊涛
马春晖	王晓雪	申　跃	刘鹏伟	葛正荣	李　爽	朱东迪	郑　荷	范潇潇	乔维康
乔振亚	沈煜栋	朱艺宁	冯　博	朱　晔	郑博元	杨　哲	陆　旭	许　岚	汤成东

施威威	童潘榕	邵振雷	叶梁枫	唐斐	於巧梅	褚佳承	吴圣池	曹佳炯	蔡成飞
章航垲	钱喆敏	邵晨威	刘雨帆	秦鹏杰	田梦嫄	陈斌	董玫	王依文	王路
申屠帅	严超华	叶晓丹	张竞成	曹劲琛	鲍哲辉	金圣达	沈丛麒	张鸿达	朱艺婷
宣培瑶	张子涵	张航	纪志伟	蒋云帆	韩亦韬	姜波	张清	镡京京	储干
郑蒲	倪阳	姚宇瑾	沈昱舟	杨恩泽	张爱莲	余爱翔	邓新	叶梓韵	黄兆维
吴双双	管金杰	周磊	徐越	林孝忠	蔡秀桐	赵彦喆	方恒	周晟	吕荣
何玉洁	金栖西	徐丹霞	周龙梅	尹佳林	周志敏	余睿	张玲	刘宇	杨馥蔚
陈哲凡	廖博文	李越	陈哲	褚建琛	李立	姜永坤	童挺	方明通	陈越
谭海晖	李菁	吴迪	侯宇鹏	于晓艺	潘志鹏	杨迪轩	潘金哲	赵存茁	刘英俊
应啸	徐桦	潘阳卉	张力	王姝慧	苏丽珍	王腾佳	许奕星	张玲松	吴秋韵
薄新强	沈玉鹏	鲍玥	杨建	张慕辰	李斌	邓敏			

2015届电子科学与技术 95人

尤春波	王东	张健	徐伟能	王凯	郝广德	蒋晓飞	周锦晖	徐伟楠	王泽宇
肖方程	刘枫	鲍白云	卢建荣	赵起锋	苏国强	刘逸凡	黄超	李嘉程	赵洁晨
周一苇	倪志钢	袁行方	卓凌烽	熊怡阳	陈耀玲	宋俊男	伍广勇	卢建良	张伟
金晨	于磊磊	石仕伟	苗雪丹	戚天	王宁	马超	王健	秦贺	鲁潇阳
闻昌鹏	陈剑奇	韩凯	俞立	罗荣辉	谢可均	刘灵霞	尹聪	庄则良	吴昊
朱鑫	金振兴	姚朔晔	申屠鸿皓	范贵林	陈峰	张钦伟	王占翎	张礼俊	王殷鹏
张筱文	施孝铿	常宗涵	杨尚坡	殷龙	张怡颖	张金石	赵通	杨苏	楼哲圣
崔时敏	陈茂南	张佳琦	陈宇廷	张彬腾	鲍海鹏	薛蕴	冯跃飞	肖斯昆	黄侠杰
严磊	闫兆普	聂宇达	徐成	欧阳旭	张先喆	吴佳祥	张晓辰	徐俊杰	胡子杰
程天元	王翼腾	黄铭恺	李超	陈永亮					

2016届信息与通信工程 178人

邓尧	张佳鹏	王柄霖	胡森	柳之汀	李乐	杨启帆	陈伟亮	方雨虹	李博
韩立都	胡天择	王竹升	林元雁	杜华阳	吴彬荣	张逸凡	汪宁宁	蔡凯	陈沁悦
郑方欣	艾正龙	王迪	顾易易	王欢	吴经杨	张泽尚	杨丽蓉	段寒冰	陈斯聪
韩宽	俞钶婷	蒋立凡	董奇非	詹儒卿	沈一宁	石晨可	夏吉品	陈健	陈锐
胡文学	张祥	程泽丰	裘浩楠	郑阳	刘逸凯	黄炀	彭高召	毛颖	吴茜
向彦博	张思捷	黄心忆	李裕隆	刘翔	霍佳琦	高博瑞	韦笠	刘星宇	杨康
顾林海	汪祺	李哲一	李昊星	戴少鹏	徐瀚彤	宣明辉	毛凯杰	马顺涛	孟炜皓
袁鋆	谢颖	范枫顺	李俊	刘颖	杨嘉珩	杜雨佳	邵慕涵	孙梦鸽	王雄
陈博华	沈韫韬	吕城栋	罗莎莎	王静芬	包瑶琦	倪绍翔	江成昱	王逸伦	李竹一
张丽冰	周建军	华峻兴	王啸宇	张艺	罗壮	魏旭辉	耿霄雄	龙松霄	王宇泽
史广达	刘瑞	高培文	谢文君	陈玺栋	张思佳	张莉敏	潘俊洁	朱栋贤	陈浩磊
洪海晨	金俊傲	沈瑜	蒋泽骏	徐鹏颖	叶润柯	甄晓健	杨霆宇	熊炳	陈俊宇
罗烨	陆雨昕	陈镇	陈东贺	孟永勇	闻旭	王维嘉	张家郡	宁祖标	黄煜

徐 埌	陈 卓	楼欣欣	王鑫涛	方国灿	章桦萍	陈 璐	蒋俊伟	陈 浩	吴鑫涛
柯泽灵	李 杰	李 鑫	陈斌斌	马 青	贺 倩	牛超群	吴祥飞	李永兴	韩卓宇
杨锦达	崔国强	任天雷	盛慧雯	吴亚芳	许家璐	余家傲	王蓓坤	路昊炜	黄海洋
钱泽鹏	朱致焕	朱伟基	黄国庆	徐川善	刘成功	龙 钢	练琳莉	徐 索	孟祥君
陈 明	陈 曦	苏雄飞	骆志坤	张 涛	竺烨航	曾奇勋	华佳燊		

2016届电子科学与技术　90人

林子谡	范俊斌	丁瑒琛	杨 浩	王哲涛	张大伟	王 宁	包肇睿	朱祖仑	刘 潮
黄 佩	陈熙亚	王 燚	李 政	王 健	卞 强	奚加超	沈一鸣	孙博文	马志轩
迟德建	祝晓琪	彭 博	杨吉光	张栋梁	黄沈文	王佳伟	张 玥	陈佳平	黄怡静
韦 航	许宇超	厉斌超	钱涛涛	韩明杰	包成雷	和君申	李 欢	郭鑫鹏	李伟坤
任 锐	高 煜	罗显捷	黄 皓	朱 闯	吕鹏昊	岳平原	李家辉	郑柘炀	林子澜
戚亚轲	应 挺	钟佳玮	胡光来	俞 凡	王栩文	林虹宇	张之涵	刘亚娇	王昕宇
李文武	李子沛	杨子霄	张健哲	范 伟	陈思昂	王敬高	陈一帆	胡铁伦	李博闻
潘开开	韩刚强	常 睿	龙禹豪	刘晓辰	崔 超	易 简	张 辉	龙 璇	陈 瑶
卢名川	冯思睿	程 烁	徐 炜	戴碧华	何 平	沃华蕾	叶心汝	马路加	易哲为

硕士研究生名单

硕1978级半导体材料　2人

沈复初　王德钊

硕1978级通信与电子系统　3人

李文扬　赵新建　章守苗

硕1979级半导体器件　1人

朱大中

硕1980级无线电技术　1人

曾明生

硕1980级电子物理技术　1人

周铭达

硕1980级半导体器件　1人

渠　宁

硕1981级通信与电子系统　3人

刘定生　顾　建　陈　洋

硕1981级电子物理器件　1人

顾世华

硕1982级电磁场与微波技术　1人

惠　平

硕1982级通信与电子系统　3人

娄　可　陈晓华　曾建瑜

硕1982级电子物理与器件　2人

黄达诠　项　峰

硕1983级通信与电子系统　7人

潘　峰　郑　丹　宋茂忠　唐慧明　周　峰　陈克波　韩卫宁

硕1983级电磁场与微波技术　1人

吴　坚

硕1983级电子物理与器件　4人

吴通锡　陈晓明　杨冬晓　邹红武

硕1984级通信与电子系统　11人

包晓岚　黄舟波　谈列维　张孟犀　徐三三　史晨愉　卢国文　张仲非　吴国飞　金　奇
陈国龙

硕1984级电子物理与器件　7人

毕海芬　孔刚玉　邹英寅　庄　红　汤伟中　刘　昌　路红鹰

硕1985级通信与电子系统　18人

韩国万　郑以坚　李慧娟　孙　新　茹　畅　周学理　唐国良　吴一闽　董　山　吴伟国
陈　虹　王建为　王雅楼　王家隆　宣建华　余燕平　高永晟　陈景阳

硕1985级半导体器件物理与器件　5人

俞　滨　陈　颖　郑经椿　郭妙泉　郑海东

硕1985级电子物理与器件　17人

林文彬　李金新　王小宝　赵未知　何国鸿　夏　杰　丁江群　陶雄强　陈　华　鲁卫民
方安宁　冯永沂　黄波海　吕婷婷　刘　仪　金心宇　张　群

硕1985级电磁场与微波技术　3人

周黎明　包明泉　沈士三

硕1986级通信与电子系统　17人

陈洪强　易永健　曹　阳　孙　敏　方忠良　姚　远　陈　枫　邬立平　李　红　何晓文
周才良　张　健　沈连丰　陈曦光　孙红霞　杨　震　杨平勇

硕1986级半导体物理与器件　10人

陈　杰　吴志武　张以捷　李学红　朱成樑　胡必成　陈去诽　郎金荣　石国华　蒋维乔

硕1986级电磁场与微波技术1人

缪云福

硕1986级电子物理与器件　13人

王　锐　陆爱民　周月华　余丰人　朱一心　王成福　郑国武　邓英韬　张亨国　王家斌
黄　昕　吴轶瑛　龚剑萍

硕1986级电子工程　2人

宋　青　徐　林

硕1986级无线电技术子学　4人

姜国均　徐　益　吴浩敏　王志诚

硕1987级通信与电子系统　16人

周加林　李　晔　丁海润　牛　涛　陈建林　费旭东　霍　强　王宏宇　刘　闽　徐国银
陈　凌　周正宇　毛武兴　张木森　郑树生　陈　健

硕1987级电磁场与微波技术　2人

胡飞跃　林福祥

硕1987级电子物理与器件　10人

陈良汉　邹新源　倪云岸　毛履华　杜建洪　朱宗玖　章献民　周甄矫　陈雅梅　宋小波

硕1987级半导体物理器件　8人

韩　雁　王维航　张　彤　斯笑岷　庄宝煌　朱忠云　冯　浩　杨建超

硕1987级电子工程　4人

蔡金海　章　专　陈　焱　宋志坚

硕1988级通信与电子系统　22人

沈永泳　郑朝晖　邵金洪　张江鑫　洪　臻　郎坤荣　刘　辉　高小平　肖　强　周云良
汤国平　韦海强　洪其禄　赵问道　冯建明　王　阳　于慧敏　励金祥　李　斌　王伟坤
徐进军　樊建平

硕1988级半导体器件　11人

金　宁　刘贵兰　孙卫明　丁国强　马良友　应丰杰　王秉达　宋毅明　刘　薇　刘宏岩
王飞军

硕1988级电磁场与微波技术　2人

王培林　肖　青

硕1988级电子物理与器件　10人

王明利　焦孟草　杨荆松　丁一文　陈尧土　周荣海　沈新江　戚颂新　董建虎　江一飞

硕1988级电子工程　7人

夏银水　宋加涛　徐信业　赵小杰　应时彦　方志刚　万　旭

硕1989级通信与电子系统　14人

陈介伟　洪　军　刘　晔　卢　伟　宋杭宾　王　匡　吴　征　徐　凡　许　基　曾维东
陈澄平　黄建民　王文军　俞吉庆

硕1989级模式识别与智能控制　2人

高宝江　李小绯

硕1989级电子物理与器件　9人

李海国　刘玉祥　王晓民　王新中　周效东　邹　立　曹晓东　马铁一　张贞卓

硕1989级半导体器件与微电子技术　9人

陈　珉　黄志存　秦　策　王硕勤　徐松竹　朱丽津　张宝峰　濮文东　徐　行

硕1989级电磁场与微波技术　1人

吴永清

硕1989级电子工程　2人

蒋刚毅　沈继忠

硕1990级通信与电子系统　17人

谢　愉　邓成林　吕　岳　邹志国　李忠兴　甘亚昌　余忠祥　潘剑侠　周　率　毕　净
李　浩　黄何翔　王　晖　陈伟灿　刘　敏　张文卫　黄天舟

硕1990级电子物理与器件　12人

饶晓燕　于　映　夏再鸣　张云华　陆献尧　李富平　张　宇　刘　斌　李　翔　陶　红
王敏华　蒋晓兰

硕1990级电磁场与微波技术　1人

叶旭囧

硕1990级半导体器件与微电子学　7人

方力新　曾令海　徐　珩　陈　珂　陈沈明　吴小萍　蒋　睿

硕1990级电子工程　6人

徐新民　陈忠宝　金　瓯　陈禹臣　冯宗宁　金文光

硕1991级通信与电子系统　14人

胡欢刚　郭跃峰　李　斌　吴　迪　郑　威　毛伟达　吴晓冬　龙新电　张　奇　杨　刚
胡　杨　华中项　楚　虞　露

硕1991级物理电子学与光电子学　10人

朱宝英　丁佳斌　冉立新　张友俊　刘杰明　刘　江　张　宇　王小川　赵春华　张　琪

硕1991级半导体器件与微电子学　7人

金仲和　李如春　应达时　高　鹏　卢逸榕　杨建义　吴　文

硕1991级电磁场与微波技术　2人

方彩兰　方易圆

硕1991级电子工程　5人

丁扣宝　朱长征　杨盛苗　陆系群　王维东

硕1992级通信与电子系统　16人

朱晓冬　孙　斌　秦二龙　王效灵　朱国弟　吴　庆　汪晓阳　朱娜娜　王　顶　戴　杨
王黎明　俞　毅　王晓薇　郭睦凌　秦　峰　黄　炜

硕1992级物理电子学与光电子学　13人

魏朝晖　徐茂林　陈志强　张旭霞　来志勇　黄海云　郑　俐　辛立波　杨龙如　苏小元
雷剑文　王红光　于　华

硕1992级半导体器件与微电子学　7人

胡小文　周伟勤　孙宇彤　吴　文　汪　伟　王宗蔗　游步东

硕1992级模式识别与智能控制 1人

蒋 卫

硕1992级电子工程 5人

施红军　刘云海　邱东江　任红波　陆慧娟

硕1993级通信与电子系统 22人

高子荣　吴永明　邹武红　莫少军　李江宏　王 劲　吕 炜　徐 军　孙延军　吴宇岚
强 斌　张平安　王建立　方立东　卢 军　石旭刚　谢青海　李 嫚　刘 勃　商复联
吴 庆　谢立峰

硕1993级物理电子学与光电子学 12人

陆 钧　何永强　金礼东　段学忠　李波涛　张恩业　赖 镔　朱蓉俊　丘清贤　宋牟平
吴麟章　王国华

硕1993级半导体器件与微电子学 6人

朱小武　邹胜华　过中梁　王国华　陈 磊　王亚强

硕1993级电磁场与微波技术 1人

查 钧

硕1993级模式识别与智能控制 2人

李宏东　周凌翔

硕1993级电子工程 5人

杭国强　应旭峰　黄金钟　赫天亮　姚茂群

硕1994级通信与电子系统 24人

强宇红　丁 塔　朱 晖　谢 磊　龚永兴　吴 松　孙凌亚　何国锋　陈耀明　韦升阳
马洪庆　李祝明　方 驰　谢小平　梅柳波　罗 胜　胡 微　陈惠芳　仇沁茹　范成法
张朝阳　王健成　朱映波　杨海波

硕1994级物理电子学与光电子学 19人

欧阳缨　杨 勇　陆 炜　纪少辉　盛 立　龙 辉　祝运海　陈贤冬　杨世华　卢胜文
唐文浩　蒋珍珠　刘 平　周金芳　吴先明　沈进进　蒋立维　马 放　吴先进

硕1994级半导体器件与微电子学　7人

陈德华　孙一翎　韩晓霞　喻　宙　郭　亮　王　硕　郭　维

硕1994级电磁场与微波技术　2人

钱军波　程宇新

硕1994级模式识别与智能控制　1人

何志玲

硕1994级电路与系统　3人

黄　敬　金耀劝　王伶俐

硕1995级物理电子学　13人

张　玥　蒋　蕤　杨　联　彭　涛　徐永红　周维明　桑　伟　张　昱　王　进　袁功胜
沈美根　方　钧　刘杰鹏

硕1995级电路与系统　5人

茅　健　乔军让　季征乔　赵　炜　金忠鹤

硕1995半导体器件与微电子学　7人

陆雅萍　何健飞　王　欣　喻　浩　白玉明　陈　莹　钱　宁

硕1995级模拟识别与智能控制　1人

刘鸣雁

硕1995级电磁场与微波技术　1人

陈　宏

硕1995级通信与信息系统　16人

林　琳　姜换新　朱健军　章　苏　谷锡勇　魏　斐　吴晓亮　孔令广　钟锦台　孟利民
练　剑　厉治洪　廖明生　徐元欣　应　骏　王兴国

硕1996级物理电子学与光电子学　14人

夏淑华　沈会良　马惠明　曹　峥　汤劲松　张琼琼　郁非力　莫家军　黎　宇　林赤军
池振涛　丁美玲　刘　波　伊　沙

硕1996级电路与系统　4人

李　红　刘建军　徐月华　周选昌

硕1996级半导体器件与微电子学　8人

申昌湖　吴建军　尹　锐　许瑞祥　赵　旭　陈利华　潘立阳　刘海涛

硕1996级电磁场与微波技术　1人

张　宁

硕1996级通信与信息系统　18人

徐晓琳　邹志永　张　春　徐　函　吴东晖　戴冰琦　阮　遂　陈　寒　卢　岱　杨伟建
章正浩　董建荣　涂　芳　郭浩广　王　东　徐绿洲　陈　浒　沈　浚

硕1996级模式识别与智能控制　1人

韩草铭

硕1997级物理电子学与光电子学　12人

陈　霁　王　勇　金　庆　周　敬　张一鸣　戴　路　刘云峰　汪少波　蒋建宇　陈连川
祖洪峰　蒋兴浩

硕1997级电路与系统　7人

刘世军　徐　力　王泽民　杜　歆　汪鹏君　王维维　郭　晔

硕1997级半导体器件与微电子学　10人

杨　宇　陈旭江　沈纲祥　章建聪　韩泽耀　郑　伟　马慧莲　朱嘉华　舒小华　赵武锋

硕1997级电磁场与微波技术　2人

孙晓路　侯宝山

硕1997级通信与信息系统　25人

宋永钊　张建梁　张　涛　姚中扬　徐辰昊　陶巍巍　朱西旦　黄　超　崔奇凡　罗义军
江一波　刘　艺　杨国忠　蔡建永　陈　云　丁　雷　钱力翊　归　琳　秦　苗　张旺根
赵民建　郑　瑾　李东晓　金　兰　季学会

硕1997级模式识别与智能控制　2人

钟建兔　汤志军

硕1998级物理电子学　12人

戴　谌　黄金煌　赵志军　单　成　陆建钢　钟晓龙　邓海峰　吴　欣　陈　怡　蒋红兰
高　波　徐峰铭

硕1998级电路与系统　4人

郭　智　谢文珉　张后旗　卢仰坚

硕1998级微电子学与固体电子学　11人

黄浙隆　万　巍　王文辉　魏　斌　梁　剑　王东平　钟念伟　王援伟　李剑锋　赵梦恋
郑　刚

硕1998级电磁场与微波技术　2人

邵晓龙　伍　航

硕1998级通信与信息系统　18人

陈　冰　邵　隽　王　超　袁建军　章璟裕　管云峰　司马禹　吴万里　赵智勇　周　英
倪祖耀　田　元　易志强　崔燕燕　潘巧海　汪　斌　俞　波　王　洁

硕1999级物理电子学　15人

顾　宗　莫　敏　詹　蓓　陈长庚　何旭洲　宁顺卫　冉　嘉　杜吉荣　刘　涛　吴　渊
王华萍　傅一平　鲁　效　俞伦锋　魏秀虹

硕1999级电路与系统　8人

陈华华　李清水　邹云晓　成建晖　李文华　徐峻峰　宣建江　陈育伟

硕1999级微电子学与固体电子学　10人

章建隽　林雄鑫　秦大威　熊旭红　姚云龙　胡海波　刘东栋　吴明远　杨方辉　陈　英

硕1999级电磁场与微波技术　3人

白　晔　何洪俊　林　峰

硕1999级通信与信息系统　28人

方更法　刘　潇　王晓峰　向火荣　袁梦涛　郭房富　龙青海　王志斌　严德政　赵忠伟
蒋　鑫　沈斌华　吴　俊　杨邦文　李淑蓉　焦向峰　石　军　吴一鸣　叶　丰　齐子初
刘春祥　王晓东　武进峰　余年兵　孙飞燕　吴禀圣　夏　芳　杨桂君

硕1999级信号与信息处理　16人

陈亚勇　惠　华　马军棋　徐松余　张守武　张　治　李　睿　葛旭东　金旖青　王　炜
余　达　张卫锋　戴　琰　王　蕙　龚惠民　刘义臣

硕2000级物理电子学　18人

陈红胜　英正庆　郑　轶　马巧华　姚　澍　郭　为　欧寒艳　丛　军　张庆文　周永财
邵云霞　杜　鹏　刘六彬　张　丽　徐　进　张维承　范　燕　万晨妍

硕2000级电路与系统　11人

孟　昱　华燕娜　张修军　沈雁飞　朱晓雷　沈　冬　叶伟中　傅慧麟　方　博　蒋征科
张春升

硕2000级微电子学与固体电子学　14人

陈嘉华　李柏阳　徐贻斌　占恒正　周小平　万　莉　陈继凯　郭　伟　谢俊杰　詹　桦
张邵华　朱昕荣　程俊华　郭建魁

硕2000级电磁场与微波技术　2人

陈坚华　袁爱君

硕2000级通信与信息系统　46人

陈燕辉　林铸祥　张子男　陈春霞　董　斌　刘　峰　赵　俊　邓　旸　范　谦　卢　杰
赵　亮　葛小慧　老元威　吕江波　周振东　林　袁　李立志　朱　斌　刘昕颖　李　熠
张　健　蔡佳佳　沈　珺　赵丕凤　龚万炜　金世杰　林正汉　王　校　袁锦辉　方惠英
周琼芳　洪　享　李国纲　刘小成　吴旭东　郑晓柏　陆礼红　陈继晖　胡　旸　李　欣
施建强　遇　岩　朱少波　朱红丽　方银旺　王安定

硕2000级信号与信息处理　13人

刘自强　韦晓东　严　励　余志坚　丁莉雅　刘　艳　余军苗　王　哲　谢亚光　姚天翔
程　敏　和艳丽　杨俊智

硕2001级物理电子学　20人

陈　好　黄　鲤　刘小梅　涂晓昱　袁　宇　吴春华　陈　军　金　浩　沈　乐　王　涛
范胜利　于继万　曹　铭　方培沈　李　斌　史治国　袁　丁　贾晨军　张　猛　章策珉

硕2001级电路与系统　22人

骆　健　陆万喜　姚　靖　林　弥　王　林　朱志刚　车　飞　沈宇扬　饶　维　张益斌
吕伟锋　徐义东　王伦耀　方　磊　吴地金　王海亮　胡翌博　邵志龙　朱　挺　王勇超

徐丽燕　周　畅

硕2001级微电子学与固体电子学　15人

程保罗　方浩华　刘　剑　赵　龙　黄勇伟　崔忠升　方邵华　刘　磊　周　鑫　饶　源
陈克坚　方　斌　李　鹰　潘　骏　杜红越

硕2001级电磁场与微波技术　2人

梁　宇　马金军

硕2001级通信与信息系统　52人

陈海建　吉文华　沙　曼　徐　红　金　琛　王　正　张　力　官　军　赖利峰　吴宝春
张　炜　洪　波　李　傲　吴恩平　赵文华　胡　涛　李　芸　吴　皓　朱广信　曹千芊
黄智杰　梁　骏　项小峰　王　嵩　林银芳　刘少波　楼　剑　彭丹丹　钱　骏　邢新景
丁展如　洪宇光　江山盛　李　甬　楼旭旦　穆立舒　乔耿嘉　孙　琦　后　盾　李　铭
刘圆圆　缪　纲　戚玉鹏　宋征卫　孙一飞　唐震洲　田　宇　王　锦　薛　峰　张艳平
朱　臻　陈　涛

硕2001级信号与信息处理　23人

陈若愚　林　强　叶才炜　崔文杰　陆　亮　虞卫峰　曹　明　戴　玮　王洋昔　张　力
傅一恭　马小骏　袁　勇　曹治锦　杜　雍　吴　瑾　张　颖　凌　阳　余　毅　张泽彪
陈建乐　古　进　邢文峰

硕2002级物理电子学　28人

陈　炜　齐　恒　伊　林　甘　启　刘　珂　王子敬　戴　琦　孙　咏　应学义　胡　华
汪钱纯　张丞昭　蒋大明　王华娟　祝　栗　张少锋　王明刚　赵　斌　李　霖　薛子光
陈作田　胡传宏　王雪峰　赵昌永　陈　捷　潘湖迪　杨章顺　褚　雄

硕2002级电路与系统　25人

洪　波　李一平　张慧熙　肖林荣　钱立锋　张华军　陈　宏　胡俊锋　熊　鹰　张丽红
顾晓燕　王金铭　仲林国　龚淑君　金海祥　许周毅　诸东强　胡　倩　王凌波　周　鹏
贺亚龙　乐建连　应子林　厉晓华　金巧玲

硕2002级微电子学与固体电子学　18人

李　霞　吴剑辉　俞　宏　郑　伟　陈　懿　李　强　陈　叙　宋　达　吴　滔　张旭琳
霍明旭　李玲敏　张　昊　贾科森　王光峰　姚韵若　章炜巍　艾俊华

硕2002级电磁场与微波技术　4人

范志广　柳光明　施麟书　刘宇飞

硕2002级通信与信息系统　70人

房　波　乔　轩　余巧艳　罗文华　金学骥　杨　晓　贺科峰　苏　航　袁　博　倪彦文
瞿逢重　尤育赛　胡炯炯　孙启通　曾庆渝　徐红阳　雷东壁　袁建中　宦若虹　孙小叶
郑国卿　于　淼　李吉庆　张　季　贾会玲　谭　磊　钟林钢　余士平　张永光　姜　超
王　磊　周立丰　祝正运　刘　丹　张震亚　匡　凡　王耀明　周明政　陈财明　邵　亮
章　勇　李惠忠　席国宝　周　翔　陈志丹　万春新　赵　珂　李洁冰　肖　亮　程鑫豪
万俊青　朱孙镔　梁　坚　谢少枫　陈光法　董　芳　吴参毅　徐　群　蔡　钟　梁建新
阳　洁　刘　岗　高　磊　徐华根　胡　俊　董　洁　吕　峻　杨明帅　罗　超　李　佶

硕2002级信号与信息处理　21人

包莉娜　林英姿　沈　雷　许国辉　姚　栋　马海杰　孔晓彬　赖宏萍　刘立枫　汪　颖
严文中　应卓瑜　陈丽苹　王曙毅　赖莉雅　吕　骏　王　娟　杨黎波　王海彬　江　涛
张文俊

硕2003级物理电子学　22人

甘后乐　万　东　黄丹丹　楼潘明　王　琛　曾　山　姜　上　郑　晓　应　君　茅宏业
吴　伟　曾　宇　金　炯　钟　昱　常　青　王　犇　徐文彬　孙　妮　程乔乔　楼永飞
朱容葛　陈松涛

硕2003级电路与系统　34人

陈　伟　罗功宸　赵腾飞　尚丽娜　方　平　沈　清　周厚奎　胡国兴　潘朝洪　陈宵雅
王琳琳　郭秋平　盛立峰　周　威　胡佳明　彭　飞　代燕云　朱　颖　楼久怀　王颖卓
王　倩　贾　涛　王科平　刘　娟　雷　晶　罗延廷　徐巧亮　吴　臻　蒋萌青　伊　蔚
彭剑英　于连国　宓　城　杨崇朋

硕2003级微电子学与固体电子学　24人

赖　萧　沈　庆　姚　丰　施敏文　靳少伟　王　泽　李龙志　盛志瑞　应迪清　吴艳艳
李广波　李　丹　林海锋　吴树高　郑　琦　朱　婷　孙文峰　王　英　陈敬宇　浦志卫
徐宁宁　沈　慧　陈　渝　王　松

硕2003级电磁场与微波技术　15人

刘　劲　易　飞　郭剑兰　李　严　顾　磊　沈　捷　罗　祾　朱学生　李赛璐　曹猛虎
乐东坡　郑　鹏　陈剑辉　曲　亮　苏　洋

硕2003级信息与通信工程　88人

蔡卫光　黄梓荣　翟智博　沈乐乐　陈东晓　范光宇　杨少林　陈沪东　李　超　张贻雄
魏柠柠　陈　浩　黄　飞　易　峰　陈　军　李殿福　章伟明　夏　玲　贺　星　黄希煌

张　敏	陈　龙	吕鸿波	朱　聪	许　超	刘先虎	蒋清晓	周　建	程　鹏	马明超
陈　晨	杨鸿珍	魏　俊	林海涵	吴红莲	戴建伟	马　渊	方　芳	于　源	徐　宁
刘斌兵	徐　慧	董传文	戚永豪	顾洁宇	张　瑾	喻中华	刘中立	袁碧宇	董志国
任良丰	胡静俊	张　屹	翟　恩	梅优良	袁　伟	傅　亮	石　磊	胡　倩	周雅赟
赵　建	滕肇伟	张芙蓉	管良荣	邬盛炜	贾　宁	樊　江	蔡　荣	王明辉	祝　敏
胡晨光	肖志斌	李　静	卢　翔	陈　波	邬领东	邹莉萍	黄鹤云	谢　林	彭燕婷
曹宇辉	陈　丰	杨　恺	欧杰峰	黄晓伟	冯兴光	蔡振宇	杨　晖		

硕2004级物理电子学　22人

黄海泉	廖启亮	马志刚	尹金银	张永晋	官　媛	陈海宾	纪　磊	卢金跃	石　哲
俞科挺	周　航	秦　丽	陈　鹏	季　博	马海江	王卓远	张　杰	范红梅	胡伟聪
丛　靖	李　斌								

硕2004级电路与系统　45人

陈炳军	胡慧锋	李思源	刘奇卫	吴洪涛	朱凯科	叶娟娟	陈博洋	胡如波	李　智
陆　辉	吴增泉	胡晓慧	叶院红	陈　昊	黄科杰	林长乐	施树声	谢福波	李　蕙
张花蕊	陈　振	金方其	刘　兵	宋意辉	谢少林	马慧舒	赵黎黎	冯　炯	劳懋元
刘承成	孙永军	张志豪	聂莹莹	王泽杰	葛　玮	李　剑	刘　晶	王唐愉	周永东
王美娟	陈晓玲	胡承亮	宋长进	徐健峰					

硕2004级微电子学与固体电子学　22人

宫汝振	林守锋	王晨曦	许　幸	叶晓伟	周海峰	蒙　涛	郭　鹏	潘海锋	王　帆
杨桂东	虞志雄	顾红芳	盛　亚	胡　惊	万　辰	吴　献	杨　旸	张　晨	胡央维
高　晴	蒋　金								

硕2004级电磁场与微波技术　12人

方益明	卢　凌	吴　远	赵元表	朱俊达	陈　吟	陈兴华	蒋　坪	施立军	张　晶
周正嵩	孔祥来								

硕2004级信息与通信工程　80人

陈　庆	阙程晟	杨　凡	陈楚楚	李海梅	姚伟春	陈　实	来彦鸣	宋成森	杨　琦
陈梅丽	李　萌	叶　敏	陈志勇	李鑫锢	孙　虎	姚宗明	储　珊	刘　漪	张　春
陈仲良	李　兴	汪爕彬	尹　涛	戴　静	莫霄雁	张璐璐	董　波	凌　骏	王昊一
余　辉	冯　靓	万溢萍	赵　虹	冯标彪	刘　青	王　欢	俞　海	冯艳蓉	王婷婷
姜　阳	高国鲁	鲁汉洋	王　竞	张赐勋	龚　薇	王　薇	张伟峰	郭海军	罗雄科
王　圳	张　炜	洪善艳	吴丝美	王一刚	何　亮	骆　凯	徐　笛	赵　亮	黄　颖
夏淑婷	陈　辉	贺　文	倪　昕	严　杰	周　斌	江巧微	徐　艺	陈灵生	洪　瑜
钱利国	颜　曦	朱江力	来　萍	许　峰	唐彤兰	黄良飞	戴　涛	章　煜	胡　豪

硕2005级物理电子学　26人

戴知君	李　嵩	穆明凯	屠丁元	郑少渊	刘晓敏	庄白云	郭　煌	林金峰	牛之果
闻　诚	周　亮	王伟华	黄晓伟	江常杯	刘　强	潘文简	严　勇	卓　成	周慧英
王军强	景小叶	罗英靓	沈志伟	袁想洋	崔小霞				

硕2005级电路与系统　48人

葛学峰	何忠磊	梁　平	吴国明	张宇孚	雷柏英	章春芳	吴晓阳	胡骥炜	刘纯悦
吴顺珉	张志文	林瞬婷	胡　凡	陈国华	金海波	缪志宏	夏　雨	赵献明	刘　贺
徐　歆	陈俭金	李成亮	钱晓华	徐　祥	郑海华	倪怡芳	张小栋	陈　肯	李国平
申屠明	余吉军	周长明	潘　辉	王　军	范亮琴	李靖远	施剑锋	虞浩东	周　洲
许　茜	周　枫	何逸越	李中原	王俊鹏	张清恒	付　佳	虞　斐		

硕2005级微电子与固体电子学　23人

蔡　友	戴密特	黄正亮	陶栋杰	岳亚富	陈丽梅	郑姝姝	曹学成	高　阳	刘　同
汪国冰	周月朗	梁秋芳	孙　艳	陈　磊	黄剑烽	罗斯建	杨雪锋	朱　彬	肖彩侠
庄　蕊	陈　茗	高　阳							

硕2005级电磁场与微波技术　15人

翟厚涛	李忠宁	严　巍	张海飞	付　琼	盛仲英	顾军跃	龚铭磊	吴文涛	张彬铮
张　华	梅建萍	夏　芸	杨丽娜	黄斯阳					

硕2005级信息与通信工程　81人

崔　侠	戴　清	吕　丰	王志雄	张志扬	朱　益	郗　梦	吕　强	范　佑	马　骥
吴功伟	章　劼	黄　轶	许　婧	徐　亮	付　凯	孟　磊	吴桂祥	赵先波	李　蕾
杨若庸	艾　丹	郭　斌	倪志博	吴江南	郑启枣	李玉萍	叶甘临	蔡　斌	蒋国华
阮　宇	吴贻军	郑庆宁	廖秀秀	周　玥	陈　军	金晓东	沈渝力	武晓阳	周建鹏
隆晓菁	蔡瑞青	陈林亮	金意儿	史昕亮	项崇明	周鹏宇	楼佳佳	丁腾波	陈　伟
李海山	孙琦超	徐　骞	周　围	秦　迟	王兴国	陈晓东	李　璋	孙　宇	姚拓中
周喜渝	孙梓霞	余　乐	陈晓衡	林统未	田玉双	张吉其	周向炜	王姗姗	俞小凑
陈争胜	刘丰威	王贻术	张　珂	朱　铭	王　燕	章　竑	褚方杰	刘　佳	王　玥
张文平									

硕2006级物理电子学　22人

陈省区	方　帅	顾昌展	李甲子	厉国华	林如锋	刘　洋	马元远	钱一波	邵潇杰
盛中华	武　俊	杨　望	张宏刚	章晓峰	赵　斌	李　静	邵净羽	时　岩	苏　达
王银珺	臧　玮								

硕2006级电路与系统　44人

王津	张斌	安鸿峰	陈桂忠	陈孟儒	陈涛	冯跃喜	胡锴亮	胡森来	蒋辉
金佳	兰守珍	李君斌	李刘林	梁田	刘威	刘召辉	钱徐江	沈勇武	万林
王嗣平	王维宁	王义凯	韦一	吴联芳	许文曜	杨志国	张宇	张昀	赵一鸣
朱禹	庄明强	宗强	陈沁	葛丽芳	乐莹	刘倩	石娜	张慧芳	张倩
宋娟	潘意杰	刘鹏	刘振波						

硕2006级微电子学与固体电子学　23人

陈金龙	陈献	崔强	戴春祥	付文	葛陆泉	金佳军	刘仕景	邱奕文	孙国鑫
王嘉明	王世军	谢治中	张伟东	郑晓东	郑云卓	周晓奇	董小英	李牡铖	毛小丹
王彤欣	余小燕	蒋烽							

硕2006级电磁场与微波技术　15人

| 高阳 | 陈翔 | 柳良 | 邵汀汀 | 王梦禹 | 王圣礼 | 邢燚 | 张华锋 | 赵鹏 | 蔡普庆 |
| 杜诗川 | 刘文娟 | 徐益辉 | 陈亮 | 牛智 | | | | | |

硕2006级信息与通信工程　81人

何浩	刘亚	彭晓霜	徐林忠	张光富	张吉	鲍庆洁	陈其璋	陈庆	陈勋
陈智德	戴郁	杜维	冯灏	冯天天	高明	郭和益	黄柏翔	江国范	李欢
李磊	李旻	林科	林挺萃	刘赫	楼洛阳	马德强	彭勃	彭曦	戚华飞
全晓臣	施振吴	宋靖	汪少杰	王迪	王海洋	王升	王哲	项纯昶	姚烁
袁峰	曾伟超	张骋	张浩	张凯舟	张磊	张奇	张翔	张育峰	赵辉
郑路	郑重	钟耿	周侨	朱帅	朱韵鹏	陈思嘉	董玲	霍媛圆	金羽晔
李婉怡	廖琬明	林宇	阮一荻	舒群	王婷	翁维茜	肖专	徐彦泓	许慧
张迪	张玉洁	赵璐	陈泽云	金振	吴柏珊	程勇	海冰	谢雪松	程勇
海冰									

硕2007级物理电子学　26人

鲍翀	蔡清源	冀军	李珂	裘超	陶勇	王伟	张宁	章飞	邹良港
聂博宇	吴竹	黄晓华	纪玉滨	李欢	李强	刘彬	陆云龙	宋红兵	王耀明
王寅林	吴正珏	吴忠敏	张哲超	陈李佳	刘兰				

硕2007级电路与系统　42人

吴砥柱	卜士喜	崔文频	何群峰	林锋毅	马斌	潘新春	王兵	王锐	原建利
张宏杰	董丹煌	李蕙	张正宜	朱丁丁	陈雷	程曦浩	崔陆晟	傅可威	龚帅帅
顾良	胡志卷	黄飞	李源深	孙伟	唐少华	王朗圆	谢煜锋	徐扬	郑寒
周妙云	周升	朱畅	舒欢	王艳芳	张欣	施竟成	王建毅	朱德庆	周春喜

杨 雯　黄圣铿

硕2007级微电子学与固体电子学　24人

鲍慧强　胡 琪　黄大海　李陈刚　林伟俊　彭 博　王廷宇　杨 幸　张大茂　赵士恒
辜渝嘉　韩成功　贺光红　贾文建　栗成智　赵佳特　郭文婷　李 辉　廉玉平　许 乐
张 艳　王 翔　王皖君　陈伟伟

硕2007级电磁场与微波技术　13人

胡登科　付文华　杨淑娜　陈俊丰　瞿小峰　李飞虎　龙 江　陆科杰　王 励　张许丰
张 雪　武冠英　郑 芬

硕2007级信息与通信工程　67人

郭 超　侯维玮　金 煦　杨 杰　朱辉庆　邓 兵　丁 鑫　华能威　金 星　雷 晴
李锦煊　刘志强　卢 超　陶文质　王传刚　王 伟　王 星　王 洋　吴 嘉　吴祖成
谢贤海　徐志远　张 申　蔡立凤　陈建娟　童丸丸　颜 瑞　戴 亮　付 涛　郭洪志
姜 松　姜哲圣　李 橙　李振华　梁文锋　林 键　林 泽　彭 岑　苏勤亮　王 楠
王万丰　王炜强　王徐敏　王勇松　谢宝磊　徐鲁威　杨 名　姚懿鹏　张 超　周 斌
周 颖　陈琴琴　陈淑保　冯雅美　李 珊　李晓雪　李雪娇　潘 芳　王培雅　杨丽萍
张文娜　金婷婷　成国强　黄晓政　赵晓宇　艾 鑫　祁迪锋

硕2008级物理电子学　16人

郭明辉　王 庆　韩坤芳　金梦珺　黄晟晔　兰宝林　李 韵　张亦倩　万会江　王震宇
徐 恺　郭栩琪　丁光炜　何文俊　徐晓姗　胡新毅

硕2008级电路与系统　32人

胡东启　箭庆辉　江健勇　雷路路　李春澍　李鉴庭　朴 云　沈 泫　宋 南　田世坤
王 琨　袁典波　张正宇　周冬鑫　钱俊娟　邵亚利　杨 巧　周 雯　丁 力　黄神治
马文强　王 魁　王 攀　叶 云　张 文　蒋昭婷　王旭霞　武淑丽　陈 武　申屠粟民
赵圣江　蒋健勋

硕2008级微电子学与固体电子学　21人

白 刃　蔡坤明　范镇淇　谷金辉　李国熠　彭 成　屠斌杰　张 斌　张顾洪　张 昊
张立军　江舒杭　姜国敏　李明亮　徐兆斌　张慧金　周 阳　申 越　向 微　王 欢
朱小丰

硕2008级电磁场与微波技术　17人

黄 亮　陈 侃　戴雅跃　李 斌　李 栋　刘大庆　刘赛尔　杨光迪　鲍 迎　冯志敏
穆林雪　潘竞楠　孙学艳　田晓培　王静雨　杨纪超　徐升槐

硕2008级信息与通信工程　66人

华　磊	刁世斌	姜义峰	金　伟	雷　亮	杜小丽	陈　乘	陈　钰	褚金锦	富　饶
胡　铮	金永波	李尚文	李云飞	刘经泽	庞逸敏	王心焕	魏　亮	吴　昊	吴　伟
徐文超	张　博	张华滋	张江帆	张　昱	郑　俊	周　啸	杜　娟	黄晓军	吕春苗
吕宣宣	潘丰俏	唐　颖	王苑瑾	王　悦	吴　赛	薛玖飞	曹剑波	崔　云	丁旭东
贾晨阳	李源源	林圣辉	刘　奇	刘云峰	罗赞丰	潘　轶	唐　磊	王　峰	王嘉锋
王　迅	吴光颉	杨　磊	张　飞	赵亚飞	朱诗宇	陈雅欣	李永佳	王玲玲	王　晓
官兴华	吕思达	麻敏觉	吴　珂	杨天鸿	朱　株				

硕2009级物理电子学　22人

傅唯威	葛思宣	吕　波	区坚海	王先锋	王　昀	杨　楠	郑　鑫	朱道虹	岑嘉宝
许丽丽	高　振	高治雄	黄映乾	黄宗杰	金崇超	楼　飞	翁晨玮	谢　杭	徐魁文
张博琳	熊　巍								

硕2009级电路与系统　33人

陈巍卿	党　魁	冯庆坤	高金加	李　成	梁　静	刘晓东	马振亮	容志能	宋万里
吴端坡	吴学祥	严　军	曾健林	曾宪恺	郑　宁	华苗苗	傅健丰	高　伟	林青涛
孙　可	叶　森	余　懋	周晓瑜	蒋雪凝	连明超	苗秋园	叶　闯	赵祥红	李　婷
党文鹏	徐　锐	徐姗姗							

硕2009级微电子学与固体电子学　22人

陈宇睿	董少杰	郭伟峰	胡佳贤	沈国权	吴梦军	杨俊义	张　鹏	赵　科	梁　筱
马方玥	丁立聪	梁　国	刘世洁	马　盖	肖　熠	游侠飞	郑　斌	姚灵芝	蔡　波
苗　萌	朱　江								

硕2009级电磁场与微波技术　8人

蔡青林	王锦晨	俞鑫华	张维滨	郭　茜	黄鹤汶	李国政	兰　飒

硕2009级信息与通信工程　62人

陈高翔	陈　杰	傅德良	宫本康	郭小虎	刘发宇	楼文涛	路丹晖	马　川	王佳琪
吴林峰	夏　羽	杨　刚	杨　辉	于彬彬	张文彦	张志鹏	钟　烈	周豪杰	周雷震
姜惠云	蒋　晗	刘凤霞	刘灵珊	马丽莎	沈颖洁	孙　波	王一叶	闻春燕	叶　露
张　静	陈国赟	陈　敏	何周舟	黄俊钧	梁书成	龙　滕	吕晓敏	欧阳柳	钱盛涛
沈佳峰	王联响	王龙威	杨　飞	杨　杰	杨　瑞	杨　硕	张　峰	周宁凯	丁雪丽
黄春明	唐一枝	杨　劼	章翠枝	范飞军	葛浩宇	黄志科	孔祥东	陈潇红	任　浩
徐来贵	任周丰								

硕2009级电子与通信工程　28人

陈文聪　董　政　胡国栋　李　春　励志成　刘国栋　彭志鑫　阮晔锋　孙　众　汤　骁
唐树明　涂植跑　王国飞　王　跃　危　彦　魏华峰　吴青松　杨伟伟　叶晓龙　于　强
于一帆　张广超　周才能　周利满　周庆涛　周玉杰　资　喜　迪利敏

硕2010级物理电子学　15人

吴慧娴　周　剑　柏贞碟　蔡大威　陈　莹　李怀泽　娄　鉴　陆静苹　孟　威　潘　敏
任铁铁　沈逸铭　余春燕　郑云美　池金刚

硕2010级电路与系统　21人

魏齐良　向光平　叶　艳　郁　敏　朱　丹　丁　晓　顾征远　罗伟斌　计　瑜　陈　升
陈　耀　丁　文　黄　聪　李冠营　李惠民　李训文　全方磊　沈　敏　金献军　沈益青
张　东

硕2010级电磁场与微波技术　17人

潘文森　戴　薇　经　纬　李小二　刘空鹏　刘　苗　牟文秋　聂玉斐　王军霞　王殷辉
王中元　项方品　张灵松　郑　斌　郑晓程　朱　俊　卢春燕

硕2010级集成电路工程　5人

骆康城　沈秀红　陈　亮　丁　晨　金鹏程

硕2010级微电子学与固体电子学　24人

鲁虹伟　袁铁山　陈江渝　陈　振　郭学卫　郭振东　何兴理　李江海　廖　璐　刘树俊
潘宏彬　潘舒明　裴重阳　檀亚松　王　俊　王明宇　王文怡　吴　健　许超群　张　滨
张　文　郑剑锋　周建雄　朱忠益

硕2010级信息与通信工程　56人

吴　飞　王　莉　王鑫磊　陆笑天　王泽朗　赖立人　黄清华　吴泠岑　蔡丹平　曹石颖
曹　腾　陈明芽　陈珊莎　陈悦君　丁仁天　范民军　方博文　何贤杰　洪钧煌　胡玲玲
刘　洋　陆碧东　马习然　莫一楠　倪　雄　潘能杰　彭　斌　齐保振　石绘红　舒　慧
童辰辰　万　鹏　王　楠　王宁波　王颖恒　温国曦　文　倩　吴鹏洲　项　楠　辛　愿
徐燕芳　杨象军　叶　刚　应军科　于佳祺　张美佳　张楠楠　张行良　张熠辰　张　媛
郑　驰　支晨蛟　周　辉　朱　汀　林义兵　王建威

硕2010级电子与通信工程（专业学位）　27人

鲍飞静　应晓娇　陈　浩　应　鹏　董沛君　付　航　李伊清　刘　勇　杜晓辉　金鹏飞
杨　力　于　新　王志远　韩　涛　何宗龙　李远东　潘立波　苏建林　王国强　王青山

王提寅　王　翔　谢　韬　杨基鸿　赵　灿　周圣贤　朱家怿

硕2011级物理电子学　12人

夏　松　查圣明　单旦骏　田　丹　王　魏　王作佳　徐　伟　周　洋　陈　弋　鲁　洁
王文婷　郑小婵

硕2011级电路与系统　13人

陈　曦　管林波　黄松延　林子荣　谈　飞　王　玮　王钰博　杨胜林　赵长勇　朱承丞
胡佳家　闫国钰　胡　也

硕2011级信息与通信工程　48人

吕　鹏　李　军　赵晓沐　姚创沐　徐　杨　鲍鹏程　程　健　戴　行　丁振平　范东东
范龙飞　顾竞雄　何志光　黄　安　李　洋　李永佳　林成亮　林肖俊　凌　勇　刘海腾
陆国生　倪志风　聂　涛　彭小东　孙　晨　孙孟孟　陶　鑫　王　舸　王浙波　翁波拉
宣森炎　杨海波　杨环宇　杨　阳　叶慧星　应　挺　曾　雄　朱聪聪　陈晓瑜　党满满
冯亚男　康亚谦　李　斯　孙　晨　徐豫西　张　丽　张　婧　靳建雄

硕2011级微电子学与固体电子学　25人

宋少鸿　曹天霖　丁泽伟　冯　晨　谷　航　胡科可　金亿昌　李建宇　刘　杰　刘云龙
陆光威　石伟丞　苏　星　魏　兵　严昱超　曾　杰　翟　策　赵昌云　钟滕慧　李　霞
卢　霄　罗明玲　任晓欢　寿鑫莉　王萌萌

硕2011级电磁场与微波技术　14人

柴伦尚　李　栋　刘　唯　刘英彬　陆晓斌　吕蒙　彭政谕　王　彪　王路飞　于鹏飞
任　艳　王晓娟　徐　飞　杨婧茹

硕2011级电子与通信工程（专业学位）　27人

黄财谋　解志超　李　震　吕　明　沈炳锋　童杰文　王一鸣　余长春　张　炜　朱　琦
倪笑园　宋孝智　孔祥棕　廖永辉　钱铮铮　刘俊毅　曹　涛　刘梦影　周　芸　周　宁
谷文潇　赵　磊　孔　敏　蒋　勇　赵钟伟　李　豪　吴焕挺

硕2012级电子科学与技术　51人

金孝飞　邹　泷　杜　威　曲　嵩　魏　欣　赵家奇　陈林萍　杨怡豪　王　会　叶　韬
林　威　金佳敏　夏冰君　陈　锴　王　嵘　徐金金　张润人　叶佳木　李　珂　姚建帆
回晓楠　孙瑞雪　何　梅　何玲芳　卢翠翠　梁健威　李益栋　刘　辉　杨　雄　张文萍
李毓增　尹　俊　李昀泽　朱寒阳　罗奕梁　卞晓磊　查振旭　黄　毅　万玉娟　陈泽华
夏　超　朱敬礼　徐天白　钟　雷　孙　俊　胡娜娜　李　强　郭　攀　钟　东　罗云琳
刘　智

硕2012级信息与通信工程　38人

黄雨聪　邵振江　陈琪美　姜景宁　汪　刚　周璐璐　余江华　王开兴　宋刘一汉　应倩岚
齐　鲁　王　成　马子昂　王　盛　陈孝武　方雪飞　于凡格　樊康敏　李天豪　范琳琳
刘　蓉　赵明敏　周　天　戚翠玲　臧东宁　徐亦达　曾小辉　王璟尧　陈晓易　吴　洋
何婷婷　费婷婷　罗　兰　施刘远　刘冰峰　林章锦　谢　亮　贾峻苏

硕2012级电子与通信工程（专业学位）　46人

赵　宽　杨　阳　曹　萍　赵　彩　孙万成　虞哲睿　任　宇　蒋佩琪　陈　娇　高　欣
张忆汝　王吉轩　董　晶　孙婷婷　王宇鹏　魏翔宇　仲冬冬　周瀚铭　刘　放　项乐强
马　骧　朱超逸　李　丹　李学辉　朱光旭　王雯洁　徐豪灿　宋克兰　史　航　张骏飞
胡芳琴　耿　洋　叶　新　盛亚婷　吴芬芳　王甜甜　卢　玥　屠　坤　陈　盛　彭家亮
张铖程　江玉环　钱京京　傅　俊　杨忠豪　李玉琦

硕2013级电子科学与技术　56人

胡一平　黄刚建　李瑞祥　徐宁浩　李艳茹　陆　薇　邵正超　周赛琼　魏淑萍　卢招庆
孔文杰　廖　昆　王　锋　任凤鑫　陶晔波　冯凯滨　张序钦　孙　阳　叶菡沁　赵欣茹
徐志娟　翟继志　葛权耕　王　婷　白福栋　陈昌虎　金奇樑　刘　皓　周旺尉　余晓飞
马文涛　林上耀　俞志辉　王炜槐　章盛娇　汪永欢　秦　晨　刘腾飞　卫　欢　张敏杰
李爱玲　施添锦　虞丹群　阳　芳　殷　鼎　王静珊　吴　慰　白光耀　李　真　王根成
齐小康　金昀程　钟汇凯　蒋小文　项延德　张　乐

硕2013级信息与通信工程　41人

钱力言　徐　虎　张　婧　李如晖　刘陈展　林　城　艾婧媚　许　阳　韩晓宇　白　鹏
孙　乐　隋贤忠　江文婷　杨　堃　沈瀚祺　周炎兵　李雯琦　杨潇翔　包崇仪　乔晓田
周　英　孔垂丽　邬小敏　颜丽颖　吴珏蓉　邱林峥　肖　甫　王　清　宋世阳　葛琳琳
俞戴梦　吴　斯　郑宣峰　张雅旎　刘亚辉　黄　璐　舒　醒　张　辰　李春海　邵志武
俞启梁

硕2013级电子与通信工程（专业学位）　51人

朱永光　章剑波　王　健　孙柳溪　刘惠霞　石心莺　彭曼丽　瞿柯林　虞　波　陈哲达
王泽予　郑　川　朱蒋财　梅玲琪　吕武略　茹晨光　杨世森　武海涛　刘卉芸　颜　敏
魏　超　陈国豪　曾令根　胡国栋　叶乔波　王　涛　陈逸群　钱雨霁　王　雪　余礼杰
李　喆　楼泽斌　王思龙　周　倩　方　应　钱斌海　刘阳曦　潘孝刚　孙　超　吴宇威
汪东旭　王雪姣　汪非易　付攀玉　许鲁凯　张育铭　潘燕杰　任健强　汪恒智　江一帆
周立峰

硕2014级电子科学与技术　46人

郑俊超	杨利利	舒余飞	罗　欣	傅蓉蓉	张倬钒	崔海娜	杨　超	祝栋柯	杨超群
邓　野	王少亮	梁卓贤	张　彪	毛东杰	范腾龙	金捍彪	张宇舟	徐书韬	李明洋
曹　成	王　亮	吕　洋	沈一帆	张维特	朱蓉蓉	谭熠峰	朱博尧	张雨晨	高鹏辉
兰逸正	吴贤为	王盛南	张　婷	王　超	金　浩	刘雪梅	郑泽杰	吕延标	葛露萍
李骏康	吕哲韬	程丁儒	王安琦	江如成	冯泽明				

硕2014级信息与通信工程　35人

陈海琛	鲁　昂	黄　凯	周月浩	武华阳	曹　雨	颜聪泉	毛　佳	王杰瑞	袁裕清
高　媛	解女兰	薛亚朋	黎　睿	刘启发	许振宇	杨　堃	喻双林	赵超慧	吕烨烨
林阿俊	李素旋	钟文雄	金亦东	景　存	孙明杰	黄　颖	钱财杰	洪　峰	涂代锴
李国翔	高维健	范福杰	邬亚菲	赵　伟					

硕2014级电子与通信工程（专业学位）　56人

高兴未	吴　璠	钟一舟	陈　波	陈嘉龙	魏来恩	王程浩	夏　磊	马川江	赵银龙
张富军	杨敏虹	夏俏兰	陈昕熠	袁　琦	郭江超	程　东	刘俊洋	何　宇	郎逸聪
张赛赛	郑高挺	郑志祺	雷　力	吴　勇	马玲玲	刘　哲	陈祥杰	任龙龙	王　磊
郭凌子	徐文丽	元永刚	林　辉	彭朱炜	徐晨蕾	陈佳伟	蓝瑞宁	王　松	文鼎柱
伍冲斌	施成燕	莫　凡	汪　谦	俞俊涛	黄　露	潘以瑶	李　萌	忻　超	胡　玥
韩长东	马向荣	秦　枫	奚　婉	朱国权	康　佳				

硕2014级集成电路工程（专业学位）　1人

张昊煜

硕2015级电子科学与技术　49人

邵哲平	钱　超	侯晨涛	叶子威	沈昱舟	马梦娟	沈昱舟	马梦娟	朱安杰	王　春
张佳俊	尹　聪	张友飞	丁伟英	陈哲凡	钱振海	宁　成	李晨晨	章航垲	邵振雷
张向月	董若凡	杜振华	朱逢豪	马春晖	苗雪丹	胡子杰	李　睿	单嘉琦	倪志钢
雷　健	乔志通	丁君珂	吴星远	余爱翔	许　森	谢可均	李　响	李　炜	王　健
戚　天	韩菁慧	曲益明	饶　琪	杨晓丽	来天皓	成　萍	郑　娟	张　玲	

硕2015级信息与通信工程　34人

辜一帆	张　玲	沈丛麒	覃涛杰	于晓艺	钱喆敏	李加敏	陈小宇	盛志诚	陆　旭
张竞成	朱艺婷	陈彬彬	阮焱南	罗　蕾	吴秋韵	张爱莲	张　清	孙煜程	朱晓颖
朱　晔	吕　伟	王　红	范　璐	叶晓丹	徐　越	毛超杰	曹佳炯	申屠帅	於巧梅
王秀吉	余　晨	姜　鑫	宣培瑶						

硕2015级电子与通信工程（专业学位） 52人

陆　燕　纪志伟　陈　豪　张　美　赵　通　任　磊　张　杨　王　迪　周志敏　刘子赫
陈永亮　高　亮　严海隆　程　翠　汪昌祺　俞毕洪　张怡颖　浦东旭　张　琳　齐孝勇
杨恩泽　史经洲　陈婉珂　陆阳华　项　麟　潘睿正　杜　丽　徐　桦　董文峰　张　俊
陈　丹　张　凯　邓　敏　严超华　蔡成飞　王　路　梁智聪　鲍　玥　张　航　邹恺辉
韩　超　傅林捷　金栖西　凌志强　余　睿　张子涵　石仕伟　袁　超　申　跃　倪　阳
黄祥岳　郭观星

硕2016级电子科学与技术 46人

郭丽君　邢俊娜　王　浩　朱海霞　程志威　郭姣姣　张程慧　曹文园　靳　航　李天武
张雪薇　李柄辉　王　赫　杨嘉珩　胡文学　方雨虹　付维杰　丁瑒琛　胡铁伦　王敬高
刘可心　王世伟　金俊傲　华　琳　马　青　谢慕寒　宁祖标　权钲杰　黄生帅　彭高召
韩刚强　陆　鑫　周英杰　邱鑫宇　王鹏涛　吴江宏　冯思睿　楼君捷　沃华蕾　王光明
吕建杭　戚亚轲　毛　颖　刘粒祥　徐　顺　忻勤杰

硕2016级电路与系统 19人

邓瑞喆　胡　拓　史广达　范　伟　吴世豪　戴碧华　王睿缜　褚逸凡　刘元修　郭求是
杨　景　杨　朝　宋德春　方　韵　蹇　强　王誉博　韦　笠　应曌中　刘仲阳

硕2016级信息与通信工程 36人

段寒冰　汪宁宁　王　欢　陈伟亮　苏国炀　杜竞宁　尚　悦　陈康平　黄心忆　蒋云帆
章烨辉　胡天择　李裕隆　张思捷　蔡守桂　向彦博　曾奇勋　张　艺　皇甫旭昶　王　雄
张韵梅　华郁秀　陈　颖　汪海霞　马浩杰　陈　明　张泽尚　邱　炎　王　贺　李竹一
张莉敏　李佳琪　韩　路　黄　强　陈　璐　闻　旭

硕2016级电子与通信工程 58人

陈　锐　李永兴　叶高杨　吴　茜　霍佳琦　杨丽蓉　李　冬　李　乐　吴　媄　朱伟基
叶心汝　杨　瑞　戴少鹏　徐川善　张　瀚　王潮儿　张思佳　吴经杨　黄海洋　牛超群
李　鑫　邓　立　杨　凯　胡　涛　赵　嵩　徐　浩　陈　浩　姜瑗珂　丁　鹏　施宏颖
刘　妮　穆德彬　曾思雨　卢成杰　徐　莹　方国灿　甄晓健　华佳燊　黄　炀　陈　静
孙梦鸽　程泽丰　张磊磊　王栩文　吴　思　陈佳云　赵明辉　张佳鹏　顾淑霞　郑晓雁
夏伊倩　骆志坤　郑蕤荻　朱致焕　倪绍翔　孟祥君　陆开诚　卢　杰

硕2016级集成电路工程 10人

易哲为　陈佳平　陈明良　程　伟　喻　杉　白雪彤　王　雷　刘建伟　高少彬　骆少衡

博士研究生名单

博1986级电子物理与器件　1人

吴通锡

博1986级通信与电子系统　2人

潘　峰　韩卫宁

博1987级通信与电子系统　2人

吴国飞　徐三三

博1988级电子物理与器件　2人

林卫冲　杨冬晓

博1988级通信与电子系统　5人

唐国良　宣建华　周　峰　姚玉华　杨树林

博1989级电子物理与器件　7人

万里兮　邹英寅　陈晓光　冯浩　赵　阳　章献民　郑国武

博1989级通信与电子工程　2人

王　阳　王伟明

博1990级通信与电子系统　4人

费旭东　郑树生　李慧娟　王家隆

博1990级电子物理与器件　2人

何国鸿　李振华

博1991级通信与电子系统　4人

李光球　周加林　张　明　韩　雁

博1991级物理电子学与光电子学　5人

林　斌　王晓民　吴志武　叶险峰　董建虎

博1992级通信与电子系统　3人

王　匡　吴　征　宋耀光

博1992级物理电子学与光电子学　9人

周效东　潘　伟　王从健　王新中　张贞卓　朱丽津　傅　卫　于慧敏　王　阳

博1993级通信与电子系统　6人

刘高平　应必善　虞　露　单　康　华　中　潘剑侠

博1993物理电子学与光电子学　8人

王劲松　于　映　马建军　吴小萍　江晓清　张　琪　陶雄强　张云华

博1994级通信与电子系统　10人

李海河　秦　峰　吴永明　应必善　赵问道　史　册　余金培　张　奇　刘章庆　杨　刚

博1994级物理电子学与光电子学　8人

黄士勇　寿援新　宋牟平　叶　旭　陆献尧　赵春华　宗柏青　杨建义

博1994级模拟识别与智能控制　1人

周凌翔

博1995级通信与电子系统　10人

何国峰　杨海波　陈国玺　范成法　胡　微　王健成　严学强　张朝阳　龙永新　宋杭宾

博1995级物理电子学与光电子学　7人

董素川　朱　云　孔　梅　孟　晶　于红斌　隋成华　冉立新

博1995级半导体器件与微电子学　2人

朱春翔　金仲和

博1996级通信与电子系统　12人

徐　丹　李宏东　李伟昌　刘　鹏　应　骏　章　勇　章坚武　朱建华　王硕苹　李国通
冷　梅　刘云海

博1996级物理电子学与光电子学　6人

韩　杰　周金芳　钟建毅　路红鹰　刘　平　吴哲夫

博1996级半导体器件与微电子学　3人

陈　磊　王亚强　董　争

博1997级通信与信息系统　10人

孙　全　汪晓阳　吴　松　姜骊黎　蒋伟峰　吴东晖　袁华彬　田洪亮　王兴国　陈惠芳

博1997级物理电子学与光电子学　6人

姚亦峰　沈　梁　许　锐　毕　岗　陈建校　盛　立

博1997级半导体器件与微电子学　6人

李　瑾　刘海涛　尹　锐　范建兴　郑殷东　茹国云

博1997级电路与系统　2人

杭国强　马　琪

博1998级通信与信息系统　7人

孟利民　谢　磊　毛　讯　杨伟建　余燕平　王维东　朱健军

博1998级物理电子学　10人

刘小红　汤劲松　赵焕东　鲍吉龙　王　勇　张　昱　沈会良　池　灏　张　宇　朱松林

博1998级半导体器件与微电子学　4人

赵　旭　韩泽耀　黄旭涛　马慧莲

博1998级电路所　5人

沈继忠　盛法生　竺红卫　程　捷　韦　健

博1999级物理电子学　15人

丁美玲　陈忠良　马惠明　金尚忠　郑史烈　蒋汝忠　陈吉武　蒋兴浩　皇甫江涛　董树荣
童华章　齐本胜　刘　翔　周志洪　赵明洁

博1999级微电子学与固体电子学　2人

张正平　唐衍哲

博1999级通信与信息系统　22人

罗义军　胡　荣　章东平　陈　彪　孙　健　王效灵　陈宇鹏　邹志永　刘光耀　范明慧
高　丰　徐元欣　钟永新　杜德超　归　琳　项志宇　解　蓉　金朝晖　樊　星　陈添丁

韩晓霞　陈小余

博2000级微电子学与固体电子学　1人

董　健

博2000级通信与信息系统　19人

管云峰　黄卫兵　丁　塔　谢立峰　伍小敢　陈晓毅　张华熊　杜　歆　杨承根　彭　宏
周曲波　郑　伟　汪　斌　赵民建　陈国斌　褚秉华　潘　翔　李东晓　陈仲永

博2000级电路与系统　1人

刘观生

博2000级电子科学与技术　3人

毛文杰　陆建钢　李虓江

博2001级电子科学与技术　1人

傅一平

博2001级电磁场与微波技术　1人

刘迪仁

博2001级信号与信息处理　1人

朱云芳

博2001级通信与信息系统　20人

余官定　琚小明　康桂华　曾兴斌　徐则中　胡美叶　姜　园　何志伟　徐志江　韦海强
薛　全　刘　杰　周　莉　董　斌　蒋志迪　易志强　李　晗　宋加涛　高广春　王志飞

博2001级物理电子　2人

陈红胜　杨建军

博2001级微电子学与固体电子学　6人

李如春　卢山鹰　周剑英　董林玺　章安良　楼向雄

博2001级电路与系统　1人

朱仲杰

博2002级物理电子学　10人

余显斌　任　俊　张　珣　范　燕　蔡文郁　钱　颖　沈一春　乔　闪　李金新　余厉阳

博2002级通信与信息系统　21人

孙水发　陈华华　郑德春　石　璟　徐明霞　余长宏　胡　琳　林丽莉　于春和　杨胜天
周文晖　郭　锐　杨剑啸　陈科明　钟锦台　陈继承　张旭霞　史冠静　于海滨　赵小祥
张　丁

博2002级电路与系统　3人

潘张鑫　姚茂群　邵　枫

博2002级微电子学与固体电子学　4人

孙一翎　杨　健　郭　清　洪　慧

博2002级电磁场与微波技术　2人

刘汉奎　李伟文

博2003级物理电子学　9人

史治国　汪　凡　任　王　邓俊勇　王　亮　袁　宇　付国威　贾晨军　金　浩

博2003级微电子学与固体电子学　11人

黄飞鹏　李宇波　徐枝新　吴昌聚　黄小伟　马绍宇　施朝霞　杨　莺　张灿云　余　辉
王慧泉

博2003级电磁场与微波技术　6人

徐海磊　王　涛　胡　江　彭　亮　陈　斌　凌　啼

博2003级通信与信息系统　17人

姚天翔　俞国军　应必娣　陈　杰　陈芳妮　谢　斌　方　健　陈建乐　熊　伟　杨文明
王彦波　潘华东　叶建洪　姚英彪　刘文华　钟　杰　凌　波

博2003级信号与信息处理　4人

黄智杰　王慧琼　李炳博　郝冬艳

博2003级电路与系统　1人

郦　可

博2004级物理电子学　7人

顾宇杰　杜晓阳　董　鸣　李　强　沈国锋　唐　军　廖永健

博2004级电路与系统　6人

周　磊　沈珊瑚　郑丹丹　吕冬明　孟建熠　全　励

博2004级微电子学与固体电子学　9人

戚　伟　张朝杰　周海峰　张旭琳　郑旭东　金小军　郭　维　王春晖　孙　颖

博2004级电磁场与微波技术　7人

钱丽萍　张婧婧　王东兴　闫文哲　李　钰　李　力　范志广

博2004级通信与信息系统　21人

陈　雁　吴　婧　杨志敏　许士芳　夏冰洁　王其聪　黄　慧　王安定　武二永　朱广信
陈昕浩　宋征卫　钱　峻　沈文丽　沈　雷　沈晔湖　郗丽萍　朱梦尧　贾会玲　成杏梅
赵航芳

博2004级信号与信息处理　2人

阎丽明　王建鹏

博2005级电路与系统　8人

董文箫　李朝江　彭剑英　林　弥　杨　浩　杨　旸　殷　燎　周喜川

博2005级微电子学与固体电子学　10人

杨志怀　张　霞　史　元　闫社平　肖司森　应迪清　于天宝　赵翔宇　常　旭　姜建文

博2005级电磁场与微波技术　7人

洪少华　钱江华　徐峰铭　奚　圣　赵　巍　程响响　熊　江

博2005级通信与信息系统　25人

董　芳　斯　科　俞晨晟　沈敏一　顾雄礼　陈沪东　李　芸　吴可镝　俞　力　罗海燕
冷继南　朱　政　程　鹏　张　莉　毛小矛　王　倩　李　智　王　政　何赛军　李春晓
蔡卫光　田　津　张　雷　汪　莹　王梁昊

博2005级信号与信息处理　3人

姜　莹　杨　鹏　石　冰

博2005级物理电子学 4人

刘崇海 耿 丹 谢 辉 章晓敏

博2006级物理电子学 5人

徐文彬 姜 涛 李 侃 江 天 康 雯

博2006级电路与系统 6人

戴燕云 徐科君 程爱莲 明朝燕 张 波 张 鲁

博2006级微电子学与固体电子学 12人

周海峰 肖宝平 陶 晶 韩 柯 毛 慧 蒙 涛 王 帆 任 阳 张 钰 祁 彪
郑伟伟 李 娜

博2006级电磁场与微波技术 2人

罗 宇 倪 娟

博2006级通信与信息系统 14人

李 静 于 淼 韩从道 张贻雄 骆 凯 李立言 张建敏 喻 璐 徐 宁 雷 鸣
雷 杰 孙继峰 丁丹丹 沈晓琳

博2006级信号与信息处理 8人

陈 庆 宫改云 陈灵生 徐 进 陆经纬 王小航 马 宁 姚 力

博2007级通信与信息系统 1人

姚拓中

博2007级物理电子学 3人

苏 达 饶 蕾 李 泽

博2007级电路与系统 6人

王伦耀 肖林荣 施锦河 任 杰 徐 建 赵 涵

博2007级微电子学与固体电子学 12人

程维维 霍明旭 罗 豪 彭洋洋 王亚林 赵 勇 魏玉欣 王和包 陈 妍 杨 牧
高海源 陈资博

博2007级电磁场与微波技术 6人

刘静娴　王晓鹏　王志宇　叶德信　蒋玲玲　王肖莹

博2007级通信与信息系统 16人

金丽玲　孙　锋　夏梦璐　程　勇　王曰海　蔡　昉　郑雅敏　杨　镔　刘扬帆　王秋华
王选贺　李　鹏　陈晓明　殷　锐　彭　瑶　梁　骏

博2007级信号与信息处理 3人

陈　曦　丁菁汀　黄　颖

博2008级物理电子学 7人

邓　圆　杨　波　冯　斌　沈小虎　程　岳　章　乐　乔云飞

博2008级电路与系统 5人

刘俊飙　韦　一　陈　晨　王荣华　项晓燕

博2008级微电子学与固体电子学 10人

宋　波　张　斌　吴文光　陈瑞宜　胡世昌　俞旭辉　涂国辉　杨伟君　向　甜　邱　晨

博2008级电磁场与微波技术 4人

俞钰峰　罗禾佳　申发中　申建华

博2008级集成电路设计 2人

兰　金　刘传明

博2008级通信与信息系统 16人

杨志国　林婷婷　王　坚　武洲云　高　明　王延长　左文辉　林　颖　韩　霄　聂星阳
吴　杰　鹿　博　赵　寅　陈少磊　王　超　肖　专

博2008级信号与信息处理 8人

陈先福　杨　力　方　磊　邬可俊　祁仲昂　王诗言　席　明　杨青青

博2009级物理电子学 6人

赵欣慰　王　翌　李　涛　郑芝寰　施学良　王卓远

博2009级电路与系统 6人

欧阳博　蒋路茸　郎燕峰　陈利生　王　翔　修思文

博2009级微电子学与固体电子学　9人

王皖君　马　飞　张世峰　徐　超　赵明臣　朱辉杰　喻　平　刘晓鹏　杨　冰

博2009级电磁场与微波技术　1人

宋庆庆

博2009级集成电路设计　1人

金才垄

博2009级通信与信息系统　10人

周　悦　郑　晨　安　康　卢　维　许允喜　叶　霞　范光宇　张　明　朱兴国　王秋芳

博2009级信号与信息处理　6人

于绩洋　姚劲草　陈　飞　刘喜昂　方　正　刘力维

博2010级物理电子学　7人

丁　凯　周　锋　刘　项　尚德懿　徐　速　董　巍　周　剑

博2010级电路与系统　3人

吴端坡　李雨珂　赵朝君

博2010级电磁场与微波技术　2人

杨德操　王静雨

博2010级集成电路设计　1人

施一剑

博2010级通信与信息系统　13人

黄文琦　秦博雅　张公正　张　赢　朱亮亮　左旭光　余子斌　朱　株　周　明　詹东洲
张华滋　李荣鹏　张　昱

博2010级微电子学与固体电子学　12人

王　昊　娄延年　邵海峰　沈　奥　华　庆　邱晖晔　马铭骏　汪宏浩　徐兆斌　张顾洪
胡　挺　陈伟伟

博2010级信号与信息处理　8人

周厚奎　李燕飞　赵学义　胡　琪　姚少俊　李　阳　李英明　杨　名

博2011级物理电子学 7人

徐魁文 徐 晨 每 媛 杨 旸 陈 璋 徐伯禹 韩天奇

博2011级电路与系统 5人

耿 亮 李战辉 赵剑东 余 懋 沈鹏程

博2011级微电子学与固体电子学 6人

郭大鹏 陈 挺 邓盛超 王文博 杨龙志 李承一

博2011级电磁场与微波技术 5人

林 晓 何 蛟 陆云龙 李 欢 徐一骊

博2011级通信与信息系统 12人

何至初 信晓峰 张 蕾 张 亮 蔡 啸 李 波 陈 波 曹 腾 张熠辰 周 轩
王桂杰 曾文俊

博2011级信号与信息处理 4人

虞盛康 杨 白 郭 俊 嵇 盼

博2012级物理电子学 4人

陈 莹 徐宇啸 陈书界 潘 毓

博2012级电路与系统 3人

邱文渊 吴 强 王树朋

博2012级微电子学与固体电子学 10人

王明宇 周 骞 李 燕 马 威 苏 星 王 婵 轩伟鹏 杜超禹 严昱超 裴重阳

博2012级电磁场与微波技术 23人

沈 炼 王作佳 郑 斌 张艺萌 孟庆阳 祝艳宏 宋明肇 项方品 李 军 郭 翔
蔡瑾琰 孙 龙 谢贯楠 陈中悦 谢 奕 罗茜倩 王献斌 周逸凡 李佳宁 何周舟
皮 特 于天航 张 健

博2013级物理电子学 4人

朱之京 邹 哲 周成伟 陈弋凌

博2013级电路与系统　5人

刘　帆　华俊豪　黄松延　朱怀宇　许聪源

博2013级微电子学与固体电子学　9人

何兴理　曾　杰　陈雅雅　姜建飞　陈金凯　曹天霖　冯　煊　王伟印　戴庭舸

博2013级电磁场与微波技术　10人

蒋昱昱　李鸿鹏　周天益　刘长桥　李永胜　彭希亮　顾婷婷　吕勤毅　童国川　杨　帆

博2013级信息与通信工程　19人

姚棋中　袁建涛　郭荣斌　赖百胜　华幸成　李顺斌　郑　正　赵　越　王一钍　王同琛
郑伟伟　洪文浩　于化龙　焦春旭　吴　慧　陶秋琰　张亚庆　田立宁　翟雄飞

博2014级电子科学与技术　28人

李　霞　徐天白　赵昌云　魏　兵　李汝江　阎清晖　杨怡豪　钟汇凯　谷之韬　蒋宇波
肖　康　王贺雨　李　达　张　乐　何丽娜　吴志乾　杨　哲　谢溁超　金昀程　潘之玮
潘　晨　丘启霖　易　达　何一超　汪　伟　王根成　张燕燕　郑佳瑜

博2014级信息与通信工程　16人

何泓利　冯　玮　崔方宇　胡　可　姜景宁　李文博　夏　乾　张　凯　黄　伟　马子昂
毛　珏　漆　琛　林　露　黄思羽　邹　楠　梁　晗

博2015级电子科学与技术　28人

齐小康　蒋小文　项延德　景利乔　朱蓉蓉　牟升宏　王可佳　刘舒婷　孙龙天　马　超
陶　翔　朱　翔　薛盛可　叶慧敏　王盛南　闵　球　何　通　许红蕾　朱　鑫　徐　震
刘予琪　杨超群　杨　光　廖大双　舒余飞　谢　浩　刘　威　刘　伟

博2015级信息与通信工程　16人

赵明敏　陈琪美　丁银章　蔡　政　涂有志　姜乔木　周旭颖　蒋　丞　张　净　孙宇乐
秦康剑　李　斌　陈晞涵　赵存苗　孔垂丽　赵斐然

博2016级电子科学与技术　29人

陈天航　何红霞　许红升　倪　明　陈　超　周诗韵　林朱红　陈斯聪　黄淑毅　凌垦丁
彭　甜　曹思源　刘晓辰　刘　颖　王成龙　涂海程　李泠霏　张　硕　张　强　魏　娜
吴巍然　杨　超　秦鹏飞　张友飞　李骏康　郑泽杰　曲益明　姚　实　冀　军

博2016级电路与系统　6人

包瑶琦　陈思昂　李博闻　姚焱遐　唐　中　宋　雄

博2016级信息与通信工程　17人

王梦琳　张楠楠　马骁晨　王宇泽　沈一宁　陈　浩　陈　琪　梁婧瑶　李殊昭　刘　瑞
张家琪　王　珏　郑方欣　纪兴宇　范程飞　胡小玲　范福杰

博士后名单

年份	姓　名	博士后流动站（一级学科）
1994	杨冬晓	电子学与通信
1994	程崇虎	电子学与通信
1996	何加铭	自动控制
1996	金　韬	光学工程
1997	朱华飞	计算机科学与技术
1998	来金梅	自动控制
1998	严学强	信息与通信工程
1999	龙永新	电子科学与技术
1999	庄圣贤	电气工程
2000	杨海波	电子科学与技术
2000	李庆中	电子科学与技术
2000	李立峰	电子科学与技术
2002	赵志峰	信息与通信工程
2002	王正友	信息与通信工程
2002	林　刚	计算机科学与技术
2003	张建平	信息与通信工程
2003	何　青	信息与通信工程
2003	管业鹏	信息与通信技术
2003	颜　冲	电子科学与技术
2003	尚也淳	电子科学与技术
2004	王爱民	信息与通信工程
2004	金晓锋	电子科学与技术
2004	郭福源	电子科学与技术
2004	Andreas	电子科学与技术
2005	薛　全	信息与通信工程
2005	李建龙	信息与通信工程
2005	杨胜天	信息与通信工程
2005	周文晖	信息与通信工程
2005	刘天键	信息与通信工程
2005	王　强	信息与通信工程
2005	宋绍京	电子科学与技术

2005	周剑英	电子科学与技术
2005	郑阳明	电子科学与技术
2005	陈红胜	电子科学与技术
2005	郁发新	电子科学与技术
2006	袁 宇	信息与通信工程
2006	程书田	信息与通信工程
2006	沈一春	信息与通信工程
2006	史治国	电子科学与技术
2006	余官定	电子科学与技术
2007	李宇波	信息与通信工程
2007	金 浩	信息与通信工程
2007	吴昌聚	信息与通信工程
2007	刘大伟	信息与通信工程
2007	郭 清	信息与通信工程
2007	孙一翎	信息与通信工程
2007	金小军	电子科学与技术
2007	王 昊	光学工程
2008	王慧泉	信息与通信工程
2008	余 辉	信息与通信工程
2008	彭 亮	信息与通信工程
2008	钟 杰	电子科学与技术
2008	徐江涛	电子科学与技术
2009	胡燕翔	信息与通信工程
2009	张朝杰	信息与通信工程
2009	王春晖	信息与通信工程
2009	蒙 涛	信息与通信工程
2009	章惠全	信息与通信工程
2009	薛 伟	信息与通信工程
2009	闫文哲	信息与通信工程
2009	胡红旗	信息与通信工程
2009	魏 昕	电子科学与技术
2009	邵思杰	电子科学与技术
2010	杨争斌	信息与通信工程
2010	葛光涛	信息与通信工程
2010	潘华东	信息与通信工程
2010	潘石柱	信息与通信工程
2011	许晓荣	信息与通信工程
2011	吴迎笑	信息与通信工程

2011	包建荣	信息与通信工程
2011	桂江生	信息与通信工程
2011	严军荣	信息与通信工程
2011	王梁昊	电子科学与技术
2011	马铁英	电子科学与技术
2011	殷 锐	电子科学与技术
2011	丁丹丹	电子科学与技术
2011	张学仓	电子科学与技术
2012	黄家闽	信息与通信工程
2012	田 彦	信息与通信工程
2012	刘玉良	电子科学与技术
2012	李立言	电子科学与技术
2012	任招娣	电子科学与技术
2012	万 霞	电子科学与技术
2012	孟 楠	电子科学与技术
2012	李灵锋	电子科学与技术
2012	刘兆霆	电子科学与技术
2013	王 玮	信息与通信工程
2013	肖清华	信息与通信工程
2013	范 礼	信息与通信工程
2013	徐孝如	电子科学与技术
2013	倪 勇	电子科学与技术
2013	李晓强	电子科学与技术
2013	孔 鹏	电子科学与技术
2013	张 昱	电子科学与技术
2013	金丽玲	电子科学与技术
2013	王 朋	电子科学与技术
2013	张华滋	电子科学与技术
2013	赵呈锐	电子科学与技术
2014	叶德信	信息与通信工程
2014	冯 斌	信息与通信工程
2014	吴晓春	信息与通信工程
2014	石 蓓	信息与通信工程
2014	汪海洋	信息与通信工程
2014	范双双	信息与通信工程
2014	周武杰	信息与通信工程
2014	贺海晏	电子科学与技术
2014	郝 鹤	电子科学与技术

2014	朱笑东	电子科学与技术
2014	谢　敏	电子科学与技术
2014	Shehzad Khurram	电子科学与技术
2014	程　呈	电子科学与技术
2014	翟东嫒	电子科学与技术
2014	孙家宝	电子科学与技术
2014	Shahram Dehdashti	电子科学与技术
2014	程　然	电子科学与技术
2014	邱奎霖	电子科学与技术
2014	张兴业	电子科学与技术
2014	陈文超	电子科学与技术
2015	郑　斌	信息与通信工程
2015	唐震洲	信息与通信工程
2015	王凌华	电子科学与技术
2015	玉　虤	电子科学与技术
2016	戴　璐	信息与通信工程
2016	于江涛	信息与通信工程
2016	余　慭	信息与通信工程
2016	王　营	电子科学与技术
2016	杜思超	电子科学与技术
2016	张信华	电子科学与技术
2016	吴永志	电子科学与技术
2016	栾春燕	电子科学与技术
2016	叶国栋	电子科学与技术
2016	李　欢	电子科学与技术
2016	Naveen C S	电子科学与技术
2016	孙一苇	电子科学与技术
2017	贾　石	电子科学与技术
2017	许艺青	电子科学与技术
2017	Maturi Renuka	电子科学与技术

在职研究生获硕士学位名单

在职攻读专业学位工程硕士研究生（1998级—2015级）　1956人

瞿向阳	陆斌耀	周庆利	张孟顺	陈朝晖	沈贤良	汪建平	胡红宪	史　钟	杨　芳
陈海航	熊月宏	金向东	杨永清	赵　明	施伟军	林昊嵩	宣小英	王珏平	陆　翔
陈顺阳	虞利明	周建华	沈永富	邹　铁	齐光辉	王庆生	施伟刚	方加云	金大元
叶天强	钟国锋	王建平	王文菊	邬伟奇	楼　玮	陈志明	付秀玲	徐建民	李珍芳
吴雄彪	胡冬星	朱墨池	花有清	倪艳敏	徐展峰	曹哲新	杜巧连	金　波	俞鸿斌
李瑞东	郑惠群	余红娟	吴文山	赵利平	楼建忠	郑茂生	张　翔	马汝星	邱晓华
黄　敏	李　宏	戴素江	盛一川	龚永坚	张建荣	徐淑明	陈文勇	杨剑雄	陈　鸽
赵　忠	张　征	徐向东	王建生	柴谊林	庄友谊	邬韶杭	王晓真	杨　翊	王远生
刘峥嵘	刘锦初	洪　杰	刘人楷	李其国	李志军	蔡　钧	陈万培	刘　娟	张正华
杜宇人	石炳熙	赵　杰	许　辉	俞金顺	李　斐	熊文波	陈太生	张雁平	姚　东
应进平	李建森	陈　霓	吕洪炜	崔丽敏	姚孟伟	刘元春	宋　群	钱向明	韩　蕾
朱月秀	王钢锋	曾开其	任　锋	茹平海	周梅芳	黄金尧	袁　峥	周祖见	邬江涛
姜　磊	王　飞	尤浩东	李　瑜	戴欣平	吴　平	金光寅	赵敏笑	瞿　晓	陈　飞
郑伏天	蒋建华	王剑斌	潘伟珍	李　瑞	马永昌	丁　文	叶伟巍	徐伟斌	谭正东
孟维民	吴　磊	张俊君	陈　芳	杨晓红	周　健	王朝旸	赵美玲	吴园萍	陈广接
李铁山	万建雄	陈　伟	顾　骏	王一曲	蒋黎红	沈建鸿	纪　元	李　宁	常爱民
朱　霆	张晓艳	江小鹏	陈红峰	池万乐	何英霞	叶伟强	夏雪英	朱　鹰	朱　俊
郑英彬	蒋伟进	张丹萍	党　育	齐立林	杨　照	龚万亮	郑宵峰	冯叶青	胡克用
荣　瑜	胡叶民	朱水木	张国锋	钱云级	吴红玉	朱加民	李杭杰	姜献忠	任俊华
赵　涛	周旭峰	叶华松	费金喜	袁黎华	周建林	李　政	王　锴	张　凯	陈玉玲
赵字令	张　磊	姚建立	吴凡忠	陈旭慧	赵　廉	曹机灵	娄嘉豪	彭　蛟	余红卫
陈晓钢	毛金莲	王　静	周红素	戚　利	王景标	王仲雷	孙水香	张先平	徐　莹
毛柏尧	李正宏	韦建琴	陈姬华	傅剑峰	潘　崇	杜爱华	季金平	郑文波	严　兢
曾龙江	徐　红	汪明燕	陈叶能	徐红霞	方　菲	王宏图	赵文明	赵威东	许金印
沈寒冰	张力辉	黄光祥	杜建兵	高　峥	王椒民	彭　纬	刘素华	王　磊	林瑞云
温国强	朱　彤	蔡银燕	邓思军	周宇兵	王旭波	周昭荣	胡庆春	吴才发	蒋海群
张建辉	冉　东	谢　杰	张　铁	韩英贤	樊楼英	林　灵	高　伟	陈军良	陈光绒
杨宏斌	俞开其	屠　骏	荆兴亮	李志娟	龙万涛	陈华亮	梁玉霞	练　炜	郑一兵
严维春	王秀芳	盛　杰	斯　艳	留　庆	肖质红	梁耀洲	魏展明	刘小龙	华　珊
肖　冠	李　伟	尚云峰	胡　冰	施华峰	林　契	柳培永	陈敏锋	黄晓艳	邱　榕
姚国华	王　琥	陆科旻	王育红	沈　悦	刘向华	张砚寒	葛于地	屠建飞	蒋晨虹

蒋其泓	董瑞红	刘国平	陈立群	吴旭东	裘哲明	林通宽	刘 昊	周振春	陈 强
刘 杉	陈洪波	朱 强	钟叶龙	陈军统	胡伟俊	叶国文	仲海梅	郭曙晖	张 平
杜申利	奚春明	林齐安	袁忠平	楼碧慧	王任华	方悦昕	杨彦彬	陈卫国	闻建霞
金 嵩	贾伟忠	宋媛媛	乔 霞	汪莉苹	季 璋	杨培和	马君行	卞斌华	陈 宇
叶新雷	支林仙	朱 俊	叶宇科	王 晖	王 磊	杨炳灿	李自怡	刘 哲	陈 皓
郑伟军	车震宇	陈 科	葛迪云	谢 龙	王 科	王子立	林远耀	任 猛	姚沁杰
郑 立	潘 伟	郭雄飞	许 宁	范钦贵	邵乐骥	杨 晟	王 振	苗立军	朱 磊
邵 明	殷轶群	孙朝峰	姚尚平	冯宗山	何国兴	蒋静刚	郑 战	郭燕涛	张铭雄
陈仲坚	张国庆	高春科	徐霄阳	邹 刚	张炜阳	张瑞虹	李向钐	朱 琳	伍秀梅
陈新敏	沈伟生	柴燕伟	苗挺挺	史东华	刘 阳	戴建权	曹旭东	舒晓军	倪彦斌
苏 明	张 嵚	李红根	郑可盛	高延军	王 圣	邵震宇	董 强	葛建军	陈 俊
夏靓彬	安婷婷	王晓军	周 诚	夏大强	王凤娟	周鸿鸣	王 敬	周颖龙	叶晓辉
郭伟锋	黄海波	牛延谋	庄 严	俞 岚	周忠毅	程雄健	黄国华	张 涛	杨新霞
周 斌	赵 炜	邹宏伟	许 丽	郭飞英	王 燕	王保华	杨海英	查凌志	楼旭光
刘正林	许光磊	李晓巍	全长兴	刘朝华	郑小鸯	袁志强	丁威岳	庄 毅	陈宏斌
曹蓉蓉	钱 进	车 夫	宋 巍	欧阳琳	胡 聪	胡国强	王 玺	马 飞	王 丹
吴学炬	瞿文礼	朱恒恺	陈 晖	陈旭盈	殷 磊	杨一波	木建雷	黄延滨	杨 树
陈 刚	许燕飞	赵国钊	宋炳智	曾海亮	卢东升	周 恒	潘立辉	刘 涛	陈 麒
周国初	张伟武	邓刚琪	夏颖强	孟 武	高 强	王 亮	甄仲强	陈 蕾	涂昌兴
何 川	杜明安	陈蕤轩	陈 志	马诣博	程 俊	乐 熙	张真华	陶 然	刘晓峰
艾宴清	丁 凡	吴 亮	秦 岚	张 方	周 琦	朱燕萍	盛 吉	张 新	赵 铭
谢晨峰	张红云	夏辉成	谢乐涛	范好好	董姗姗	曹 嵘	林志强	彭逸涛	麻锦娅
胡洪懿	左利群	魏英歌	盛 军	滕建明	张 全	谢根亮	沈 龙	汤亿则	方 波
张军芳	朱广虎	董建峰	宋晓强	叶林朋	马 峰	孙 强	陈伟民	陈小波	徐 辉
冯 勇	杨友华	左鹏飞	陈国晟	李 强	朱 蓉	梅 磊	刘新伟	陈 剑	刘 君
吴俊杰	朱宇强	孙亚华	何 毅	陈 恺	韩 健	徐海凤	卞良初	王建东	李崇卫
随善坤	忻 宏	许文省	樊 荣	陈 骅	张 琦	丁文娟	黄宏留	杨汝新	庄 昀
杨招勇	王志平	金文欧	黄大明	陆增光	周明德	钟海伟	陈 鑫	吴祖光	俞卫育
叶芊芊	何剑海	陈伟中	荣 平	徐靖宁	张 铮	张继华	王丽敏	陈燕杰	刘译泽
陈荣兴	郑蓓蓓	郑顺洪	邓德成	赵志江	潘曙娟	李成昆	沈敏芳	刘君敏	叶圣炯
沈建潮	武 亮	许树娜	楼丰浪	张 锐	张 跃	俞晓燕	王晓冬	陈 弓	丁国仁
周如愿	孙 伟	陈乾宗	赵 健	张 颖	郭 鸣	程明伟	孙时杰	吴金莲	顾圆一
黄 伟	陶 杰	张文华	宋秀兰	陈知然	马剑杰	李章清	陈 婷	吴聿旻	沈晓萍
王海丰	杨雪燕	汪 涛	张晓蕾	邵琦青	周国梁	张 军	曹振东	方 琼	彭扬劼
方敏红	金 孝	赵 欣	毛振宇	丁 萍	李岩哲	全绍晖	陈黄巍	张卓鹏	黄运操
孙德炜	牛 振	陈妙萍	张煜电	张荣波	罗红飞	马建程	吴 军	斯文麒	李跃文
周励人	骆永平	童丽娜	孙 玲	李 磊	张冬平	王颖曼	张世龙	张晓红	罗 煜
杜 宁	张华明	张茂华	姚国贵	李 俊	孙澜清	陈庆雄	刘采华	屠家辉	窦 凯

刘　斌	杨剑军	郑海威	李双庆	刘仕勇	朱兆云	徐　军	邓根平	武　湛	王　珞
邓小玲	李玉勇	杨　嘉	王　林	李鉴豪	鲁翠军	刘雪勇	郑友花	颜　洋	丁鹤然
颜世云	张　凌	李炳谦	李怡越	常海波	郑爱军	钟海文	徐　凯	赖晓敏	张　劼
陈　刚	李冰鑫	陈　剑	陈　鹏	王　谦	李　杰	陈　旭	宋　波	仇刘军	胡　茜
王军明	舒跃林	胡海波	秦　青	章权明	钱　晖	赵　锋	黄国权	姜　斌	张艳丽
陈利娜	魏王懂	庞家成	裴剑敏	陈　瑜	钱宇江	吕永峰	李建书	张航东	斯祖森
吴洁雯	李　罡	言　侃	袁小明	周旭丹	孔　亮	郑伟建	崔彦彬	吴　勇	丁赋洲
夏晓亮	金　晶	秦忠根	汪永圣	裴彬强	陈　涛	裴　欣	马　俊	屈鸿元	顾丽娜
夏伟翰	陈　亮	周成东	胡　斌	王　芳	徐　蓉	张筠丽	张逦东	杨福双	易明升
张　章	徐靖燕	陈　山	陈小栋	陈少君	赵志爽	史正言	斯　文	黄武恬	谢荣东
孙晓堃	韩春晓	汤益军	周　炜	许海波	姜　晨	徐宁宁	林　晨	沈淑华	王　昕
黄智洋	张晓燕	余　亮	卢世通	李　凡	倪旭明	黄兰英	吴　德	王惠军	毛光红
华晓弘	陈　钢	聂该兴	黄进新	庞智博	李　永	刘水旺	朱　荔	王海彬	张云霞
毕晓亮	刘晓陶	汪嵒凝	钟君娜	祝婷婷	林　晨	范剑伟	费　君	殷　俊	孙科声
莫国兵	方叶琳	吴振兴	吴泓雯	施鹤云	张　启	方　文	何　杰	莫鹏飞	瞿　轶
王　军	刘　亮	彭信民	霍胜力	张　锐	彭永昱	张丽杰	朱毅康	杜　宇	于　峰
刘　涛	史鹏飞	陈录明	周育樑	吴　骏	杨绮思	陈德华	万永勇	张森洪	盛　国
于炜芳	邵剑斌	胡　畅	沈振华	许伟民	田　凡	周伟鸣	朱　荣	黄朝晖	蒋加幸
郭立安	沈　煜	张　露	钟逸颖	沈　鹏	陈德民	许林峰	陈　龙	尹　飞	杨　军
莫　凡	楼　佳	汪成武	陈　建	毛文霞	潘承斌	厉　磊	李　磊	尹昱东	朱正育
张临嘉	詹　雯	乐晟琪	许熠明	张华春	吕肇炯	邱益维	周燕军	袁文正	金　科
胡　毅	王　萌	邵　亮	赵　宜	施泽元	徐瑞华	刘　琳	伍晓凌	邵飞鹤	徐　剑
周　伟	陈佳飞	丁瀚波	杨育栋	陈　磊	张　莉	王　伦	叶寅钢	朱逸民	薛家颐
冯明磊	赵凯元	何　民	沈　然	郭　瑜	徐华丹	周　璇	徐　敏	俞恩军	黄腓力
刘康康	林世坤	肖遵蔼	董海滨	李华君	王同文	高于丰	叶永清	钟科举	杨德润
王珍书	张永庆	许惠娟	李振东	黄　锋	姜学东	周韶辉	刘泰响	邢　朋	李如燕
刘建业	徐　鹏	许智辉	施　洋	汪　铭	向　明	徐太平	王共龙	赵　鑫	刘贺鹏
朱志刚	秦　艳	龚学欢	王冠群	李　貌	岳　军	罗　辉	曾　婷	徐　哲	杨向荣
吴晓华	花洪波	李云庆	朱麟超	翟海林	李承阳	张　曦	金婷婷	刘中凯	赵富明
谢锐浩	阎登高	李　坤	王永生	顾蓓蕾	车建伟	韩　晶	李超林	卢　羽	胡　怡
刘　鹤	赵雪莲	高雪沁	罗兴刚	张正才	沈毓骏	王贵斌	叶兆雄	陶　凯	缪秉胜
吴柳青	郑　敏	邱志鹏	朱继光	强　韵	翟应超	凌　晨	蒋思敏	施　展	陆　扬
邹长祥	陈敦发	孔祥平	张　玮	李　滔	陈建业	周武卿	唐哲明	孙菊根	谷　健
郑继灵	傅庆健	骆海东	徐　燕	赵　刚	霍红波	李皓晶	张　宇	王增陆	顾文强
杨建新	刘蓓蕾	周　悦	刘建其	王　峥	马建熙	薛　涛	朱明慧	陈　新	卢超群
李哲昀	吕　智	王　勇	任彬彬	罗　强	王　利	高　捷	常志华	王　敏	方深科
李羽佳	王　辉	葛　兵	金佳斌	桂来亮	阮　辉	毛宗遂	谢　玮	姚　晟	赵一俊
黄　凯	李　婕	叶城均	屠红燕	袁桂芳	徐吉锋	于　凌	张西燕	陈柯杰	张　墅

沈俊杰	厉亚	朱坚儒	范可立	张志云	孙希	陈晓阳	牛诚翔	王岳平	李东伟
黄磊	温俊杰	王廷宇	汪范生	梅燕	张文杰	段海燕	郭伟	徐增兵	毛海军
冯沙	宋平团	杨宾	赖月美	刘国强	何根木	曹斌	马震	林俊彤	李少凡
杨俊兴	马庆高	杨志勇	马万祥	李东明	胡红剑	杨金喜	刘海桃	黄云鹏	于纯铁
王薇	殷睿	周麒麟	张瑜	曹诚	陈耀培	彭刚	康霄敏	贾震	高长毅
邹治忠	赵广斌	王茜	吴誉	梁宏刚	李光琦	祖德君	陈立远	方志文	苏金超
高冠新	梁华	高博	郑俊	刘俊懿	钱海新	徐玮中	彭徐磊	胡斌	宋志嘉
李文皓	汤芳丽	徐慧颖	孔繁麒	朱杰	刘颖	吕庆	姜炜	宣琪	顾善中
刘钢	赵骄阳	陈祖银	蒋坤君	熊文	裴育	史春霆	夏晓	丁天虹	王浩吉
陈海榕	陈亮	李政堂	丁星	夏炎	蒋金	张宏林	吾婧	闵昊	田志峰
许遒华	洪广焦	文雅	吴威	朱明星	代振	易科臣	王胜利	王晨希	顾明红
徐骅	陈晨	丁顾益	王霞	闵俊	欧少林	张皓民	杨云	庞魁	史立宁
吴剑跃	王轩	陈宏钦	汪东江	汪路	孙钰	杨建江	姚瑶	赵郁庭	刘振
方丹	汪宏伟	许鹏	李健	冯皓	竺骁俊	刘志平	郑海华	黄澎苏	吴涛
孔燕散	朱文伟	单怀荣	姜逸民	陈溯	李佐辉	邹张欣	叶红芳	倪炜	彭金明
李天一	陈晥旻	陈经纬	万国哲	黄清龙	许晖	诸立行	苏阳	姚棋	张婧
周征	叶珊珊	朱军华	王烁	叶文涛	段沛	郭天晨	王涛	张军	吴蒙玉
卢卫国	李奕君	张瑜杰	蒋通通	苏泱洲	许菁	王晨	夏群	张毅霖	杨明仁
姚振华	李大亮	何少尉	殷锦蓉	丁剑	张永祥	赵正波	叶峰	何清源	王文伟
钟宇清	李慧勋	左细生	崔严匀	顾政	李志强	崔宇	孟永刚	王磊	刘浩
周益波	岳丰	谷陈鹏	陆翔	钱伟伟	傅登科	刘辉	郦金成	张青	王儒国
雷剑锋	金婷婷	韦常贤	田波	钟南军	龙彬	罗毅	张弛	刘耀春	叶源
姚杰	刘岩	王桂林	高丽丽	罗晓辰	陈宁	何里	孙旭宁	雷建明	成应湘
侯炳彬	翁洪雨	郭媛媛	黄一鸣	刘文隽	陆建华	郭杰	徐庆	陈琳琦	楼悦心
洪文鹏	张晖	毛唯希	罗霄	吴大祥	张亮	吴皓	宋乔剑	徐吉晨	杨超
龚庆	刘淼	熊陈亮	江瓯屿	刘厚辉	伍延椿	马华桥	曾轶	成一波	庞玮
王芳	梁彦华	王春勤	曹新明	葛青	金铖	何卫民	谢向红	李文江	龙余
李有毅	张鸣	鲁磊	王淑文	吴嘉汇	陈琪	胡勇	易靓	肖贵富	严雪峰
李波波	吕明华	王志	薛承虎	徐佳	周凯	蔡燕群	何光辉	魏周全	廖伟龙
蒋仁龙	陆擎	喻争呼	徐平华	周拥	杨永强	庄喻韬	郑正业	宁延延	刘国祥
孙征宇	何寅龙	吕明明	齐静	罗军	陈智豪	王静静	蒋平	王健	姜钺
巫煜卢	马成龙	崔硕岳	卢富民	林斌	朱小好	公心愿	鲍志鹏	潘俊	王培
姚费杰	郑文亮	董浩	沈嘉禄	顾俊	金伟	李刚	李艇艇	许嘉毅	熊致章
李建华	王海涛	何昱宏	施佳	方鼎	金磊	王科明	宋立峰	计乾	王亮
梁宸玮	范正宇	胡文娟	赵厚鑫	刘庆帅	覃善西	赵乃峰	程成	汪天意	吴伟峰
李彪	范正宇	陈炜	段锦	罗婉荣	巫毓君	李明	卢建章	黄云飞	刘彪
王琳	伍洲	郑旭	张琦	何佳奇	张寅君	张权	夏庆红	李成洪	黄清明
尹川	厉任远	张世雄	邢晓东	曹海龙	郑小波	隋岩	李舒睿	何晓婷	程飞

秦盛胜	曹立东	胡扬伏	林 野	罗成伟	童盛富	余舒文	胡龙峰	倪 赛	史 文
徐 人	吴顺锋	贾晓雁	张亦童	陈冬娟	代 斌	王伟诞	应 俊	马静洁	倪华军
尹 明	赵 欣	徐 聪	诸 旻	泮云飞	陈俊宇	刘 安	陈 烈	商鸿发	肖 豪
刘显忠	丁基民	张海剑	孙文浩	张峰期	周 通	黄毅晨	王 晋	陈春林	李建强
朱 哲	林 莎	王如冰	陈国义	徐幸运	唐嘉骊	杨舒捷	郭长德	王彦林	杭开郎
朱子威	沈 俊	刘 彬	卢岳俊	王晓波	沈 立	师少伟	魏 旭	沙佳锋	徐 栋
郭永超	张汉春	顾悦吉	王晓波	闫超洋	吴贵阳	姚 刚	张红川	李海强	钟义栋
濮玮渊	王明辉	王 铎	张 蕾	王 珏	宋泽会	尚云海	郎清华	钟荣祥	吴志伟
陈 森	王英杰	杨彦涛	宋金伟	高志勇	张 镝	朱恒杰	周琼琼	何金祥	金 杰
夏艺容	董易鑫	刘 秀	王维建	邹光祎	徐方明	李小锋	陈洪雷	王 昊	崔 建
张伟东	乐 仲	林新正	张 晶	许葛岚	张 芸	何 赟	梁 厅	高荣生	刘翔宇
靳玉宏	邓弟梦	杨 锐	王闻涛	何 晨	严旭东	周 易	周媛媛	曹一斌	杨 阳
孙晓刚	吴 亢	程志富	沈 迪	唐国亮	黄雅萍	崔建伟	刘富壮	杨永升	徐健健
王圣辉	陆 婧	陈 刚	蔡伟全	柴俊鑫	袁 丁	俞 翔	李 涛	吴冬琪	任华兵
丁 晨	励 敏	谢天佑	潘小英	赵小辉	阮世文	钱 璇	唐兴华	李友怀	许同华
曲岩松	郦大力	邵建华	亓延军	吴雨润	王 震	李宛徽	秦勃然	蔡勇斌	苏兰娟
韩健秋	卢 巍	徐彦博	沈建富	胡敏捷	王朋飞	周圣直	钱 彬	徐 三	王 浩
马 巍	段宗贺	陈 珂	韩常林	薛培培	张立平	闫 雪	沈伟丽	沈 立	吕雪源
陈 畅	周 誉	许泽宁	张 超	何 珂	郑长明	廖空航	贾文庆	谢旭东	曹桂海
朱丽莉	喻 晓	田晓川	李奕均	曹远松	杨大胜	李明江	杨万里	杜 丽	郑卫卫
袁青龙	蒋 焕	闫志超	侯建新	李 杰	史传奇	王亚军	陈 斌	曹 挺	周 磊
冯荣杰	吴 遐	鲁婷婷	于 冰	丁伯继	姜子龙	白泽昱	徐金辉	黄振培	李海东
李志宁	冯 兵	朱海容	方剑锋	陆俊佳	孙飞鸿	林锦鸿	周 冬	马凯丰	徐 凯
岳 恒	周 涛	李洪操	蔡景国	陈 凯	薛琛衍	杜国俊	马青云	张春晓	郑 磊
贾洪潮	吕圣卉	刘 琴	俞良浩	吴 坚	刘明通	谢昌浩	杨 焘	丁 捷	李 利
吴冰清	沈 忠	俞天行	孙明明	周增根	刘 磊	胡 臻	章丹红	吕一品	潘伟博
王卓丞	周希丞	袁 佳	李博函	辅建良	范晓瞻	奚 力	陈冬芳	高 强	李 享
章云斌	余逸洲	周 益	何沃林	陈 猛	范俊杰	何艳波	王瑞轩	李 浩	单伟江
秦鹏云	常拾玉	沈梦晨	李 赢	张丽丹	闻 荟	吴 爽	施璐璐	叶 翔	马 亮
刘昕凡	王科炜	杨 政	朱日光	丁明杰	唐 琦	杨 钢	罗 灵	吴 涛	侯博英
俞忠立	王以文	任永兴	林尚亚	夏 华	陈文明	蔡菲菲	杜丽娜	谢 伟	李 斌
魏玲艳	戴振江	孟 阳	谢 凡	高 超	王加易	李 赓	邱旭伟	周又实	赵笔佼
卢夏燕	张雪锋	莫志豪	赵一萍	刘宪成	解燕旗	路岩岩	孙学进	蔡永丰	向 瑶
王 晗	郭永亮	舒双华	陈泽舟	陈 磊	周 维	郭 洋	吕焱飞	曹海波	许 涛
林远镇	陈 科	陈行乐	李 猛	祁美超	赵旭瑞	蒋金鸿	王 伟	顾俊渊	黄志勇
吴小刚	崔 杰	刘芳娇	高 远	唐远东	戴建军	钟传根	余鹏翔	徐小建	张宇明
王 璐	童如峰	谭云海	廖一锴	任 强	杨盛华	张 勇	陈佐德	蔡 云	游慧霞
曾 璐	孟凡钧	安 帅	张 钰	蒋振华	王文兆	李芳昕	孙秀秀	韦毓俊	李耀祖

单丹蕾	陈伟	顾海林	宋伟力	王伟林	范阿卡	柴璐	韦延清	曹一兵	程跃武
王飞	夏岩	李峰	王子威	郭隆	周月	刘洋	陈哲	谢文宇	冉锐
周培	何瑾文	付贞珍	孙承博	申圣利	章骏	许文哲	张蕾丹	徐康健	周震阳
毛新雄	陈琴荣	杨文	代成林	朱志芳	王沅甲	张耀宗	李宇	钱骏洲	余骏
钱锋	苏惠明	季云鹏	陈文捷	刘顿	任超	高文飞	冯晗	陆敏	胡媛
任超	周江伟	吴勇	蔡珊珊	贺倚帆	王瑞云	王卓慧	赵旋	赵泓	陈路俊
方庆铃	陈忆瑜	史骏	周杨	杨永键	石休令	马海鑫	陈韬	杨旺旺	龚庆
刘艳杰	叶舟	麻津泾	陈涵逸	颜霓	崔彬彬	郭龙瀚	刘念	沈骏杰	李居强
潘天旸	方旭尧	周大伟	蔡江鹏	周永平	张新兵	李亚成	计强	翁蒙婷	曲旻杰
胡景博	李宗宇	王卿	方军	魏松	戚浩明	彭钊腾	苟吉伟	陈彤	唐斐
徐斌	陈楚楚	黄伟康	徐列炫	郭励	周骁	徐贤叁	刘保华	朱睿	宋雁斌
蒋飞	潘昕瑜	柏田田	杨烨	于丽爽	李亮	包兴刚	房梁	李毅	王洁
范蓉	蔡志龙	李论高	金玉花	闫华	周冬				

授予同等学力工学硕士学位者（1999年8月—2009年12月） 119人

王文建	吴美飞	杨敏	蔡培	褚秉华	方钧	胡行正	黄成	金顺洪	庞军
吴建苗	应赟	周兵	陶丽娜	张萍	戴吕斌	金晖	金晶	楼向雄	王强
叶景青	张世明	赵少昂	郑屹峰	周辉	李银凤	王沁	鲁立新	苏小明	张怡群
冯建平	何军强	顾之健	袁玉国	王工一	董国权	何宏	毛志雄	沈列洪	张海军
王霞	陈霄	陈学	胡继红	屈琼	曾国勇	张明	陈永其	何新军	焦庆春
彭炜	肖荣付	应伟光	詹晓涛	蒋文辉	金晖	毛小雷	吴星	杨政	岑央群
岑央群	何志华	金宇航	刘伟	卢赛刚	吴进	叶小平	周巍	王啸虎	包华芳
王群青	李向军	俞军	周胜强	汤莹琪	祝静	方明君	何晓华	李曙海	骆珊
曾慧	蔡浚	崔佳冬	陈青	乔鞞鞞	金泉	潘波	任健	吴维鸿	张铤
王怡	赵胜颖	朱晓岚	何云琦	张蕴良	卢洪亮	吕奇男	斯辉健	姚立敏	陈旭文
王铮	吕乐	孙亚文	唐晖	洪子材	张力	王雪琨	赵永罡	施竞文	郑宗校
黄敏	裴志诚	卢玲	杨小中	陈春晖	胡伟	王荃	梁学梅	刘强	

第七章
教师名录

信息与通信工程系　45人

Thomas Honold	蔡云龙	陈　晖	陈惠芳	陈晓明	陈　月	范双双	宫先仪	龚小谨
龚晓洁	胡　冰	胡浩基	李建龙	李立言	李英明	刘而云	刘　鹏	刘云海	潘　翔
单杭冠	邵红霞	孙晓晓	唐慧明	王　匡	王维东	王　玮	王曰海	项志宇	谢　磊
徐　文	徐元欣	杨子江	于慧敏	余官定	虞　露	张朝阳	张　程	张宏纲	张婷婷
张仲非	赵航芳	赵民建	赵志峰	钟财军

电子工程系　51人

Shahram Dehdashti	毕　净	曹永良	陈红胜	陈智豪	池　灏	杜　歆	杜　阳	葛权耕
郝　然	皇甫江涛	金　韬	金文光	金晓峰	金心宇	李春光	李尔平	李　欢	李　凯
刘　英	吕　波	钱　青	冉立新	沈会良	沈继忠	史治国	宋牟平	孙　斌	王柏祥
王浩刚	王　勇	魏兴昌	吴锡东	夏永祥	徐时进	徐新民	杨冬晓	杨　俊	叶德信
尹文言	余显斌	张　斌	张　帆	章献民	章　专	赵武锋	郑　斌	郑史烈	周金芳
周金海

微电子学院　80人

Khurram Shehzai	曹诗悦	曹　臻	陈　冰	陈志坚	程　然	程志渊	储　涛	丁扣宝
丁　勇	董树荣	杜思超	葛君明	管芙蓉	郭　维	韩晓霞	韩　雁	郝寅雷	何乐年
黄　凯	黄科杰	江晓清	金潮渊	金　浩	李东晓	李贡社	李宇波	林时胜	刘　旸
栾春燕	罗小华	骆季奎	骆温明	潘伟伟	潘　赟	沈海斌	史　峥	孙一苇	孙　颖
谭年熊	汪小知	王　红	王　洁	王梁昊	王维维	王　曦	王　营	吴维轲	吴　莹
吴永志	奚剑雄	谢　敏	熊　勉	徐立锦	徐明生	徐　杨	杨建义	叶　志	余　辉
余　慜	虞小鹏	玉　琥	张　明	张培勇	张　睿	张世峰	张信华	张兴业	赵均雍
赵梦恋	赵　毅	赵媛悦	郑丹丹	郑勇军	周柯江	周　强	朱晓雷	竺红卫	卓　成

实验中心　18人

陈鹏飞	崔　宁	龚淑君	韩　杰	金向东	李惠忠	李培弘	李锡华	楼东武	马洪庆
屈民军	施红军	史笑兴	唐　奕	王子立	叶险峰	张　昱	周绮敏

微纳研究与制造中心　3人

孙家宝	王妹芳	刘艳华

机关　24人

蔡　超　陈　超　刘　晶　楼　姣　毛丛波　毛慧玲　沈振华　王军霞　王　锐　王　震
吴柳佳　吴倩倩　吴叶飞　徐丽君　徐　蓉　杨　扬　余丽瑜　詹美燕　赵蕾蕾　赵　刚
赵颂平　郑露露　钟蓉戎　周　惠

讲座/兼职/兼任教师（现任）　35人

Cédric Blanchard　David Grace　Jamal Deen　Nei Kato　Philip S. Yu　Sergej Fatikow
Omasz M.Grzegorczyk　Waisum Wong　陈清华　嘎亚耶夫　何祖源　金建铭　李建成　李　坪
刘坚能　刘俊杰　刘伟成　梅冠香　沈美根　宋謌平　王　巍　王跃林　吴　柯　谢亚宏
杨炳良　杨　梅　姚建平　姚育东　于　全　俞　滨　俞　栋　张乃通　赵厚麟　郑光廷
庄卫华

讲座/兼职/兼任教师（曾任）　6人

Ishfaq Ahmad　郭述文　孔金瓯　李　烨　曾　亮　张正友

退休教职工　166人

蔡丹宇　柴鑫昷　陈邦媛　陈曾济　陈楚羽　陈存椿　陈景银　陈凯良　陈抗生　陈莲子
陈启秀　陈文正　陈偕雄　陈　鑫　陈秀峰　陈瑶琴　陈云华　陈忠景　池盛林　储旋雯
崔勇才　戴文琪　丁　纯　丁桂兰　范雅俊　方建中　冯志良　高志坚　顾为民　顾伟康
郭凤珍　过静娴　何华英　何杞鑫　何小艇　何增先　贺国根　洪云翔　胡蓓蕾　胡昌兴
胡文豪　黄爱苹　黄恭宽　黄树新　季敬川　季文杨　金家驹　金水红　荆仁杰　康晓黎
黎园明　李爱华　李昌权　李式巨　李文扬　李学丹　李肇遐　李志能　梁慧君　梁素珍
林光华　林书越　林言方　凌明芳　刘济林　刘水珍　刘小莲　楼锡娟　卢经山　陆生勋
路浩如　吕　航　吕品桢　南志麟　倪逸民　庞土广　裴　念　戚贻逊　钱松福　钱乙君
钱忠良　邱爱叶　邱东明　仇佩亮　任高潮　赏宝珩　邵建中　邵明珠　沈桂英　沈明仙
沈庆垓　沈天福　史玲娟　水启刚　宋南辛　孙焕根　孙建英　孙衍人　唐明伦　童乃文
万英超　汪建虹　王秉桂　王大能　王德苗　王宏宇　王湖庄　王晋浙　王明华　王巧贞
王万杰　魏海波　魏小玲　吴景渊　吴荣权　吴祥华　吴仲海　夏杭芬　谢道隆　谢银芳
谢志行　徐　电　徐凤霞　徐国良　徐家权　徐建勋　徐胜荣　徐兴潮　徐义刚　许家凤
薛福兴　杨爱龄　姚庆栋　叶　红　叶　铭　叶润涛　叶秀清　尤珊圻　于秀萍　于长泰
袁贞丰　张国荣　张蕾蕾　张礼和　张　民　张素勤　张维卫　张兴义　张秀森　张郁文
张毓昆　章守苗　章婉珍　赵　维　郑国钦　周　文　朱　平　朱大中　朱国珍　朱　宏
朱人杰　朱仙寿　朱小富　朱月莲　朱祖华　诸葛玲

曾在信电学院工作的教职工　605人

William Ireland Milne　安　红　安琳琳　包晓岚　鲍景富　贝彤彬　毕　岗　边平才
蔡金海　蔡均麟　蔡荣芳　蔡文立　蔡新东　蔡义发　蔡　毓　曹琴华　曹尚稳　曹　熙

曹 阳	曹永岩	曾尚瑾	柴晓曙	陈柏宏	陈宝娟	陈伯良	陈不洪	陈超美	陈呈如
陈春华	陈德人	陈福元	陈桂馥	陈国良	陈 虹	陈 鸿	陈沪东	陈惠珉	陈纪昌
陈 坚	陈 健	陈可可	陈立登	陈 莉	陈林林	陈 敏	陈 强	陈去非	陈少杰
陈淑敏	陈淑敏	陈天琪	陈伟海	陈文彬	陈小咪	陈晓初	陈晓明	陈孝榕	陈 鑫
陈宣兆	陈 燕	陈 洋	陈钰清	陈元杰	陈增武	陈忠宝	程 倬	池哲儒	崔春成
崔永成	戴高乐	单郑生	单宗林	邓汉馨	邓小卫	丁丹丹	丁鼎山	丁 亮	丁 云
丁志华	董大象	董 峰	董 浩	董金祥	董利达	董木仙	杜德超	范菊生	范琦康
方爱月	方桂琴	方志刚	冯 浩	冯树椿	冯 旭	冯耀鑫	付仁平	傅丽伟	傅涯映
高不平	高春华	高 峰	高贯虹	高明善	高 争	戈海东	葛建华	耿效和	龚 健
顾大雷	顾 建	顾 洁	顾天衡	顾向荣	顾燕燕	官善宝	官晓鹰	郭凤珍	郭妙泉
郭 铭	郭斯羽	郭 伟	郭 尉	韩草铭	韩国万	韩玲娟	杭国强	何国鸿	何江平
何 敏	何晓雁	何旭涛	何幼仙	何志均	贺国根	贺海中	贺慧娟	洪 治	胡大钊
胡国安	胡 慧	胡建平	胡龙新	胡晓晓	胡学群	华大钧	化存卿	黄达诠	黄家闽
黄剑峰	黄克谨	黄 蕾	黄 莉	黄瑞祥	黄 卫	黄学波	黄 颖	黄昱勇	黄振华
惠 平	霍明旭	贾祥有	江树木	姜国君	姜菊英	姜 平	蒋方炎	蒋阜康	蒋刚毅
蒋叔豪	蒋霞雯	蒋晓波	蒋欣荣	蒋杏云	蒋祖光	金连甫	金 瓯	金巧玲	金如翔
金绍菲	金廷赞	金晓峰	金小军	金一庆	金永兴	金震淮	金仲和	康晓黎	李 成
李 峰	李海龙	李宏东	李慧娟	李菊初	李君顺	李俊明	李立本	李玲娣	李全富
李荣华	李士杰	李晓东	李 璇	李亚波	李亚君	李艳君	李银凤	李 莹	励杰树
连世琴	梁铨廷	廖永建	林 建	林金明	林雅芬	林玉瓶	凌世德	刘传淳	刘立枫
刘 锐	刘润华	刘锡辉	刘 翔	刘兴华	刘 仪	刘义冬	刘 影	楼建悦	楼 晨
楼根法	卢国文	卢华云	卢继武	卢秋红	陆道芳	陆洪其	陆加良	陆 鸣	陆玮琳
陆 炜	陆小春	陆小弟	陆逸珍	罗莉华	吕来清	马慧莲	马惠良	马建军	马菊英
马利庄	马霞英	马俞辅	马忠樵	毛楚祥	毛根生	毛支久	梅国英	梅 霆	孟红祥
倪建华	欧阳旭	潘 峰	潘复东	潘建根	潘莉莉	潘 伟	潘雪增	潘用芳	潘子飞
皮道映	平玲娣	濮 晔	浦树良	钱佳萍	钱伟珏	钱晓燕	乔 闪	芩文华	秦恒骅
裘伯春	裘 婷	裘伟娟	渠 宁	阙端麟	任一涛	桑圣伟	邵迪华	邵迪玲	邵 宏
邵 楠	沈繁荣	沈 宏	沈建强	沈林放	沈美根	沈雄白	沈旭伟	沈致远	盛法生
盛惠仙	盛珏新	盛列义	盛永江	史 册	施润昌	施 伟	石教英	寿宇澄	殳嘉泓
舒宏仙	束永生	宋东平	宋杭宾	宋靖涛	宋丽英	宋灵贵	宋士华	宋水孝	宋晓仙
宋耀光	宋毅明	孙伯彦	孙鸿昇	孙建成	孙维顺	孙 毅	覃桂新	谭新元	汤伟中
唐光华	唐国良	唐 瑜	陶不欣	陶向东	陶勇毅	滕国相	滕清斋	滕兴宁	田 禾
田玉楚	童华章	汪金龙	汪 涛	汪运洪	王成广	王春晖	王大力	王丹娅	王 昊
王冠宇	王洪玉	王加微	王家隆	王家隆	王 坚	王金春	王金友	王俊毅	王力萌
王 宁	王佩芝	王彭义	王品常	王庆国	王庆文	王声培	王天明	王炜喆	王先增
王新中	王兴国	王一鸣	王颖禾	王玉兰	王钰博	王跃林	王云娟	王泽兵	王樟茂
王招凤	王兆远	王臻殚	王芷芯	王钟瑞	尉宝兴	魏渡江	魏国建	魏海波	魏笑轩
翁旭东	吴爱娟	吴昌聚	吴传兴	吴光照	吴国华	吴国膺	吴昊旻	吴浩敏	吴 坚

吴金山	吴凯霞	吴敏聪	吴启宏	吴荣亮	吴通锡	吴晓波	吴训威	吴轶英	吴 征
伍 可	武培筠	夏启军	项秉琳	谢 锋	谢 红	谢 立	谢 炯	谢 巍	谢振华
徐福梅	徐洪水	徐鸿鹄	徐黎明	徐 亮	徐茂林	徐 敏	徐向东	徐贻斌	徐裕钧
徐毓良	徐在明	徐 哲	许金基	许哲群	宣建华	薛福兴	薛 敏	薛 琪	严德宏
严 红	严健璐	严小青	严晓浪	严忠琛	严忠军	阎利芳	杨不云	杨建军	杨李茗
杨启基	杨 赛	杨胜天	杨文革	杨 颖	杨永耀	杨在亮	杨长生	杨左娅	姚洁莹
姚奎鸿	姚立敏	姚 野	叶必光	叶炳祥	叶澄清	叶旭同	叶志坚	殷 浩	应伯根
应江林	应克星	应子建	尤田錬	于静江	于 军	余昌斌	余德炎	余 福	余汉民
余京松	余文杰	余 娴	余燕平	余杨狱	俞 滨	俞才兴	俞汉民	俞瑞钊	俞振利
虞希清	虞雪炜	郁建民	郁 伟	袁 波	袁丽娟	袁玉斐	翟海斌	詹 念	张赐国
张德馨	张 东	张凤英	张根林	张建国	张建台	张锦心	张 军	张奎华	张丽英
张炼成	张民杰	张明山	张南平	张 鹏	张 平	张庆瑜	张 全	张荣祥	张 蓉
张若枚	张素素	张伟莉	张香娣	张小奇	张晓华	张晓怡	张延卿	张 烨	张 英
张友昌	张玉洗	张跃进	张正明	张志顺	张宗恒	张中庆	张荣祥	章海军	章万林
赵德康	赵付涛	赵 宏	赵惠芳	赵龙海	赵 明	赵榕椿	赵松宏	赵文龙	赵问道
赵 侠	赵 勇	郑大跃	郑国武	郑海东	郑纪蛟	郑坚立	郑建国	郑令德	郑树森
郑 伟	郑阳明	郑以兵	郑 义	郑增荣	郑志东	钟 锷	钟 杰	钟 雷	钟美清
钟为民	周 峰	周 红	周建华	周建新	周黎明	周林宝	周凌翔	周凌翔	周七麟
周伟勤	周小群	周 晓	周效东	周逸翔	周肇基	朱爱平	朱方明	朱桂林	朱华飞
朱金英	朱晋芳	朱素秋	朱吾龙	朱秀月	朱一心	朱映波	朱正伟	诸葛起	竺树声
祝王飞	庄云萍	宗 山	邹 卫	邹英寅	邹仲力	左江凯			

第八章
毕业留影

本（专）科生毕业照

1958届无线电技术

1961届无线电技术

1961届无线电师训班

1962届无线电技术571班

1962届无线电技术572班

1962届电真空器件

1963届毕业照

1963届无线电技术

1964届无线电技术591班

1964届无线电技术592班

1964届无线电技术593班

1964届无线电技术594班

1964届电真空器件

1964届半导体器件

1965届无线电技术601班

1965届无线电技术602班

1965届无线电技术603班

1965届无线电技术604班

1965届电真空器件1班

1965届电真空器件2班

1965届半导体器件

1966届半导体器件611班

1966届半导体器件612班

1967届无线电技术611班

1967届无线电技术621班

1967届无线电技术623班

1967届电真空器件

1967届半导体器件

1968届无线电技术631班

1968届无线电技术632班

1968届电真空器件631班

1969届无线电技术

1969届电真空器件

1969届半导体器件

1970届无线电技术651班

1970届无线电技术652班

1970届电真空器件

1973届无线电技术

1975届电真空器件

1976届毕业照

1976届电真空器件

1977届无线电技术女生

1977届电真空器件

1977届半导体器件

1977届电子计算机制造

1978届电真空器件

1978届电子计算机制造

1979届TCM进修班

1980届无线电技术

1980届半导体器件

1981届电子物理技术1

1981届电子物理技术2

1981届半导体器件

1982届毕业照

1982届无线电技术781班

1982届无线电技术782班

1982届半导体器件

1982届电子物理技术

1983届毕业照

1983届无线电技术791班

1983届无线电技术792班

1983届电子物理技术

1983届半导体器件

1984届无线电技术801班

1984届无线电技术802班

1984届电子物理技术

1985届无线电技术811班

1985届无线电技术812班

1985届电子物理技术

1985届半导体器件

1986届毕业照

1987届毕业照

1987届电子物理技术

1987届半导体器件

1988届无线电技术841班

1988届无线电技术842班

1988届无线电技术843班

1988届电子物理技术

1988届半导体器件

1989届无线电技术851班

1989届无线电技术852班

1989届无线电技术853班

1989届电子物理技术

1989届半导体器件

1989届光电子技术

1989届毕业照（西溪）

1990届毕业照

1990届无线电技术（杭大）

1990届电子技术1（杭大）

1990届电子技术2（杭大）

1991届毕业照

1991届电子技术（杭大）

1991届微电子（杭大）

1992届毕业照

1992届无线电技术（杭大）

1992届电子技术（杭大）

1992届微电子（杭大）

1992届专科班（杭大）

1993届毕业照

1993届毕业照（杭大）

1993届无线电和微电子（杭大）

1993届电子技术（杭大）

1994届毕业照

1994届毕业照（杭大）

1995届毕业照

1995届毕业照（杭大）

1995届电子工程（杭大）

1996届毕业照

1996届电子工程（杭大）

1996届专科班（杭大）

1996届电脑班（杭大）

1997届毕业照

1997届电子工程（杭大）

1997届电子技术专科班（杭大）

1998届毕业照

1998届毕业照（杭大）

1998届电子工程（杭大）

1998届电子技术专科班（杭大）

1999届毕业照

1999届毕业照（西溪）

1999届信息工程（西溪）

1999届电子工程（西溪）

1999届电子技术专科班（西溪）

2000届毕业照

2000届信息工程（西溪）

2000届电子工程（西溪）

2001届毕业照

2001届毕业照（西溪）

2001届信息工程（西溪）

2001届电子工程（西溪）

2002届毕业照

2002届毕业照（西溪）

2002届信息工程（西溪）

2002届电子工程（西溪）

2003届信息工程

2003届通信工程

2003届电子信息工程

2003届电子科学与技术

2004届信息工程

2004届电子信息工程

2005届通信工程

2005届电子信息工程

2005届信息工程（专升本）

2006届信息工程

2006届通信工程

2006届电子信息工程

2006届电子科学与技术

2006届信息工程1班（专升本）

2006届信息工程2班（专升本）

2007届信息工程

2007届通信工程

2007届电子信息工程

2007届电子科学与技术

2007届信息工程（专升本）

2008届信息工程1班

2008届信息工程2班

2008届通信工程

2008届电子科学与技术

2009届毕业照

2010届毕业照

2011届毕业照

浙江大学信息与电子工程学系2012届本科毕业生留念

2012届毕业照

2013届毕业照

2014届毕业照

2015届毕业照

2016届毕业照

硕士研究生毕业照

1987届硕士研究生

1988届硕士研究生

1990届硕士研究生

1995届硕士研究生

2000届硕士研究生

2001届硕士研究生

2002届硕士研究生

2003届硕士研究生

2004届硕士研究生

2005届硕士研究生

2006届（春）硕士研究生

2006届（夏）硕士研究生

2007届硕士研究生

2008届硕士研究生

2010届硕士研究生

2011届硕士研究生

2012届处理组硕士研究生

2012届传输组硕士研究生

2012届硕士研究生

2013届硕士研究生

2014届硕士研究生

2015届硕士研究生

浙江大学信息与电子工程学院2017届研究生毕业留念

2016届硕士研究生

2016届硕士研究生

浙江大学信息与电子工程学院2017届研究生毕业留念 2017.9

2017届硕士研究生

博士研究生毕业照

2004届博士研究生

2005届博士研究生

2006届（春）博士研究生

455

2006届（夏）博士研究生

2007届（夏）博士研究生

2008届（夏）博士研究生

2009届（夏）博士研究生

2010届博士研究生

2011届博士研究生

2017届博士研究生

后 记

在信电系50周年庆典会上，我们拍摄了一张珍贵的合影：信电系的8位专业创始人在主席台上接过学生捧上的鲜花，神采奕奕地接受采访。随着时间的流逝，照片上有5位老先生已离我们远去，这时，我们突然发现，有一件很急、很重要的事情要做：历史需要传承，要尽快请健在的老先生们讲一讲信电的发展历程，请每位专业创始人讲述专业创建史，请他们告诉我们这些后来人，信电的根从何处来，信电的枝要往何处伸，也请他们提炼和概括值得后来人铭记和发扬的信电精神。

这个想法很快得到老先生们和师生们的支持。老先生们拿起笔，将往事工工整整地记录下来，并找出了一幅又一幅的珍贵照片。周文老师将往事编辑成了厚厚的一本小册子交给我们；顾伟康老师发挥他的长处，为我们做了大量的联络工作，并带年轻学子遍访老教师和老校友；王明华老师还走上讲台，与师生们讲过去、谈未来；诸葛玲老师为了写得更好，春节也没有好好休息。多位文笔出众的年轻学子，带上相机和录音笔，采访了一位又一位老先生，写出了一篇又一篇生动感人的专题文章。这些文章一经微信推出，便引起了校友们的广泛共鸣，并被校友们不断转发和传阅。

信电有一个极为宝贵的传统：校友们有深厚的三分部情结，他们对信电怀有特殊的情感。校友们不管离开学校有多久、离学校有多远，都将信电当作永远的家。于是，我们同时启动了"校友寻访"的编辑工作。每一位校友都有精彩的故事，寻访每一位校友的过程也是一个个精彩的故事。校友们总是热情地接待前去探访的年轻学子，与他们有时一谈就是一整天，时间在愉快的交流和美好的回忆中流逝。随着学院教学国际化进程的加快，一些出国交流的学子还寻访了多位旅居他国的校友！精诚所至，金石为开，每一篇"校友寻访"的含金量都很高，可读性极强。一叶一世界，每一个校友都有精彩的人生，他们展现了信电无限的生命力。

本书从启动到完成，历时三年有余。作为编委，我们一直有一个梦：它是一本流淌的书，应该在更多的校友间传阅。因此，我们壮着胆，想将它交给浙江大学出版社出版，这一想法得到了学院领导和出版社领导的支持。但是，要将文稿变成书稿，这是一个何等艰难的过程！作为书籍出版，它不应该只是文章的拼凑和资料的堆积，至少有两个方面需要定位：第一，书的主体，或者说主角是谁；第二，全书的灵魂，或者说主题是什么。整本书以师生和校友为主角，我们希望每一位校友都能在书中找到激起他心灵共振的"存在物"，犹如回到他魂牵梦绕的精神家园。因此，"专业创建"和"回忆往事"部分比较全面地反映信电发展原貌，"校友名录"和"毕业留影"部分则尽量不要遗漏任何一位校友。全书以探寻信电精神为依归，每一篇质朴而充满情感的文章，无不包含着独有的信电精神，值得每位校友和读者久久思索，久久萦怀。

为支持本书的编纂，学院成立了顾问小组、领导小组和编委会。顾问小组由专业创始人和老领导担任，领导小组由现任党政负责人担任，编委会由多位思政、行政的老师担任。

本书得以付梓，全靠大量校友和热心人士的无私帮助。校离退休处处长王庆文老师多次鼓励我们的工作，还为我们提供了大量杭州大学电子工程系的珍贵照片；校档案馆副馆长胡志富老师为我们举办培训讲座，邀请历史系老师前来指导；瑞芯微电子股份有限公司提供资助，解决了本书的出版费用；1985届校友丁江群提供了反映20世纪80年代三分部学习生活的大量珍贵照片；浙江大学出版社的编辑陈静毅一次次不厌其烦地指导我们收集资料、整理稿件和修改。

本书要交给出版社时，我们又突然发现，时间是多么紧张，我们还有很多工作需要做，很多事情还没有完成，书中还存在不少纰漏。我们真诚地希望校友和读者多多包涵，我们期待在再版时能够进一步完善。同时，我们也希望本书的编纂工作不要停止，希望能有更多的"回忆往事"和"校友寻访"成稿，为文集的第二辑或再版做准备。如果您要反映书中的错误，或要寄送新的稿件，请联系浙江大学信电学院综合办公室，电话0571-87951720，邮箱isee@zju.edu.cn。

本书编委会
2017年5月

勘误表

序号	页码	行	原文	修改意见
1				
2				
3				
4				
5				
6				
7				
8				
9				
10				

联系电话：0571–87951720

邮寄地址：浙江大学玉泉校区行政楼113室，王老师（收）

邮编：310027

邮箱：isee@zju.edu.cn

图书在版编目（CIP）数据

甲子峥嵘 弦歌而行：浙江大学信息与电子工程学院60周
年院史文集 / 赵颂平，王震主编. — 杭州：浙江大学出版社，
2017.5
　　ISBN 978-7-308-16896-0

　　Ⅰ．①甲⋯ Ⅱ．①赵⋯ ②王⋯ Ⅲ．①浙江大学信息与电
子工程学院—校史 Ⅳ．①G649.285.51

　　中国版本图书馆CIP数据核字(2017)第087546号

甲子峥嵘 弦歌而行

——浙江大学信息与电子工程学院60周年院史文集

赵颂平 王 震 主编

责任编辑	陈静毅	
责任校对	丁沛岚　陈思佳	
封面设计	杭州林智广告有限公司	
出版发行	浙江大学出版社	
	（杭州市天目山路148号　邮政编码　310007）	
	（网址：http://www.zjupress.com）	
排　　版	杭州林智广告有限公司	
印　　刷	杭州杭新印务有限公司	
开　　本	787mm×1092mm　1/16	
印　　张	30	
字　　数	558千	
版 印 次	2017年5月第1版　2017年5月第1次印刷	
书　　号	ISBN 978-7-308-16896-0	
定　　价	86.00元	